Die Sammlung mittelalterlicher Kirchenkunst

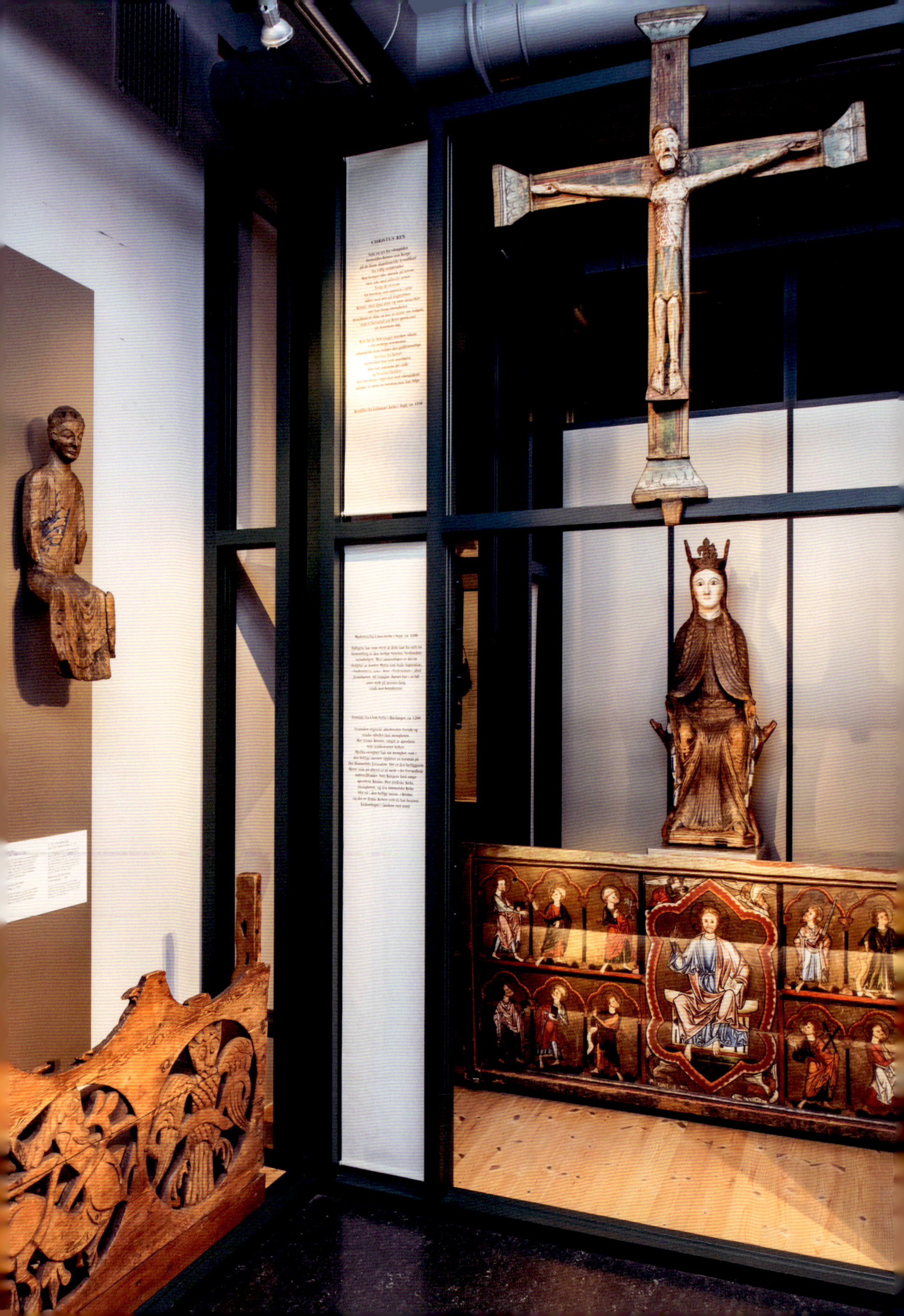
CHRISTUS REX

Justin Kroesen · Stephan Kuhn

DIE SAMMLUNG MITTELALTERLICHER KIRCHENKUNST

Universitätsmuseum zu Bergen (Norwegen)

SCHNELL + STEINER

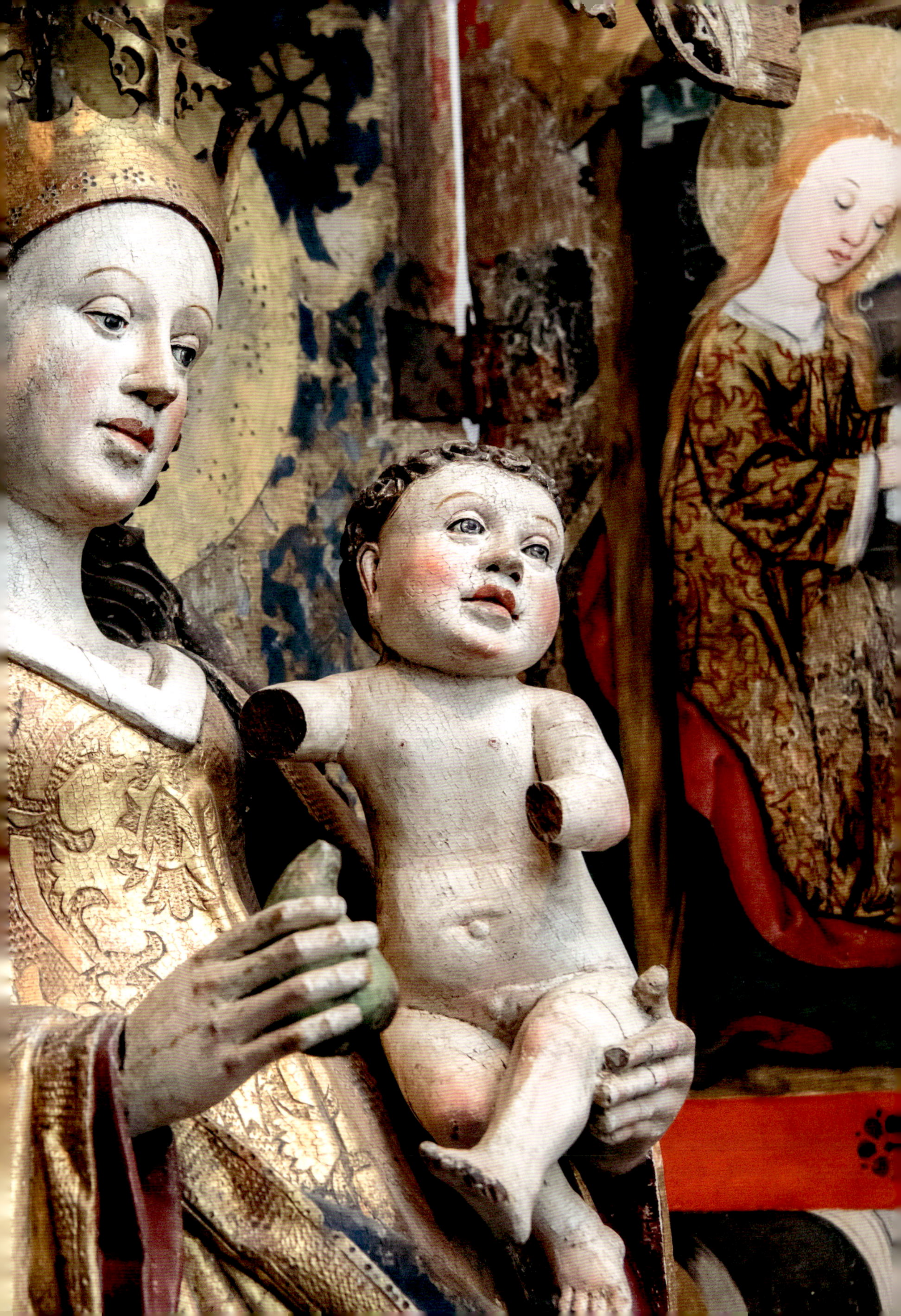

INHALT

7 Die Sammlung mittelalterlicher Kirchenkunst des Universitätsmuseums zu Bergen
Justin Kroesen und Stephan Kuhn

9 Vom Bergens Museum zu Universitätsmuseum Bergen
Henrik von Achen

15 Die Kirchenlandschaft in Westnorwegen im Mittelalter
Alf Tore Hommedal

25 KATALOG

213 Bibliographie

223 Danksagung/Fotonachweis

◂ Marienschrein aus Brekke (Sogn), Detail. Foto Adnan Icagić

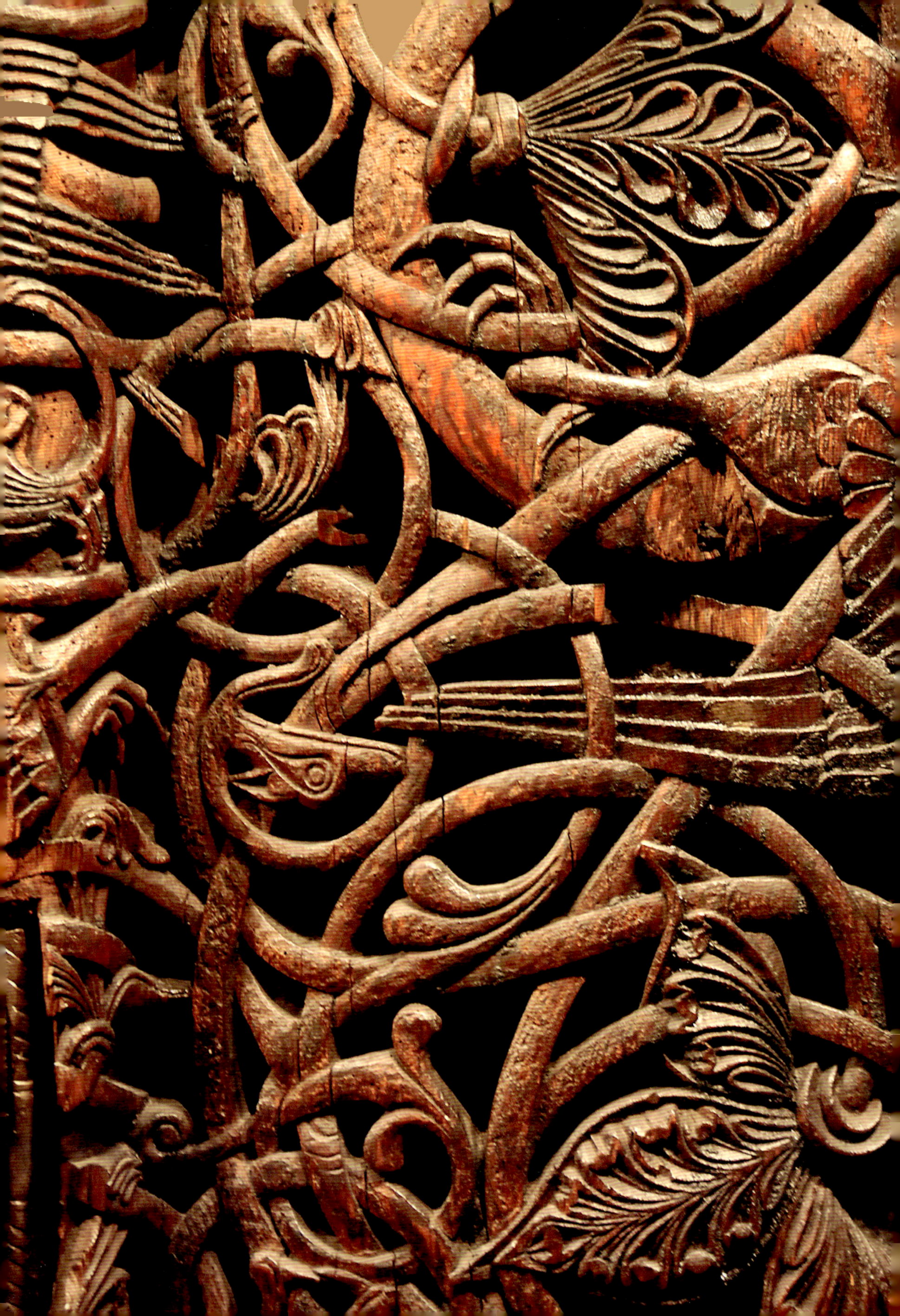

DIE SAMMLUNG MITTELALTERLICHER KIRCHENKUNST DES UNIVERSITÄTS-MUSEUMS ZU BERGEN

Justin Kroesen und Stephan Kuhn (Universitätsmuseum Bergen)

Dieser Band präsentiert einhundert Objekte aus der Sammlung mittelalterlicher Kirchenkunst des Universitätsmuseums in Bergen. Diese »Kirkekunstsamling« ist sowohl von regionaler, als auch europäischer Bedeutung: die meisten Objekte wurden aus westnorwegischen Landkirchen in das Museum überführt, doch ihre Typen, Formen, Stile, Techniken und Ikonographie spiegeln die vielen Verbindungen wider, die die Region mit anderen Gebieten rund um die Nordsee (Großbritannien, die Niederlande, das deutschsprachige Gebiet) und darüber hinaus mit Frankreich, dem Mittelmeerraum und dem Nahen Osten verbanden. Den »norwegischsten« Aspekt bieten die reich geschnitzten Portale und Türpfosten (Kat. Nr. 10, 11, 13–15) der Holzkirchen, den sogenannten Stabkirchen, die eine Mischung aus christlichen und vorchristlichen Motiven aufweisen. Die meisten Objekte der Bergener Sammlung mittelalterlicher Kirchenkunst sind Ausstattungsstücke, die ursprünglich den Hintergrund für die Liturgie bildeten. Zusammen vermitteln sie einen einzigartigen Eindruck davon, wie die Innenräume mittelalterlicher Landkirchen in Norwegen und darüber hinaus ausgestattet waren. Die Ausstattungen waren in der Regel über zwei Phasen gewachsen, eine erste im romanischen und frühgotischen Stil, oft mehr oder weniger zeitgleich mit dem Kirchenbau, und eine zweite Phase im spätgotischen Stil.

Besonders herausragend in der Bergener Sammlung ist der Objektreichtum hochmittelalterlicher hölzerner Altarausstattungen, darunter neunzehn bemalte Altarfrontalien aus dem 13. und frühen 14. Jahrhundert (Kat. Nr. 60–73), von insgesamt rund 125 erhaltenen im gesamteuropäischen Bestand. Darüber hinaus finden sich eine Reihe bemerkenswerte Madonnen, von denen einige ihre ursprüngliche Polychromie fast vollständig erhalten haben. Einige dieser Bildwerke waren in sogenannten Tabernakelschreinen mit aufklappbaren Flügeln aufgenommen. Ein weiterer Höhepunkt ist der einzigartige bemalte Altarbaldachin aus der Stabkirche von Årdal (Sogn), der 1275–1300 gefertigt wurde (Kat. Nr. 43). Erwähnenswert sind ferner mehrere kleine mit Edelmetallplättchen verzierte Reliquienschreine (Kat. Nr. 24–26) sowie liturgische Geräte wie Aquamanilien (Kat. Nr. 55), Weihrauchfässer (Kat. Nr. 51), Kruzifixe (Kat. Nr. 21) und Taufbecken (Kat. Nr. 19, 20, 48). Zusammen zeugen diese hochmittelalterlichen Kunstwerke von der kulturellen Blüte Norwegens bis in das 14. Jahrhundert und seiner engen europäischen Verbindungen, insbesondere im Nordseegebiet.

Es dauerte bis in die zweite Hälfte des 15. Jahrhunderts, bis sich Norwegen nach der Pestepidemie von 1349–1350 erholen

◄ Geschnitzte Portalwange aus Ulvik (Hardanger) (Kat Nr. 13). Photo Justin Kroesen

würde. Die spätgotische Abteilung der Bergener Sammlung präsentiert eine Reihe von Ausstattungsgegenständen aus dem 15. und frühen 16. Jahrhundert. Herausragend sind einige Flügelaltäre (Kat. Nr. 85, 89, 97–100), während auch Tabernakelschreine (Kat. Nr. 80, 82), Kaseln (Kat. Nr. 86, 87, 94) und ein Chormantel (Kat. Nr. 88), liturgische Gefäße (Kat. Nr. 77, 78), ein Kruzifix (Kat. Nr. 92) und andere Skulpturen (Kat. Nr. 79, 81), Kerzenhalter (Kat. Nr. 75, 94), Prozessionsstäbe (Kat. Nr. 90, 91) und eine seltene bemalte Kirchenfahne (Kat. Nr. 83) ausgestellt werden. Die Stile und Techniken vieler dieser Objekte offenbaren eine Herkunft aus unterschiedlichen Teilen der »hanseatischen Welt«, zu der Bergen gehörte, darunter vor allem Norddeutschland und die nördlichen Niederlande.

Die Tatsache, dass so viele mittelalterliche Kunstwerke erhalten blieben, kann nicht ohne die Berücksichtigung der lutherischen Reformation von 1536–1537 verstanden werden. In vielen norwegischen Landkirchen, insbesondere in der rauen Berglandschaft entlang der Westküste, blieben die meisten mittelalterlichen Ausstattungsgegenstände und Objekte anfangs erhalten. Sie wurden entweder weitergenutzt (wie die Altarretabel und Frontalien, Kat. Nr. 60–73, 98, 99), umgenutzt (wie eine Monstranz, die zu einem Kerzenständer umfunktioniert wurde, Kat. Nr. 78) oder wurden nicht länger genutzt (wie die Reliquienschreine, Kat. Nr. 24, 25). Die lutherische Toleranz gegenüber katholischen Gegenständen und Bildern, das Fehlen großer kriegerischer Auseinandersetzungen und ein gewisses Maß an chronischer Armut begünstigten den Erhalt vieler der in der Bergener Sammlung kirchlicher Kunst ausgestellten Kulturschätze, die nicht – wie in den meisten anderen Teilen Europas – verschwanden, zerstört oder ersetzt wurden.

Letztendlich ist es dem Museum zu verdanken, dass die Objekte auch die Gefahren des 19. Jahrhunderts überlebten. Das Anliegen des Gründers, Wilhelm Frimann Koren Christie (1778–1849), der ebenfalls der erste Präsident des norwegischen Parlaments von 1814 war, war es, die Natur- und Kulturgeschichte Westnorwegens zu sammeln und auszustellen. Die mittelalterliche Kirchenkunst war von Anfang an ein wichtiger Schwerpunkt des Museums, da sie als Erbe eines unabhängigen norwegischen Königreichs, vor der dänischen und später schwedischen Herrschaft, angesehen und geschätzt wurde. Nach einer Welle der Erneuerungen in der lutherischen Kirche, die mit einem Abriss alter und dem Bau neuer Kirchen einherging, verwaisten zudem zahlreiche mittelalterliche Kirchenobjekte im 19. Jahrhundert, die schließlich in die Museumssammlung aufgenommen wurden.

Das Bergens Museum entwickelte sich zu einem bedeutenden Forschungszentrum, das 1946 die Grundlage für die Universität zu Bergen bilden sollte; von diesem Zeitpunkt an wurde es zu einem Universitätsmuseum. Die Bedeutung der Kirchenkunstsammlung übersteigt jedoch bei weitem die einer Studiensammlung für die akademische Gemeinschaft oder die eines Regionalmuseums für die Bevölkerung Westnorwegens. Die für diesen Katalog ausgewählten einhundert mittelalterlichen Objekte erzählen uns die Geschichte eines europäischen Landes, das zwar eine geographisch periphere Lage aufweist, aber eng in das kulturelle Gefüge des Kontinents eingebunden war.

VOM BERGENS MUSEUM ZU UNIVERSITÄTSMUSEUM BERGEN

Henrik von Achen (Universitätsmuseum Bergen)

Das 1825 gegründete Bergens Museum war das erste öffentliche Kunstmuseum in Norwegen. Mittelalterliche Kirchenkunst – in der Satzung des Museums von 1833 definiert als »Relikte des katholischen Kultes, wie alte Altaraufsätze, Kruzifixe, Reliquien, Reliquienschreine, Heiligenbilder, Prozessionsstäbe und -fahnen, Räuchergefäße und Weihwasserbehälter, Taufbecken, alte Grabsteine usw.« – stand von Anfang an im Sammlungsfokus. 1946 wurde die Kirchenkunstsammlung (Kirkekunstsamling) an die neu gegründete Universität Bergen übertragen.

Der Gründer des Bergens Museum war Wilhelm Frimann Koren Christie (1778–1849), der ebenfalls erster Präsident des norwegischen Parlaments gewesen war (Abb. 1). Seine Beweggründe müssen im Zusammenhang mit der kulturellen Nationenbildung nach der 1814 erlangten Unabhängigkeit Norwegens von Dänemark verstanden werden (Norwegen würde bis 1905 mit Schweden unter einer Krone vereint sein). Der Zweck des Museums bestand darin, eine Sammlung aufzubauen, die die Geschichte der ruhmreichen Vergangenheit des Landes erzählen sollte. Die jahrhundertealten Gegenstände aus kleinen Landkirchen entlang der Küste und der Fjorde sowie in den abgelegenen Berggebieten Westnorwegens galten dabei als besonders geeignet. Das Mittelalter, insbesondere die Zeit vor der Union mit Dänemark im Jahr 1380, als Norwegen ein vollständig souveränes Königreich gewesen war, galt als das ruhmreiche Zeitalter der Nation. So galten mittelalterliche Kunstwerke dieser Zeit als authentisch und wahrhaft norwegisch; die Holzschnitzereien aus den Stabkirchen wurden beispielsweise eng mit den Traditionen der Wikinger verbunden und als Relikte aus dem »Land der Sagen« betrachtet. Christie wünschte, dass Gelehrte die Werke in Beziehung zueinander studieren konnten, ohne durch das Land reisen zu müssen. Auf diese Weise sollte die Entwicklung der norwegischen Kirchenkunst im Laufe der Zeit untersucht und in das

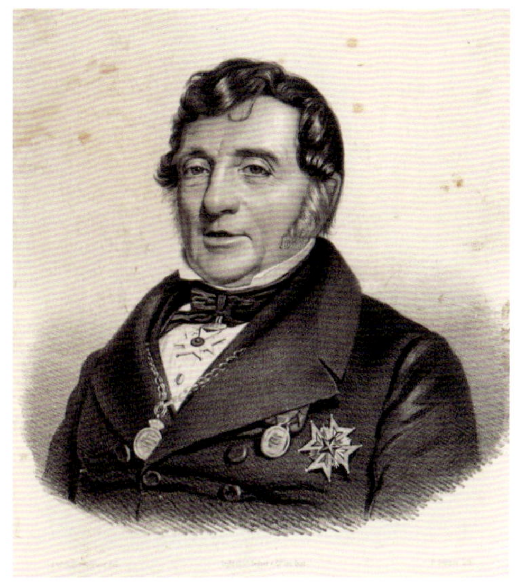

Abb. 1: Porträt von Wilhelm Frimann Koren Christie (1778–1849), nach Johan Wilhelm Gertner (1818–1871). Foto Universitetsmuseet i Bergen

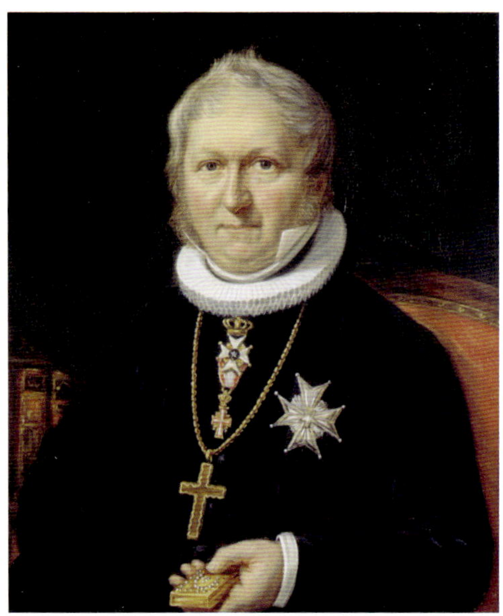

Abb. 2: Porträt von Jacob Neumann (1772–1848), Franz Bøe, ca. 1848. Foto Universitetsmuseet i Bergen

Gesamtbild der kulturellen Geschichte des Landes eingepasst werden. Bereits Anfang 1828 hatte das Museum die ersten sechs bemalten Altarfrontalien erworben.

In Jacob Neumann (1772–1848), den Bischof von Bergen, und späteren stellvertrenden Vorsitzenden des Museums, fand Christie einen Gleichgesinnten (Abb. 2). Als Bischof hatte Neumann in kirchlichen Kreisen offensichtlich viele Vorteile. In dem Nachruf auf seinen Freund und Weggefährten schrieb Christie später, dass seine »Visitationsreisen für das Museum reine Erntefeste waren. Niemals kehrte er ohne antike Schätze für die Museumssammlung zurück«. Aber selbst der Bischof hatte manchmal Schwierigkeiten, Pfarreien davon zu überzeugen, ihre mittelalterlichen Kunstwerke an das Museum abzutreten. So schrieb Christie beispielsweise 1826 über das Altarfrontale aus Nedstryn (Nordfjord) (Kat. Nr. 66): »Es ist sehr schade, dass dieses höchst bemerkenswerte Werk für das Museum, dessen größter Preis es heute wäre, nicht erhältlich ist. Der Bischof hat einen Versuch unternommen [es zu erwerben], aber ohne jeden Erfolg. Die örtliche Gemeinde möchte das Frontale in ihrer Kirche behalten, wo es bald völlig zerstört sein wird, während es mit einer kleinen Restaurierung für die Nachwelt erhalten werden könnte«. Schließlich willigte die Gemeinde ein und das Altarfrontale wurde dem Museum in Bergen übergeben.

Norwegens alte Kirchen konnten aus unterschiedlichen Gründen einen relativ großen Bestand mittelalterlicher Kirchenkunst erhalten. Nach dem Ende des Bürgerkrieges im Jahr 1240 gab es 700 Jahre lang keine großen kriegerischen Auseinandersetzungen in West-Norwegen, und eine jahrhundertelang andauernde weit verbreitete Armut hatte zu nur langsam fortschreitenden Veränderungen geführt. Darüber hinaus war das Luthertum den Bildern in den Kirchen eher tolerant eingestellt, sodass es in Norwegen nie zu systematischen Säuberungen oder zu einem Bildersturm kam. Das 19. Jahrhundert brachte sowohl akute Gefahren als auch Chancen mit sich. Alte Kirchen wurden im großen Stil abgerissen, da sie zu klein geworden waren. Ein im Jahr 1851 verabschiedetes Gesetz besagte, dass die Kirchen jeweils ein Drittel aller Gemeindemitglieder zugleich Sitzplatz bieten sollte. Dies führte dazu, dass ein großer Teil der kirchlichen Ausstattungsgegenstände ohne Eigentümer verblieb und an dieser Stelle sprang das Museum ein. Objekte aus Westnorwegen fanden ihren Weg ins Bergens Museum, ebenso wie aus anderen Regionen nach Oslo, Tromsø und Trondheim. Als im Jahr 1867 die Stabkirche in Årdal (Sogn) abgerissen wurde (Abb. 3), übernahm das Museum einige seiner mittelalterlichen Kunstwerke (Kat. Nr. 15, 43, 52, 67, 68, 73). Dekane, Pfarrer und Kapläne

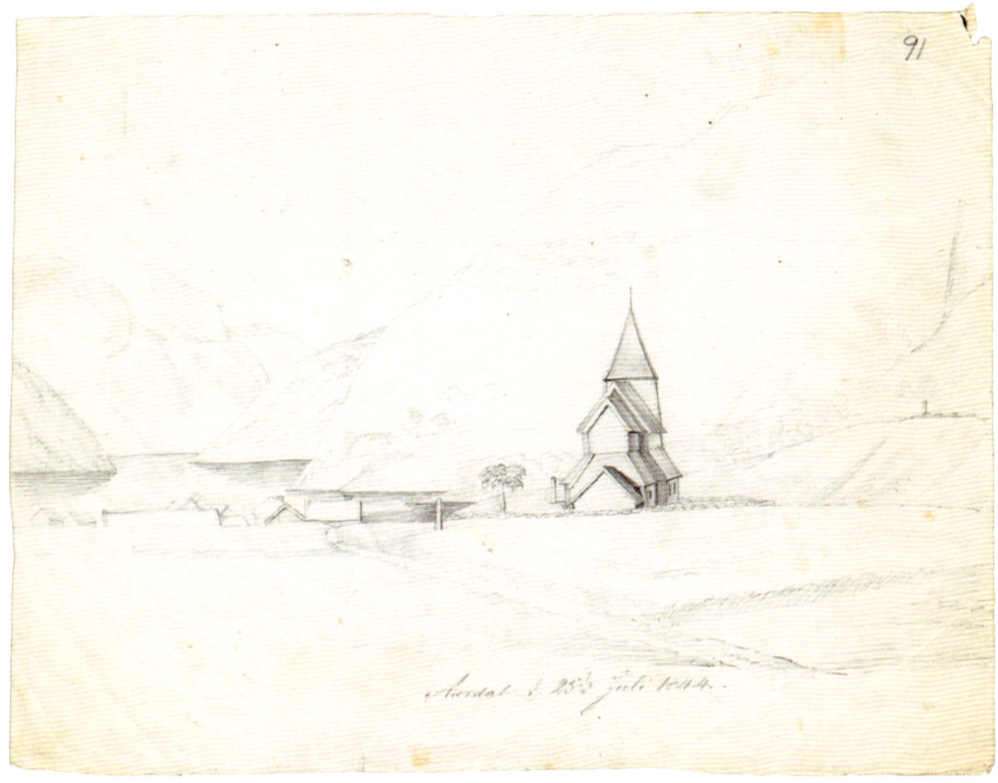

Abb. 3: Zeichnung von Årdal mit Stabkirche aus dem Jahr 1844. Foto Riksantikvaren

fungierten als ein effektives Netzwerk für den Erwerb von Kunstwerken. Ein zusätzlicher Vorteil war, dass die meisten mittelalterlichen Kunstwerke ihre liturgische Funktion verloren hatten, sodass sich kaum jemand wirklich um diese Objekte kümmerte.

Zu den immer wiederkehrenden Problemen für das Museum gehörten finanzielle Engpässe sowie Schwierigkeiten beim Transport der oft fragilen Kunstwerke, was im Jahr 1828 mit einem Seufzer zur Kenntnis genommen wurde: »Es dauert so lange, bis diese voluminösen Objekte vom Land ins Museum geschickt werden, da dies auf dem Seeweg erfolgen muss und nur selten Schiffe anlegen, die groß genug sind, um große Kisten unter Deck zu transportieren. In offenen Booten wagen wir es nicht, Malereien zu laden; wir haben bereits ein Temperagemälde schwer beschädigt erhalten (das Frontale aus Arnafjord, Kat. Nr. 45), weil der Spender es uns auf diese Weise zukommen ließ«. Im Jahr 1833 schrieb Christie über ein Gemälde, das von Vang (Valdres) über den Gebirgspass Filefjell hinunter nach Lærdal an das Ufer des Sognefjords geschickt werden sollte: »Ich fürchte, dass bei Regen die Feuchtigkeit eindringt und es beschädigt, bevor es Leirdalsøren erreicht, da es schwierig sein wird, sicherzustellen, dass die Kiste, in der es verpackt ist, so wasserdicht ist, dass sie feuchtem Wetter standhält. Es wäre wahrscheinlich am sichersten, den Winter und günstiges Wetter abzuwarten, um sie

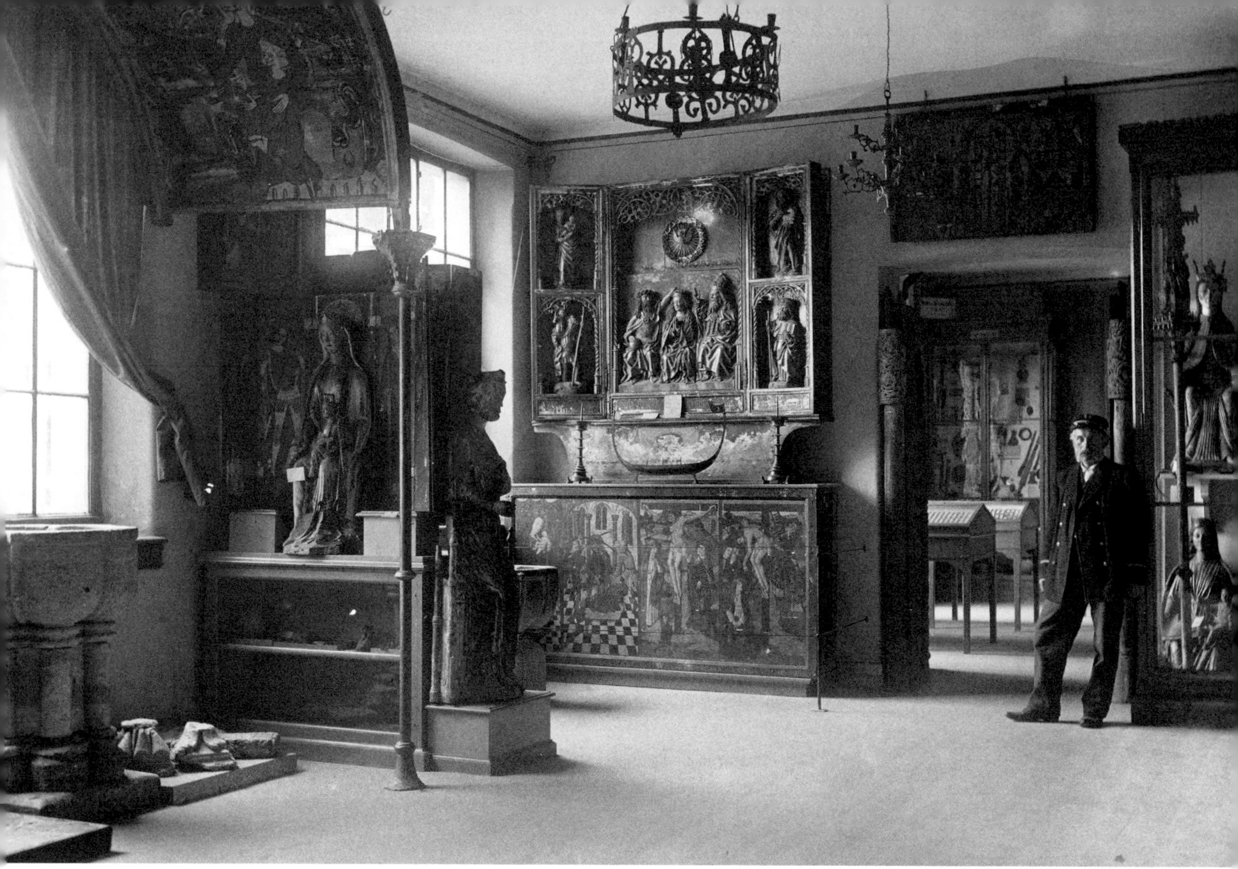

Abb. 4: Blick in die Ausstellung mittelalterlicher Kirchenkunst 1898. Foto Universitetsmuseet i Bergen

mit Pferd und Schlitten nach Leirdalsøren zu transportieren, was vermutlich zu einem niedrigen Preis vereinbart werden kann«.

Finanzielle Probleme wurden weitgehend durch die Gründung eines Fördervereins überwunden, der schnell auf 163 Mitglieder anwuchs. Im Jahr 1840 konnte das Museum das erste speziell als Museum geplante Gebäude Norwegens einweihen, in dem ein Raum für »katholische Objekte«, einen Raum für »Temperamalereien« (d. h., die Altarfrontalien) und eine Galerie für andere Kunstwerke eingerichtet wurden. Obwohl sich der Schwerpunkt des Museums um die Mitte des 19. Jahrhunderts allmählich von der Kultur- zur Naturgeschichte verlagerte, geriet die kirchliche Kunst nicht in Vergessenheit. Im Jahr 1853 wünschte sich der Museumsvorstand, dass die »Kirkekunstsamling« »die Menschen durch die Anregung zur stillen Betrachtung [...] beeindrucken, ihre Gedanken über den Trubel des Alltags erheben« und dadurch »ihre Seele veredeln« sollte. Die Präsentation war jedoch beengt, und es gab Beschwerden, dass »all diese Gegenstände umeinander und ineinander gestellt sind, sodass es unmöglich ist, sie zu erkennen, nicht nur für einen Spezialisten, sondern mehr noch für den gewöhnlichen Betrachter« (Abb. 4). Viele Menschen fanden den Weg ins Museum, vor allem sonntags, wenn Bergener aller sozialen Schichten in Scharen die Sammlungen besichtigen wollten. In den Jahren 1871–1875 wurde die Zahl der Besucher auf etwa 50.000 pro Jahr geschätzt.

Im Jahr 1878 wurden viele Kunstwerke an die Stadt Bergen übertragen, um die Grundlage für die Kunstgalerie der Stadt zu legen (Bergens Billedsamlingen, heute das KODE Museum), aber die Kirchenkunst blieb im Bergens Museum. Neue Energie für die Kirchenkunstsammlung brachte Bendix Edvard Bendixen, der Vorstandsvorsitzende der Altertumsabteilung, in den 1890er Jahren (Abb. 5). Er untersuchte den größten Teil der kirchlichen Kunstsammlung in einer Reihe von Aufsätzen in deutscher Sprache, die zwischen 1889 und 1916 im Jahrbuch des Museums veröffentlicht wurden. Bendixen sammelte auch weiter: nachdem er in der Stabkirche von Røldal (Ullensvang) eine Reihe von Kunstwerken aus dem 13. Jahrhundert gesehen hatte – eine Madonna mit Kind, den heiligen Olav, den heiligen Michael, ein Paar Retabelflügel, ein Kreuz, ein Weihrauchfass, ein Messgewand und mehrere bemalte Tafeln – begann er sofort Verhandlungen über deren Erwerb zu führen, woraufhin die meisten dieser Objekte 1895 im Museum eintrafen (Kat. Nr. 28, 32, 33, 34, 46, 72). Zwei Jahre zuvor benötigten die »Altertumssammlungen« 1460 m^2 und 1898 wurden zwei neue Gebäudeflügel des Museums fertiggestellt. Erst 1927 wurde ein separates, von Egill Reimers entworfenes Gebäude für die kulturgeschichtlichen Sammlungen, zu denen auch die Kirchenkunst gehörte, errichtet.

Als die Universität Bergen 1946 gegründet wurde, wurde das Bergens Museum zu einem Universitätsmuseum. Es konnte auf ein mehr als ein Jahrhundert andauerndes Vermächtnis des Enthusiasmus und Engagements, der Ausdauer, des Wissens und jahrzehntelanger unermüdlicher Bemühungen um die Entwicklung des Museums als wissenschaftliche und kulturelle Institution zurückblicken. Eine Klausel im Gründungsakt der Universität bestimmt, dass die Institution

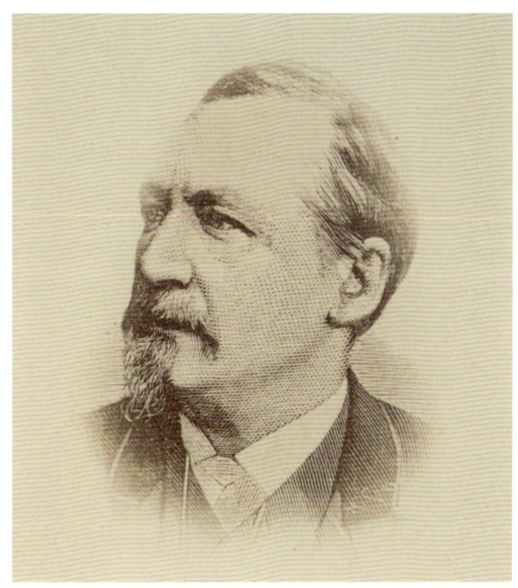

Abb. 5: Porträt von Bendix Edvard Bendixen (1838–1918). Foto Billedsamling Universitetet i Bergen

auf den Aktivitäten des Bergens Museums aufbauen und somit so viel wie möglich zur Verbreitung von Forschungsergebnissen beitragen solle. Damit wurde das Museum ausdrücklich als die Wiege der Universität zu Bergen anerkannt. Seitdem hat das Museum seine Aufgaben wahrgenommen, indem es ein großes Forschungspersonal unterhält und seine Sammlungen einem breiten Publikum zugänglich macht. Als die aktuelle Ausstellung 1995 entworfen wurde, folgte man dem Prinzip, praktisch die gesamte Sammlung mittelalterlicher Kirchenkunst zu zeigen. Auf diese Weise ermöglicht das Universitätsmuseum Bergen den Besuchern in eine mittelalterliche Landkirche einzutreten und ihre besondere Atmosphäre zu erleben – farbenfroh, geheimnisvoll und beengt, aber immer faszinierend.

von Achen 2018

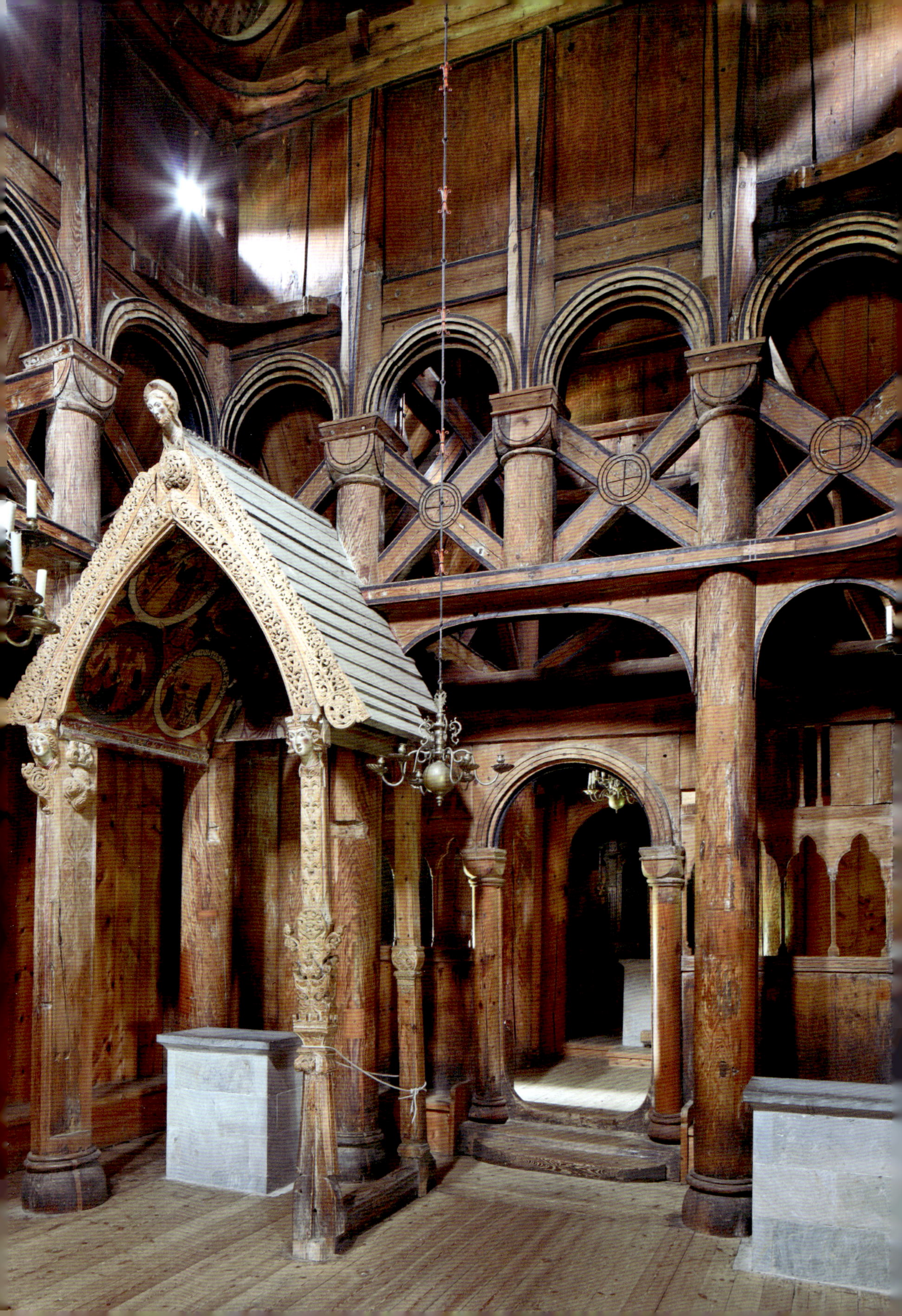

DIE KIRCHENLANDSCHAFT IN WESTNORWEGEN IM MITTELALTER

Alf Tore Hommedal (Universitätsmuseum Bergen)

Zu Beginn des 14. Jahrhunderts standen im damaligen Norwegen, einem Land mit 300.000 bis 500.000 Einwohnern, rund 1.300 Kirchen. Die Gebäude und ihre Ausstattungen in den Städten und auf dem Land sowie die landschaftliche Lage der Kirchen geben nicht nur Auskunft über den christlichen Glauben und die liturgische Nutzung dieser Gotteshäuser. Sie erzählen auch von Wirtschaft, sozialem Status, Gemeinschaftsfunktionen und kulturellen Kontakten – kurz: von der Gesellschaft und der Lebenswirklichkeit.

In der Kirchenkunstsammlung des Universitätsmuseums Bergen befinden sich Gebäudefragmente und Einrichtungsgegenstände aus einigen dieser Kirchen, insbesondere in Westnorwegen. Im frühen 14. Jahrhundert gab es in den heutigen Regionen Vestland und Sunnmøre etwa 230 Kirchen, etwa 56 aus Stein, inklusive achtzehn Steinkirchen in Bergen. Die anderen Kirchen waren in Holz ausgeführt. Im 19. Jahrhundert bildeten Vestland und Sunnmøre zusammen das Bistum Bergen (Stift Bergen), aus dem die meisten Kunstgegenstände, Gebäudeteile

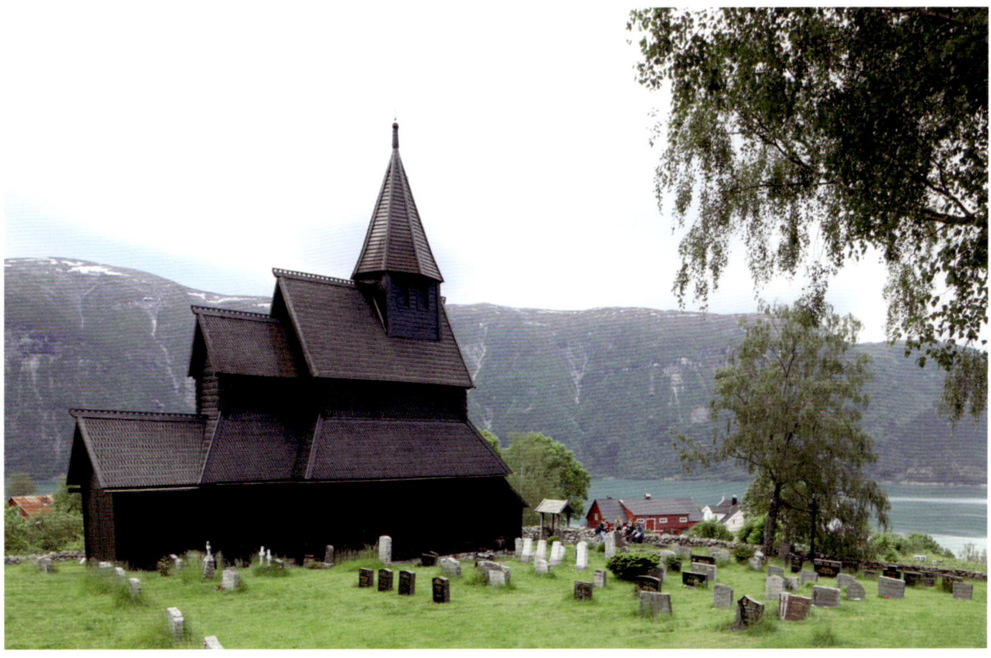

Abb. 1: Urnes (Luster, Sogn), Stabkirche. Foto Justin Kroesen

◂ Hopperstad (Vik, Sogn), Interieur der Stabkirche. Foto Justin Kroesen und archäologischen Funde stammen, die heute im Universitätsmuseum aufbewahrt werden (s. die Übersichtskarte auf dem inneren Umschlag).

Eine typische mittelalterliche Kirche in Norwegen wurde in der Art einer Stabkirche aus Holz gebaut. Von den landesweit errichteten Stabkirchen sind heute nur noch siebenundzwanzig erhalten, davon sechs in Vestland (siehe unten) und keine in Sunnmøre. Von den mittelalterlichen Steinkirchen sind etwa 160 in mehr oder weniger angepasster Form erhalten, von denen sich nur 19 in Vestland und Sunnmøre befinden (hinzukommen mehrere Kirchenruinen). Das Kirchenmaterial des Universitätsmuseums Bergen informiert uns über noch bestehende und verschwundene Kirchen.

Die erste Generation von Kirchengebäuden, die in der Zeit der Christianisierung errichtet wurden und ab dem 11. Jahrhundert dokumentiert sind, scheinen alle so genannte *Stolpekirker* gewesen zu sein: kleine Stabkirchen, deren tragende vertikale Pfähle in Löchern direkt in der Erde verankert waren. Heute sind solche Stabkirchen nicht mehr erhalten, aber in der Steinkirche in Kinsarvik (Hardanger) und den Stabkirchen in Kaupanger und Urnes (Sogn) wurden durch archäologische Ausgrabungen die Spuren solcher Vorgängerbauten nachgewiesen. Die heutige Stabkirche in Urnes, die aus den 1130er Jahren stammt, enthält ältere Gebäudeteile, die ursprünglich zu einer Kirche aus der Zeit um 1070 an gleicher Stelle gehörten. Dazu zählt das berühmte Portal (Abb. 1 und auf S. 27), das dem sogenannten Urnes-Stil, der jüngsten aller Stilphasen der Wikinger-/Eisenzeit, seinen Namen gab (siehe auch Kat. Nr. 1). Die Konstruktionen und Dekorationen dieser frühen Kirchen wurzeln in Traditionen aus der Zeit vor der Einführung des Christentums. Das älteste Kircheninventar in den Sammlungen des Universitätsmuseums muss man sich in solchen *Stolpekirker* vorstellen.

Archäologische Ausgrabungen bestätigen eine rege Bautätigkeit gleich nach der Einführung des Christentums in Norwegen. In diese frühe Phase fiel auch der Aufbau einer kirchlichen Organisation in Westnorwegen, und in der zweiten Hälfte des 11. Jahrhunderts wurde ein Bistum gegründet. Der Bischof residierte ursprünglich auf der Insel Selja im Nordfjord (Abb. 5), wo die heilige Sunniva und ihre Gefährten den Märtyrertod erlitten hatten, doch wurde der Bischofssitz gegen Ende des 11. Jahrhunderts nach Bergen verlegt. In den 1120er Jahren wurde der südliche Teil des Bistums abgetrennt und zum Bistum Stavanger erhoben. In Hardanger gehörten die Kirchen von Røldal und Eidfjord bis zur Reformation zu diesem Bistum.

Von wenigen Ausnahmen abgesehen, wurden Holzkirchen im mittelalterlichen Norwegen als Stabkirchen gebaut. Im Gegensatz zu den *Stolpekirke* wurden bei einer traditionellen Stabkirche die tragenden Pfosten oder Stäbe auf liegenden Balken errichtet, die auf einer erhöhten Plattform aus Stein ruhten. Dies erforderte ein verfeinertes Konstruktionssystem. Diese Bauform scheint sich ab dem frühen 12. Jahrhundert durchgesetzt zu haben, und ist in den Stabkirchen von Urnes (1130er Jahre, Abb. 1–2), Hopperstad (1130er Jahre) und Kaupanger (um 1140) noch erhalten. Der am weitesten verbreitete Stabkirchentyp bestand aus einem einfachen, rechteckigen Kirchenschiff und einem schmaleren, meist rechtwinkligen Chor und war oft von einem Arkadengang (*Svalgang*) umgeben (z. B. Røldal in Ullensvang). Von einem aufwändigeren Stabkirchentyp bei dem das Kirchenschiff eine erhöhte Mitte aufweist, sind vier Beispiele in Sogn erhalten: Hopperstad, Kaupanger, Urnes und Borgund

Abb. 2: Urnes (Luster, Sogn), Stabkirche, Innenansicht. Foto Justin Kroesen

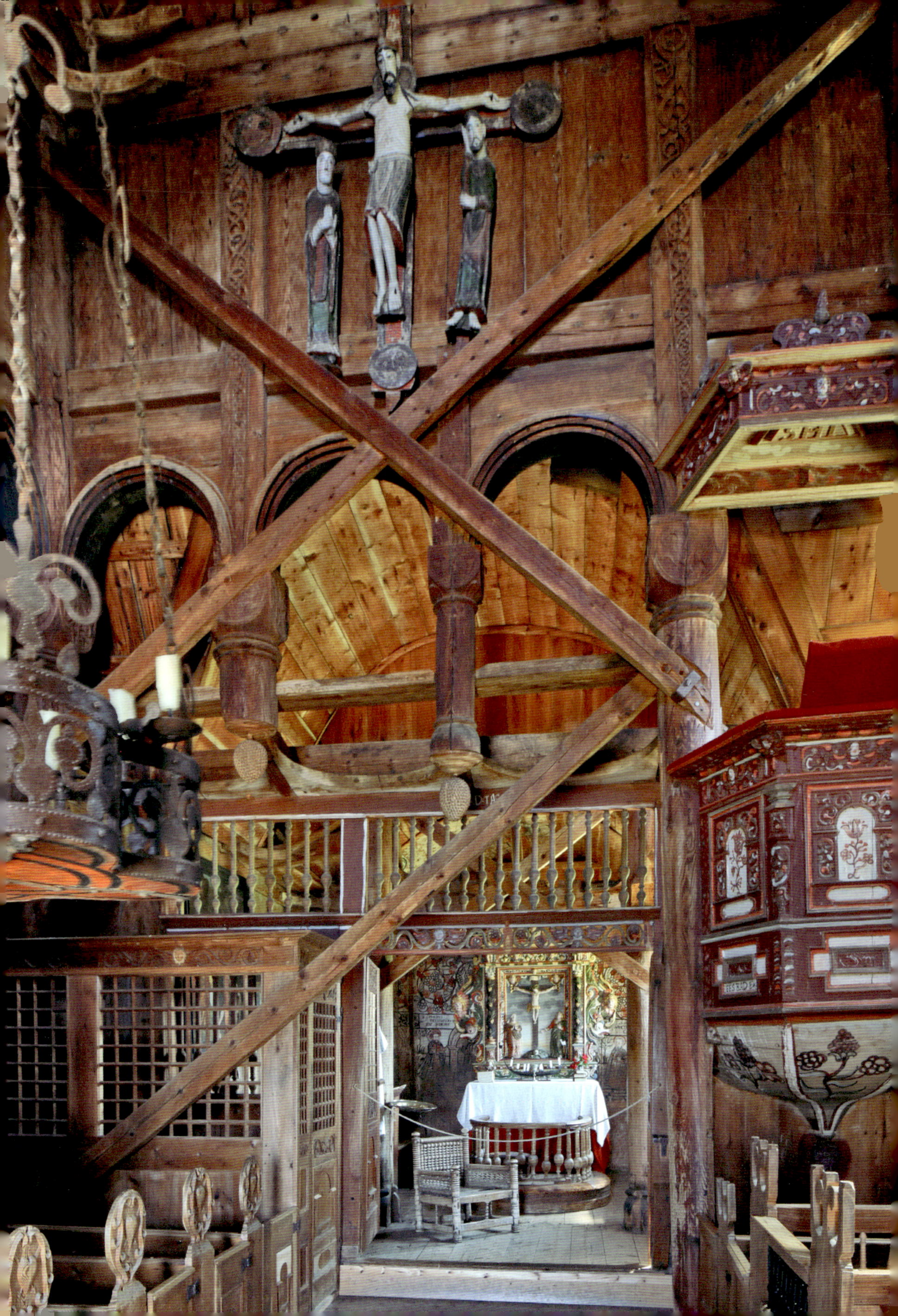

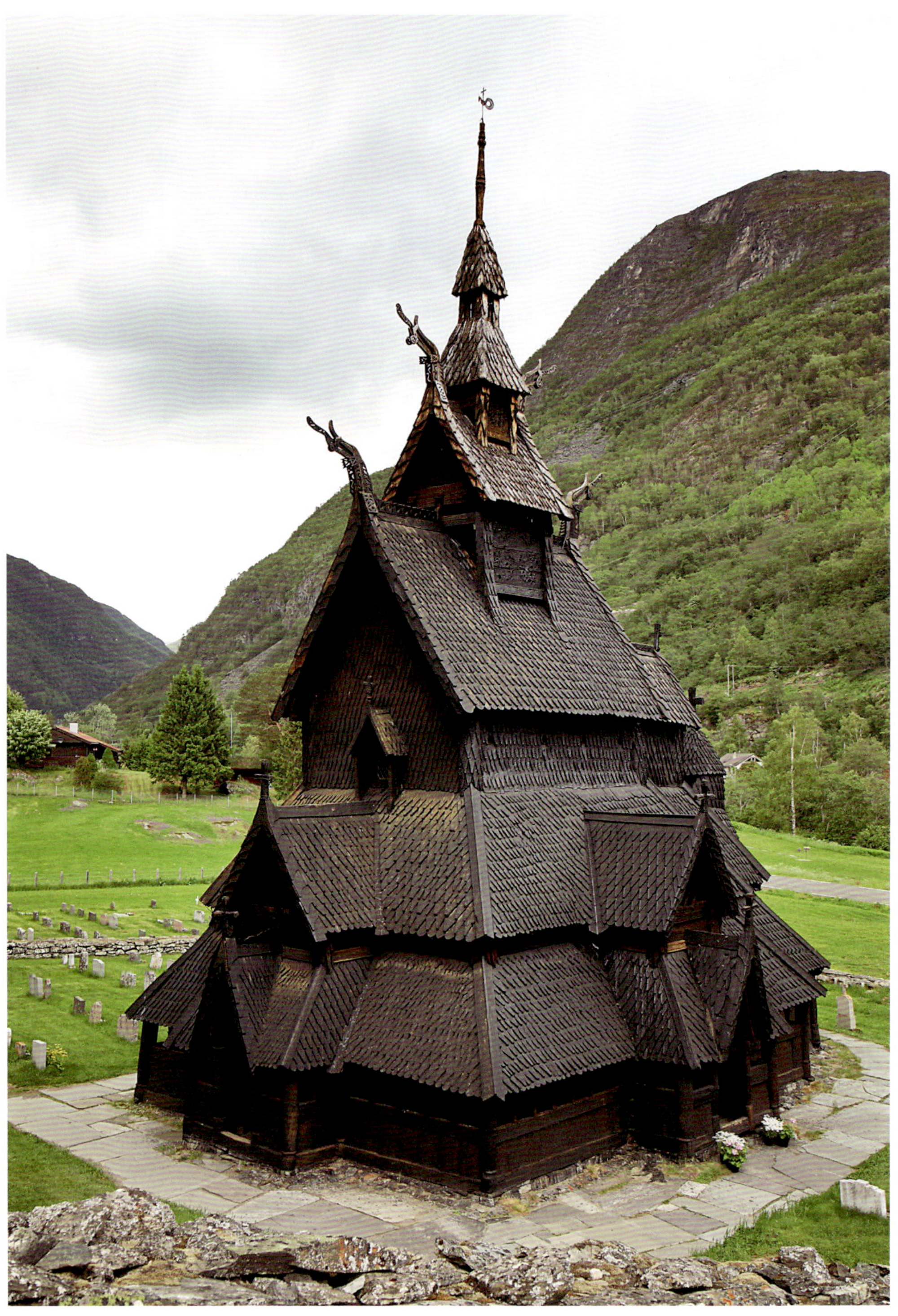

Abb. 3: Borgund (Sogn), Stabkirche. Foto Justin Kroesen

(Abb. 3). Vor allem diese Bauweise galt im 19. Jahrhundert als »typische« Stabkirche. Es gab noch viele andere, heute verschwundene Stabkirchen desselben Typs in Sogn, darunter Stedje (Kat. Nr. 10–12) und Årdal (Kat. Nr. 15 und Abb. S. 11). Die meisten Stabkirchen dienten als Pfarrkirchen. Das gilt auch für die Kirche in Røldal, auch wenn sie zusätzlich als Pilgerkirche diente, was ihre reiche Ausstattung erklären könnte (Kat. Nr. 28, 32, 33, 34, 46, 51, 72).

Nach der Reformation wurden im 17. und 18. Jahrhundert viele Stabkirchen durch hölzerne Anbauten erweitert, während andere vollständig durch Holzkirchen ersetzt wurden. Im 19. Jahrhundert kam es zu einer letzten Abrisswelle, bei der viele Stabkirchen durch weiß gestrichene Holzbauten ersetzt wurden, wie sie noch heute in ganz Norwegen zu finden sind. In mehreren Orten, z. B. in Borgund und Stedje (Sogndal) sowie in Årdal, alle in Sogn, blieb der Architekt Christian Christie bei seinen Entwürfen für neue Kirchen in den 1860er Jahren dem Charakter der Stabkirchen verpflichtet (Abb. 4). Die meisten der originalen Stabkirchenfragmente kamen im Laufe des 19. Jahrhunderts in das Universitätsmuseum (Kat. Nr. 10, 11, 13–15). Bezieht man Architekturzeichnungen von Kirchen ein, die vor ihrem Abriss angefertigt wurden, so haben wir eine relativ gute Kenntnis der mittelalterlichen Stabkirchen, die über die erhaltenen Bauten hinausgeht. Letztere wurden im 19. und 20. Jahrhundert ebenfalls teilweise im Zuge von Restaurierungen und Anpassungen an die moderne kirchliche Nutzung verändert (wie in Kaupanger und Røldal) oder sogar in den mittelalterlichen Zustand »zurückversetzt« (wie das Äussere in Hopperstad, Sogn). Von allen noch stehenden Stabkirchen in der Region Vestland ist die Kirche in Borgund die authentischste. 1897 wurden alle noch erhaltenen mittelalterlichen Kirchen in Norwegen unter Denkmalschutz gestellt.

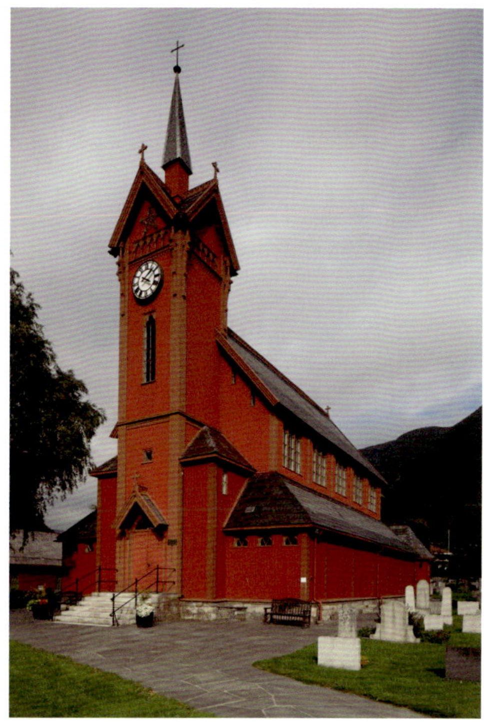

Abb. 4: Årdal (Sogn), Holzkirche von 1867. Foto Justin Kroesen

Mit der Einführung des Christentums und der organisierten Kirche am Ende des 11. Jahrhunderts erreichte auch die europäische Steinbautradition Norwegen. Die meisten Steinkirchen wurden in den Städten sowie an der Küste und in den reicheren landwirtschaftlichen Regionen in Ostnorwegen und Trøndelag errichtet. Der Bau von Steinkirchen stand oft in Verbindung mit mächtigen Herrschern oder Institutionen wie königliche und kirchliche Behörden. Die meisten waren Pfarrkirchen, aber Steinkirchen dienten auch als Bischofskirchen, königliche Kapellen, Hospitalkirchen und in über dreißig Fällen als Klosterkirchen. In Bergen waren fünf Klöster angesiedelt, von

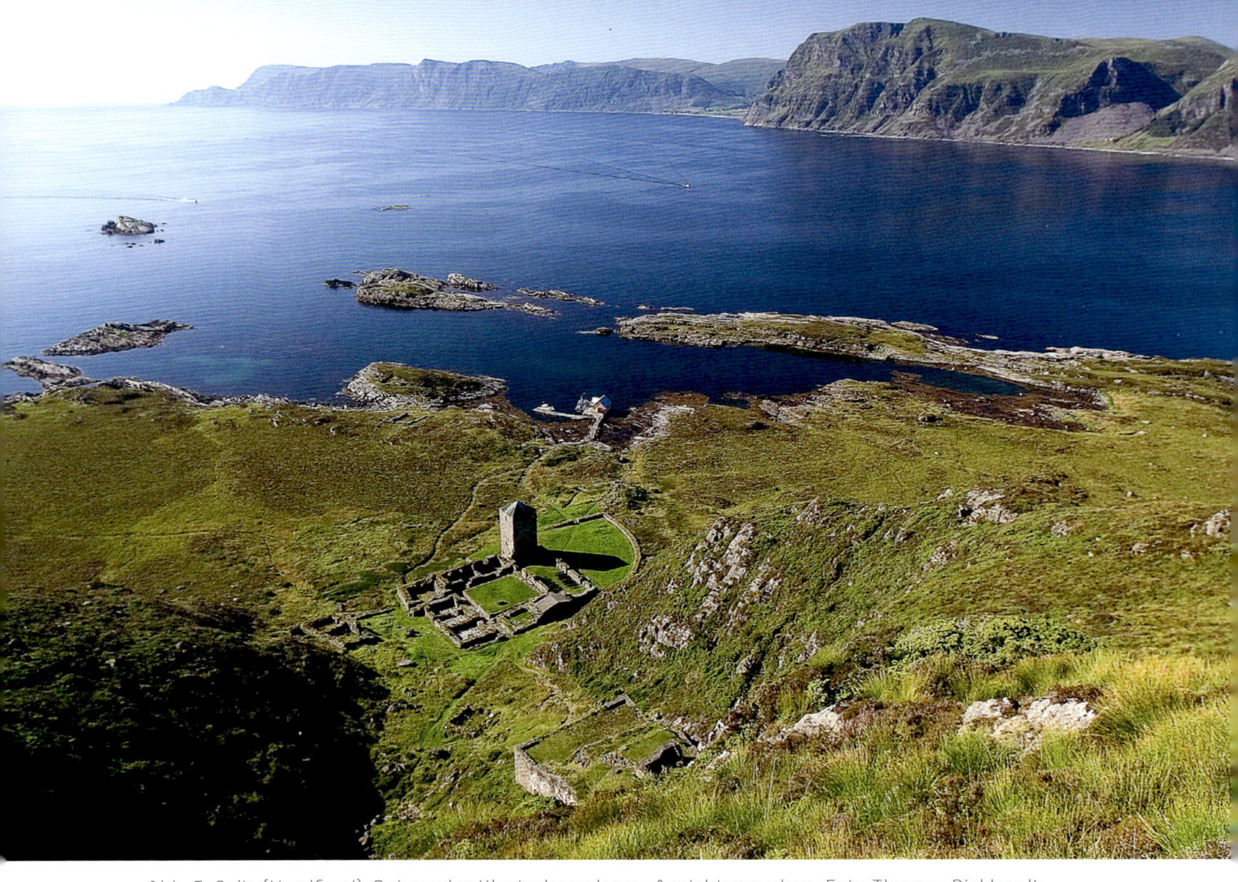

Abb. 5: Selja (Nordfjord), Ruinen des Klosterkomplexes, Ansicht von oben, Foto Thomas Bickhardt

denen nur die Franziskanerkirche (heute die lutherische Domkirche) und Teile der Benediktinerinnenkirche (Nonneseter) erhalten sind. Das Universitätsmuseum besitzt außerdem Gebäudefragmente aus der Abteikirche von Munkeliv (Kat. Nr. 2) und aus der Augustinerkirche St. Johann. Außerhalb Bergens befanden sich Klöster auf der Insel Selja in Nordfjord, in Lyse bei Os (Kat. Nr. 3) und auf Halsnøy in Sunnhordland, die heute allesamt Ruinen sind.

Die älteste Steinkirche in Vestland, von der noch Ruinen erhalten sind, ist die Christuskirche auf der Insel Selja aus dem späten 11. Jahrhundert, die als Kathedrale diente (Abb. 5). Die Verzierungen und Techniken deuten darauf hin, dass sie englischen Bautraditionen folgte. Im frühen 12. Jahrhundert kamen darüber hinaus stilistische Einflüsse aus dem Süden (der rheinisch-lombardische Stil) nach Bergen, wo die Heilig-Kreuz-Kirche, der Turmsockel des Nonneseter-Klosters und die ältesten Teile der Marienkirche diese Merkmale aufweisen. Sie gelangten möglicherweise direkt aus Speyer nach Bergen oder über Ribe und Lund im damaligen Dänemark vermittelt. Auch die Kirche der Abtei Munkeliv in Bergen, die um 1110 erbaut wurde, trug diese Merkmale. Ab 1160 zeichnete sich in Bergen ein Wandel des architektonischen Stils unter englischem Einfluss ab, z. B. im westlichen Teil der Marienkirche. Bauten des 13. und bis ins 14. Jahrhundert hinein entsprechen den gotischen Stilepochen *Early English* und *Decorated*, wie anhand der nach einem Brand im Jahr 1248 begonnenen Chorerweiterung der Marienkirche (Abb. 6) zu sehen ist.

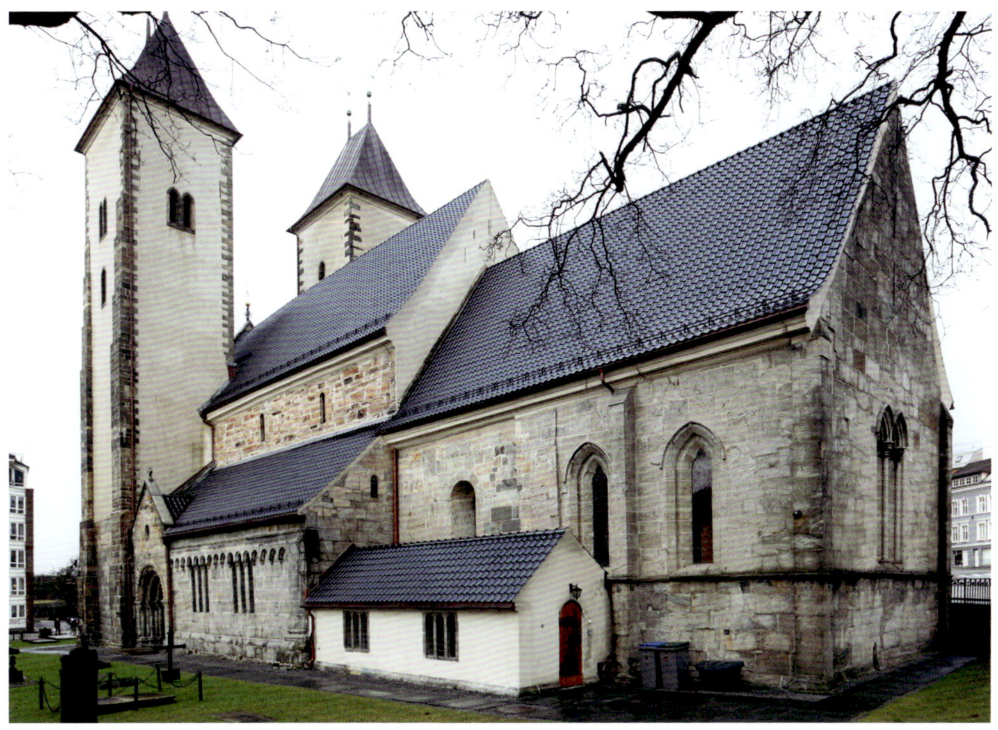

Abb. 6: Bergen, Marienkirche, Blick von Südosten, Foto Justin Kroesen

Steinkirchen in anderen Teilen Westnorwegens zeigen, wie sehr sich insbesondere die Bergener Steinmetze bemerkbar machten. Handwerker mit diesem Hintergrund scheinen an der Errichtung der Kirche in Hove in Sogn im späten 12. Jahrhundert beteiligt gewesen zu sein (Abb. 7), die englischen Einfluss zeigt. Im 12. Jahrhundert wurden vor allem an der Küste Steinkirchen erbaut, mit einigen Ausnahmen wie Kinsarvik in Hardanger (Abb. 8) und Hove in Sogn. Im späten 13. und frühen 14. Jahrhundert wurden dagegen eher in den Siedlungen entlang der Fjorde sowie im Binnenland von Voss (Hordaland) bisweilen sogar große Kirchen errichtet, auch hier mit deutlichen Verbindungen nach Bergen. Im Spätmittelalter wurden in Westnorwegen, wie auch in anderen Landesteilen, relativ wenige Kirchen neu errichtet. Dies war wahrscheinlich größtenteils das Ergebnis der schweren demografischen und wirtschaftlichen Rückschläge, die das Land nach dem Schwarzen Tod 1349–1350 und den nachfolgenden Seuchen erlitt.

Die Innenräume und die Ausstattung aller mittelalterlichen Kirchen, sowohl aus Holz als auch aus Stein, folgten in etwa dem gleichen Raummuster. Ihre Gestaltung wurde durch ihre Funktion als Ort der Liturgie bestimmt, in deren Mittelpunkt die Feier der Messe stand. Ein Beispiel für Form und Funktion einer mittelalterlichen Pfarrkirche in Westnorwegen ist der Grundriss der Kirche von Kinsarvik in Hardanger, die um 1200 fertiggestellt wurde (Abb. 9).

Das Gebäude besteht aus zwei rechteckigen Räumen, dem breiten Kirchenschiff (A) im Westen, in dem sich die Gemeinde

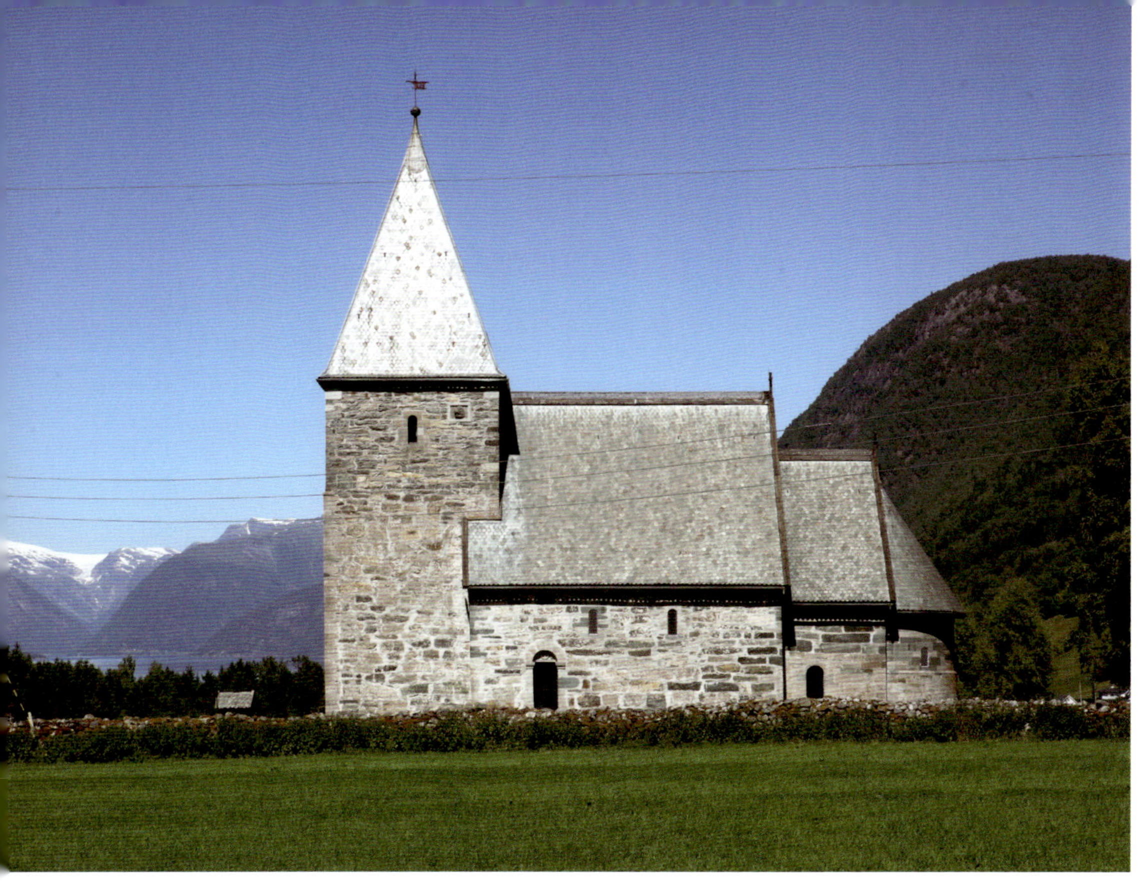

Abb. 7: Hove (Sogn), Steinkirche, mit dem Sognefjord im Hintergrund. Foto Justin Kroesen

versammelte, und dem schmaleren Chor (B) an der Ostseite, in dem sich die rituellen Aktivitäten konzentrierten. Das Kirchenschiff konnte durch das feierliche Westportal (1) betreten werden, aber die Gläubigen benutzten gewöhnlich die Eingänge an der Nord- (Frauen) und Südseite (Männer) (2). Viele Kirchen, vor allem in Westnorwegen, hatten nur Eingänge an den Seitenwänden des Kirchenschiffs, oft sogar nur an der Südseite. Der Priester hatte seinen eigenen Eingang an der Südseite des Chorraums (3).

Im westlichen Teil des Kirchenschiffs wurde am Taufbecken die Taufe vollzogen (4). Das Kirchenschiff wurde auch für Predigten genutzt und war mit Bänken an den Wänden für jene Gläubigen ausgestattet, die sitzen mussten. Vor der Ostwand des Kirchenschiffs standen Seitenaltäre (5), in der Regel einer für die Jungfrau Maria auf der Nordseite und einer für einen wichtigen Heiligen auf der Südseite, in Norwegen oft der Heilige Olav. Hier konzentrierten sich das private Gebet und die Andacht der Gläubigen. Im mittleren Teil der Ostwand befand sich eine Öffnung zum Chorraum, in oder über der sich ein Lettner- oder Triumphkreuz befand (6). Im Chorraum stand der Hauptaltar, an dem der Priester an Sonn- und Festtagen die Messe zelebrierte (7). Die Altäre waren aus Stein gebaut und mit einer massiven Platte bedeckt, die in der Mitte eine Vertiefung für Reliquien aufwies. Im 13. und 14. Jahrhundert wurden viele Altarblöcke mit bemalten hölzernen Frontalien dekoriert. Auf oder hinter den Altären, von denen einige mit einem hölzernen Baldachin überdacht waren (s. Abb. auf S. 14), konnten Heiligenfiguren aufgestellt

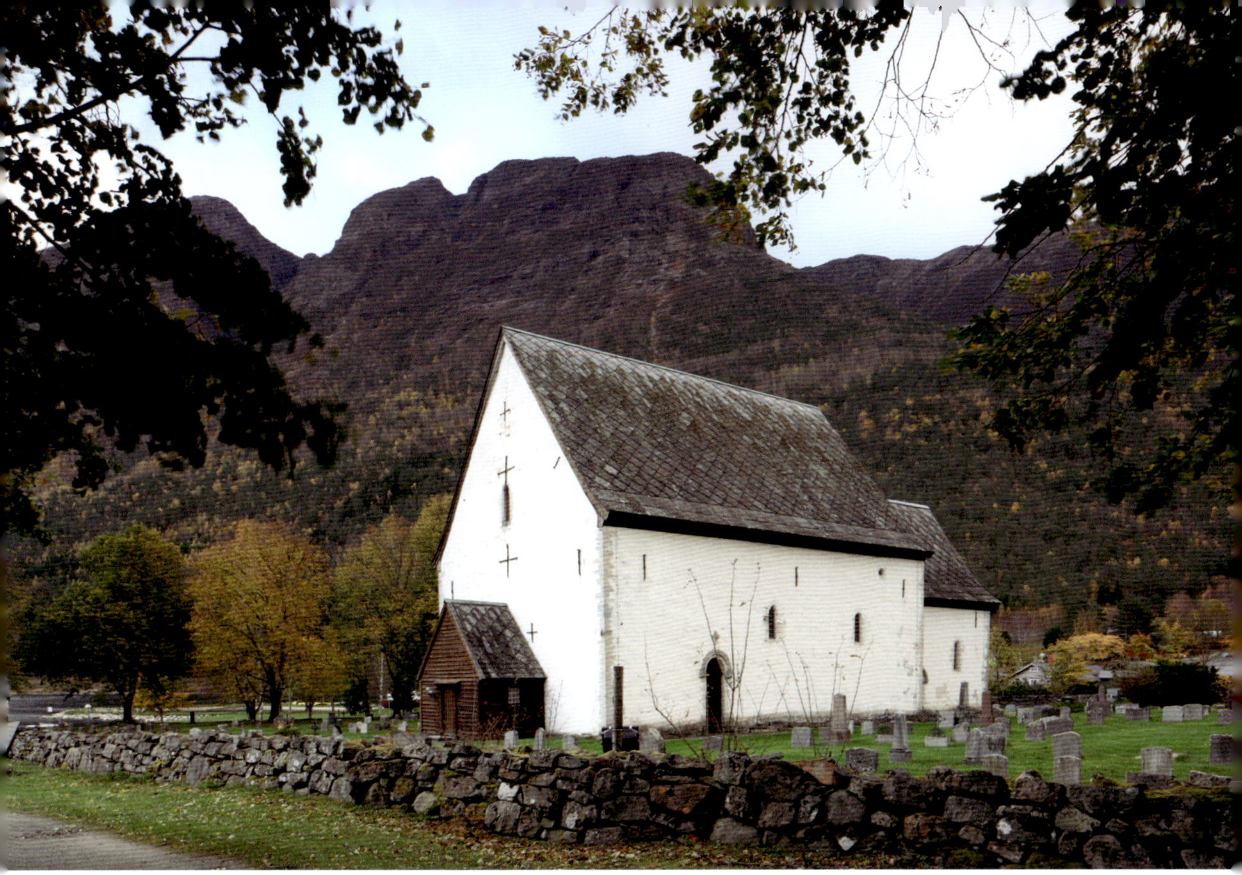

Abb. 8: Kinsarvik (Hardanger), Steinkirche. Foto Justin Kroesen

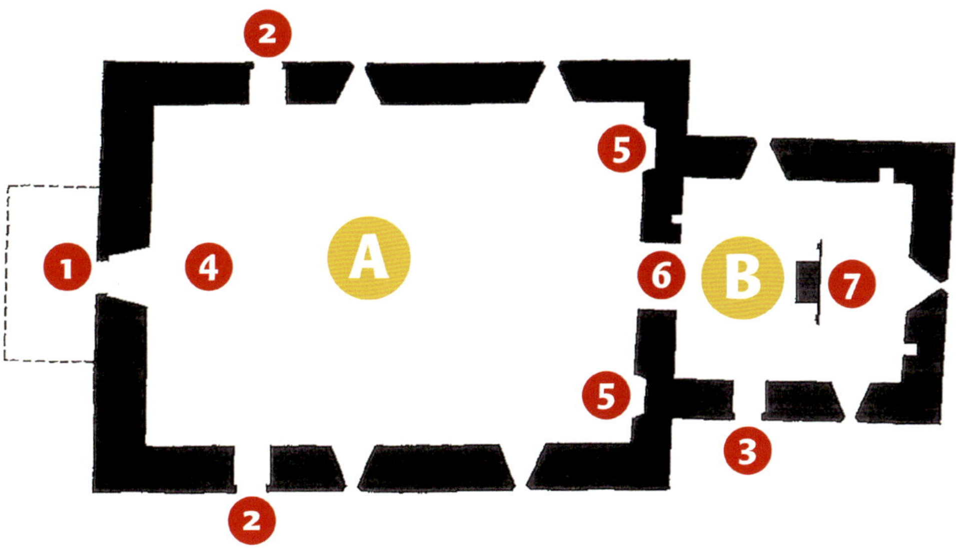

Abb. 9: Grundriss einer mittelalterlichen Pfarrkirche (Kinsarvik), Zeichnung Meindert Spek

werden, die oft in Tabernakelschreinen aufgestellt waren. Später, im 15. Jahrhundert, wurden Flügelaltäre üblich.

Der Priester trug während der Zeremonie ein Messgewand (Kasel) und benutzte ein Weihrauchfass, um den Altar und den Altarraum für das Ritual zu heiligen. Er wusch sich symbolisch die Hände, indem er Wasser aus einer *Aquamanile* über seine Finger goss, und wenn er nicht am Altar stand, saß er auf einer *Sedilia* oder Priesterbank. Auf dem Altar standen Kerzenleuchter, ein Messbuch sowie Kelch und Patene, die Utensilien für das Abendmahl. Reliquienschreine und Heiligenfiguren wurden gelegentlich in Prozessionen herumgetragen, begleitet von Kerzenleuchtern und Fahnen.

Der Anblick und die Geräusche der rituellen Handlungen, das mit farbenfrohen Kunstwerken gefüllte Innere und die gregorianischen Gesänge schufen eine überwältigende, multisensorische Erfahrung, die dem Leben der mittelalterlichen Christen Sinn und Hoffnung für die Zukunft verlieh. Man mag beklagen, dass so viele mittelalterliche Kirchen in Westnorwegen im Laufe der Zeit verschwunden sind, aber glücklicherweise ist ein Teil des Glaubens, der Zweifel und des Vertrauens, die einst die nun verschwundenen Innenräume erfüllten, durch die im Universitätsmuseum zu Bergen aufbewahrten Überbleibsel immer noch greifbar.

Christie 1981, S. 185; Ekroll/Eide 2012; Eldal 1993; Helle 1980; Hoff/Lidén 2000; Hoff/Lidén/Storsletten 2000; Hohler 1999; Hommedal 2014; 2018; 2019; Krøvel/Tafjord 2017; Lidén 1981; 1997; 2000; 2003; 2008; Lidén/Magerøy 1980; 1983; 1990; Lidén/Trædal 2003; Nybø 2000; Tryti 2006.

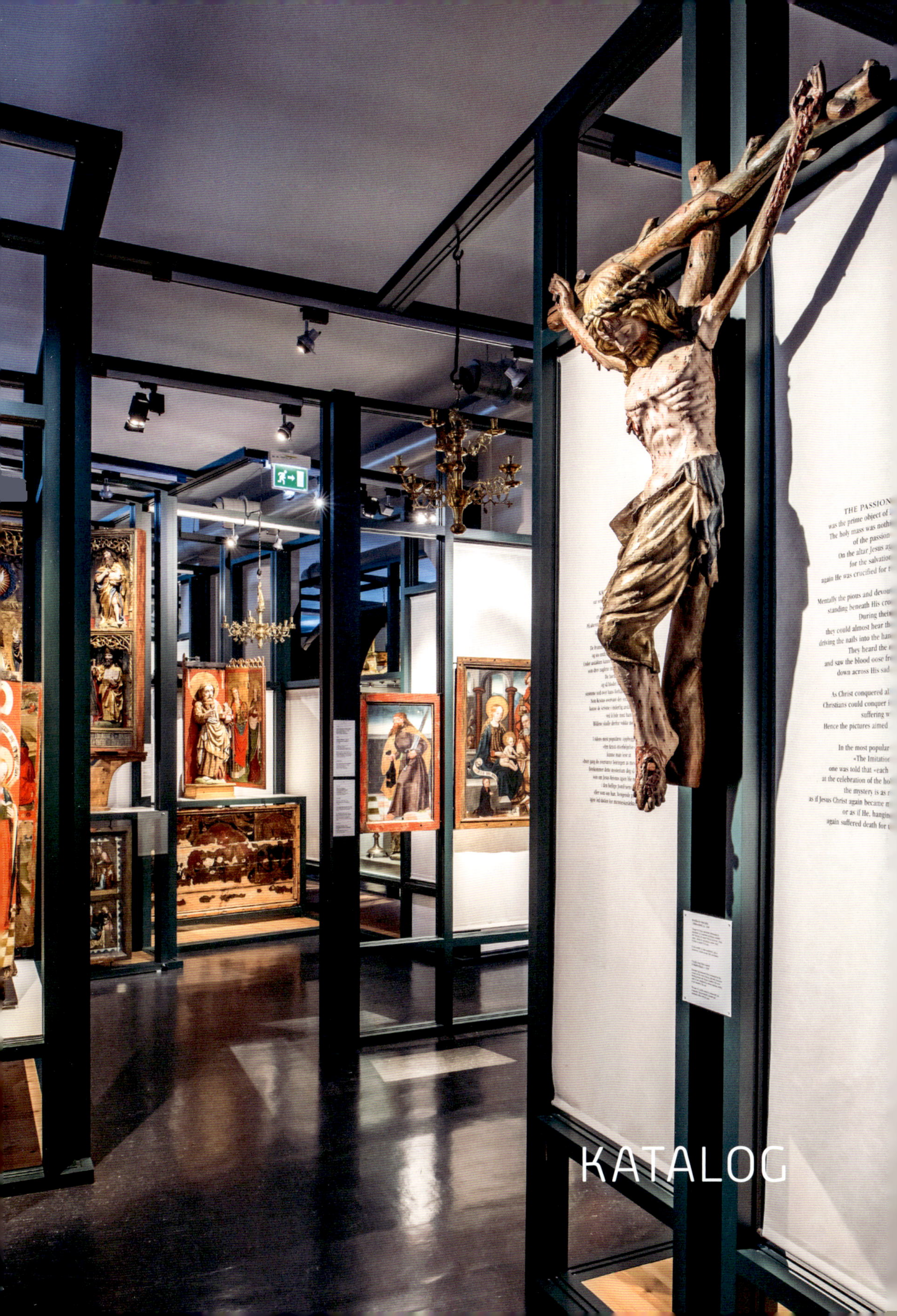

KATALOG

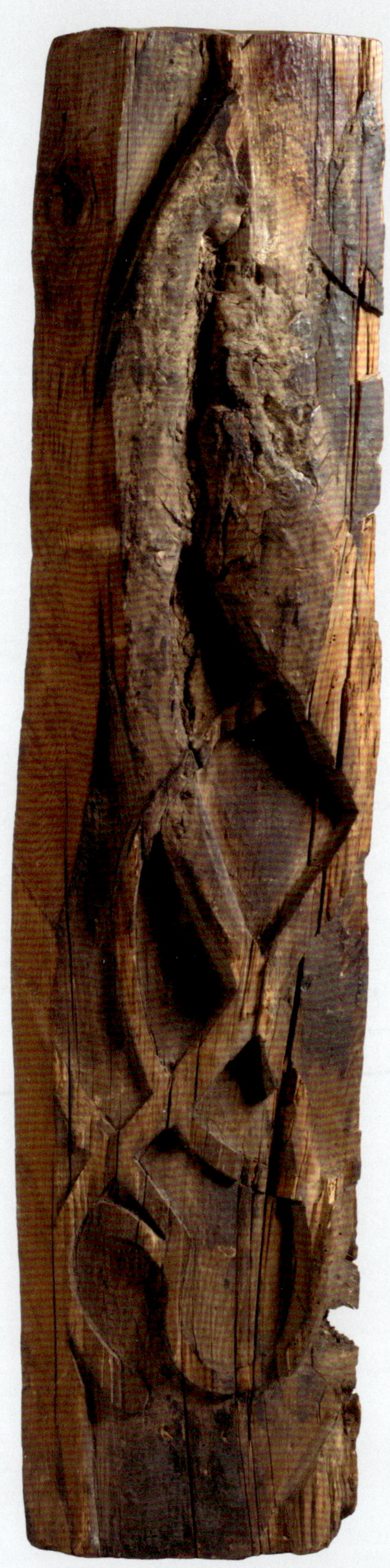

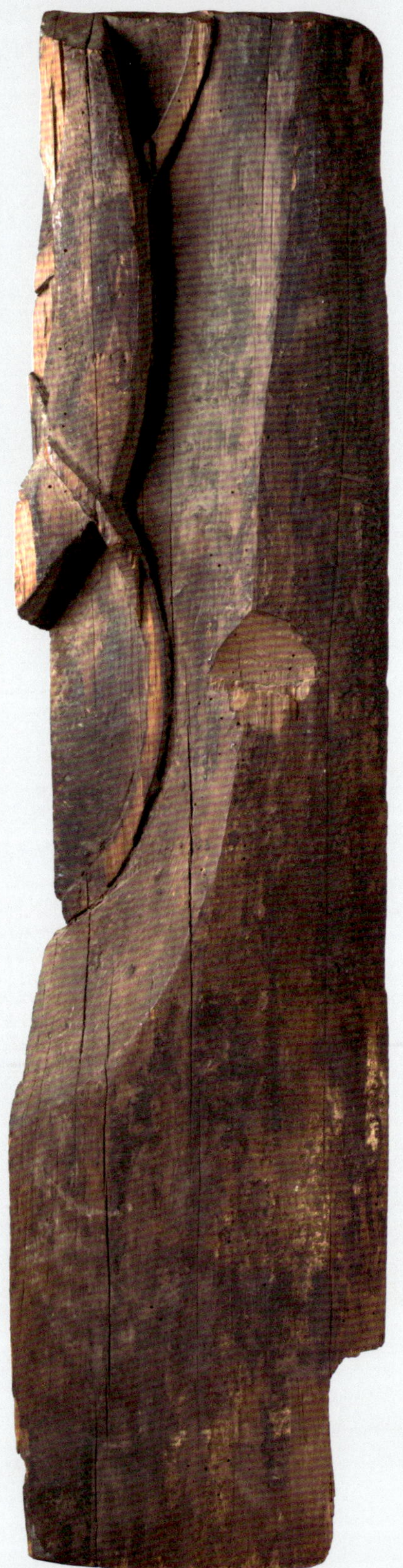

1

FRAGMENTE DER STABKIRCHE ZU HOPPERSTAD

Norwegen, um 1050
Aus Hopperstad (Sogn), seit 1891 im Museum
Kiefernholz
H 86,5 x B 18,5 x T 17 cm
Inv. Nr. MA 287ab

Stabkirchen sind Kirchen aus Holz, gebaut mit senkrecht aufgestellten Baumstämmen, »staver« genannt, die die gesamte Konstruktion tragen. Von den ursprünglich geschätzten zweitausend Stabkirchen die während des Mittelalters in Norwegen errichtet wurden, sind nur 27 erhalten geblieben. Zwischen 1885 und 1891 wurden bei Restaurierungsarbeiten in der Stabkirche zu Hopperstad (Sogn) zwei Stabfragmente entdeckt. Die Schnitzereien weisen eine Ornamentik im sogenannten »Urnes-Stil« auf, benannt nach dem hervorragend erhaltenen Nordportal der Stabkirche zu Urnes (Luster, Sogn), das auf die Zeit um 1070 datiert werden kann. Der früheste Stabkirchenstil, der sich durch eine Wechselwirkung zwischen Tier- und Floralornamentik auszeichnet, verbreitete sich ab dem 11. Jahrhundert in Skandinavien.

Die Fragmente in Hopperstad konnten dendrochronologisch auf die Zeit um 1031–1070 datiert werden, am wahrscheinlichsten in die 1050er-Jahre. Sie stammen wohl von einem Stab des Vorgängerbaus der noch heute bewahrten Stabkirche, die in die 1130er-Jahre datiert wurde. Die Fragmente aus Hopperstad gehören zu einer der frühesten Stabkirchen, die im erst kürzlich christianisierten Norwegen erbaut wurden. Es handelt sich folglich um eines der ältesten erhaltenen Spuren des Christentums in Norwegen. Das geschnitzte Motiv wurde von Erla Hohler als Schulter und Vorderbein eines Tieres gedeutet, ähnlich wie es sich auf dem Nordportal in Urnes erhalten hat.

Dietrichson 1892, S. 226–227; Hauglid 1976, S. 231; Hohler 1999, S. 172; Krogh 2011, S. 206–207; Dommasnes/Hommedal 2016, S. 140–142

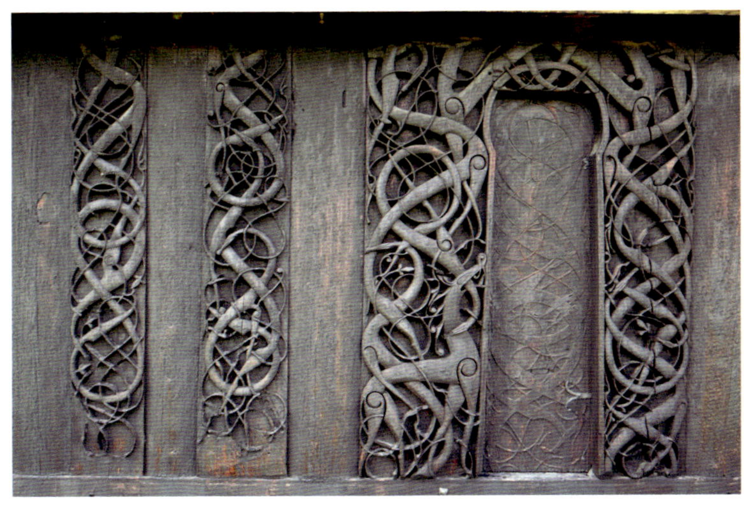

Urnes (Luster, Sogn), Portal des Vorgängerbaus im Urnestil, um 1070. Foto Stephan Kuhn

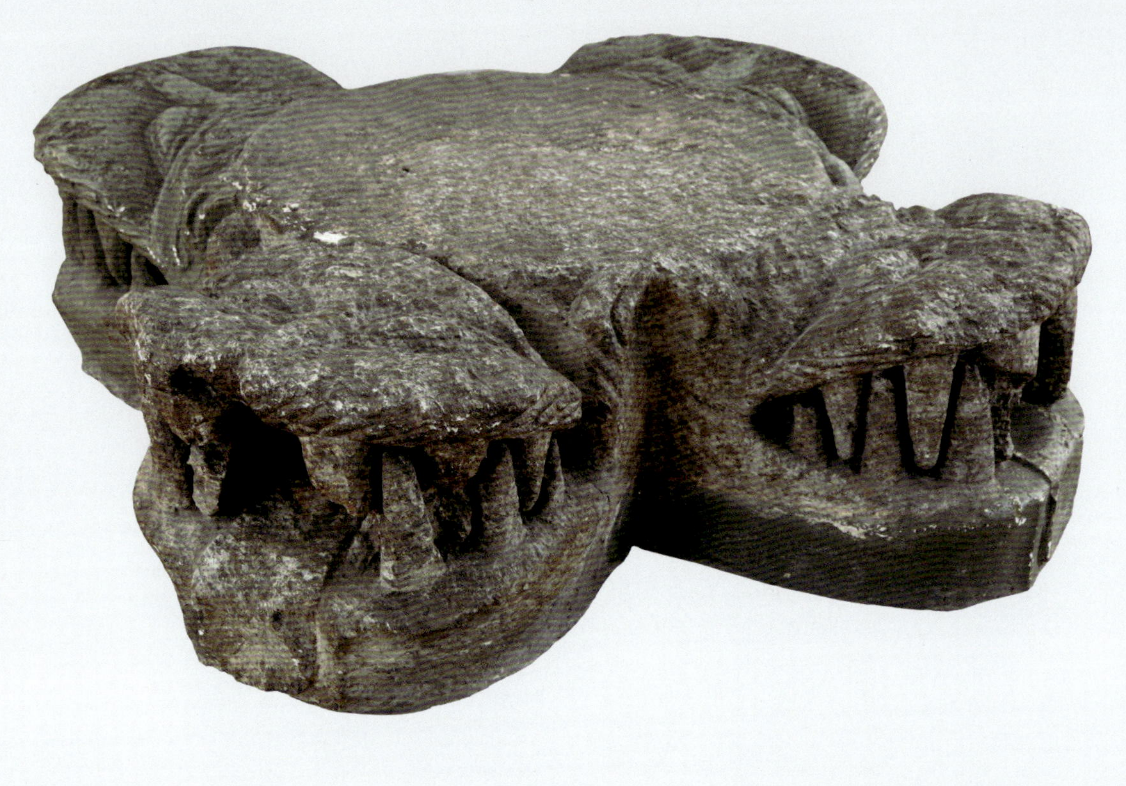

2

STEINFRAGMENTE AUS DER ABTEI MUNKELIV

Norwegen, 1100–1150
Aus der Abtei Munkeliv (Bergen), im Museum seit 1853 (Kopf) und 1860 (Säulenbase)
Marmor (Kopf, Kapitell), Speckstein (Säulenbase)
H 31 x B 19 x T 11 cm (Kopf)
H 35 x B 50 x T 47 cm (Kapitell)
H 30 x B 93 cm (Base)
Inv. Nr. MA 76 (Kopf), MA 714 (Kapitell), MA 355 (Säulenbase)

Die Benediktinerabtei Munkeliv, auf der Halbinsel Nordnes westlich der Bergener Bucht (Vågen), war eines der ältesten und reichsten Klöster des mittelalterlichen Norwegens. Es wurde um 1110 von König Øystein Magnusson (1103–1123) gegründet und der Klosterkomplex wurde ein Referenzpunkt in der Stadt. Im späten 14. Jahrhundert verfiel das Kloster allmählich, bevor es in den 1420er-Jahren vom Brigittenorden übernommen wurde. Im Jahre 1455 wurde das Kloster von den hanseatischen Kaufleuten aus dem auf der gegenüberliegenden Seite der Bucht gelegenen Bryggen geplündert.

Am Vorabend der Reformation, zwischen 1531–1536, diente die Klosterkirche als Bergener Domkirche; danach brannte das Kloster und verfiel.

Archäologische Ausgrabungen im Jahr 1860 brachten den Grundriss der Kirche ans Licht, in Bergen die Einizge mit einer Krypta. Einige Steinskulpturen wurden aufbewahrt, während andere in umliegenden Gebäuden wiederverwendet wurden. Die aus Speckstein gefertigte Säulenbase aus der Krypta ist von vier Monsterköpfen mit furchterregend geöffneten Mäulern umgeben (zwei Köpfe sind original, die beiden anderen wurden rekonstruiert). Ähnlich gestaltete Monsterköpfe finden sich in den Domkirchen zu Lund (Schweden) und Speyer (Deutschland). Ein korinthisches Kapitell aus Marmor mit einer doppelten Reihung von Akanthusblättern ist auffallend fein ausgeführt und erinnert an Kapitelle in Norditalien, vor allem Ravenna.

Zu den Funden aus Munkeliv gehört ein Marmorkopf, der eine ringförmige Krone des byzantinischen Typus trägt, die von einem Kreuz abgeschlossen wird. Die in stilisierten Buchstaben ausgeführte Inschrift EYSTEIN-REX auf der Krone, identifiziert den Kopf als Abbild des Klostergründers König Øystein. Das ausdrucksstarke Gesicht zeichnet sich durch die wulstigen mandelförmigen Augen, dem feinen Schnurrbart und kurzen Bart aus.

Bendixen 1911, S. 28; Lidén/Magerøy 1980, S. 150–157; Lidén/Magerøy 1990, S. 75–81, 162; Lidén 2003; Hommedal 2014

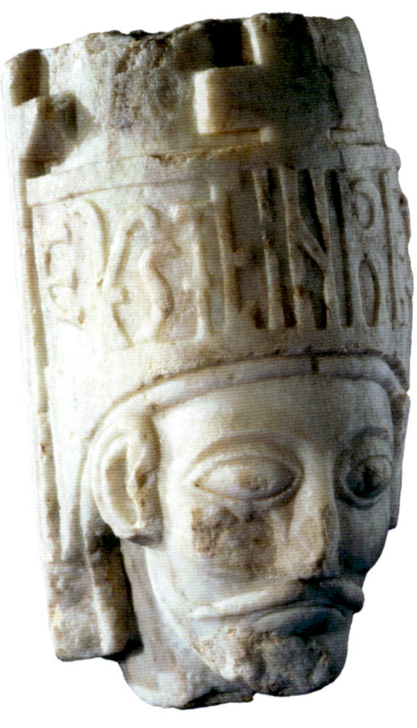

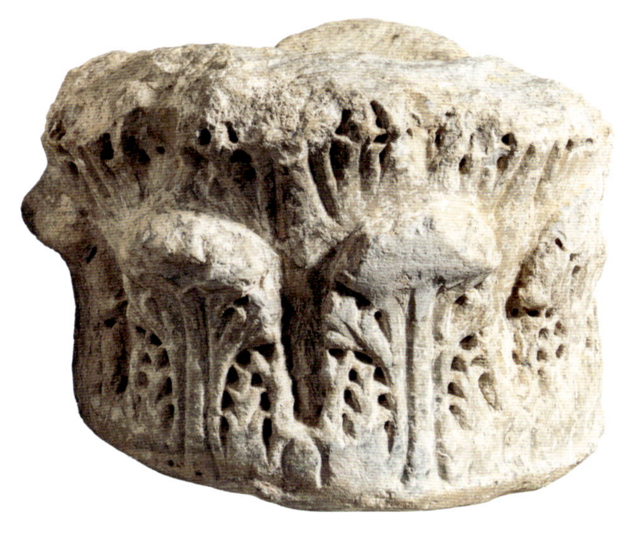

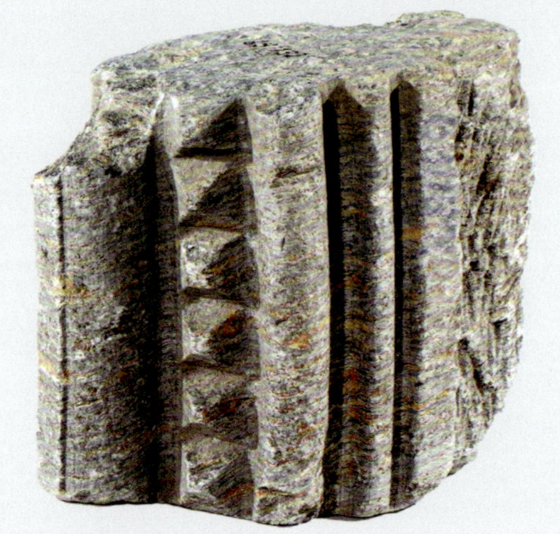
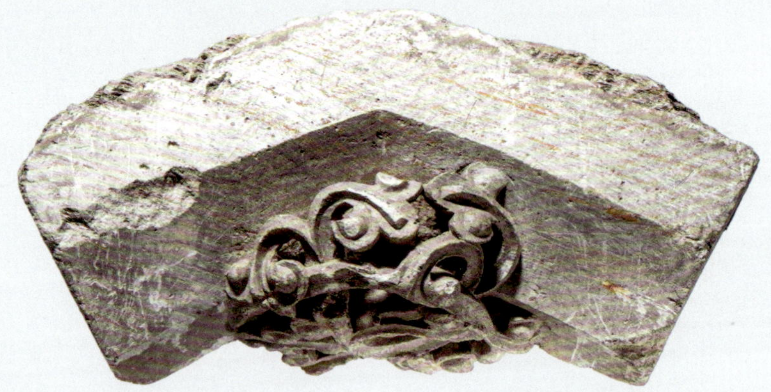
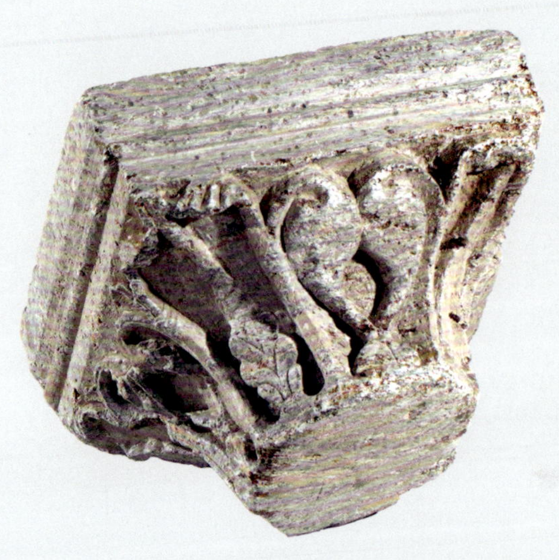

3

BAUFRAGMENTE AUS DEM KLOSTER LYSE

Norwegen, 1150–1200
Aus dem Zisterzienserkloster Lyse bei Bergen, seit 1888 im Museum
Speckstein
H 31 x B 25,5 x T 34 cm (Bogenfragment)
H 49 x B 78 x T 41 cm (Bogenfragment)
H 18 x B 30 x T 30 cm (Kapitell)
Inv. Nr. MA 273

Das Zisterzienserkloster Lyse, etwa 25 Kilometer südlich von Bergen, wurde 1146 von Bischof Sigurd von Bergen gestiftet und vom englischen Mutterkloster Fountains Abbey (Yorkshire) besiedelt. Die Klosteranlagen umfassten neben der einschiffigen Klosterkirche auch einen Kreuzgang mit angrenzenden Räumen, u. a. der Kapitelsaal, das Refektorium und Dormitorium. Die Mönche betrieben einige Klosterhöfe im umliegenden Tal, und das Kloster entwickelte sich zu einem der wohlhabendsten in Norwegen. Nach der Reformation wurde es aufgegeben und allmählich abgetragen. Die Steine wurden im Rosenkrantzturm in Bergen sowie für das Schloss Kronborg im dänischen Helsingør wiederverwendet. In den Jahren 1888–1889 fanden umfangreiche Ausgrabungen statt, im Zuge dessen einige Baufragmente in die Sammlung in Bergen gelangten. Heute sind rekonstruierte Teile des Kreuzganges sowie Fundamente der Klosteranlage und ein Lapidarium vor Ort zu besichtigen.

Die Bauskulptur wurde aus dem klostereigenen Specksteinbruch gefertigt, von dem die Mönche das Material auch für diverse Bauwerke in Bergen lieferten. Stilistische Parallelen zu englischen Kirchenbauten der zweiten Hälfte des 12. Jahrhunderts werden ersichtlich. Die profilierte Diamantleiste, ein typisches Motiv englischer Kirchenbauten, stammt wahrscheinlich vom Westportal des Kapitelsaales, ebenso wie der Schlussstein mit runder Blattscheibe. Vergleichbare Ornamentik lässt sich in Norwegen unter anderem am Südportal der Marienkirche in Bergen sowie am Transept des Nidarosdoms in Trondheim finden.

Nicolaysen 1890; Johnsen 1977; Lidén 2014, S. 24; Nybø 2018

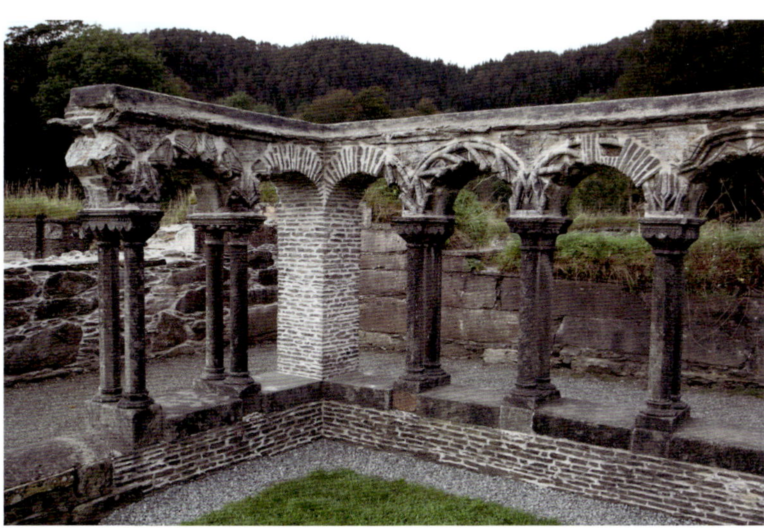

Die Ruinen des Klosters Lyse mit rekonstruiertem Teil der Arkade im Kreuzgang. Foto Justin Kroesen

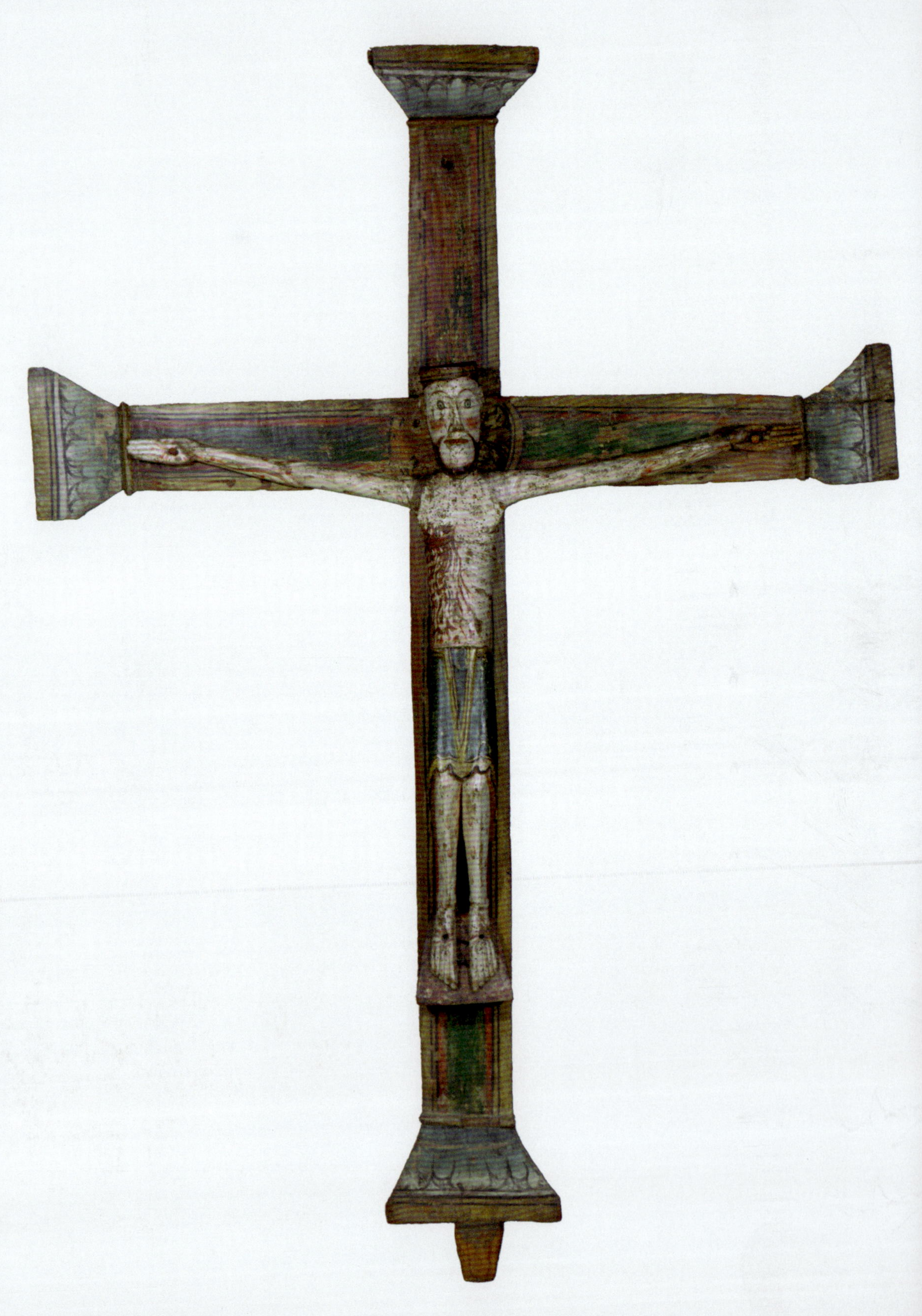

4

ROMANISCHES KRUZIFIX AUS LEIKANGER

Norwegen, um 1150
Aus Leikanger (Sogn), ursprünglich aus Rinde (?), im Museum seit 1865
Kiefer (Kreuz), Laubholz (Corpus), Polychromie
H 143 x B 104 cm x T 13 cm
Inv. Nr. MA 48

Dieses Kruzifix gehört zu den ältesten in Norwegen und entstand wahrscheinlich um die Mitte des 12. Jahrhunderts. Die schlanke Figur »steht« vor dem Kreuz, die Knie sind – dem romanischen Stil folgend – leicht gebeugt. Angedeutete Schlitze in Armen und Brust suggerieren Rippen und Muskeln. Christus trägt ein grünes Lendentuch, das vorne in einer tiefen V-Falte herabhängt. Seine Füße stehen nebeneinander auf einer schrägen Stütze (*suppedaneum*), und seine gestreckten Arme sind leicht nach oben gerichtet. Das Gesicht Christi ist durch einen unbewegten Blick gekennzeichnet, um seinen Mund sind ein dünner Schnurrbart und ein Bart in Schwarz aufgemalt. Auf seinem Kopf ruht eine schmale Krone oder Tiara. Das Kreuz wird zu den Enden breiter. Sie zeigen stilisierte Blätter, während die Querbalken in Grün, Rot und Gelb bemalt sind. Die Blutströme auf seinen Armen, Füßen und der Brust sind sekundär.

Romanische Christusfiguren mit vergleichbarer V-Falte des Lendentuchs finden sich in Vinje (Telemark) und Hauge (Sogn) sowie im Kulturhistorisk Museum Oslo (aus Grinaker, Oppland, Inv. Nr. C7292, um 1130). Das Kruzifix wurde 1865 von Leikanger in die Bergener Sammlung überführt. Mehrere Gegenstände aus der nahegelegenen Stabkirche von Rinde, die 1858 aufgegeben wurde, waren dort zusammengeführt worden, sodass es ursprünglich zu dieser Kirche gehört haben könnte. Auch wenn eine Funktion als Altarkreuz nicht ausgeschlossen werden kann, fungierte es höchstwahrscheinlich als Triumphkreuz im Chorbogen. Der Zapfen am unteren Ende des Kreuzes diente wohl dazu, es in einen Querbalken einzusetzen.

Fett 1908, S. 8; Bendixen 1909, S. 20–21; Blindheim 1980; Blindheim 1998, S. 44–45; von Achen 2018, S. 75

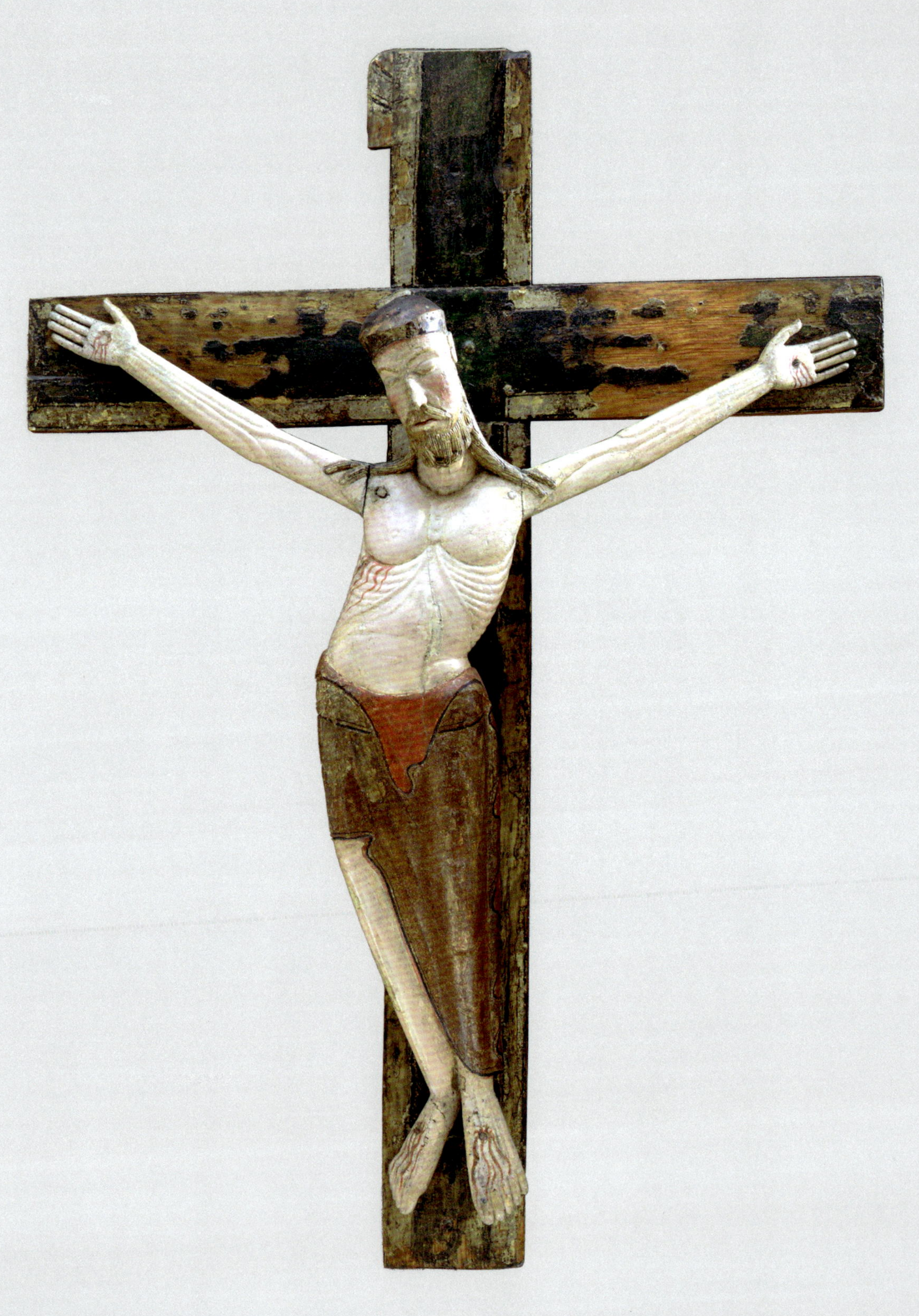

5

ROMANISCHES KRUZIFIX AUS JONDAL

Norwegen (?), 1150–1200
Aus Jondal (Hardanger), im Museum seit 1886
Kiefer (Kreuz), Laubholz (Corpus), sekundäre Polychromie
H 161 x B 112 x T 25,5 cm
Inv. Nr. MA 269

Martin Blindheim bezeichnete die Qualität dieses Kruzifixes als »sehr hoch, vielleicht höher als irgendein anderes erhaltenes romanisches Kruzifix in Norwegen«. Der Körper Christi neigt sich zur rechten Seite, ebenso wie sein Kopf. Er hält die Arme V-förmig nach oben gestreckt und die nebeneinanderstehenden Füße weichen leicht auseinander. Ein enganliegendes Lendentuch mit einer kurzen V-Falte bedeckt nur die obere Hälfte seines rechten Beins, während es am linken Bein fast bis zum Sprunggelenk reicht. Die Rippen sowie die Muskeln, die an Armen, Beinen und Brust sichtbar sind, sind alle in Relief ausgeführt. Sein Haar, das in parallelen Strähnen auf beiden Seiten über die Schultern fällt, ist ebenfalls aus dem Holz geschnitten, ebenso wie sein Bart. Christus trägt eine Rundkrone oder eine Tiara; eine später hinzugefügte Dornenkrone wurde 1958 entfernt. Die gegenwärtige Polychromie ist größtenteils spätmittelalterlich und daher sekundär. Unterhalb der Seitenwunde seiner rechten Brust sind mehrere gemalte Blutspritzer zu erkennen.

Gegenüber dem Kruzifix aus Leikanger (Kat. Nr. 4) ist die Christusfigur aus Jondal naturalistischer und menschlicher gestaltet, wobei der Aspekt des Leidens etwas stärker betont wird. Es ist nicht bekannt, ob Christus ursprünglich mit offenen oder (halb) geschlossenen Augen dargestellt wurde. Das Kreuz besteht aus breiten Balken oder eher dicken Brettern; von den Endstücken ist nur oben ein Fragment erhalten geblieben. Hinsichtlich der Form des Lendentuchs wies Blindheim auf Parallelen zur englischen Malerei hin, während er die gebeugte Haltung des Leibes Christi mit möglichen Einflüssen aus der byzantinischen Kunst in Verbindung brachte.

Bendixen 1904–1913, S. 445; Fett 1908, S. 27; Anker 1981, S. 228; Blindheim 1998, S. 54; Blindheim 2003

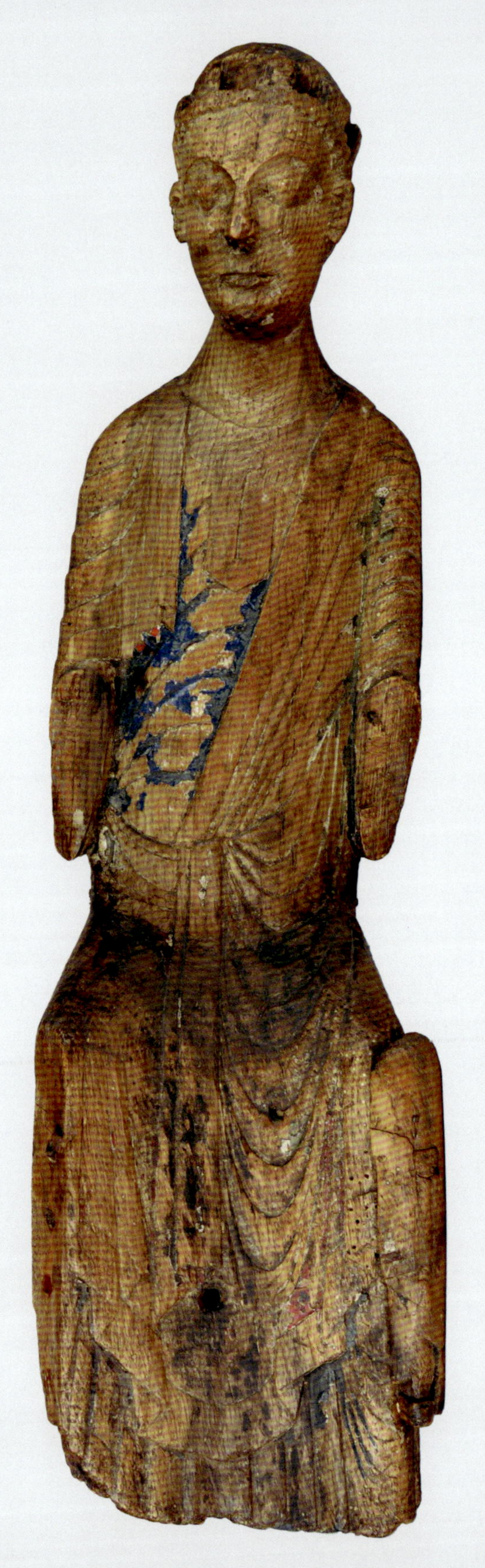

6
ST. OLAV AUS VÆRNES ODER URNES

Norwegen, 1150–1175
Aus Værnes (Trøndelag) oder Urnes (Luster, Sogn), im Museum seit ca. 1905
Eiche
H 74 x B 25 x T 17 cm
Inv. Nr. MA 316

Von dieser thronenden männlichen Figur wurde lange Zeit angenommen, dass sie aus Værnes bei Trondheim stammt; sie könnte aber auch zur Kirche von Urnes (Luster, Sogn) gehört haben. In ähnlicher Weise gibt es mehr als eine Version über ihre Identität. Aron Andersson interpretierte sie 1968 als Christuskind einer verlorenen Marienfigur. In diesem Fall hätte die thronende Jungfrau eine unwahrscheinliche Höhe von 150–170 cm erreicht, was sie zur größten hölzernen Madonna Skandinaviens gemacht hätte. Dreißig Jahre später interpretierte Martin Blindheim das Bild als thronenden König Olav, was mehr zu seiner Körperhaltung und der Form seiner Gewänder passt. Olav genoss in Norwegen eine weitverbreitete Verehrung, die sich auf seinen Schrein im Dom von Nidaros (Trondheim) konzentrierte. Als Überbringer des Christentums trug er den Ehrentitel *Rex perpetuus Norvegiae* (Norwegens ewiger König). Wenn die Figur tatsächlich den heiligen Olav darstellte, hätte seine abgebrochene rechte Hand sicherlich eine Axt, das Symbol seines Martyriums, gehalten (Kat. Nr. 40).

Im Jahr 2016 stellte Peter Tångeberg fest, dass die Figur stark überschnitzt wurde. Dies lässt sich am besten am Hals und Kopf beobachten, die sich durch eine scharfe, spitze Formensprache auszeichnen, die sich sehr von den viel glatteren Linien am Rumpf und an den Gliedmaßen unterscheidet. Wahrscheinlich wurde um diese Zeit auch der Bart entfernt, Einkerbungen zur Aufnahme einer (neuen?) Metallkrone (jetzt verloren) angebracht und der Thron entfernt (Holzstifte, die die Figur auf beiden Seiten halten, erinnern noch daran). Eine sekundäre Neugestaltung und sogar ein Identitätswechsel romanischer Figuren lässt sich im Spätmittelalter häufig beobachten (Tångeberg 1989, S. 305–306). Auf diese Weise wurden sie an neue Moden und veränderte Andachtsbedürfnisse angepasst und damit zukunftssicher gemacht.

Bendixen 1911, S. 27; Johannesen 1964, S. 12–13; Andersson 1968, S. 322; Blindheim 1998, S. 52; Stang 2017, S. 171

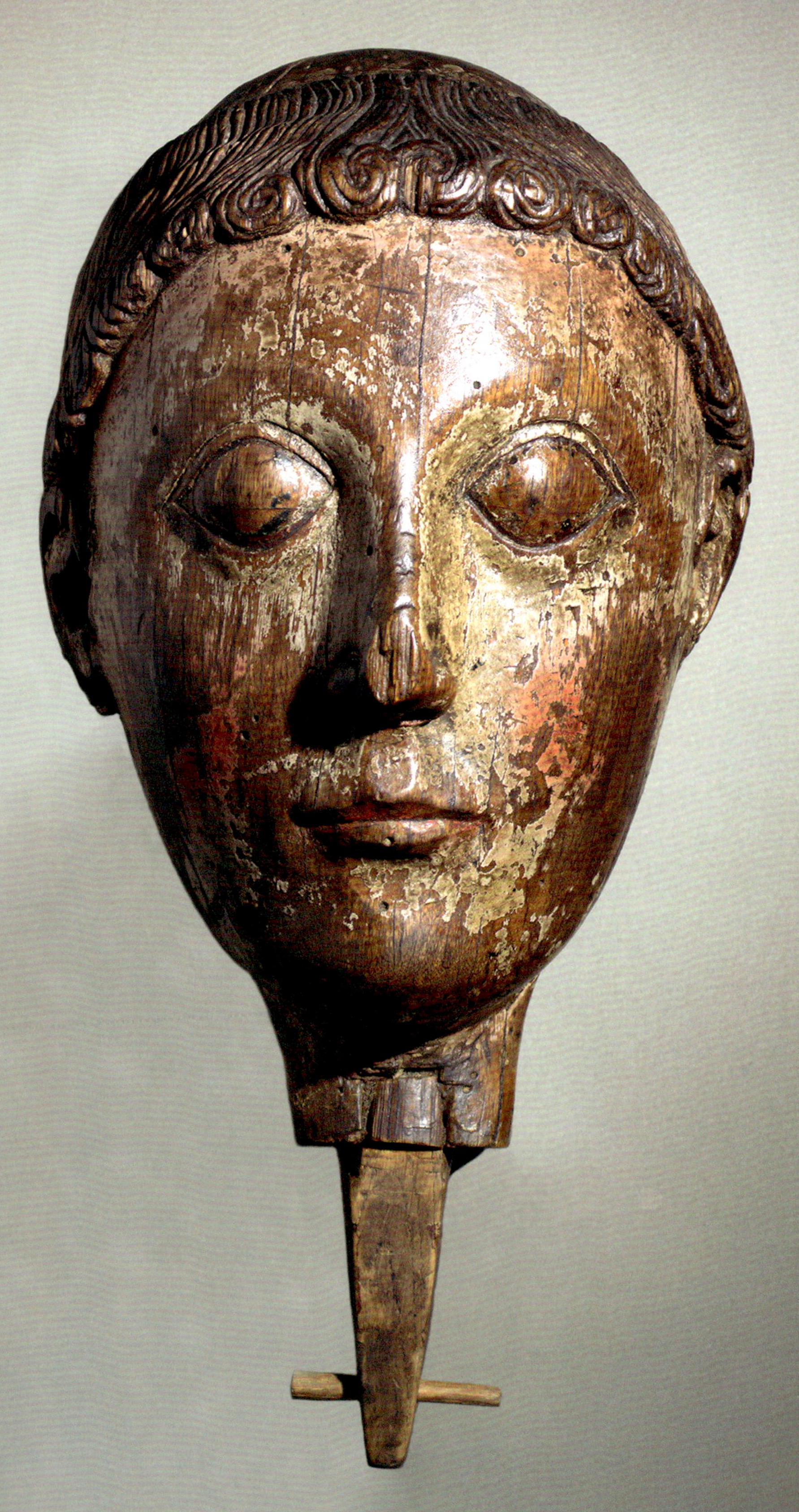

7
KOPF EINER FIGUR AUS URNES

Rheinland/Maasland oder Norwegen, 1170–1200
Aus Urnes (Luster, Sogn), seit 1868 im Museum
Weiches Laubholz mit Resten von Polychromie
H 30 x B 13 x T 16,5 cm
Inv. Nr. MA 77

Der Kopf einer Figur mit Tonsur, auch »munkehodet« (Mönchskopf) genannt, ist eines der wenigen hölzernen Skulpturen aus dem späten 12. Jahrhundert, die sich in Norwegen erhalten haben. Stilistisch ist der Kopf mit dem Engel einer Heiliggrabgruppe im Bode-Museum zu Berlin zu vergleichen (Inv. Nr. 2969), die wohl in einer kölnischen/rheinländischen Werkstatt entstanden ist. Die stilistischen Parallelen zu rheinisch-maasländischen Bildwerken muss allerdings nicht zwangsläufig auf eine westdeutsche Werkstatt hinweisen, sondern ist in der Zeit ebenfalls in Skandinavien mit dem St. Michael aus Haverö (Medelpad, Schweden) und der Madonna aus Viklau (Gotland, jetzt Stockholm, Statens historiska museum, Inv. Nr. 18951) vertreten. Tobias Kunz ging für die letztgenannte Figur von einem kölnischen Atelier aus, das sich auf Gotland niedergelassen hatte.

Der Kopf aus Urnes wurde sekundär als Bekrönung eines sich noch in der Kirche befindlichen Deckels eines Taufbeckens verwendet, war jedoch ursprünglich wohl Teil einer Figur, vielleicht eines heiligen Diakons. Aus derselben Stabkirche haben sich noch weitere bedeutende Ausstattungsstücke des späten 12. und beginnenden 13. Jahrhunderts erhalten, unter anderem eine Madonna (Kat. Nr. 8, 9), zwei Emailleleuchter aus den Limousiner Werkstätten sowie ein frühes erhaltenes Triumphkreuz mit Assistenzfiguren (die Letzteren in situ, Abb. S. 17). Die Kirche in Urnes wurde als Eigenkirche eines Adelshofes eines lokalen Häuptlings (norwegisch: Lendmann) errichtet, der wohl internationale Kontakte pflegte. In der bedeutenden Ausstattung der Kirche, die ebenfalls im Kapitellschmuck zentraleuropäische Steinarchitektur zu imitieren scheint, wird ein gewisser Anspruch der Stifter deutlich, der einen Import eines oder mehrerer Bildwerke aus den führenden europäischen Kunstzentren der Zeit durchaus möglich erscheinen lässt.

Hauglid 1939, S. 5; Johannessen 1964, S. 3–30; Blindheim 1975, S. 433; Blindheim 1998, S. 70; Kunz 2007, S. 247–249; Stang 2017, S. 167

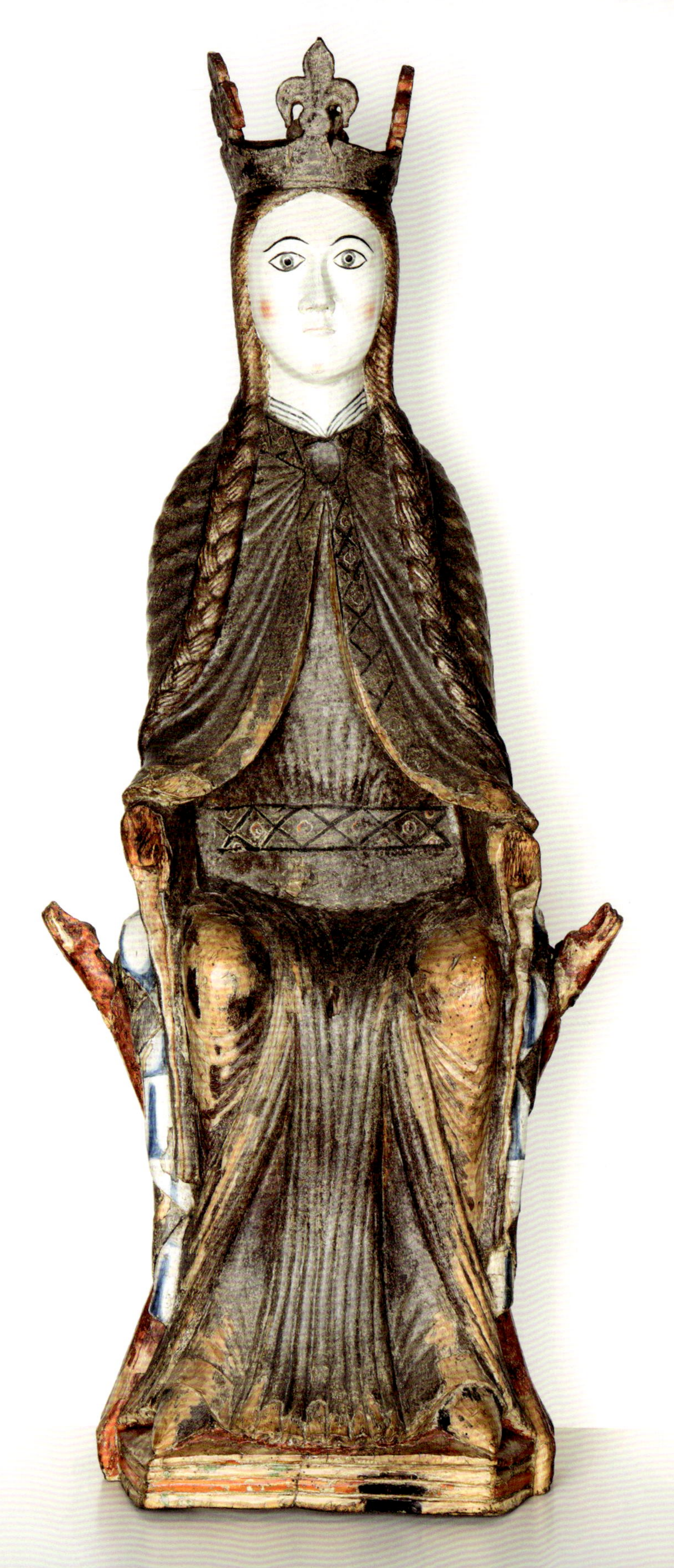

8
MADONNA AUS URNES

Norwegen (?), 1150–1200
Aus Urnes (Luster, Sogn), seit 1859 im Museum
Weidenholz, polychromiert
H 119 x B 50 x T 24 cm
Inv. Nr. MA 46

Diese thronende Madonna gehört zu den frühesten erhaltenen Marienskulpturen in Norwegen und kann – wie die zuvor erwähnte Skulptur – in die zweite Hälfte des 12. Jahrhunderts datiert werden. Maria sitzt frontal auf einem Klappthron mit Tierköpfen und schaut den Betrachter mit einem durchdringenden Blick an. Ihr Inkarnat ist weißlich, ihre Wangen rötlich gehalten und ihre Augen dunkel umrandet sowie ihre Augenbrauen als schwarze Linien ausgeführt. Sie trägt eine vierzackige Lilienkrone. Ihr Haar ist zu zwei Zöpfen geflochten, die über ihre Schultern herunterfallen. Die Fallrichtung wird in ihrem Umhang wiederholt, der mit einer Brosche verschlossen ist und in parallel gesetzten Falten über ihre nun verlorenen Arme herunterfällt, sodass das Innenfutter des Mantels sichtbar wird. Ihr Gewand wird von einem verzierten Gürtel gehalten und fällt in parallel gesetzten Fächerfalten über ihre Knie. Ihre schwarzen Spitzschuhe schauen unter dem Gewand hervor. Ursprünglich waren Haar, Gewand und Mantel in Imitationsgold ausgeführt, aber der hohe Silberanteil hat zu einer gräulichen Verfärbung geführt. Ein nun verlorenes Christuskind saß ursprünglich wohl mittig auf Mariens Schoß. Es handelte sich somit um eine klassische Gruppe der *Sedes Sapientiae* (Thron der Weisheit).

Das Motiv der fächerförmigen Falten, die zwischen den Schuhen auf dem Boden aufliegen, lässt sich insbesondere in der nordfranzösischen und rheinisch-maasländischen Skulptur zur Mitte des 12. Jahrhunderts finden, beispielsweise bei einer Madonna aus der Prioratskirche Saint-Martin-des-Champs in Paris, bekannt als Notre-Dame de la Carole. Das Zopfmotiv als Symbol der Jungfräulichkeit Mariens taucht ebenfalls zu dieser Zeit zunächst in diesen Regionen auf und lässt sich wenig später in englischen und in skandinavischen Bildwerken finden. Ob es sich bei der Skulptur um eine skandinavische Arbeit handelt, oder um einen Import aus einem der führenden europäischen Kunstzentren, ist nicht mit Sicherheit nachzuvollziehen. Die geringe Tiefe des Bildwerks weist auf eine ursprüngliche Aufstellung in einem Tabernakelschrein hin, von dem sich Teile erhalten haben (Kat. Nr. 9).

Fett 1908, S. 20; Bendixen 1911, S. 7–8; Lexow 1931, S. 286; Hauglid 1939, S. 14; Johannessen 1964; Andersson 1968, S. 188–189, 321; Blindheim 1998, S. 60; Kunz 2007, S. 250–251; Kunz 2011, S. 132; Stang 2017, S. 170–171

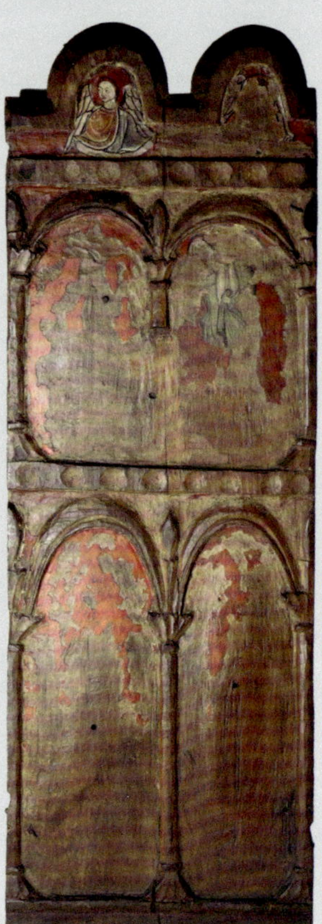

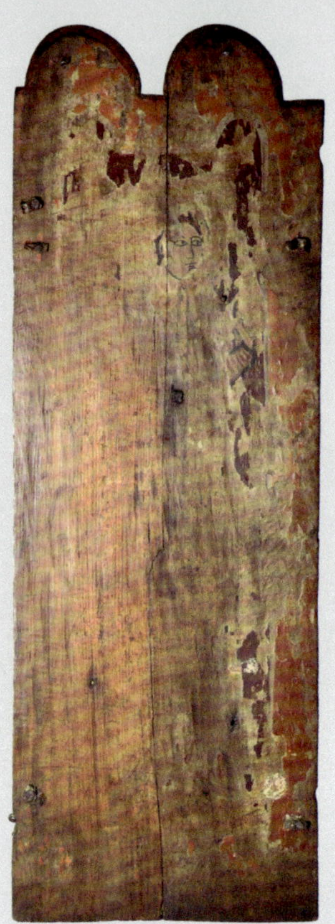

9
FLÜGEL EINES TABERNAKELSCHREINS AUS URNES UND EIN KÖNIG UNBEKANNTER HERKUNFT

Norwegen (?), 1150–1200
Aus Urnes (Luster, Sogn), vor 1900 im Museum (Flügel), um 1900 aus einer unbekannten Kirche in das Museum (König)
Weiches Laubholz mit Resten von Malerei (Flügel) und minimalen Resten von Polychromie (König)
H 130 x B 45 x T 2,5 cm (Flügel)
H 51 x B 13 x T 5,5 cm (König)
Inv. Nr. MA 297b (Flügel), MA 331 (König)

Die Madonna aus Urnes (Kat. Nr. 8) stand in einem sogenannten Tabernakelschrein. Dieser Objekttyp, auch Einfigurenschrein genannt, besteht aus einem Schreingehäuse mit einer Figur, das mithilfe von Flügeltüren verschlossen werden kann. Im geöffneten Zustand wird die Figur in einen narrativen Kontext aufgenommen. Der linke innere Flügel des Tabernakelschreines sowie Fragmente der architektonischen Bekrönung haben sich in der Bergener Sammlung erhalten. Zusammen mit mehreren fragmentarischen Marienschreinen, die sich in Italien und Schweden erhalten haben (z. B. Appuna, jetzt in Stockholm, Statens historiska museum, Inv. Nr. 7890:1), bieten die Fragmente aus Urnes die frühesten materiellen Belege für die Verbreitung von Tabernakelschreinen im mittelalterlichen Europa.

Der Schreinflügel gliedert sich in zwei Register, die jeweils von Medaillonbändern abgeschlossen werden. Die Register werden von Arkadenbögen in je zwei Bildfeldern geteilt. Im oberen Register befinden sich rechts Reste einer gemalten Figur in grüner Tunika vor rotem Hintergrund. In den drei anderen Bildfeldern lassen sich keine Spuren von figürlicher Malerei finden, doch blieb der rote Hintergrund zum Teil erhalten. Runde Löcher in den zwei unteren Bildfeldern sowie dem linken oberen Bildfeld weisen auf die mögliche Anbringung von Relieffiguren hin. Der Flügel wird durch zwei Halbkreise abgeschlossen. Im linken Halbkreis hat sich die Malerei eines Engels erhalten, der ein leeres Schriftband hält. Im rechten Halbkreis haben sich Reste einer vergleichbaren Engelsfigur erhalten. Die Außenseite zeigt die Malerei eines bartlosen Mannes in Halbprofil sowie Fragmente einer emporgehobenen Hand. Ob es sich um die Figur eines Engels oder eines Heiligen handelt, kann nicht mit Gewissheit beantwortet werden.

Das zunächst in den Museumsprotokollen als aus der Kirche von Røldal bezeichnete Schreinfragment, konnte von Martin Blindheim überzeugend der Kirche von Urnes zugeschrieben werden, denn bei Besuchen dort entdeckte er 1953 ein in der Form identisches, stark verwittertes und nun verlorenes Fragment des äußeren Klappflügels. Blindheim vermutete, dass die Skulptur eines stehenden Königs, welcher aus einer unbekannten Kirche im 19. oder frühen 20. Jahrhundert in die Bergener Sammlung überführt wurde, ursprünglich vom selben Tabernakelschrein stammte. Neuste Untersuchungen haben ergeben, dass es sich bei der Skulptur wohl um einen der Drei Könige handelt, die häufig auf den Schreinflügeln von Marienschreinen dargestellt werden (Kat. Nr. 33). Der König war wohl im unteren linken Register des nun verlorengegangenen äußeren Schreinflügels in Urnes platziert.

Nicolaysen 1862–1866, S. 455; Blix 1895; Hauglid 1939, S. 13; Blindheim 1993; Blindheim 1998, S. 19–26; Kunz 2007, S. 260; Kunz 2009, S. 344–345; Andersen 2015, S. 172; Andersen 2020, S. 67; Kroesen/Tångeberg 2020, S. 24; Kroesen/Tångeberg 2021, S. 32–34

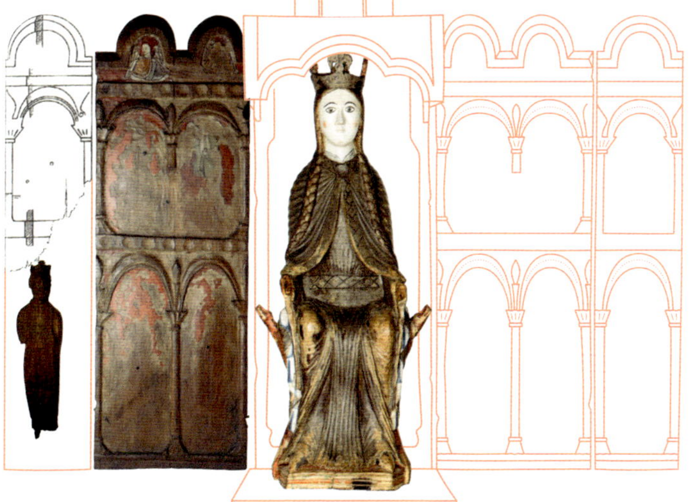

Hypothetische Rekonstruktion des Tabernakelschreines. Zeichnung Åsta Lindemann

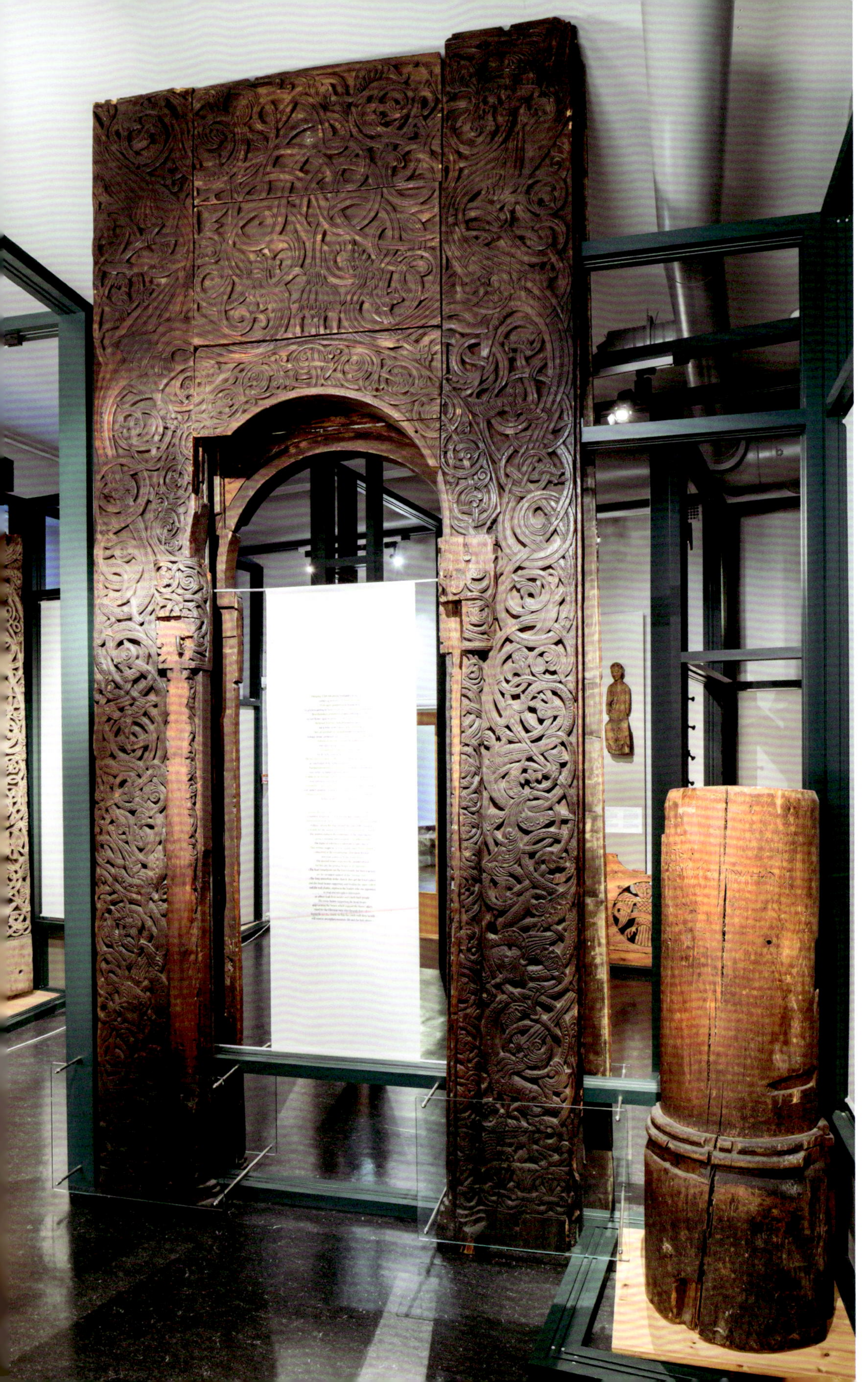

10
PORTAL DER STABKIRCHE ZU STEDJE (I)

Norwegen, um 1180
Aus Stedje (Sogn), seit 1867 im Museum
Nadelholz
H 424 x B 204 x T 17 cm
Inv. Nr. MA 123a-c

Das um 1180 datierte Portal stammt von der 1867 abgebrochenen Stabkirche zu Stedje am Sognefjord. In der Ornamentik gehört es zu dem sogenannten Sogn-Valdres-Typ II, der in diesen Regionen verbreitet war.

Über der ornamentlosen Base ist ein Palmettenfries angebracht, über dem sich zu beiden Seiten des Eingangsportals direkt an der Halbsäule ansetzend ein im Profil wiedergegebener Tierkopf befindet. Aus dem Maul des Tieres entwickelt sich die Hauptranke, die sich über die gesamten Portalwangen fortsetzt. Von der Hauptranke entwickelt sich ein komplexes Schema aus ineinander verschlungener Ranken, die sich in einer nach innen und außen gewandten Spiralbildung von der Hauptranke abzweigen. Die Schlingen laufen in eine dreiblättrige Ornamentik aus. Zwischen den Spiralen befinden sich Drachen, die in die Ranken zu beißen scheinen. Auf der Höhe des reich verzierten Portalbogens, der von zwei Säulen mit zylindrischen Kapitellen getragen wird, erheben sich zwei große Drachen, deren Schwänze in die Ornamentik der Portalwangen aufgenommen werden. Ihre langen Hälse liegen auf der Archivolte auf und ihre offenen Mäuler beißen in eine Schlinge, die ein sich mittig befindliches Tier, das seine Klauen in den oberen Abschluss der Archivolte krallt, verdeckt. Die Flügel der Drachen setzen sich bis zum oberen Rand des Gesimses fort. Die Pflanzenornamentik befindet sich ebenfalls auf den Halbsäulen, Kapitellen und dem Portalbogen.

Allgemein lassen sich in der Dekoration der norwegischen geschnitzten Stabkirchenportale Parallelen mit der europäischen Steinarchitektur des 12. Jahrhunderts in West- und Zentraleuropa (zum Beispiel Ely, England; Mainz, Deutschland und Pavia, Norditalien) erkennen. Während die Struktur und Ornamentik der norwegischen Stabkirchenportale weitgehend auf europäischen Vorbildern basierte, wurden ihre dekorativen Muster auch mit früheren nordischen Traditionen verknüpft (Kat. Nr. 1).

Dietrichson 1892, S. 65–68; Bugge 1953, S. 28; Blindheim 1965, S. 49; Anker 1970, S. 407; Hauglid 1973, S. 300; Hohler 1999, S. 91–92

11

PORTAL DER STABKIRCHE ZU STEDJE (II)

Norwegen, um 1180
Aus Stedje (Sogn), seit 1867 im Museum
Nadelholz
H 425 x B 186 x T 15,5 cm
Inv. Nr. MA 122a-c

Aus der Stabkirche zu Stedje hat sich, neben dem vorhergegangenen Portal (Kat. Nr. 10), ein weiteres Portal erhalten. In der Motivik lassen sich einige Parallelen mit dem Portal Stedje (I) erkennen. Über der ornamentlosen Base erhebt sich ein Palmettenfries, über dem ein Tierkopf in Profilansicht wiedergegeben ist. Die Ornamentik setzt sich im spiralförmigen Rankenmuster bis zu den Säulenkapitellen fort. Über dem Portalbogen sind, ähnlich wie in Stedje (I), zwei sich zugewandte Drachen zu erkennen. Im Vergleich mit dem Bestand erhaltener Stabkirchenportale in Norwegen sind vorliegende Exemplare aus Stedje besonders groß.

Der ursprüngliche Platz beider Portale ist nicht bekannt. Während Stedje (II) eine breitere Türöffnung aufweist, und daher als Hauptportal an der Westseite der Stabkirche in Frage kommen würde, zeigt das Portal Stedje (I) eine reichere Ornamentverzierung, was auf eine mögliche Funktion als Priestereingang verweisen könnte. Diese Unklarheiten werden auch dadurch verursacht, dass der Chor der verhältnismäßig großen Stabkirche vor 1722 durch einen Neubau ersetzt und im Westen ein Turm angebaut wurde – wie eine Zeichnung Hermann Schirmers aus dem Jahr 1862 zeigt. Vor dem Abbruch der Kirche im Jahr 1867 waren noch das mittelalterliche Langhaus der Kirche sowie Reste des Laubenganges (norwegisch: Svalgang) bewahrt.

Dietrichson 1892, S. 65–68; Bugge 1953, S. 28; Blindheim 1965, S. 49; Anker 1970, S. 407; Hauglid 1973, S. 300; Hohler 1999, S. 91–92

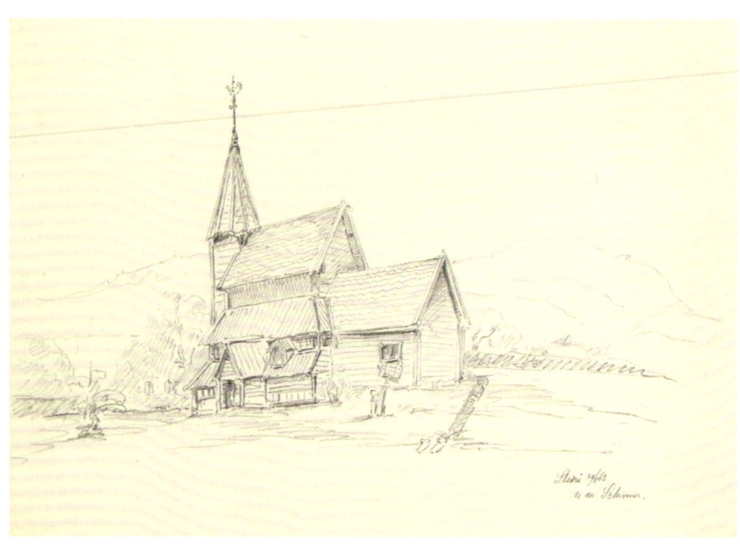

Zeichnung der Stabkirche in Stedje von Hermann Schirmer aus dem Jahr 1862. Foto Nasjonalmuseet Oslo

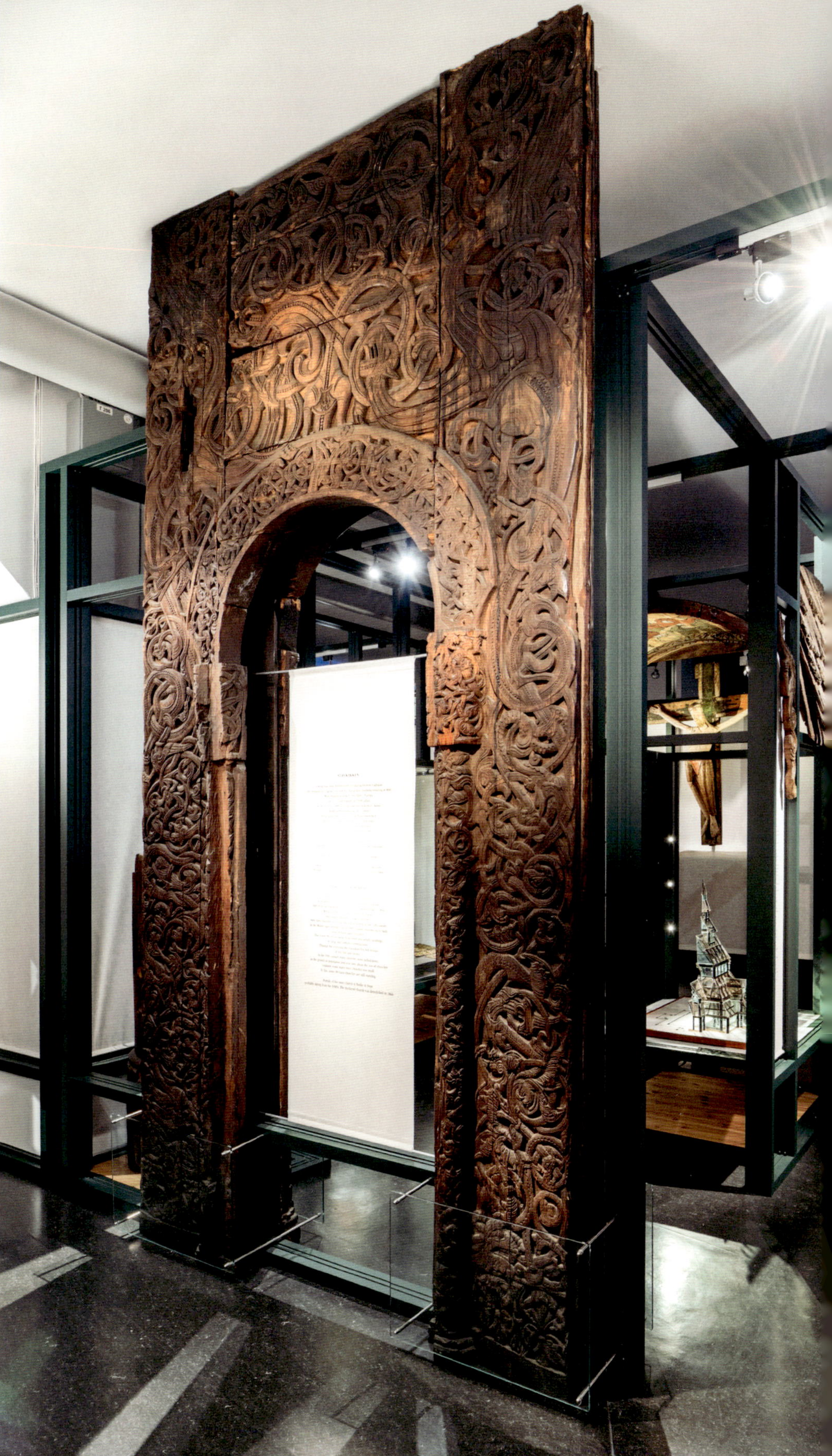

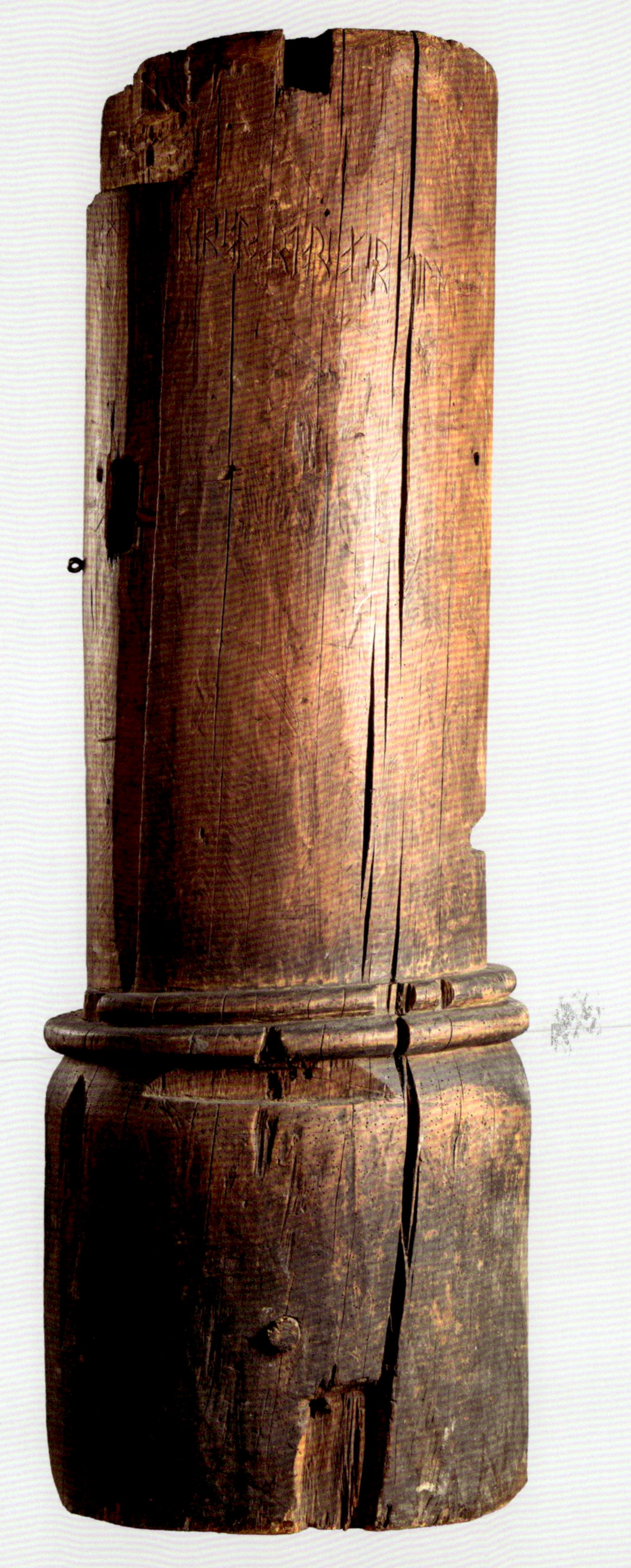

12

FRAGMENT EINES STABES MIT STIFTERINSCHRIFT AUS STEDJE

Norwegen, um 1180
Aus Stedje (Sogn), seit 1867 im Museum
Nadelholz
H 157 x Diameter 54 cm
Inv. Nr. MA 125

Dieses untere Stück eines Stabes stammt aus der 1867 abgebrochenen Stabkirche von Stedje am Sognefjord. Auf dem Stab aus Stedje ist auf etwa 80 cm Höhe eine Inschrift in altnordischen Runen in den Stab geritzt: »Þenna staf gaf Sigríðr á Hv[áli f]yrir sálu Arndórs ok sér til miskunnar« (Diesen Stab gab Sigrid von Kvåle für Arndors Seele und für ihre Erlösung.)

Aus der *Sverres Saga* ist ein Arnþórr überliefert, der auf dem Hof Kvåle, unweit der Kirche von Stedje, lebte. Laut der Sage soll er, während des norwegischen Bürgerkriegs, der Anführer der Bewohner von Sogndal in einem Aufstand gegen den Vogt (norwegisch: sysselmann) des Königs Sverre Sigurdsson im Winter 1183/84 gewesen sein. Dieser Aufstand führte zur Schlacht in Fimreite am Sognefjord im Juni 1184, wobei alle Höfe in der Umgebung niedergebrannt und nur die Kirche verschont wurde. Lorentz Dietrichson ging davon aus, dass der in den Texten erwähnte Arnþórr mit dem aus der Inschrift identisch ist. Arnþórr muss vor der Schlacht verstorben sein, da er in den Sagatexten in diesem Zusammenhang nicht mehr erwähnt wird. Daraus ließe sich schließen, dass die Kirche vor Juni 1184 vollendet wurde.

Die Runologen Magnus Olsen und Oluf Rygh bezweifeln diese These und schlagen ein anderes Familienmitglied desselben Namens vor. Ferner gehen sie von einer früheren Datierung der Kirche aus und argumentieren, dass die Sagatexte eine kürzliche Vollendung der Kirche erwähnt hätten. Im Runenstil kann die Inschrift allerdings nicht früher als 1160–1175 datiert werden.

Wie dem auch sei, die Inschrift gibt einen seltenen Einblick in die Frömmigkeitspraxis des Mittelalters und den Bau einer Stabkirche als Gemeinschaftsprojekt der Pfarrangehörigen. Hinweise für ähnliche gemeinschaftliche Aktivitäten lassen sich in der Auvergne (Frankreich) finden, wo in mehreren Kirchen des 12. Jahrhunderts Kapitelle anzutreffen sind, die Laien bei der Übergabe von Säulen zeigen. In Volvic wird beispielsweise ein Priester dargestellt, der eine Säule aus den Händen eines Laien entgegennimmt. Dieser wird in der Inschrift als Guillelme de Bezac identifiziert, der die Gabe »für sein Seelenheil und das seiner Frau« überreicht.

Dietrichson 1892, S. 287–288; Bugge 1953, S. 24; Olsen 1957, S. 189–192; Zilmer 2016, S. 215

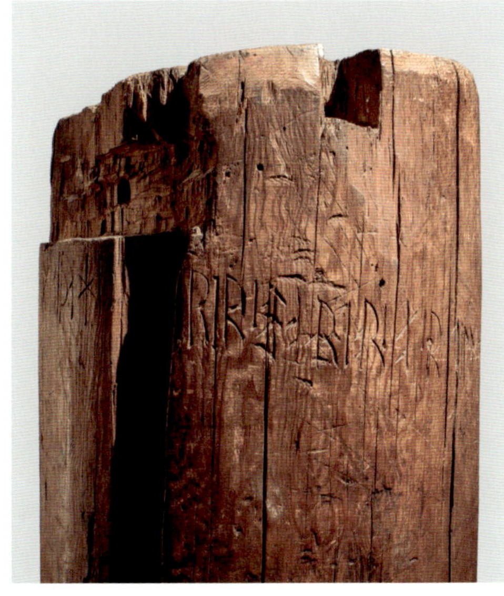

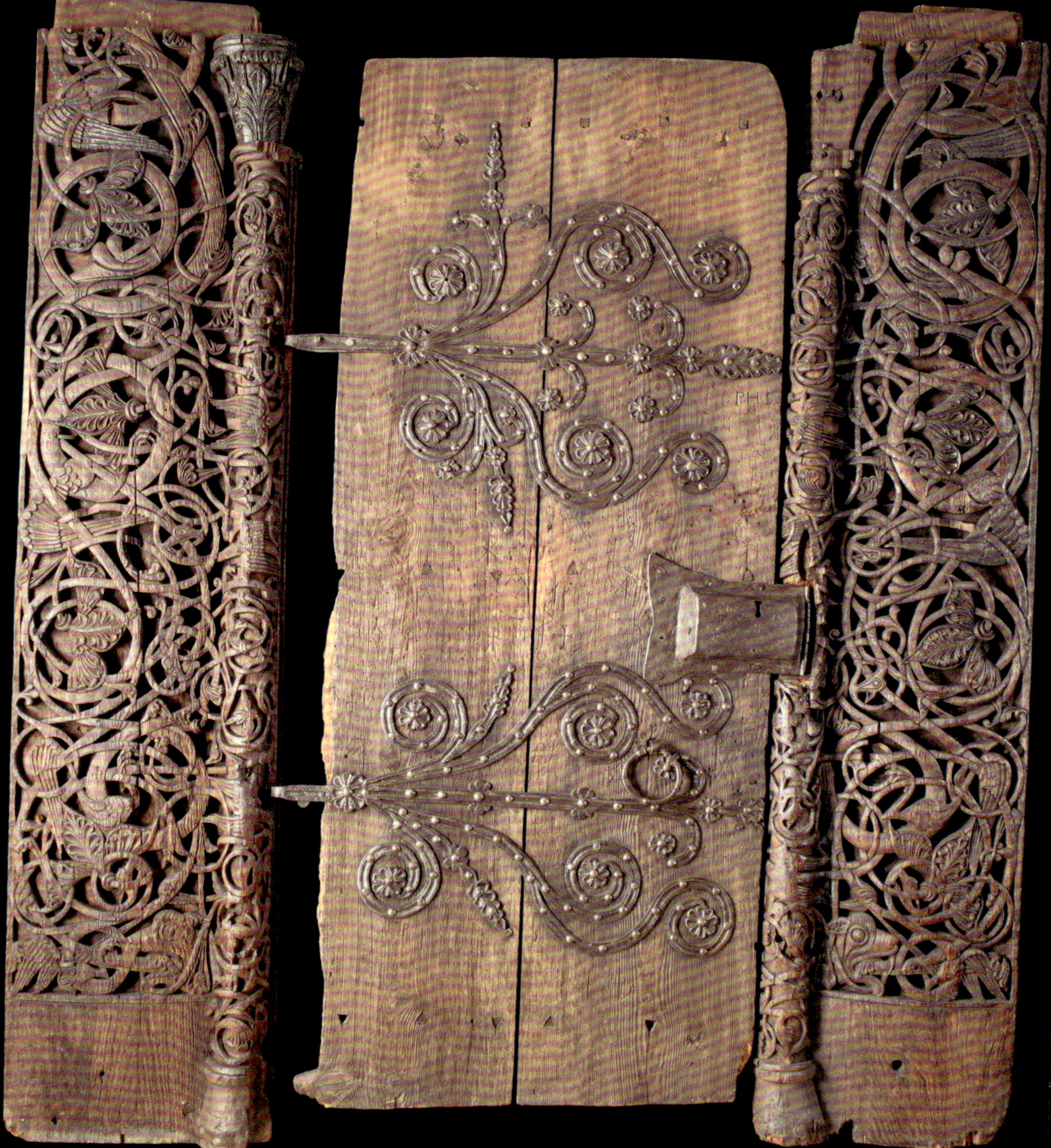

13

PORTALWANGE UND TÜR AUS ULVIK

Norwegen, um 1200
Aus Ulvik (Hardanger), seit 1882 im Museum
Nadelholz
H 250 x B 227 x T 22 cm
Inv. Nr. MA 38a-c

Von der Stabkirche in Ulvik in Hardanger haben sich lediglich die Seitenwangen sowie die Tür des Hauptportales erhalten. Die Ornamentik gehört zum typischen Sogn-Valdres Typ I mit den an der Base befindlichen, im Profil wiedergegebenen Tierköpfen aus dessen geöffneten Mäulern sich eine Rankenornamentik entfaltet, die sich in entgegengesetzten Spiralen emporwindet. Die Ornamentik der Wangen scheint mit der Rankenmotivik der Halbsäulen zu verweben. Das Portal zeigt starke Ähnlichkeiten mit dem Hauptportal der Stabkirche zu Hopperstad (Sogn). Die Tür ist mit Eisenbeschlägen in stilisierter Pflanzenornamentik verziert, die Anbringung des Schlosses ist sekundär. Vergleichbare Eisenbeschläge aus dem 13. Jahrhundert lassen sich auf einer Tür in der Steinkirche zu Dale (Luster, Sogn) finden.

Von den wohl mehr als zweitausend im Mittelalter erbauten Stabkirchen wurden zahlreiche umgebaut oder durch neue Holzkirchen ersetzt, die meisten im 17. und 18. Jahrhundert. In diesen Neubauten wurden die mittelalterlichen Portale bisweilen wiederverwendet, so beispielsweise in Vågåmo (Oppland) und Gaupne (Sogn). Die mittelalterliche Stabkirche von Ulvik wurde 1711 durch einen Neubau ersetzt, und auch hier wurde das alte Portal im neuen Kirchenbau wieder eingesetzt. Die Kirche wurde schließlich 1859 abgerissen, nachdem eine neue Kirchenverordnung (norwegisch: kirkelov) aus dem Jahr 1851 vorschrieb, dass die Kirchen hell und gut unterhalten sein müssen sowie mindestens ein Drittel der Pfarrangehörigen Platz bieten müssen. Im Zuge dieser Verordnung wurden im ganzen Land hunderte der zu kleinen und renovierungsbedürftigen Kirchen durch Neubauten ersetzt. Die Zahl der erhaltenen mittelalterlichen Stabkirchen sank in wenigen Jahrzehnten auf nunmehr 27. Insgesamt haben sich 126 Portale aus 80 Kirchen in situ, in Kirchenneubauten des 17. und 18. Jahrhunderts oder in Museumssammlungen erhalten.

Neumann 1826, S. 399; Bendixen 1890, S. 39; Dietrichson 1892, S. 367–368; Bendixen 1904–1913, S. 476; Bugge 1953, S. 38; Anker 1970, S. 402; Hauglid 1973, S. 94; Hohler 1999, S. 232–234; Anker 2005, S. 46; von Achen 2018, S. 48–49

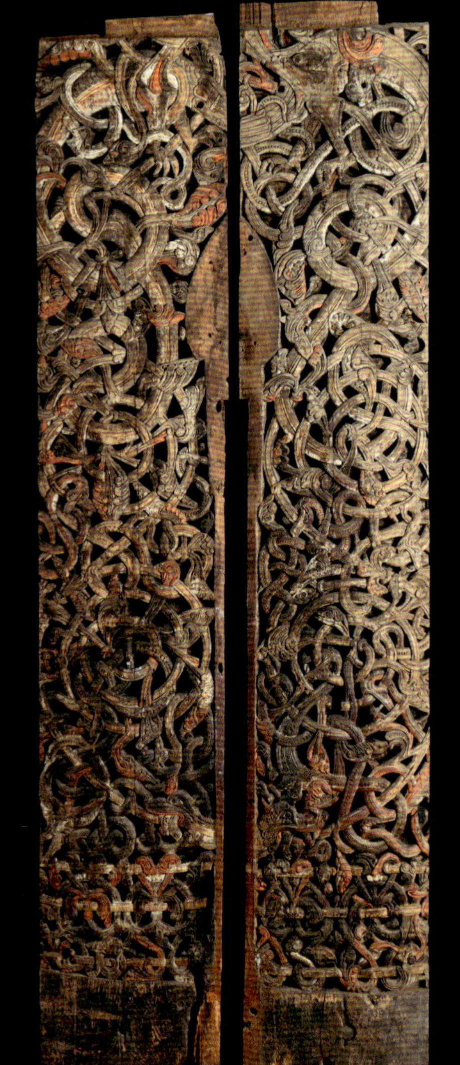
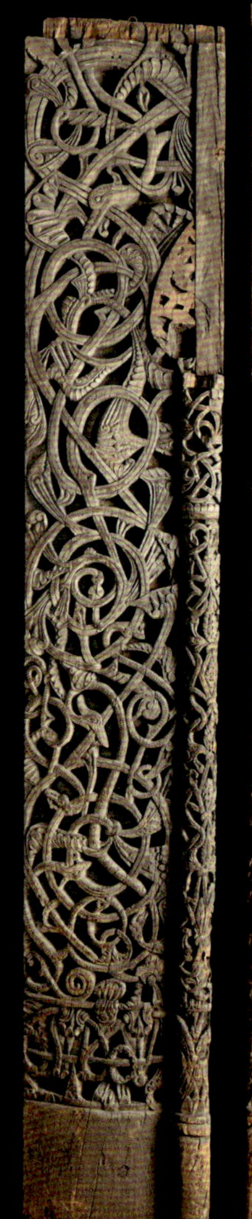
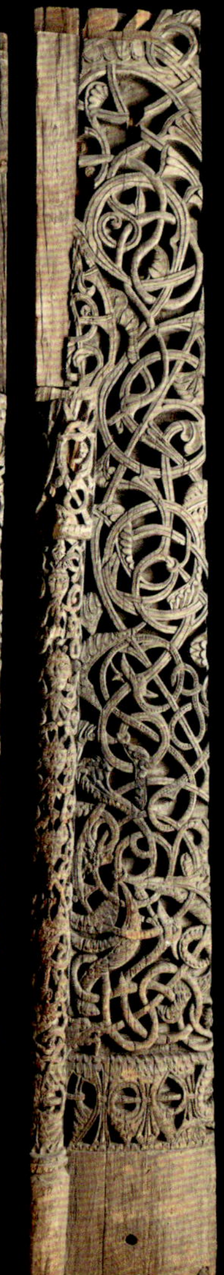
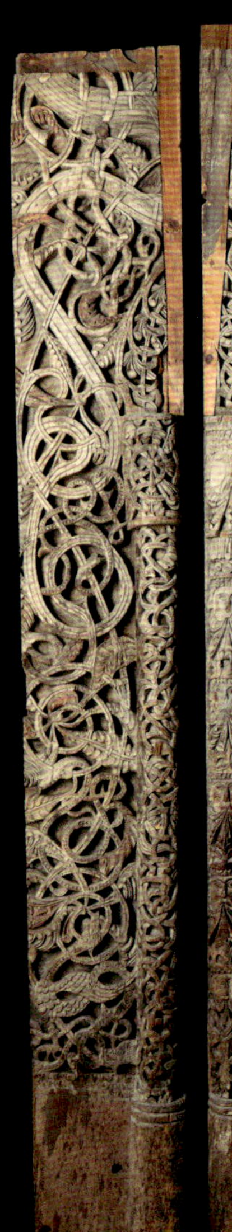
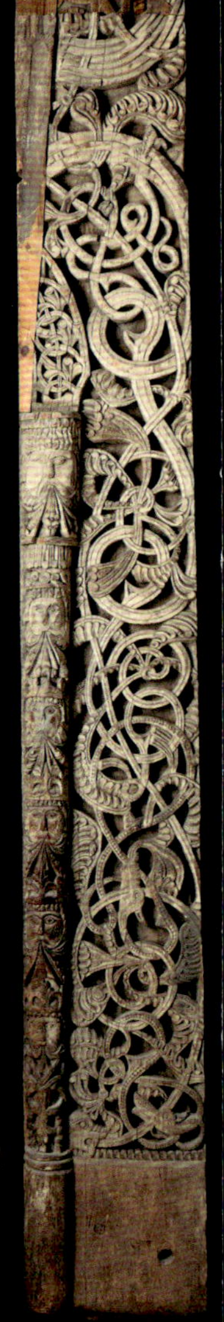

14
PORTALWANGEN AUS TØNJUM

Norwegen, um 1200
Tønjum (Sogn), seit 1885 im Museum
Nadelholz mit teilweise sekundärer Polychromie
H 312 x B 57 x T 12 cm
H 310 x B 41 x T 12,5 cm
H 312 x B 49 x T 12 cm
H 312 x B 42 x T 12 cm
Inv. Nr. MA 259a-c, MA 631ab, MA 632ab, MA 633ab

Insgesamt acht Seitenwangen von vier Portalen wurden 1885 aus der Sakristei der Kirche zu Tønjum in die Bergener Sammlung überführt. Sie stammen vermutlich vom Westportal (Hauptportal) sowie den Eingängen im Norden und Süden des Langhauses sowie vom Priestereingang im Chor der mittelalterlichen Stabkirche zu Tønjum in Lærdal nahe dem Ostende des Sognefjords. Diese wurde 1832 durch einen Neubau ersetzt, nachdem der Vorgänger in einem Sturm 1824 verwüstet wurde. Die Portale gehören zum Sogn-Valdres Typ II und können um 1200 datiert werden.

Das Hauptportal zeigt reiche Floralornamentik aus entgegengesetzten Spiralen mit ineinander verflochtenen Ranken. Im oberen Abschluss der Wangen lassen sich vermehrt Drachenköpfe erkennen. Die Halbsäulen mit Kapitellen, die den Portalbogen trugen, sind verlorengegangen. Diese Anpassung geht wohl auf eine Verordnung aus dem Jahr 1824 zurück, nach der alle Eingangstüren der Kirchen nach außen zu öffnen seien. Diese Verordnung wurde nach einem verheerenden Kirchenbrand in Grue (Hedmark) am Pfingstsonntag 1822, bei dem zahlreiche Kirchgänger ums Leben kamen, erlassen. Die restlichen Portalwangen zeigen die typische Ornamentik des Sogn-Valdres Typs II mit den im Profil wiedergegeben Tierköpfen an der Base, von denen die Rankenornamentik aufsteigt. Erwähnenswert ist die Halbsäule einer Portalwange, die keine florale Ornamentik zeigt, sondern sechs übereinanderstehende maskenähnliche Männerköpfe. Auf den Wangen sind Reste roter Farbe zu erkennen, die wohl sekundär ist.

Dietrichson 1892, S. 291–294; Blindheim 1965, S. 49; Hauglid 1973, S. 148; Hohler 1999, S. 227–230

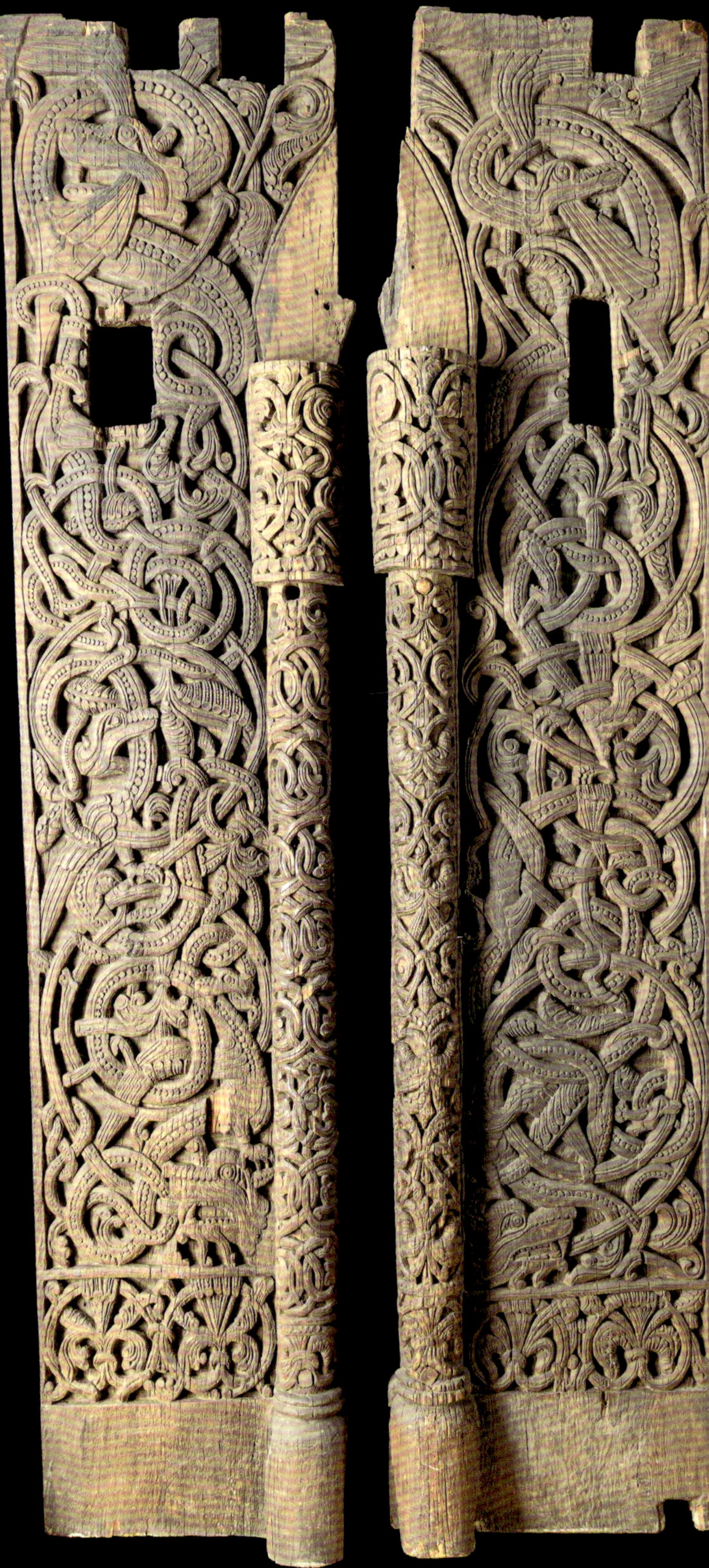

15
PORTALWANGEN AUS ÅRDAL

Norwegen, spätes 12. oder 13. Jahrhundert
Årdal (Sogn), seit 1867 im Museum
Nadelholz
H 275 x B 53 x T 17,5 cm
Inv. Nr. MA 124ab

Das Portal aus Årdal gehört zum Sogn-Valdres Typ II und somit zu der Gruppe der Stedje- und Tønjum-Portale (siehe Kat. Nr. 10, 11, 13). Die Stabkirche wurde 1867 abgerissen und durch einen Neubau ersetzt (Abb. S. 11, 19). Oberhalb des Palmettenfrieses, der über der ornamentlosen Base angebracht ist, sind zu beiden Seiten zwei Tierköpfe zu erkennen, aus dessen Mäulern sich die Rankenornamentik in entgegengesetzten Spiralbögen emporwindet. Die Rankenornamentik ist von Schlangen und Drachen bevölkert. Auf Höhe der Kapitelle, die ursprünglich einen Bogen trugen, sind zwei Drachen zu erkennen. Anders als auf den Portalen aus Stedje wenden sich hier die Drachen in einer S-Drehung von der Archivolte ab.

Ob das Portal zum ursprünglichen Kirchenbau gehörte, oder zu einem späteren Zeitpunkt eingesetzt worden ist, wird nicht deutlich. Die Ornamentik weist auf eine Entstehung im 13. Jahrhundert hin, während die Kirche wohl bereits in der zweiten Hälfte des 12. Jahrhunderts entstand. Bereits im Mittelalter erhielt die Kirche einen Turmanbau im Westen. Möglich ist, dass das Portal entweder während des Turmbaus nach Westen versetzt wurde oder erst zu dieser Zeit – wohl im 13. Jahrhundert – als neues Westportal geschaffen wurde. Aus der Stabkirche zu Årdal hat sich eine überaus reiche Ausstattung erhalten (Kat. Nr. 52, 67, 68, 73).

Dietrichson 1892, S. 250–253; Kielland 1904, S. 176; Anker 1970, S. 176; Hauglid 1973, S. 77, 152; Lidén 1978; Hohler 1999, S. 105–108

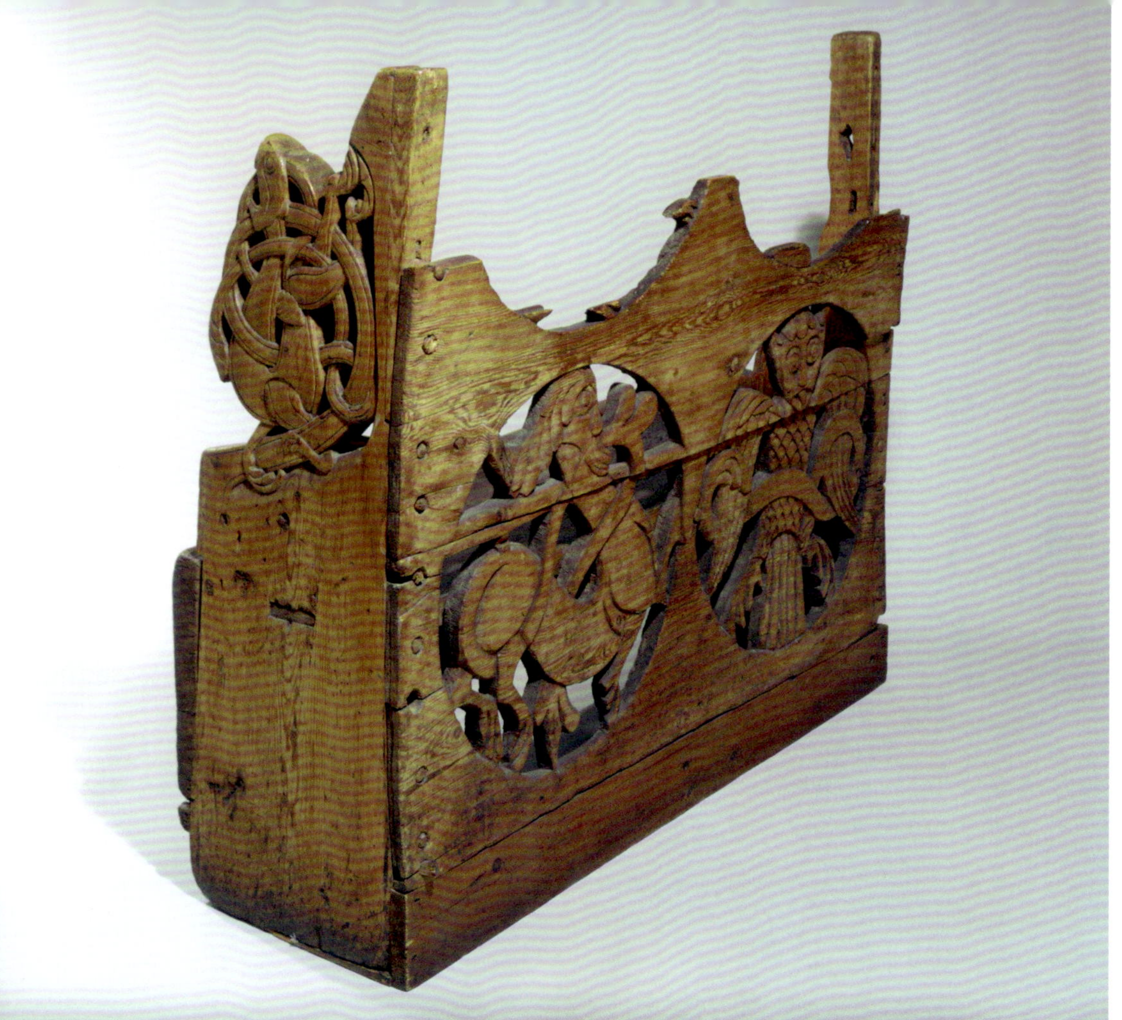

16
SEDILIA AUS RENNEBU

Norwegen, 1200–1250
Aus Rennebu (Trøndelag), seit 1859 im Museum
Nadelholz
H 117 x B 100 x T 37 cm
Inv. Nr. MA 40

In norwegischen Kirchen und Museen haben sich einige mittelalterliche Bänke und Stühle erhalten, darunter eine Bank aus der Stabkirche zu Rennebu, südlich von Trondheim, die 1669 durch einen Neubau ersetzt wurde. Die erhaltene Rückwand sowie eine Seitenwange sind mit durchbrochenen Schnitzereien versehen. Die Seitenwange zeigt einen sitzenden Drachen, der von Pflanzenornamentik umwunden wird; ein Motiv, dass an Schnitzereien der Stabkirchenportale erinnert. Auf der Rückseite sind zwei Mischwesen in Medaillonfeldern wiedergegeben. Rechts befindet sich ein Adler mit Menschenkopf, wobei ein leeres Schriftband die Flügel des Wesens umwindet. Links befindet sich ein Mischwesen aus einem Menschen und vierbeinigem Tier. Bendix Bendixen deutete diese Darstellungen als Symbole der Evangelisten Johannes (Adler) und Markus (Löwe). Vergleichbare Mischwesen lassen sich ebenfalls auf den Kapitellen der Stabkirche zu Urnes finden.

Das Rückbrett der Bank scheint ursprünglich erhöht und mit zwei weiteren Medaillons versehen gewesen zu sein. Darauf deuten Fragmente der Medaillons am Rückbrett sowie die Seitenwangen hin. Das erhöhte Rückbrett mit den durchbrochenen Medaillons lässt vermuten, dass die Bank ursprünglich im Chor aufgestellt war und als Sedilia oder Leviten- und Diakonsbank gedient hat. Solche Sitzmöbel aus dem Mittelalter haben sich nur selten überliefert (Kroesen/Steensma 2012, S. 149–153, 263–265). Weitere ungefähr zeitgleiche Bänke haben sich aus den Kirchen in Heddal (jetzt Oslo, Norsk Folkemuseum) und aus Vinje (Vossestrand) in der Bergener Sammlung (Inv. Nr. MA 317) erhalten. Außerhalb Norwegens lassen sich hochmittelalterliche Kirchenbänke u. a. noch auf der schwedischen Insel Gotland, in den Kirchen zu Hejdeby, Tofta und Eskelhem, finden.

Dietrichson 1892, S. 234; Bendixen 1915–1916, S. 5–6; Blindheim 1965, S. 38; Hauglid 1973, S. 418; Hohler 1999, S. 206

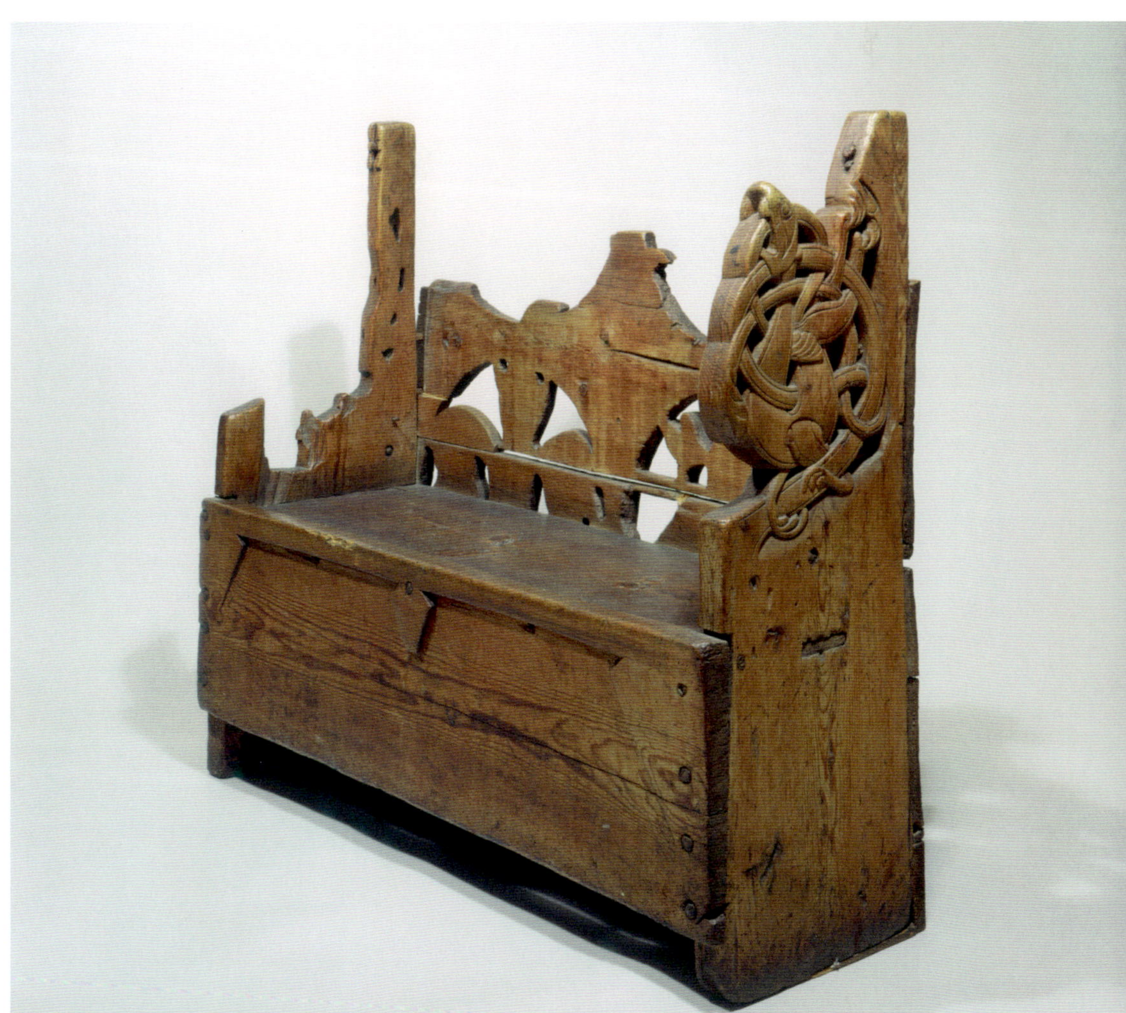

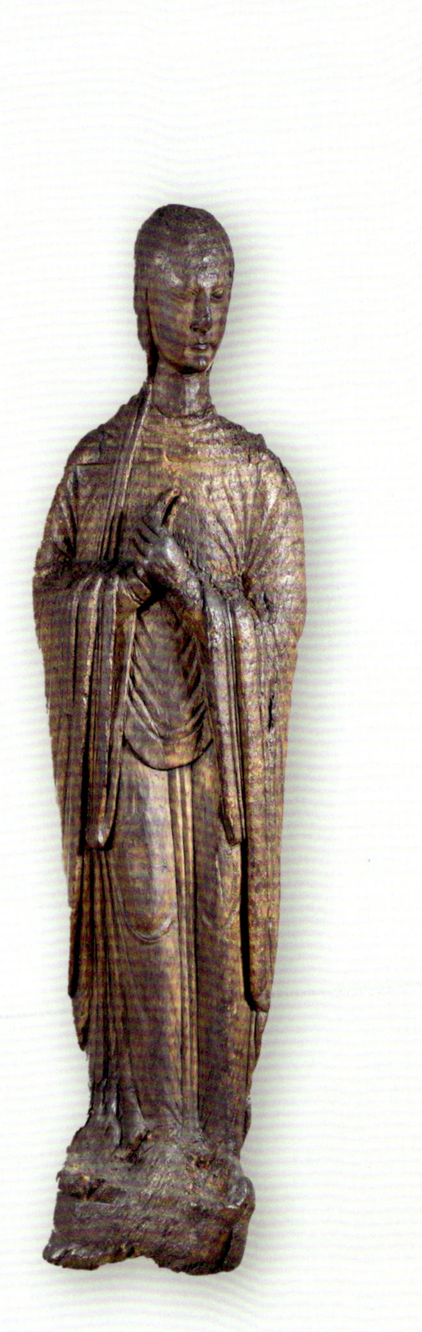

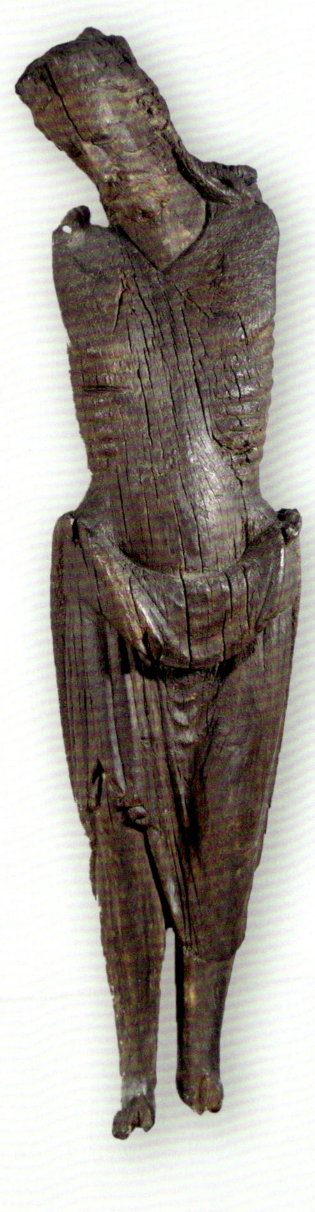

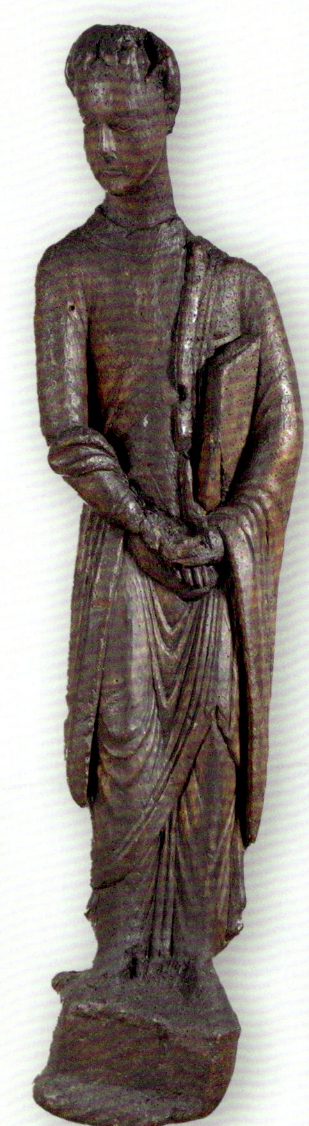

17
KALVARIENGRUPPE AUS GISKE

Nordwestfrankreich oder England (?), 1200–1220
Aus Giske (Sunnmøre), im Museum seit 1847
Laubholz
H 131 x B 30 x T 17,5 cm (Christus)
H 125 x B 32,5 x T 14 cm (Maria)
H 128,5 x B 30 x T 14 cm (Johannes)
Inv. Nr. MA 333a-c

Auf der Insel Giske, nördlich von Ålesund, befindet sich eine sorgfältig gebaute, weiße Marmorkirche, die im 12. Jahrhundert von einem prominenten Adeligen errichtet wurde. Aus dieser Kirche stammt eine dreifigurige romanische Kalvariengruppe, die trotz ihres in Mitleidenschaft gezogenen Zustands noch immer ihre bemerkenswerte künstlerische Qualität verrät. Die ursprüngliche Polychromie, das Kreuz und die Arme der Christusfigur sowie ein Teil seiner Füße gingen wahrscheinlich im 17. Jahrhundert verloren, als die Kirche verfiel. Die flankierende Maria und Johannes stehen auf quadratischen Sockeln, die wahrscheinlich an einem horizontalen Querbalken befestigt waren. Als Wilhelm Frimann Koren Christie 1847 Giske besuchte, waren die Figuren in einer Truhe unter der Kanzel aufbewahrt. Aus derselben Marmorkirche stammt ebenfalls eine Madonna (um 1250, Inv. Nr. MA 334a).

Christus neigt seinen Kopf nach rechts und hält die Augen geschlossen. Sein Haar fällt ihm über die Schulter und er trägt ein langes Lendentuch, das bis unter das linke Knie reicht, wobei es oben in einer Falte gerafft ist. Maria hält ihre Hände in einer klassischen Gebetsgeste vor der Brust, während Johannes die Hände gefaltet nach unten richtet. Die langen Gewänder beider Figuren hängen in parallelgesetzen Falten nach unten; Johannes Umhang ist über seine linke Schulter geschlagen.

In den bemerkenswert lang gestreckten Gesichtern der drei Figuren erkannte Harry Fett klassische Züge, von denen er annahm, dass sie durch Einflüsse der byzantinischen Kunst vermittelt wurden. Ähnliche Merkmale lassen sich zeitgleich in England, Nordwestfrankreich und Flandern finden. Dies macht es, zusammen mit der hohen Qualität der Figuren, wahrscheinlich, dass die Kalvariengruppe aus dem Ausland auf die kleine Insel vor der norwegischen Westküste importiert wurde.

Bendixen 1909, S. 23–30; Fett 1909, S. 25–27; Ekroll/Stige 2000, S. 194–195; von Achen 2018, S. 66–71

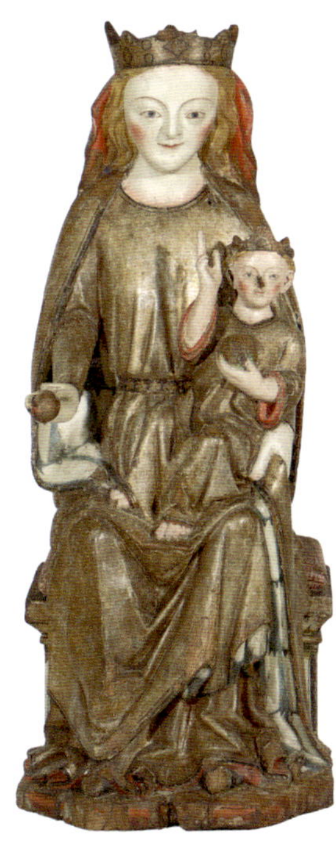

18

GEKREUZIGTER CHRISTUS AUS KAUPANGER

Norwegen, 1200–1250
Aus Kaupanger (Sogn),
im Museum seit 1862
Eiche, polychromiert
H 133 x B 129 x T 17 cm
Inv. Nr. MA 335

Die Christusfigur aus der Stabkirche zu Kaupanger (Sogn) konnte bedeutende Reste der ursprünglichen Polychromie erhalten. Die Skulptur, die ihr Kreuz verloren hat, markiert auf verschiedene Weise den Übergang zwischen Romanik und Gotik und lässt sich in die erste Hälfte des 13. Jahrhunderts datieren. Traditionelle Merkmale sind die Krone, die Christus als König präsentiert, und die nebeneinandergesetzen Füße, die beide mit je einem Nagel durchbohrt sind. Später wurden sie für gewöhnlich übereinander gelegt und mit einem Nagel befestigt dargestellt. Ein frühes Beispiel dafür ist das Kruzifix aus Fresvik (Kat. Nr. 23). Die Füße ruhten wahrscheinlich auf einem *Suppedaneum*.

Etwas »gotischer« ist die nach rechts gebeugte Haltung seines Kopfes sowie der reiche Faltenwurf des Lendentuchs, das bemerkenswert lang ist und beinahe bis zu seinem Sprunggelenk reicht. Es ist oberhalb seiner rechten Hüfte verknotet und trägt Spuren roter und grüner Farbe. Die ausgeprägten Rippen und die gemalten Blutflecken, die an das Leiden Christi erinnern, kündigen bereits spätmittelalterliche Entwicklungen an. Christus ist hier sowohl der triumphierende Herr als auch der leidende Mensch, eine Kombination, die Henrik von Achen als *Christus Rex patiens* (der leidende König) bezeichnet hat. Christusfiguren mit langen Lendentüchern lassen sich auch andernorts finden, zum Beispiel in Vellerup (Seeland, Dänemark), heute im Nationalmuseum in Kopenhagen (Inv. Nr. D 3771/1966). Der Typus wurde möglicherweise von England beeinflusst.

Bendixen 1909, S. 22–23; Engelstad, 1936, S. 240

19

TAUFBECKEN AUS SÆBØ

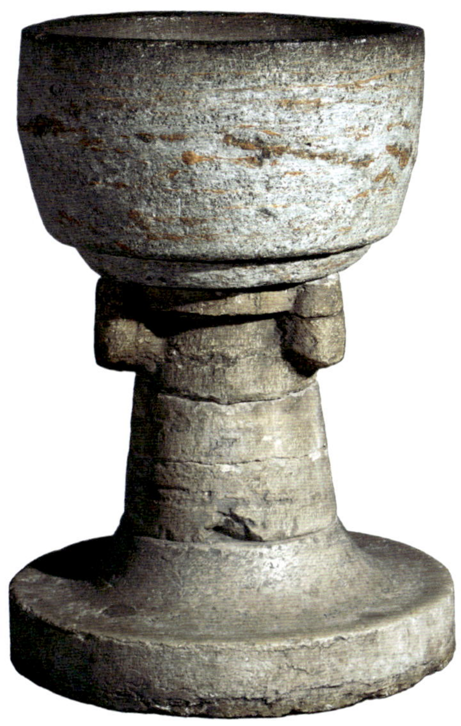

Norwegen und Gotland (Schweden), 1200–1250
Aus Sæbø (Nordhordland), im Museum seit 1884
Speckstein (Becken) und Kalkstein (Base und Schaft)
H 97 cm x B 66 cm
Inv. Nr. MA 33

Das runde Becken dieses Taufsteins aus Sæbø, nördlich von Bergen, weist keine Dekorelemente auf und verbreitet sich nach oben hin leicht. Unterhalb des Beckens befindet sich ein Ring mit drei hervorspringenden Köpfen, die nicht ausgearbeitet wurden. Der Schaft ist konisch, verbreitert sich nach unten und geht nahtlos in den runden Sockel über. Das Becken ist aus Speckstein (norwegisch: kleberstein) gefertigt, einer leicht zu bearbeitenden, relativ weichen Gesteinsart, die in einigen Regionen Südnorwegens vorkommt, z. B. an der Küste und rund um die Fjorde nördlich und südlich von Bergen. Im Gegensatz dazu sind Sockel und Schaft aus Kalkstein gehauen, der von der Ostseeinsel Gotland (Schweden) importiert wurde.

In ihrer Studie zu mittelalterlichen Taufbecken in Norwegen erwähnt Mona Bramer Solhaug zwölf Beispiele gotländischen Ursprungs, die sich entlang der norwegischen Westküste konzentrieren. Diese Taufbecken zeigen, dass neben den westlichen Verbindungen über die Nordsee auch die östlichen Routen durch den Sund in die Ostsee von Bedeutung waren. Gotland war zwischen dem 12. und 14. Jahrhundert ein bedeutendes Zentrum der Taufbeckenproduktion. Hunderte Exemplare sind erhalten – auf der Insel selbst, auf dem schwedischen Festland und auf den dänischen Inseln, aber auch in Pommern (Deutschland, Polen) und Estland. Die grob vorspringenden Köpfe des Taufbeckens von Sæbø lassen vermuten, dass der Sockel als halbfertiges Produkt verschifft und nie fertiggestellt wurde. Die Kombination eines Gotland-Sockels mit einem Becken aus norwegischem Stein ist bemerkenswert.

Bendixen 1915–1916, S. 12; Bramer Solhaug 2001, Bd. 1, S. 231–236, Bd. 2, S. 88–89; Drake 2002, S. 128, 182; Berggren 2002, S. 173–174

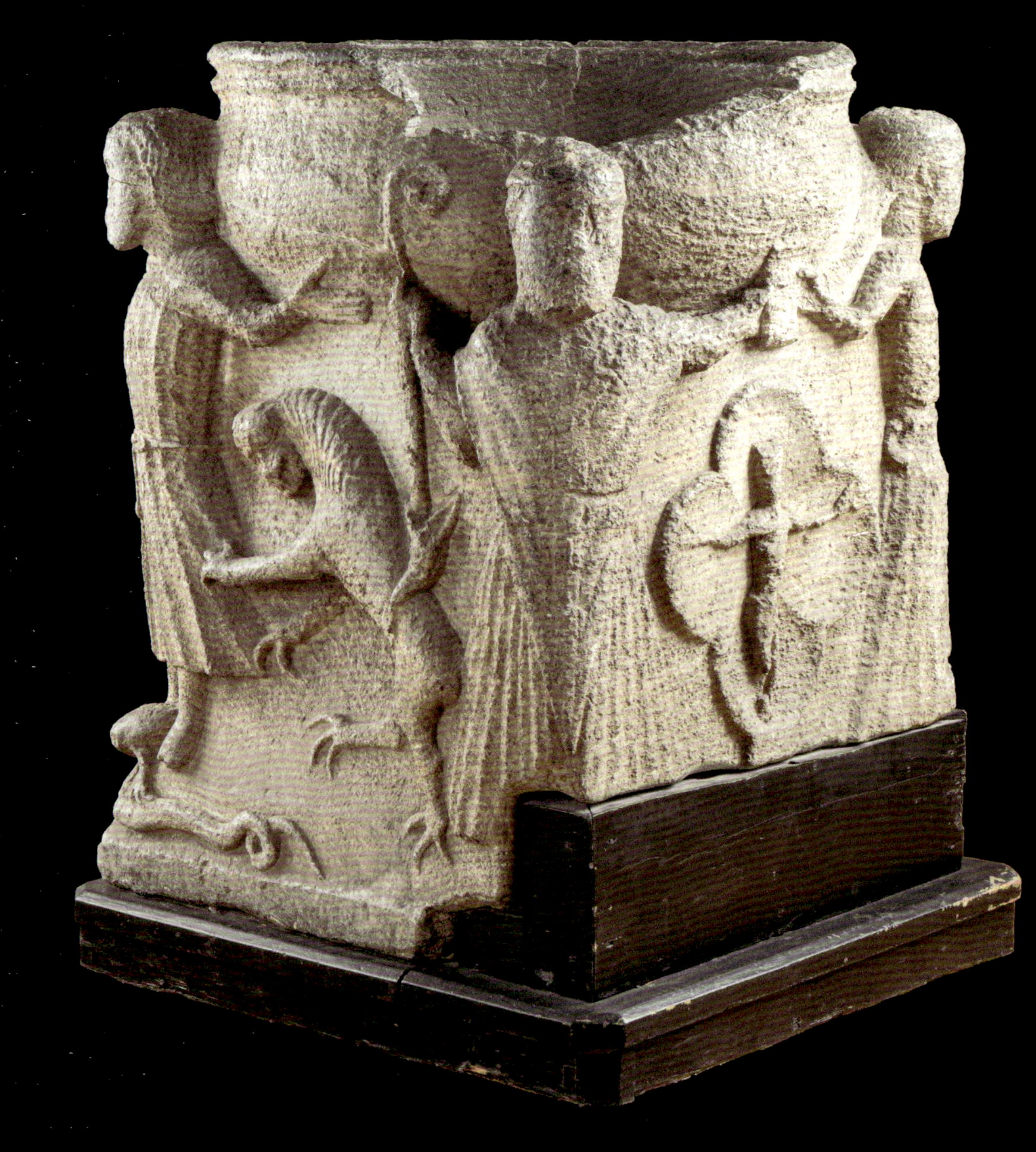

20
TAUFBECKEN AUS OS

Norwegen, 1225–1250
Aus Os südlich von Bergen, im Museum seit 1825
Speckstein
H 91 x B 67 cm
Inv. Nr. MA 37

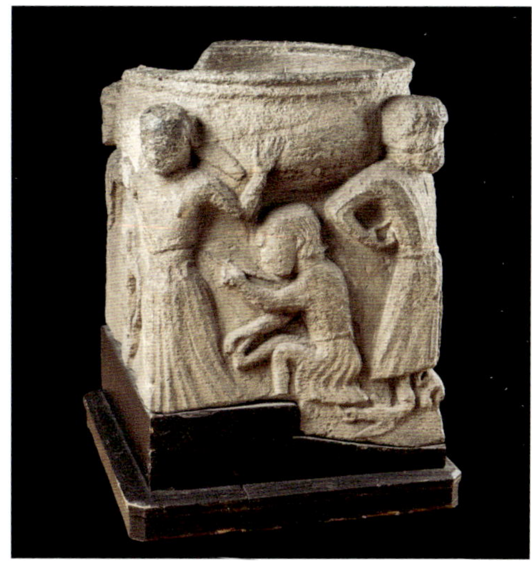

Dieses Taufbecken aus dem 13. Jahrhundert aus Os weist eine bemerkenswerte Form und eine reiche Ikonographie auf. Das runde Becken mit profiliertem Rand ist von vier stützenden Eckfiguren umgeben, die einen Übergang zum quadratischen Sockel schaffen. Die eher grob gearbeiteten Figuren stellen zwei bärtige Männer, einen Bischof mit Mitra und Krummstab und eine Frau mit entblößten Brüsten dar. Sie halten ihre Arme ausgestreckt und bilden so einen Kranz um das Becken. Das Haar der Frau trägt eine Runeninschrift, die als *ákalit* (Anrufung) gelesen wurde. Der Bischof und die Frau halten gemeinsam ein Buch, welches eine Inschrift erkennen lässt – möglicherweise A B B A (Vater).

Zwischen den männlichen Figuren befinden sich springende Löwen. Die dritte Seite zeigt einen sitzenden Mann, der seinen Fuß mit der einen und mit der anderen Hand einen Stab hält. Es handelt sich wahrscheinlich um die Darstellung eines Dornenziehers (*spinario*), ein Symbol für den Sieg über das Böse. Die vierte Seite zeigt einen Vierpass mit einem gekrönten Christus in kreuzförmiger Haltung, aber ohne Kreuz. Unter den Füßen der beiden bärtigen Männer befinden sich Schlangen und ein krötenähnliches Wesen; die gegenüberliegende Seite des Sockels ist beschädigt.

Bendix Bendixens Deutung der Figuren als Personifikationen der Gemeinde (die Männer und die Frau) und des Klerus (der Bischof), die sich um das Taufbecken versammeln um das Böse in Gestalt der zertretenen Tiere zu besiegen, scheint überzeugend. Die Löwen könnten Christus (als Löwe von Juda) symbolisieren, dessen ebenfalls dargestellter Tod am Kreuz die Erlösung bringt. Die Tatsache, dass eines der Tiere sein Maul offen hält, könnte jedoch auch das Gegenteil ausdrücken, die Bedrohung durch das Böse und den Tod. Mona Bramer Solhaug interpretiert die halbnackte Frau als Personifikation des Ehebruchs (*Luxuria*). Sie erwähnt mehrere Taufbecken ähnlicher Ausführung mit einem runden, von vier Eckfiguren getragenen Becken in den Ländern rund um die Nordsee und weiter südlich, in der französischen Bretagne. Die Verwendung von lokalem Speckstein lässt sie jedoch zu dem Schluss kommen, dass das Exemplar aus Os in Norwegen gefertigt wurde, möglicherweise von einem ausländischen Steinmetz.

Bendixen 1904–1913, S. 63, 332–333; Bendixen 1915–1916, S. 10–11; Anker 1981, S. 156; Bramer Solhaug 2001, Bd. 1, S. 170–174, 242–246; Bd. 2, S. 70–71; Drake 2002, S. 11–12, 123, 129

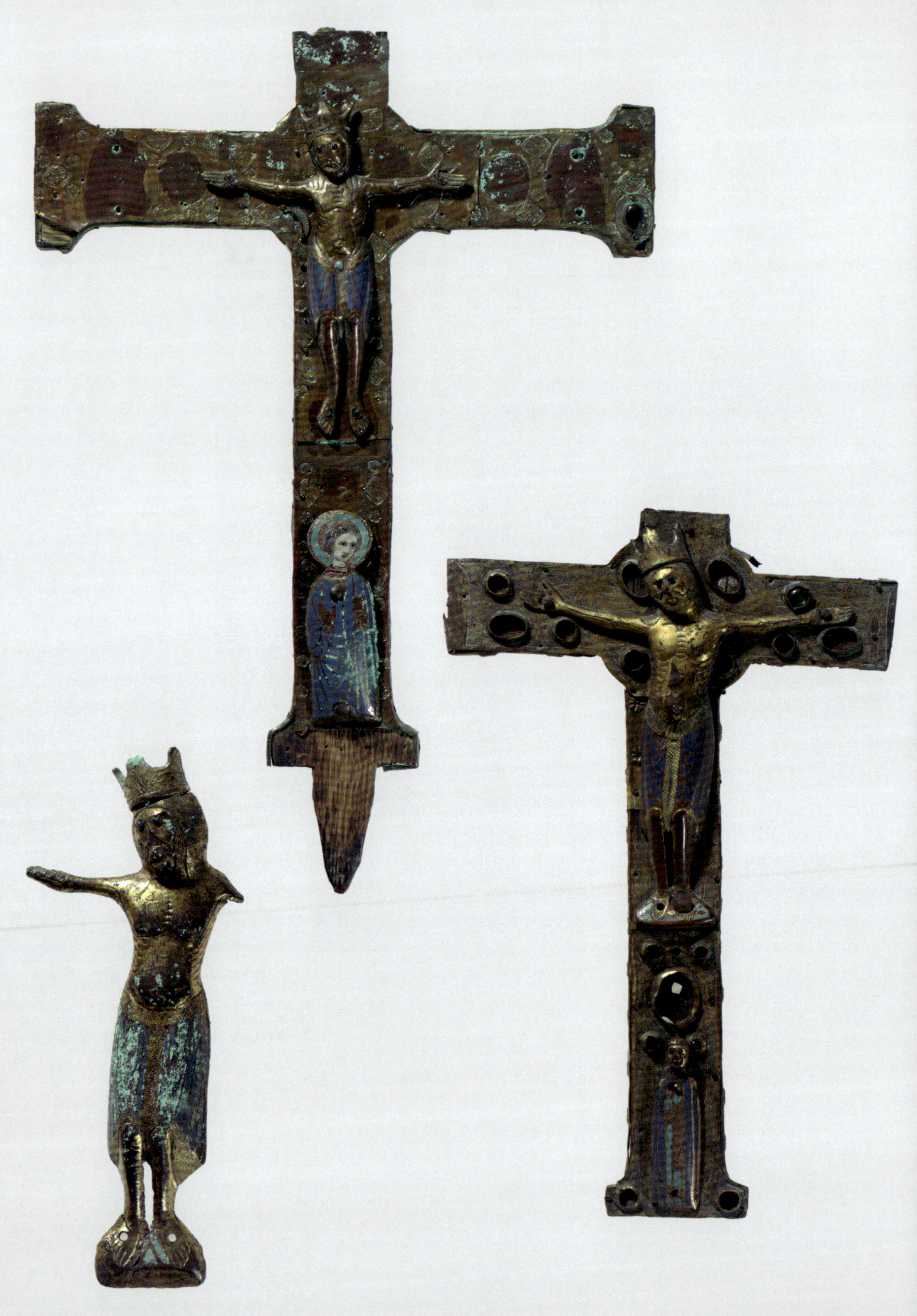

21
EMAILLEKRUZIFIXE AUS LIMOGES

Limoges, 1225–1250
Aus Nes (Luster, Sogn), Skogven (Nordhordland) und aus unbekannten westnorwegischen Kirchen, seit 1841, 1835 bzw. 1853 im Museum
Vergoldetes Kupfer, Emaille
H 29 x B 18 x T 3 cm (MA 71)
H 36,5 x B 25,5 x T 3 cm (MA 72)
H 18 x B 10,5 x T 1,5 cm (MA 73)
H 16 x B 6,5 x T 1,5 cm (MA 74)
Inv. Nr. MA 71, MA 72, MA 73, MA 74

In der Bergener Sammlung befinden sich drei Kreuze und eine Christusfigur aus den südwestfranzösischen Emaillewerkstätten in Limoges, wo im 12. und 13. Jahrhundert zahlreiche Emaillegegenstände gefertigt wurden, die in allen Teilen des Kontinents gelangten. Noch heute lassen sie sich in zahlreichen Sammlungen und Kirchenschätzen in ganz Europa finden. Das Kreuz aus der Kirche zu Nes (MA 71) besteht aus einem Eichenholzkorpus, der mit vergoldeten Kupferplatten mit geritzten Blatt- und Sternenverzierungen sowie Glassteinen besetzt ist. Auf dem Kreuz ist eine einzeln gegossene, kupfervergoldete und emaillierte Figur des *Christus triumphans* montiert. Unter dem *suppedaneum* befindet sich eine in farbiger Emaille in Grubenschmelz ausgeführte Heiligenfigur. Ein vergleichbares Emaillekreuz unbekannter Herkunft (MA 72) konnte den Zapfen zur Aufstellung in einer Halterung erhalten. Aus Skogven hat sich zudem eine Figur des triumphierenden Christus erhalten, wohingegen das Emaillekreuz verlorenging (MA 74). Ein im Typus abweichendes Kreuz unbekannter Herkunft zeigt Christus an einem Scheibenkreuz. Reste des Emailles auf dem Kruzifix weisen auf eine ursprünglich reiche Farbigkeit hin.

Die Bekanntheit der Limousiner Emaille verbreitete sich besonders während des Pontifikats Papst Innozenz III. (1198–1216) durch Erwähnen der Produkte auf dem Vierten Laterankonzil 1215 sowie durch die zentrale Lage der Stadt auf einem der Pilgerwege nach Santiago de Compostela. Die Kruzifixe fanden als Altarkreuze oder Vortrage- und Prozessionskreuze Verwendung. Nicht nur Kreuze, sondern auch kleine Reliquienschreine und Leuchter fanden ihren Weg aus den Limousiner Werkstätten in europäische Kirchen. Ein kostbares Leuchterpaar hat sich in der Stabkirche zu Urnes erhalten.

Bendixen 1909, S. 13–19; Haga 2014

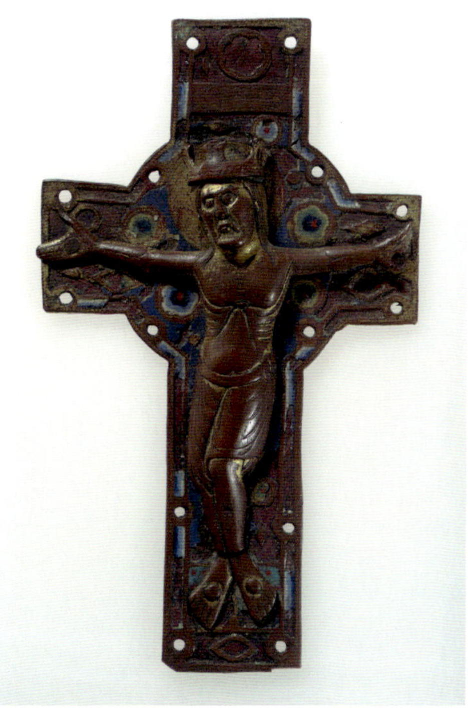

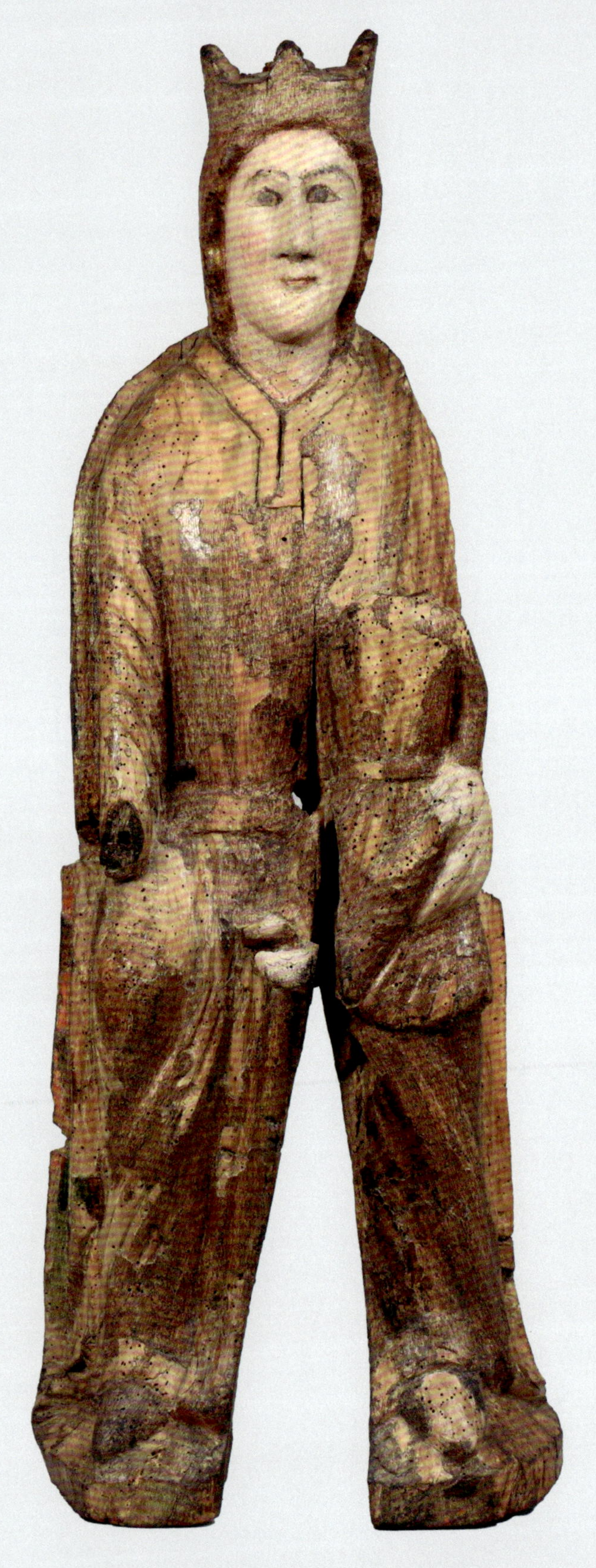

22
MADONNA MIT KIND AUS GRANVIN

Norwegen, 1225–1250
Aus Granvin (Hardanger), im Museum seit 1842
Laubholz
H 93 x B 33 x T 12 cm
Inv. Nr. MA 440

Der etwas primitive Charakter dieser Madonna mit dem Kind aus Granvin am Hardangerfjord wird durch ihren schlechten Erhaltungszustand noch verstärkt. Christus hat den Kopf verloren, der rechte Arm der Jungfrau ist abgebrochen und zwischen den Beinen fehlt ein großer Teil. Die gekrönte Jungfrau sitzt frontal auf einer blockförmigen Bank, während sie das Kind mit der linken Hand hält. Maria trägt ein Gewand und einen Umhang, während Christus nur in ein Gewand gehüllt ist. Die Figur hat eine Tiefe von lediglich 12 cm, was darauf hinweist, dass sie ursprünglich vor einem Dorsale oder in einem Tabernakelschrein aufgestellt war. Alle Reste der Polychromie sind sekundär, möglicherweise nachmittelalterlich.

Martin Blindheim bezeichnete die Figur als »erstaunlich schlecht«, und als das Werk eines einheimischen Bildschnitzers. Die parallelgesetzen Falten im unteren Teil folgen noch deutlich romanischen Vorbildern wie der Madonna aus Urnes, die um 1180–1200 datiert wird (Kat. Nr. 8). Der Faltenwurf des Oberkörpers ist stärker entwickelt, aber die Position des Christuskindes ist alles andere als natürlich: Es scheint eher vor der Hüfte zu schweben, als auf dem Knie zu sitzen. Aus derselben Kirche zu Granvin besitzt die Bergener Sammlung auch Teile eines Tabernakelschreins (Kat. Nr. 80) und Figuren des Johannes des Evangelisten und Johannes des Täufers (Kat. Nr. 81).

Bendixen 1911, S. 8; Blindheim 1998, S. 64

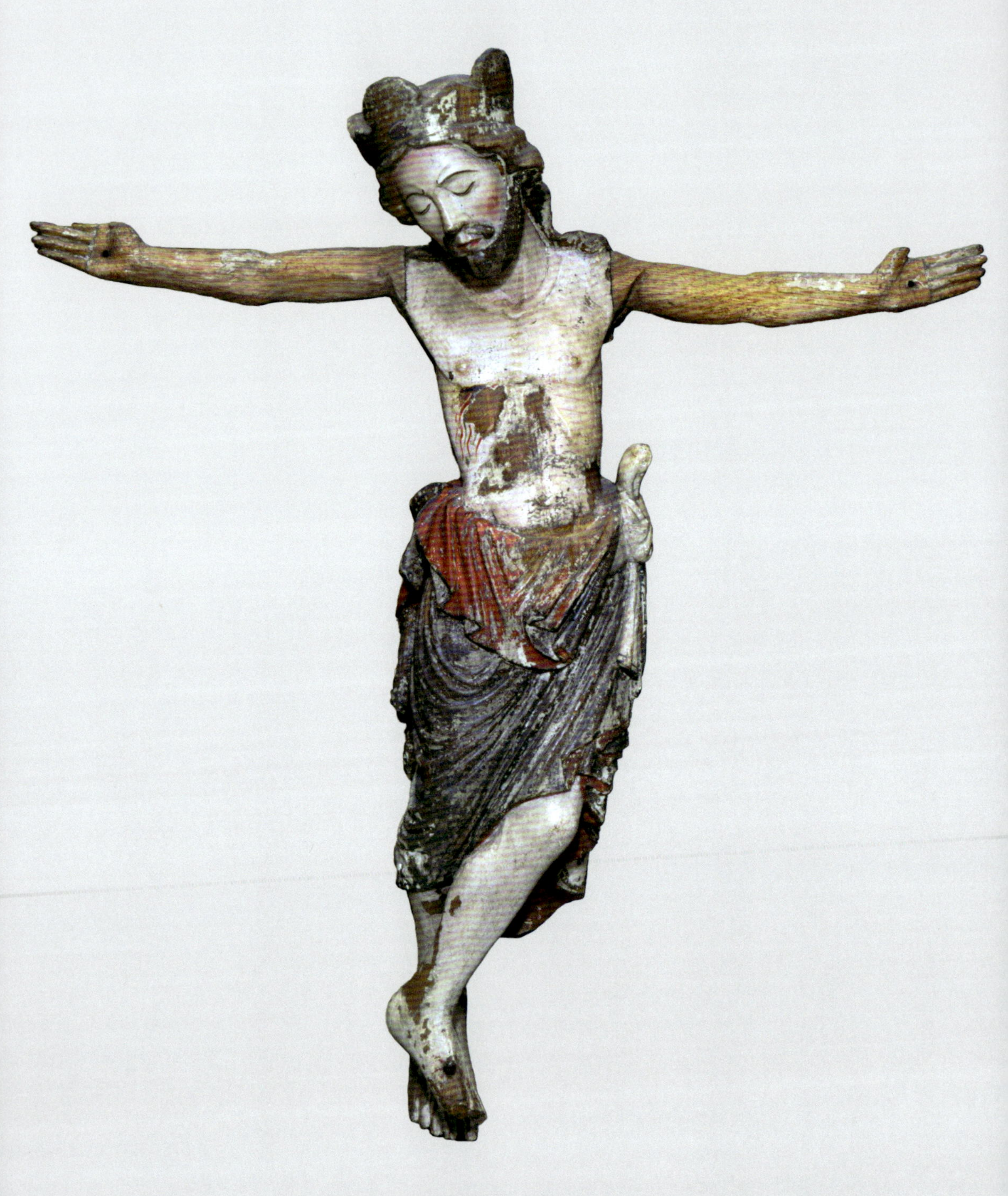

23
GEKREUZIGTER CHRISTUS AUS FRESVIK

Norwegen, 1230–1240
Aus Fresvik (Sogn), seit 1880 im Museum
Eiche mit Polychromie und Imitationsgold
H 77 x B 70 x T 15,5 cm
Inv. Nr. MA 244

In dieser überaus qualitätsvollen Skulptur, dessen Kreuz verlorenging, ist der am Kreuz hängende Christus wiedergegeben. Sein Körper ist leicht gebogen, sein gekrönter Kopf leicht zu seiner Rechten geneigt und seine Augen sind geschlossen. Christus ist mit einem langen Lendentuch bekleidet, das am oberen Rand umgeschlagen ist, sodass die rote Innenseite sichtbar wird. Seine Füße sind übereinandergeschlagen und werden von einem Nagel durchbohrt. Die Rippen und der Brustkorb seines schmalen Oberkörpers sind fein ausgearbeitet, aus seiner Seitenwunde tritt Blut hervor. Das Haar, der Bart und das Lendentuch waren ursprünglich in Imitationsgold (Silber mit braungelbem Firnis) gefasst, das im Laufe der Zeit oxidiert ist. Die Skulptur vermischt den romanischen Typus des Christus-König (*Christus Rex*) mit Krone und dem leidenden Christus (*Christus patiens*). Dieser als *Christus Rex patiens* (Christus der leidende König) bezeichnete Typus war in Skandinavien verbreitet und lässt sich beispielsweise auch im Gekreuzigten aus Kaupanger wiederfinden (Kat. Nr. 18).

Die Figur könnte als Altarkreuz, oder als Triumphkreuz am Übergang zwischen Chor und Langhaus aufgestellt oder gehängt gewesen sein. Aron Andersson erkennt in dem Werk Stilimpulse aus der englischen Skulptur und schlägt eine Entstehung in einer norwegischen Werkstatt unter englischem Einfluss vor. In England sind auf Grund des protestantischen Bildersturms keine Großkruzifixe des 13. Jahrhunderts erhalten geblieben.

Bendixen 1909, S. 23; Andersson 1949, S. 130–134; Alexander/Binski 1987; von Achen 1994, S. 708; Williamson 1995, S. 117; Park 2002, S. 59; Blindheim 2004, S. 52–53

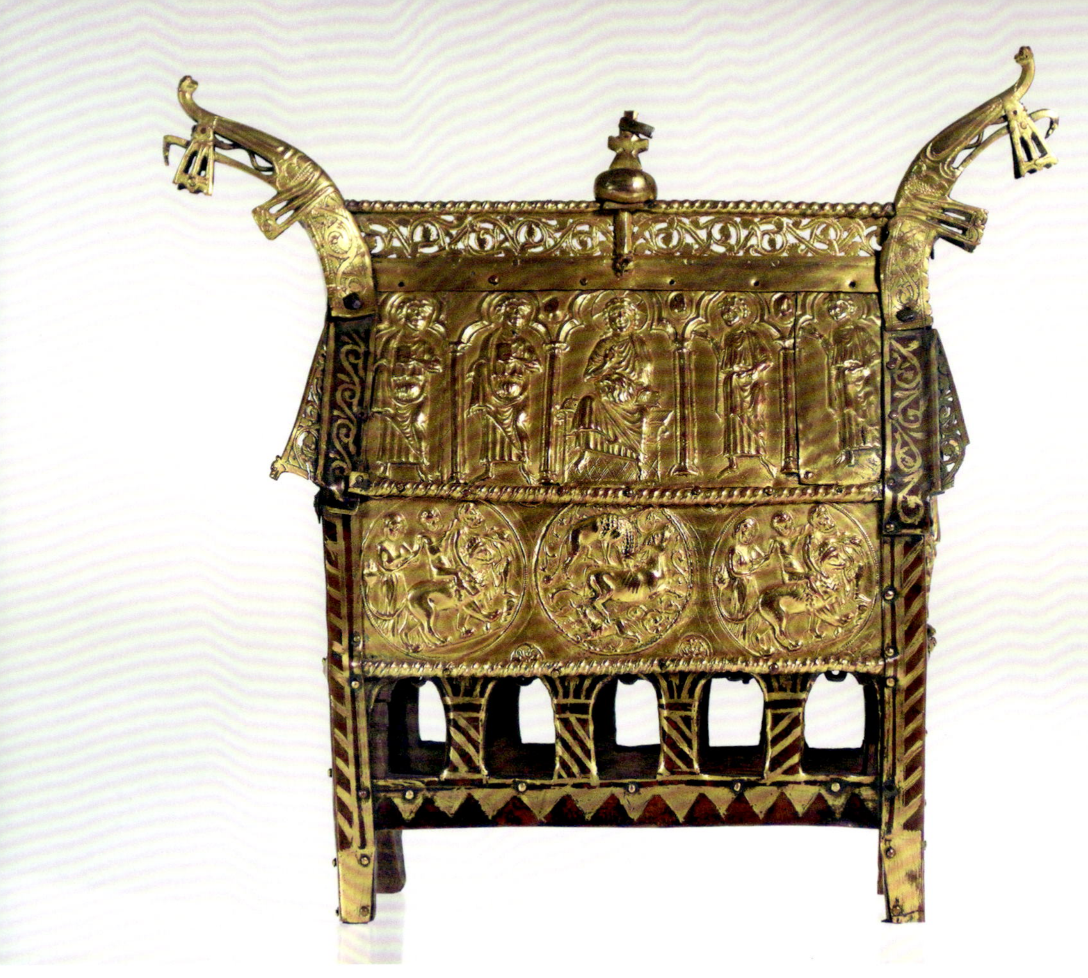

24

RELIQUIENSCHREIN AUS FILEFJELL

Norwegen, 1230–1250
Aus Filefjell (Valdres), seit 1828 im Museum
Vergoldetes Kupferblech auf Eichenholz
H 37,5 x B 40 x T 15 cm
Inv. Nr. MA 52

Der Reliquienschrein besteht aus Eichenholz, das mit punziertem und vergoldetem Kupferblech bekleidet ist. Der Schrein stammt aus der dem heiligen Thomas – vermutlich Thomas Becket – geweihten Stabkirche zu Filefjell, die auf einem Hochplateau auf einer wichtigen Verbindungsroute zwischen Ost- und Westnorwegen lokalisiert war und 1808 aufgegeben wurde. Der Schrein hat die Form eines Hauses mit Satteldach; am Giebel sind Drachenköpfe zu erkennen, wie sie auch an Stabkirchen vorkommen, zum Beispiel in Borgund (Abb. S. 18). Die Basis bildet ein Laubengang (norwegisch: svalgang). Auf den Dachseiten sind Christus und seine Apostel dargestellt. Eines der Langseiten wiederholt das Motiv als Halbfiguren, während innerhalb dreier Medaillons auf der anderen Langseite verschiedene Szenen dargestellt sind. Die Giebelseiten zeigen je einen weiteren stehenden Apostel, der auf einer Seite von weiteren sitzenden Aposteln in einer Rankendekoration flankiert wird.

Das Bild des auf einem Löwen reitenden Jungen auf den Medaillons zu beiden Seiten, ist der antiken Mythologie entlehnt und geht auf den Dionysoszug zurück, wie er auf antiken Münzen und Gemmen zu finden ist. Diese ursprünglich antiken Motive wurden im christlichen Kontext umgedeutet, so wurde Christus beispielsweise vom französischen Mönch Pierre Bersuire (um 1290–1362) in seiner Deutung der *Metamorphosen* Ovids mit Dionysos (=Bacchus) gleichgesetzt. Auch das Motiv des Tierkampfes auf dem mittleren Medaillon stammt aus der Antike und findet sich in der christlichen Kunst wieder, so beispielsweise auf dem Thron einer nordfranzösischen Elfenbeinmadonna im Museo Nazionale del Bargello in Florenz (Inv. Nr. 88C). Diese antiken Motive können auf Münzen oder bereits im christlichen Kontext auf Gegenständen in den Norden gelangt sein.

Bei Ausgrabungen in den Ruinen der Allerheiligenkirche in Bergen im Jahr 1865 wurde ein Fragment mit identischen Apostelreliefs gefunden, was, laut Harry Fett, auf eine Entstehung der beiden Schreine in Bergen verweist. In Norwegen sind insgesamt dreizehn Reliquienschreine und Fragmente erhalten geblieben, die eine starke Homogenität aufweisen. Im Aufbau scheinen die Schreine einem Vorbild zu folgen, welches Thor Kielland und zuletzt Øystein Ekroll in einem der großen, allerdings in der Reformation zerstörten Reliquienschreine in Trondheim (St. Olav), Oslo (St. Hallvard) oder Bergen (St. Sunniva) vermuten. Es ist erstaunlich, dass sich in Norwegen einige kleinere Schreine erhalten haben, da sie während des Übergangs zum Protestantismus ihre Funktion als Aufbewahrungsort von Reliquien verloren. Im Königreich Dänemark-Norwegen wurden Kirchenschätze während der Reformation von der Krone konfisziert und eingeschmolzen.

Christie 1842, S. 377–384; Fett 1911, S. 6–7; Bugge 1932, S. 61–62; Kielland 1927, S. 98–109; Ekroll 2003, S. 327; Kuhn 2019b; Kroesen/Kuhn 2020

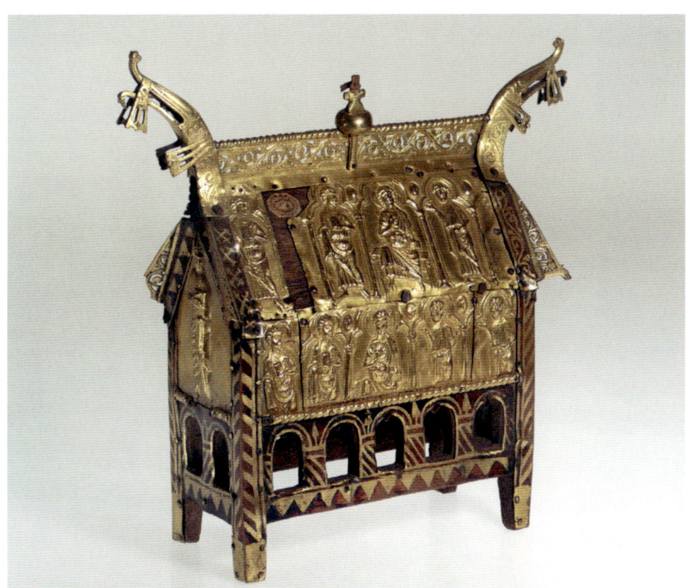

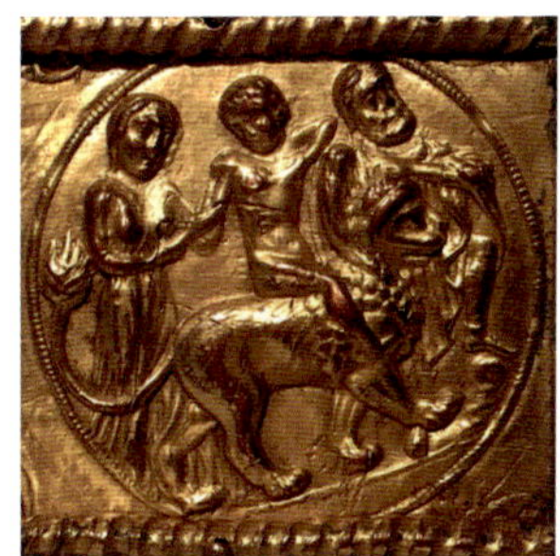

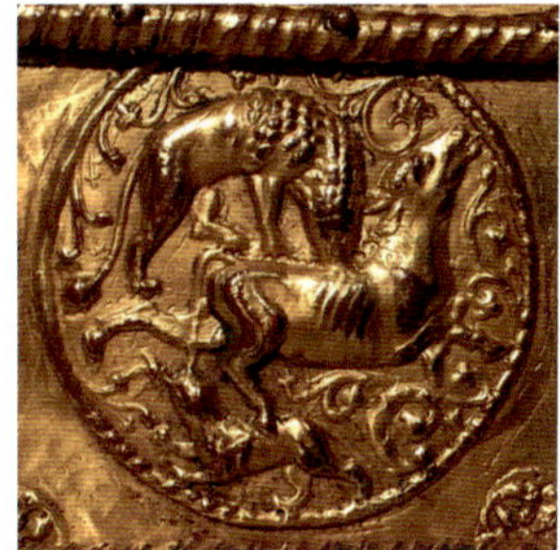

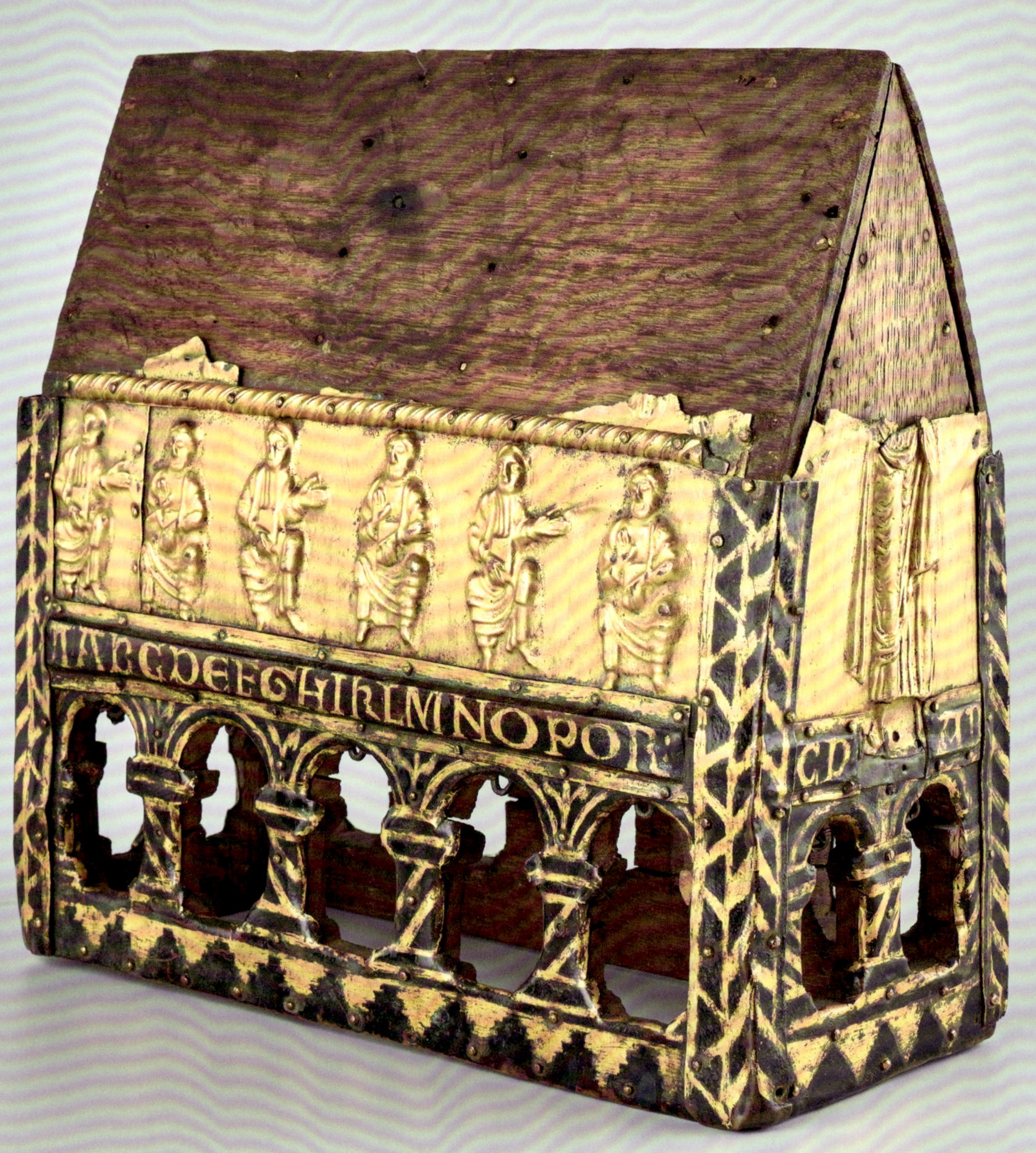

25

RELIQUIENSCHREIN AUS FORTUN

Norwegen, 1230–1250
Aus Fortun (Luster, Sogn), seit 1828 im Museum
Kupfervergoldete Plättchen, montiert auf Eichenholz
H 30 x B 32 x T 13,5 cm
Inv. Nr. MA 53

Dieser Reliquienschrein aus der Stabkirche zu Fortun (Luster, Sogn) hat die Form eines Hauses mit Satteldach. Vergoldete Kupferplättchen mit gestanzten Apostelfiguren haben sich auf den Seitenpartien des Schreines erhalten. Auf der einen Seite sind sechs sitzende Figuren angebracht, während auf der anderen Seite sieben zu finden sind, in deren Mitte Christus dargestellt ist (?). Die antikisierend erscheinenden Figuren sind frontal wiedergegeben und haben jeweils ein Buch auf ihrem Schoß und halten ihre Hände in einem Redegestus empor. Die Molden wurden abwechselnd verwendet, sodass sich die Apostelдarstellungen wiederholen. An den Giebelseiten haben sich Reste von je einer stehenden Figur erhalten. Löcher in den Dachpartien weisen auf die Anbringung von weiteren Kupferplatten.

Die Bildfläche wird an den Langseiten von einem in dunkler Farbe aufgemalten Band abgeschlossen, dass das Alphabet in goldenen Majuskeln wiedergibt. Es handelt sich demnach nicht um eine Inschrift, die auf den Inhalt des Reliquienschreins verweist. Die Anbringung des Alphabets auf dem Reliquienkasten ist singulär und könnte mit dem dekorativen und symbolischen Gehalt der lateinischen Buchstaben in einer Gesellschaft erklärt werden, die zu jener Zeit das Runenalphabet verwendete. Der Reliquienschrein steht auf einem Arkadengang, ähnlich wie er am Außenbau der Stabkirchen zu finden ist und spiegelt zugleich die Tragekonstruktion großer Schreine wider. Wessen Reliquien in dem Schrein aus Fortun aufbewahrt wurden, ist nicht bekannt. Die Stabkirche wurde 1883 durch einen Neubau ersetzt, und unter Verwendung von Originalbaumaterial in Fantoft bei Bergen wiedererrichtet. Hier wurde sie am 6. Juni 1992 durch Brandstiftung zerstört.

Bendixen 1904–1913, S. 380–381; Kielland 1927, S. 87–88

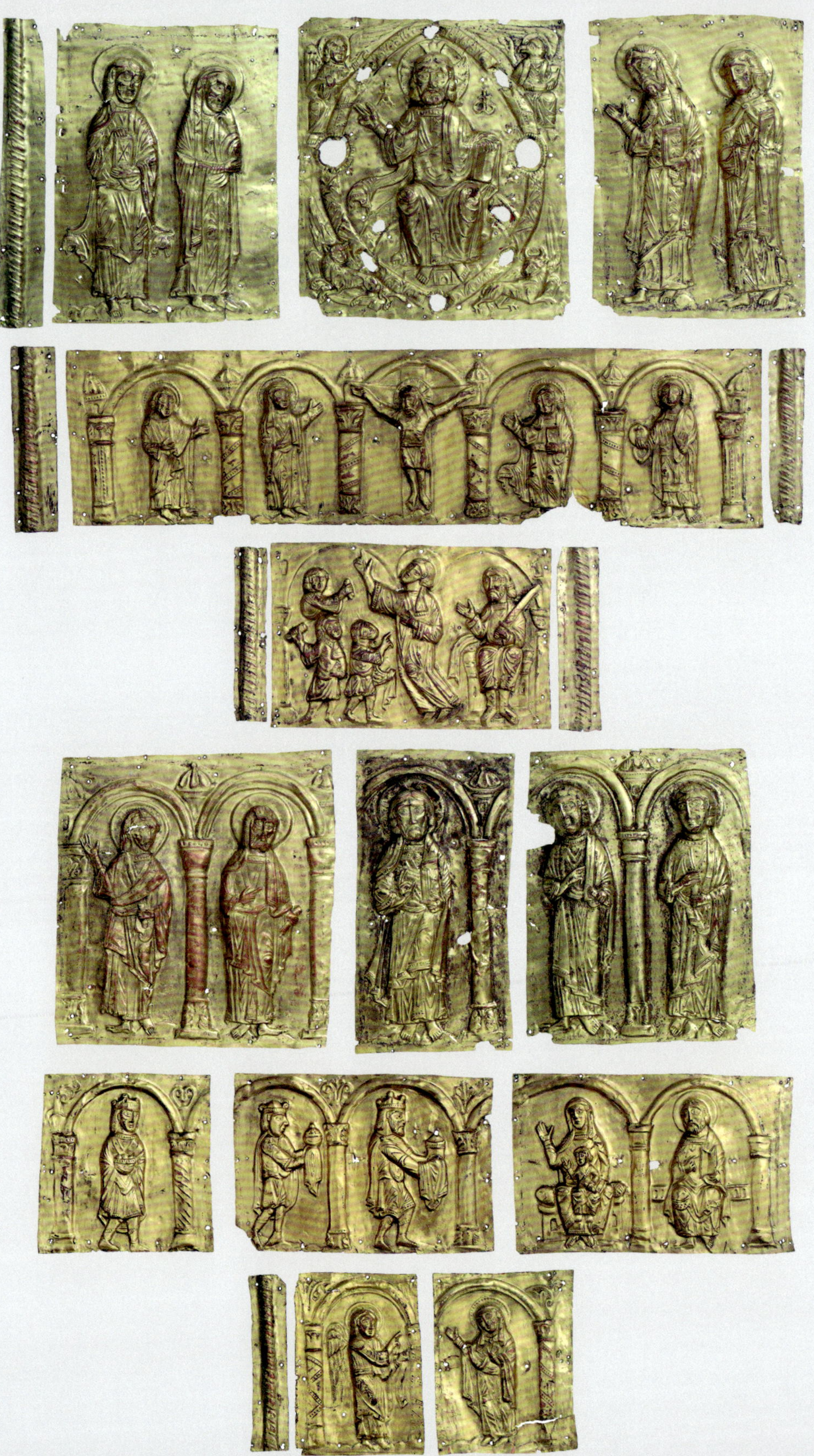

26
FRAGMENTE EINES RELIQUIENSCHREINS AUS FLÅVÆR

Norwegen, 1230–1250
Aus Flåvær (Sunnmøre), seit 1881 im Museum
Kupfervergoldete Plättchen
H 11 x B 45 x T 1,5 cm (Kreuzigung)
H 19,3 x B 17 x T 1,5 cm (Christus)
H 11,5 x B 8,5 x T 1 cm (Verkündigungsengel)
Inv. Nr. MA 253

Zunächst wurde angenommen, dass es sich bei den dreizehn mit figurativen Reliefs geschmückten vergoldeten Kupferplättchen und den erhaltenen Zierleisten um Teile eines Metallantependiums handelte, wie sie in Skandinavien mit den berühmten »Goldaltären« (gyldne altre) in Dänemark und Schweden überliefert wurden (einige befinden sich nun im Nationalmuseum Kopenhagen). In Wirklichkeit scheinen die Kupferplatten allerdings auf einem hölzernen, hausförmigen Reliquienschrein angebracht gewesen zu sein, ähnlich wie die erhaltenen Reliquienschreine aus Filefjell und Fortun (Kat. Nr. 24, 25).

Die Kupferplatten zeigen geprägte Szenen der Geburt Christi unter Arkadenbögen – so etwa die Verkündigung an Maria, die Erscheinung des Herrn (Drei Könige) und den Kindermord zu Bethlehem. Zusammen mit einer Kreuzigungsszene mit vier Assistenzfiguren bedeckten diese Kupferplatten das Corpus des Reliquienschreins. Die *Deësis* (Christus, umgegeben von den Fürbittern Maria und Johannes der Täufer) und zwei weiteren Heiligen auf der einen Seite sowie fünf weitere Heilige unter Arkadenbögen, bildeten wohl die Dachseiten des Schreines.

Nach der Reformation wurden die Kupferplatten als Verzierungen eines Schranks wiederverwendet. Im 19. Jahrhundert war dieser Schrank im Besitz eines Kaufmanns in Flåvær (Sunnmøre), der diesen mittels eines Kunsthändlers an den französischen Herzog Albert de Broglie verkaufte, als dieser auf einer Norwegenreise war. Auf einem Schiff nach Bergen wurde der Schrank von einem Mitglied der Direktion des Bergens Museum gesichtet und mit Unterstützung des Bergener Unternehmers Christian Sundt 1881 für die Sammlung erworben. Laut Bendix Bendixen sollen mündlichen Überlieferungen zufolge, die Kupferplatten aus dem ehemaligen Benediktinerkloster auf der Insel Selja in Nordfjord stammen.

Bendixen 1890, S. 8–21; Fett 1908, S. 18; Braun 1924a, Bd. 2, S. 100; Kielland 1927, S. 96–98; Nørlund 1926, S. 5; Grieg 1973; von Achen 2018, S. 49–52

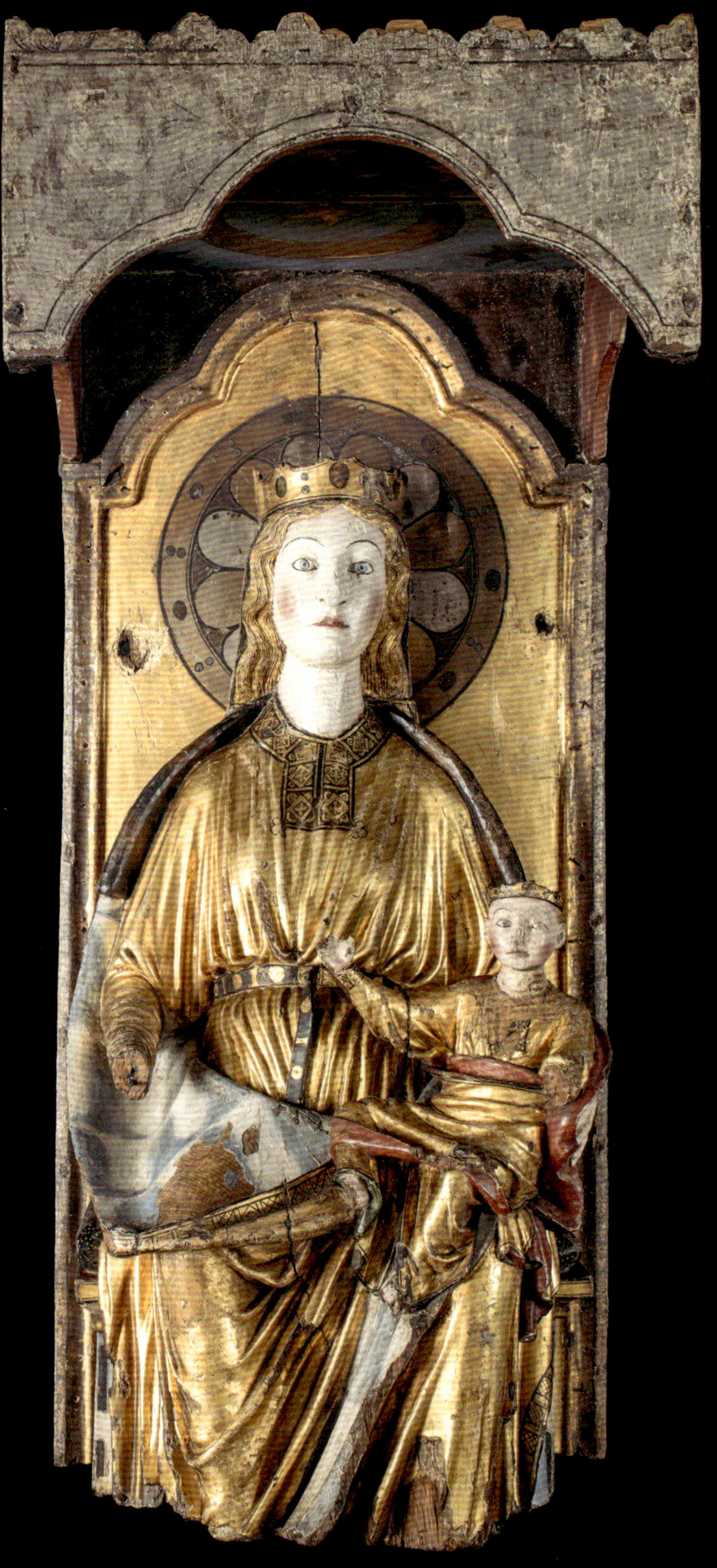

27

MARIENSCHREIN AUS HOVE

Um die Straße von Dover (Nordfrankreich, Flandern, Südengland?), 1230–1240
Aus Hove (Sogn), im Museum seit ca. 1840 (Madonna), aus Hopperstad (Sogn), im Museum seit 1966 (Baldachin)
Eiche, polychromiert
H 94 x B 45,5 x T 35,5 cm (Madonna)
H 124 x B 52 x T 48,5 cm (Baldachin)
Inv. Nr. MA 27

Die sogenannte »Hove Madonna« gehört zu den herausragendsten mittelalterlichen Skulpturen in Norwegen. Maria und das Christuskind sind beide weitgehend mit Blattgold überzogen, und die Innenseite des Umhangs imitiert einen Hermelinpelz. Die gekrönte Jungfrau sitzt frontal auf einem Thron mit schwarz gemalten Fenstermotiven auf weißem Hintergrund, der oben und unten in ein Blau übergeht, wofür Unn Plahter die Bezeichnung »dual shading« einführte. Maria hält das ebenfalls gekrönte Christuskind auf dem linken Knie und in ihrem Kopf sitzt ein Reliquiendepositorium mit einem Durchmesser von ca. 3 cm. Der Baldachin ist vollständig mit Silberfolie als Goldimitation überzogen und mit punzierten Blättern und Ranken verziert, während der Baldachinhimmel eine goldene Sonne, den Mond und zehn Sterne zeigt. Der zwölfblättrige Nimbus auf dem Dorsal wird von gemalten Edelsteinimitationen umgeben. Die Skulptur und der Baldachin sind unten grob abgesägt. Gegenstände, die von der Jungfrau Maria (ein Lilienzepter?) und Christus (eine Kugel oder ein Buch?) gehalten wurden, sind nun verloren.

Die Figur kam um 1840 aus der Kirche von Hove in Vik am Sognefjord, wo sie unter der Kanzel gestanden hatte, ins Museum. Erst 1966 folgte der Baldachin aus der nahegelegenen Stabkirche von Hopperstad, wo er als Baldachin über dem Taufbecken wiederverwendet war. Es besteht kein Zweifel, dass beide Elemente ursprünglich zusammengehörten und einen Marienschrein bildeten. Laut einer Quelle aus dem Jahr 1824 war dieser mit vergoldeten Flügeln ausgestattet, die auf der Innenseite Reliefs der Apostel trugen. An diese Flügel erinnern nur noch eiserne Haken auf beiden Seiten des Dorsals.

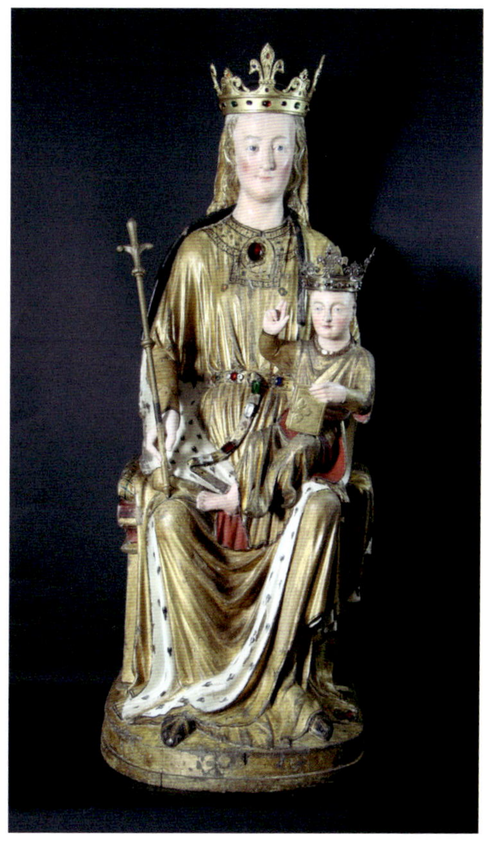

Notre-Dame des Miracles in der Kathedrale zu Saint-Omer, Frankreich, um 1230. Foto E. Windemann/Musées de Saint-Omer

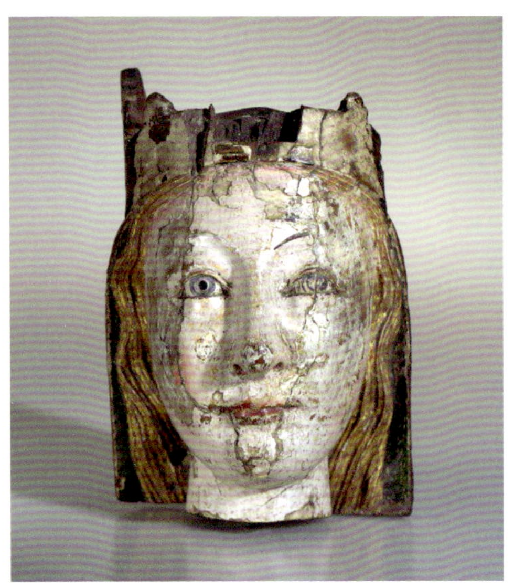

Kopf einer Marienfigur aus Øystese (Hardanger) (MA 139)

Der Marienschrein schmückte wahrscheinlich den Hochaltar der kleinen, aber sehr sorgfältig gemauerten romanischen Kirche in Hove (Abb. S. 22), bevor hier 1684 ein barockes Altarbild aufgestellt wurde.

Obwohl eine norwegische Herkunft nicht ausgeschlossen werden kann, legt die kostbare Ausführung den Schluss nahe, dass es sich um einen Import handelt. Die Madonna weist eine starke Ähnlichkeit mit der sogenannten *Notre-Dame des Miracles* in der Kathedrale zu Saint-Omer (Pas-de-Calais, Nordfrankreich) auf, und es ist anzunehmen, dass die Figur in dieser Region hergestellt wurde. Madonnen desselben Typus lassen sich auch weiter südlich finden, wie Beispiele in Gaillac (Tarn, Frankreich) und Brindisi (Apulien, Italien) zeigen. Ein eng verwandter separater Kopf einer Marienfigur in der Bergener Sammlung stammt aus Øystese am Hardangerfjord (Inv. Nr. MA 139).

Fett 1908, S. 54, 56; Bendixen 1911, S. 9–10; Fett 1935, S. 210, 213; Andersson 1949, S. 127–130; Kloster 1951, S. 190–194; Kaland 1973; Anker 1981, S. 233–234; Williamson 1995, S. 117; Plahter/Park 2002; Blindheim 2004, S. 48–50; Plahter 2014; Kollandsrud 2014, S. 52–53; Kroesen 2019a; Kuhn 2020, S. 107; Kroesen/Tångeberg 2021, S. 59–60

28

ST. MICHAEL AUS RØLDAL

Norwegen, 1230–1250
Aus Røldal (Ullensvang),
seit 1895 im Museum
Nadelholz, Polychromiereste
H 122 x B 52 x T 12 cm
Inv. Nr. MA 296

Der Erzengel Michael ist in ein imitationsgoldenes Gewand gehüllt. Der über seine linke Schulter gelegte rote Umhang ist vor dem Bauch verknotet und fällt in zahlreichen Muldenfalten herunter. In seiner linken Hand hält der Erzengel ein Rundschild, sein rechter Arm ist emporgehoben und hielt ursprünglich eine Lanze. Unter seinen nackten Füßen sind die Reste eines Drachens zu erkennen, den Michael bekämpft.

Mit den zusammengepressten Lippen, der feinen Nasenbildung und den aus dem Holz geschnittenen Brauen sowie dem einst vergoldeten Haarkranz zeigt die Figur typisch klassische Gesichtszüge, wie sie in der nordfranzösischen Kathedralskulptur der Zeit zu finden ist. Aron Andersson verglich den Erzengel mit der französischen Steinskulptur am Westportal der Kathedrale zu Reims. Die Muldenfalten und zackenförmigen Faltenkaskaden des Umhanges lassen sich ebenfalls in der nordfranzösischen Skulptur jener Zeit beobachten. Nordfranzösische Stilimpulse sind in Norwegen insbesondere an den drei mittelalterlichen Figuren der Westfront des Nidarosdoms zu Trondheim zu erkennen (jetzt im Museum Erkebispegården Trondheim), die darauf schließen lassen, dass französische, oder in Frankreich geschulte Handwerker am Bau der Kathedrale beteiligt waren. Weitere Parallelen lassen sich zu einem Diakon unbekannter Herkunft in der Bergener Sammlung beobachten (Kat. Nr. 29).

In Skandinavien haben sich verhältnismäßig viele Michaelskulpturen erhalten. In Norwegen lassen sich neben der Figur aus Røldal noch drei weitere Darstellungen aus dem 13. Jh. finden, so eine qualitätsvolle Skulptur aus Mosvik in Trøndelag (jetzt Trondheim, Vitenskapmuseet, Inv. Nr. T2451). Ebbe Nyborg schlug eine Aufstellung dieser skandinavischen Michaelskulpturen auf einem Altar in der Nähe des Kircheneinganges vor (Nyborg 2019). In zahlreichen mittelalterlichen Kirchen befand sich ein dem Erzengel geweihter Altar auf der Empore über dem westlichen Eingang.

Bendixen 1911, S. 14–15; Andersson 1949, S. 239–240; Gjerløw 1971, S. 489–493; Blindheim 2004, S. 94–95

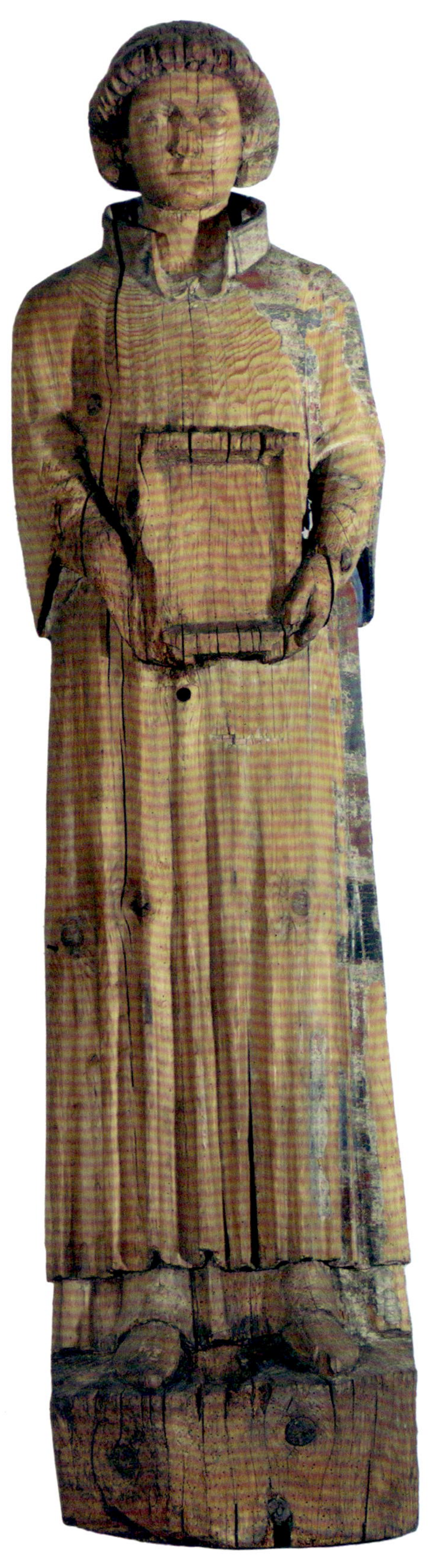

29
DIAKON AUS EINER UNBEKANNTEN KIRCHE

Norwegen, 1230–1250
Aus einer unbekannten westnorwegischen Kirche, vor 1865 im Museum
Nadelholz, Polychromiereste
H 158 x B 40 x T 17 cm
Inv. Nr. MA 20

Die fast lebensgroße Figur eines heiligen Diakons, in Albe und Dalmatik gekleidet, hält mit beiden Händen eine rechteckige Tafel. Das liturgische Gewand fällt in parallelgesetzten Röhrenfalten bis auf die Spitzschuhe, wobei der senkrechte Faltenwurf die säulenartige, langgezogene Erscheinung der Figur verstärkt. Reste der Polychromie lassen eine einst besonders reiche Farbigkeit der Dalmatik vermuten, die mit einem Muster aus alternierenden Bändern in Rot mit goldenen Lilienverzierungen, Blau mit weißen Kreismedaillons und Weiß gefasst war. Auf dem Sockel haben sich Fragmente einer Architekturfassung auf einem Untergrund in »dual-shading« erhalten, ähnlich wie an den Sitzen der Thronmadonnen aus Hove, Kyrkjebø und Røldal (Kat. Nr. 27, 30, 32).

Schon früh wurden Parallelen zur französischen Kathedralskulptur erkannt, so beispielsweise mit der Chartreser Skulptur (Fett 1908) sowie mit den Portalskulpturen der Kathedrale von Reims (Andersson 1949). Eine besonders enge ikonographische Parallele lässt sich in der frühgotischen Trumeau-Skulptur des heiligen Stephanus am Hauptportal der Kathedrale zu Sens erkennen; um 1200 geschaffen, ebenfalls stehend, in Albe und Dalmatik gekleidet und eine rechteckige Tafel (ein Buch oder ein Tragaltar, *ara*) haltend.

Martin Blindheim schlug eine Herkunft der Figur aus der 1866 abgerissenen Stabkirche zu Rinde (Sogn) vor. Bereits vor 1824 wurden sechs in einem Schuppen neben der Kirche gelagerte Figuren in die Sakristei der Kirche zu Leikanger (Sogn) überführt, nachdem bereits sechs weitere Figuren als Brennholz verfeuert waren. Dort entdeckten der Bischof Jacob Neumann und sein Reisebegleiter Niels Dahl die Figuren auf ihrer Visitationsreise 1824, doch danach verliert sich jede Spur. Der Diakon muss vor oder um 1865 in das Museum überführt worden sein, wo er in den Museumsprotokollen als »St. Laurentius (unbekannter Herkunft)« beschrieben wird. Etwa zeitgleich wurde das romanische Kruzifix aus Leikanger (Kat. Nr. 4), ebenfalls möglicherweise ursprünglich aus Rinde stammend, ins Museum überführt.

Fett 1908, S. 42–43; Bendixen 1911, S. 24–26; Fett 1925, S. 207; Andersson 1949, S. 240–242; Blindheim 2004, S. 92–93

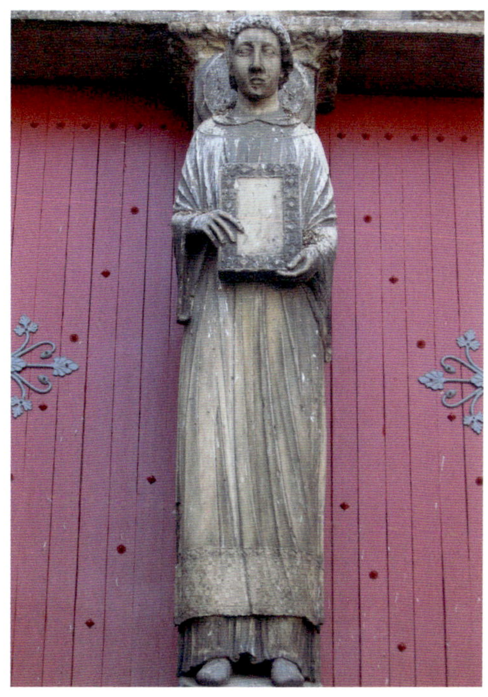

St. Stephanus, Trumeaufigur an der Kathedrale zu Sens, Frankreich, um 1200. Foto wikimedia commons

30

MADONNA MIT KIND AUS KYRKJEBØ

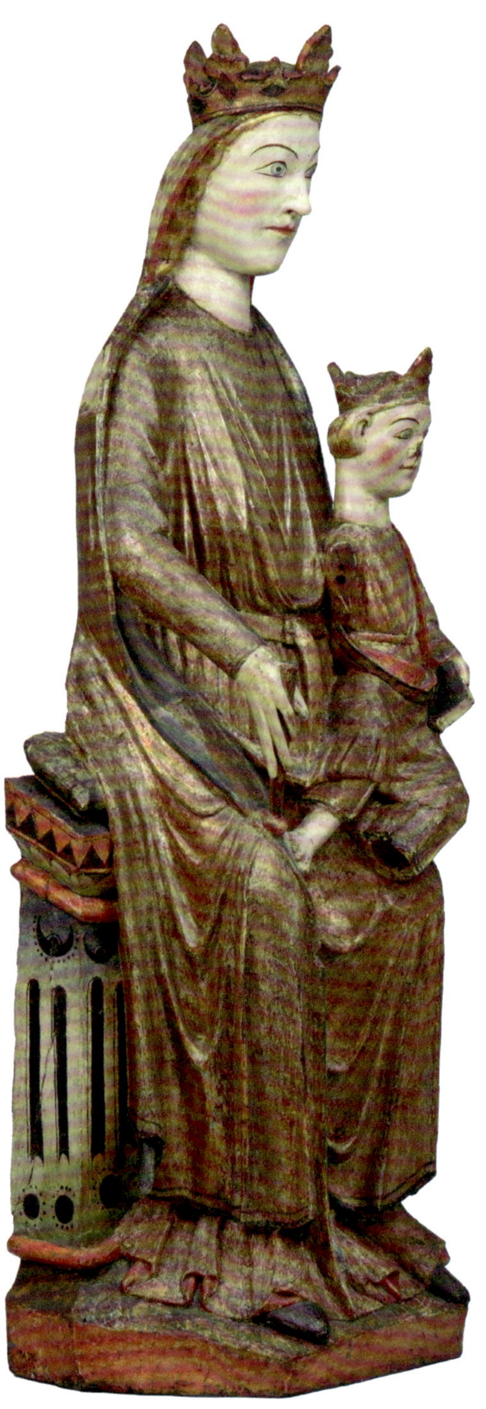

Nordfrankreich (?), um 1250
Aus Kyrkjebø (Sogn), vor 1862 im Museum
Eiche, polychromiert
H 101 x B 36 x T 21 cm
Inv. Nr. MA 292

Die Madonna im Typus der *Sedes Sapientiae* (Thron der Weisheit) sitzt frontal auf einem Thron mit gemalten architektonischen Verzierungen an den Thronseiten. Maria ist in einem goldenen, in schweren Schüsselfalten hinunterfallendem Gewand gehüllt, welches durch einen goldenen Gürtel gehalten wird. Das Innere des goldenen Umhangs, welcher offengeschlagen auf ihrem rechten Knie liegt, ist mit gemalten Hermelinfell ausgekleidet. Auf ihrem linken Knie sitzt etwas schräg das Christuskind in goldenem Gewand und Umhang. Es hält in seiner Linken ein Buch, während seine nun verlorene rechte Hand wohl zum Segensgestus erhoben war. Sein rechter Fuß berührt Mariens rechtes Knie.

Martin Blindheim identifizierte die Madonna aus Kyrkjebø als norwegische Nachfolge des Prototyps der Madonna aus Hove (Kat. Nr. 27). Neuere Analysen weisen allerdings auf eine mögliche Entstehung in Nordfrankreich hin. In der ausgehöhlten Rückseite der Figur wurden Pergamentfragmente gefunden, die laut den Paläografen Åslaug Ommundsen und Michael Gullick im Schriftbild auf ein nordfranzösisches Skriptorium weisen. Die Fragmente aus ca. 1200, die vermutlich von einem fehlerhaften Manuskript stammten, wurden wohl in Zweitverwendung in die Figur geklebt, um beim Schnitzprozess aufgetretene Löcher abzudichten, bevor schließlich die Polychromie angebracht wurde.

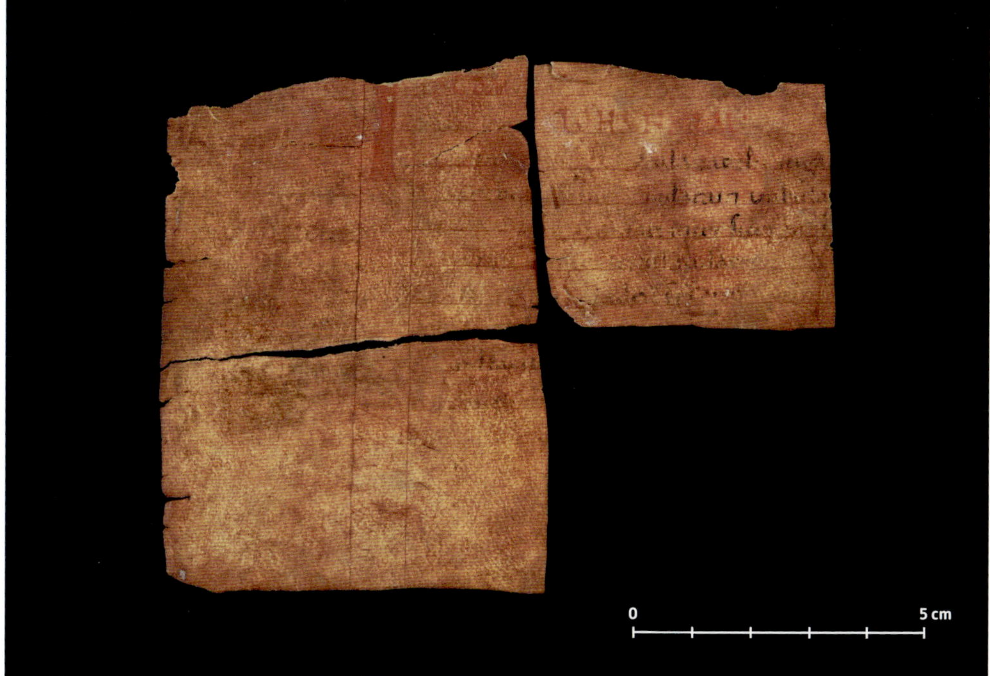

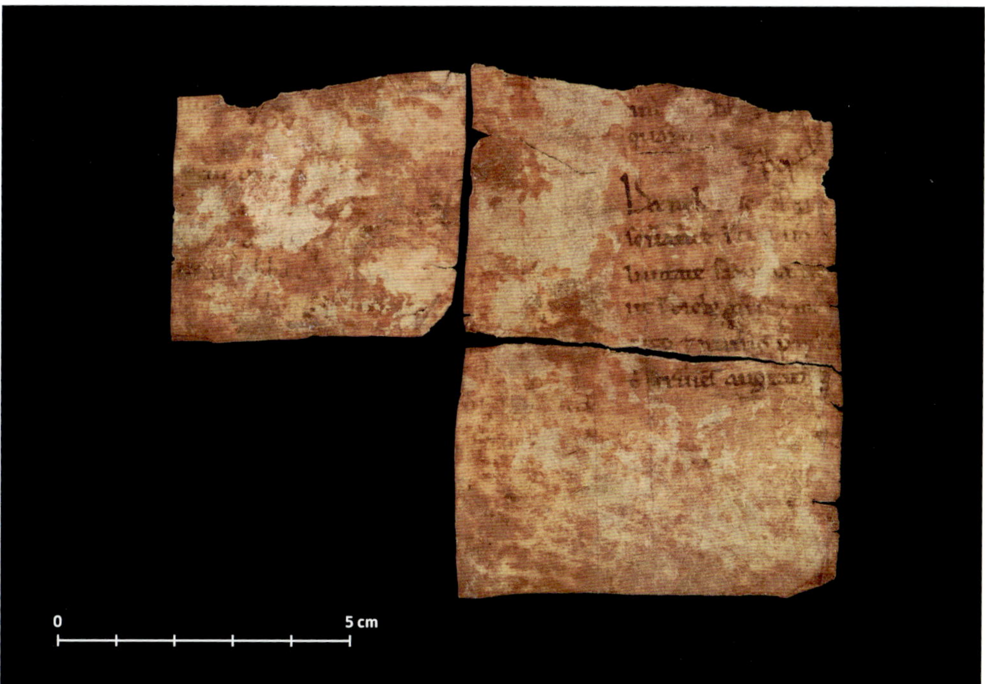

Stilistisch weist die Figur Ähnlichkeiten sowohl mit nordfranzösischen als auch norwegischen Madonnen der Zeit auf, was die internationale Verbreitung des vorliegenden Madonnentypus verdeutlicht. Der Tabernakelschrein worin die Figur platziert war, blieb ebenfalls erhalten (Kat. Nr. 31).

Nicolaysen 1862–1866, S. 481; Bendixen 1911, S. 6; Blindheim 2004, S. 78–79; Kuhn/Böhme 2019

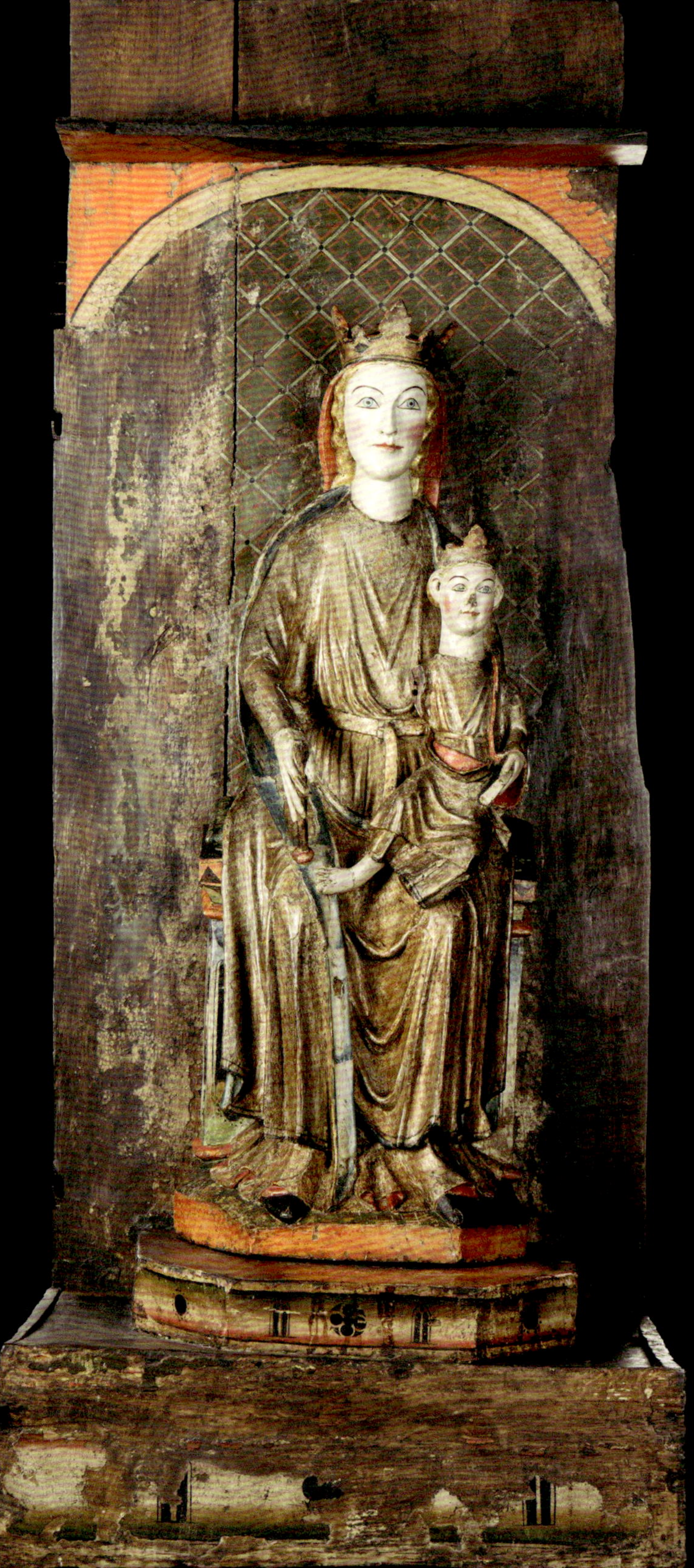

31
TABERNAKELSCHREIN AUS KYRKJEBØ

Norwegen, um 1250
Aus Kyrkjebø (Sogn), vor 1862 im Museum
Eiche, polychromiert
H 166 x B 68,5 x T 50 cm
Inv. Nr. MA 334b

Eisenhaken an den Seiten des Rückbrettes dieses Schreingehäuses weisen auf eine Funktion als Tabernakelschrein hin, der mit Flügeln verschlossen werden konnte. Die Seiten des hohen Sockels sind mit schwarzen Fenstermotiven verziert und mit schmalen Schienen versehen, auf denen die Flügel im geschlossenen Zustand auflagen. Auf dem Sockel ruht ein fünfseitiges Podium, das als Basis für eine Skulptur diente. Das Rückbrett ist mit einem aus weißen Linien gelegten Rautenmuster auf grünem Hintergrund, der mit roten Vierpässen verziert ist, bemalt, und wird von einem weißen Bogen überfangen. Die rote Fläche über dem Bogen setzt sich an der Decke des Baldachins fort, von dem nur noch ein Fragment erhalten ist.

Der Tabernakelschrein wurde 1902 in einem Nachtrag in den Museumsprotokollen als aus Giske in Sunnmøre stammend aufgenommen. Zu dieser Zeit wurde er mit einer Madonna aus derselben Kirche ausgestellt (Abb. S. 59), diese scheint proportional allerdings zu klein für das Schreingehäuse. Vieles weist darauf hin, dass dieser Tabernakelschrein ursprünglich aus Kyrkjebø (Sogn) stammt. Nicolay Nicolaysen erwähnte 1862 einen Baldachin, der zusammen mit der Madonna aus Kyrkjebø (Kat. Nr. 30) in das Museum überführt wurde.

Neuste kunsttechnologische Untersuchungen weisen auf eine vergleichbare Fassung und materialtechnische Ausführung des Baldachins und der Marienfigur. Einzelne kreisförmige Motive mit Punktverzierungen lassen sich sowohl auf dem Baldachinpodium als auch am Thron der Madonna beobachten. Die fünfseitige Aussparung auf dem Podium stimmt zudem nahezu exakt mit dem Sockel der Madonna überein, was die Zugehörigkeit beider Objekte unterstreicht. Der fragmentarisch erhaltene Baldachin zeigt den Ansatz eines Kreises mit Sonne und Mond vor grünem Hintergrund, der buchstäblich wie ein Himmel die Jungfrau und das Christuskind überspannte (s. auch Kat. Nr. 27). Mit einer rekonstruierten Breite von ca. 236 cm im geöffneten Zustand gehört der Tabernakelschrein aus Kyrkjebø zu den größten seiner Art in Norwegen.

Nicolaysen 1862–1866, S. 481; Bendixen 1911, S. 6, 10–12; Blindheim 2004, S. 78–79; Kollandsrud 2018, S. 234; Kuhn/Böhme 2019; Kroesen/Tångeberg 2021, S. 60–61

32
MADONNA MIT KIND AUS RØLDAL

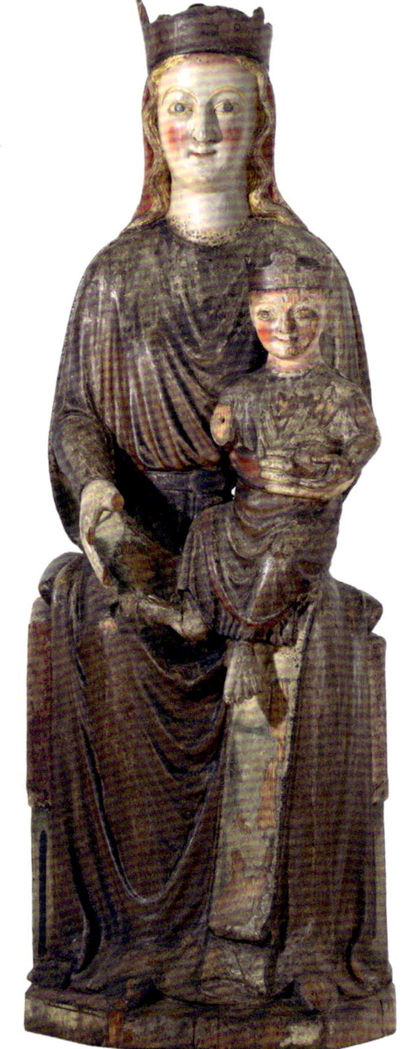

Norwegen, 1240–1260
Aus Røldal (Ullensvang), seit 1895 im Museum
Nadelholz, polychromiert
H 128 x B 43 x T 15 cm
Inv. MA 295

Maria thront frontal auf einem Thron mit Kissen und ist in ein gegürtetes imitationsgoldenes Gewand gekleidet, das sich nun dunkel verfärbt hat. Ihr Haupt mit goldenem Haar ist mit einer ebenfalls in Imitationsgold ausgeführten Krone bekrönt. Auf ihrem linken Knie sitzt das von ihrer linken Hand umfasste Christuskind, ebenfalls mit Krone; sein rechter Fuß berührt Mariens rechtes Knie. Mit seiner Linken hält Christus einen Globus, während seine nun verlorene rechte Hand wohl zum Segensgestus erhoben war. Die geringe Tiefe der Figur weist auf eine Aufstellung in einem Tabernakelschrein hin, von dem sich ein Flügel erhalten konnte (Kat. Nr. 33).

Zusammen mit der Figur des heiligen Olav (Kat. Nr. 34) bildete die Madonna, samt Tabernakelschrein, wohl die Altardekoration eines der nach der Reformation entfernten Seitenaltäre der Stabkirche zu Røldal. Dort befanden sie sich zuseiten des Triumphbogens. In der Stabkirche hat sich ein Kruzifix aus der Zeit um 1250 erhalten, das in nachreformatorischen Quellen als Ziel einer Wallfahrt erwähnt wird, die erst 1836 unterbunden wurde. Ob diese Tradition bis in das Mittelalter zurückreicht ist allerdings unklar.

In der Bergener Sammlung befinden sich aus Røldal zudem eine Figur des heiligen Michael im Kampf mit dem Drachen (Kat. Nr. 28), ein gemaltes Frontale (Kat. Nr. 72) sowie eine kostbare Kasel (Kat. Nr. 46). Die reiche Ausstattung der Stabkirche, die bis heute auf einem wichtigen Knotenpunkt zwischen West- und Ostnorwegen am Fuße des Hochplateaus Hardangervidda liegt, spiegelt die Ambitionen, Mittel und Möglichkeiten der lokalen Bevölkerung wider, ihre Kirche üppig auszustatten. In ihrer geschlossenen Überlieferung bieten diese Objekte einen seltenen Einblick in die Ausstattung hochmittelalterlicher Landkirchen im Norden Europas.

Fett 1908, S. 41; Bendixen 1911, S. 8; Fett 1937, S. 64; Andersson 1949, S. 135; Blindheim 2004, S. 80–81

33

TABERNAKELSCHREINTÜR AUS RØLDAL

Norwegen, 1240–1260
Aus Røldal (Ullensvang), seit 1895 im Museum
Nadelholz, Polychromiereste
H 142 x B 39 x T 4 cm
Inv. Nr. MA 297a

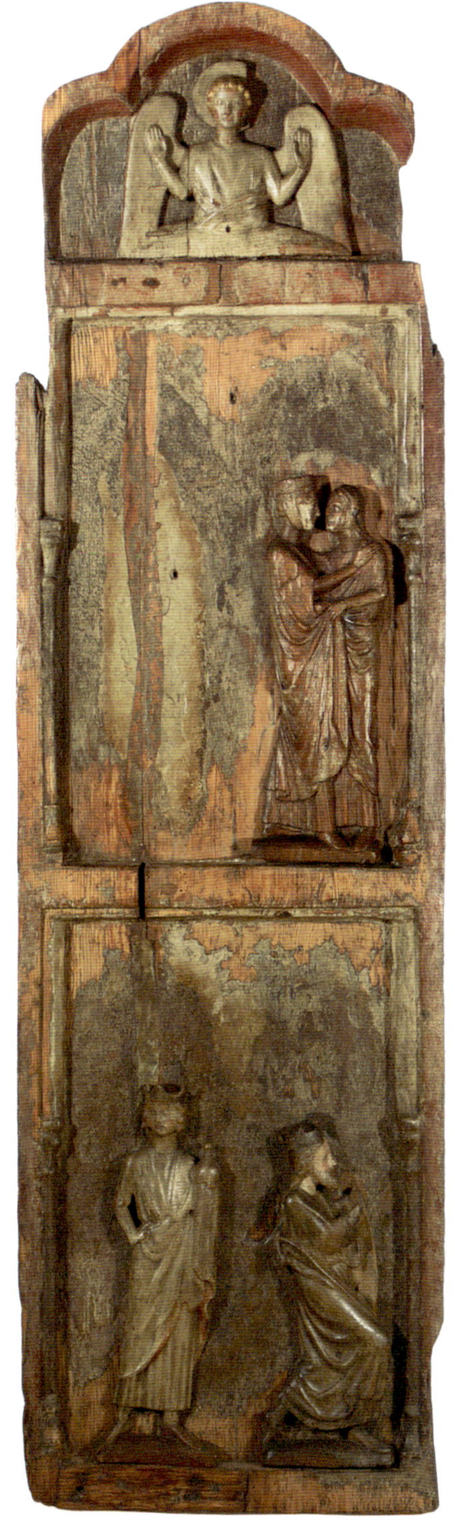

Der Flügel war ein Teil eines Tabernakelschreins, der ursprünglich zu der Madonna aus Røldal gehörte (Kat. Nr. 32). Die hochrechteckige Tafel wird von einem Dreipass abgeschlossen, in dem sich das Relief eines Engels in Orantenhaltung befindet. Darunter sind in zwei Ebenen Relieffiguren angebracht, die dem Geburtszyklus angehören: oben befindet sich die Darstellung der Heimsuchung, während zur linken Seite eine nun verlorene Maria aus einer Verkündigungsszene angebracht war. Im unteren Register befinden sich zwei der drei Könige, von denen der Vordere niederkniet. Gerahmt werden diese Bildfelder von geschnitzten Säulchen mit Basen und Kapitellen.

Aus ikonographischen Gründen muss es sich um den linken inneren Flügel des Tabernakelschreins handeln, da sich der kniende König der in der Mitte platzierten Gottesmutter mit Kind zuwendet, während der stehende König sich, den Konventionen folgend, leicht nach hinten zum nun verlorenen dritten König wendet. Der befand sich in einem äußeren Halbflügel, wovon Reste ebenfalls in der Sammlung erhalten sind (MA 297b). Auf der Außenseite befindet sich ein grob gestaltetes Zickzack-Muster. Bendix Bendixen erwähnte 1911 ein weiteres Relieffragment in der Kirche mit der Darstellung der Verkündigung an die Hirten. Das später verlorengegangene, sekundär an einen Stuhl

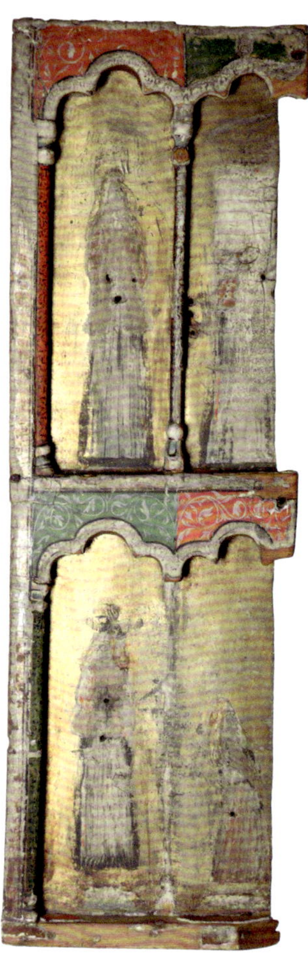

Schreinflügel aus Odda/Roldal (Ullensvang) (MA 512). Foto Justin Kroesen

genagelte Fragment gehörte wahrscheinlich zum rechten Flügel des Marienschreines. Im geöffneten Zustand muss der Schrein eine Breite von mindestens 160 cm erreicht haben. Ob der Schrein von einem Kirchenmodell bekrönt war, wie es im 13. Jh. in Norwegen üblich war, ist unklar (Kat. Nr. 38).

Weitere Flügel von Tabernakelschreinen haben sich in der Bergener Sammlung aus Urnes in Luster, Sogn (Kat. Nr. 9), und Odda/Røldal in Ullensvang (MA 512) erhalten.
Der Letztgenannte hat große Teile seiner ursprünglichen Farbigkeit erhalten, wobei die marmorierten, vollplastischen Säulchen besonders auffallen. Tabernakelschreine aus dem 13. Jahrhundert haben sich nur selten komplett erhalten, doch weisen zahlreiche Fragmente in ganz Europa darauf hin, dass es sich um ein weitverbreitetes gesamteuropäisches Phänomen mittelalterlicher Altarausstattung handelte (Kroesen/Tångeberg 2021).

Bendixen 1904–1913, S. 557–558; Andersson 1949, S. 159–160; Blindheim 2004, S. 82–83; Andersen 2015, S. 171–172; Andersen 2020, S. 71; Kroesen/Tångeberg 2021, S. 63–64

34
ST. OLAV AUS RØLDAL

Norwegen, 1240–1260
Aus Røldal (Ullensvang), seit 1895 im Museum
Nadelholz, polychromiert
H 147 x B 54 x T 37 cm
Inv. Nr. MA 294

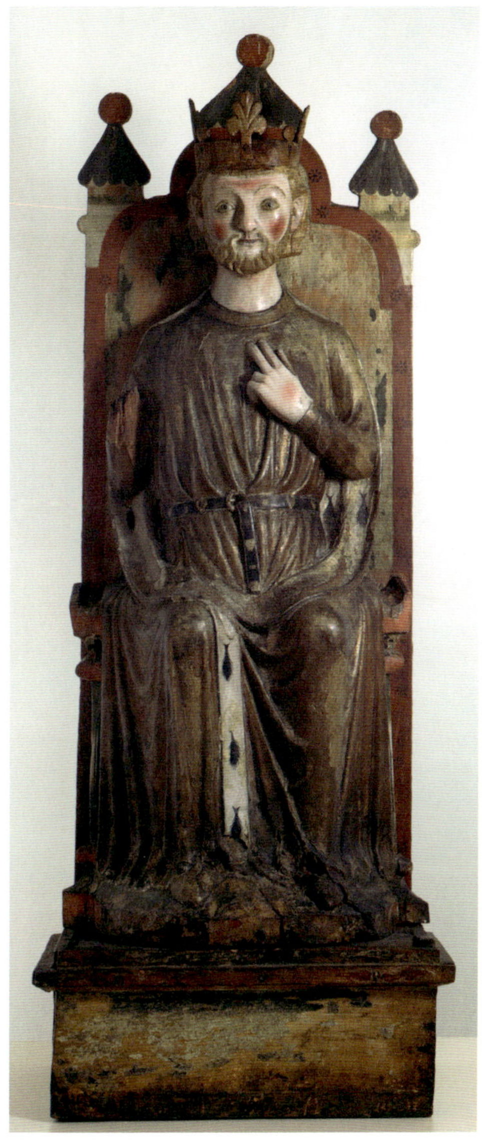

Auf einem Thron sitzt der gekrönte heilige König Olav in einem Gewand aus Imitationsgold, das nun dunkel verfärbt ist. Ein offengeschlagener Mantel, der auf der Innenseite mit gemalten Hermelinfell ausgeschlagen ist, hängt auf seinen Schultern und fällt über seine Knie herunter. Sein Gürtel ist mit goldenen Rundornamenten verziert und sein junges, bärtiges Gesicht ist rotwangig. Seine linke Hand hält er in einem Segensgestus vor der Brust, während der rechte Arm fehlt. Die Figur ruht auf einem kastenförmigen Sockel, an dem hölzerne Schienen, als Stützkonstruktion für verschließbare Flügel, auf einen Tabernakelschrein hinweisen. Das Rückbrett zeigt eine architektonische Bekrönung, deren Form vermutlich sekundär ist. Ein vergleichbares Rückbrett lässt sich bei einer Olavsfigur aus einer unbekannten Kirche in Vestfold finden (Oslo, Kulturhistorisk museum, Inv. Nr. C23639).

Die Figur bildet das Pendant zu einer Madonna aus derselben Kirche (Kat. Nr. 32). Die Figuren, samt ihrer Schreine, bildeten den Bildschmuck der Seitenaltäre, die sich wohl zu Wehrseiten des Triumphbogens befunden haben, allerdings nach der Reformation entfernt wurden. Ihre vergleichbare Größe sowie der Stil und die Ausführung lässt vermuten, dass beide Skulpturen in derselben Werkstatt gefertigt wurden. In der Bergener Sammlung haben sich aus Røldal ebenfalls ein St. Michael im Kampf mit dem Drachen (Kat. Nr. 28), eine kostbare Seidenkasel (Kat. Nr. 46) und ein gemaltes Frontale (Kat. Nr. 72) erhalten.

Bendixen 1911, S. 19–21; Fett 1938, S. 75; Andersson 1949, S. 135, 154; Stang 1997, S. 55–56, 120–121; Blindheim 2004, S. 68–69; Kroesen/Tångeberg 2021, S. 63–64

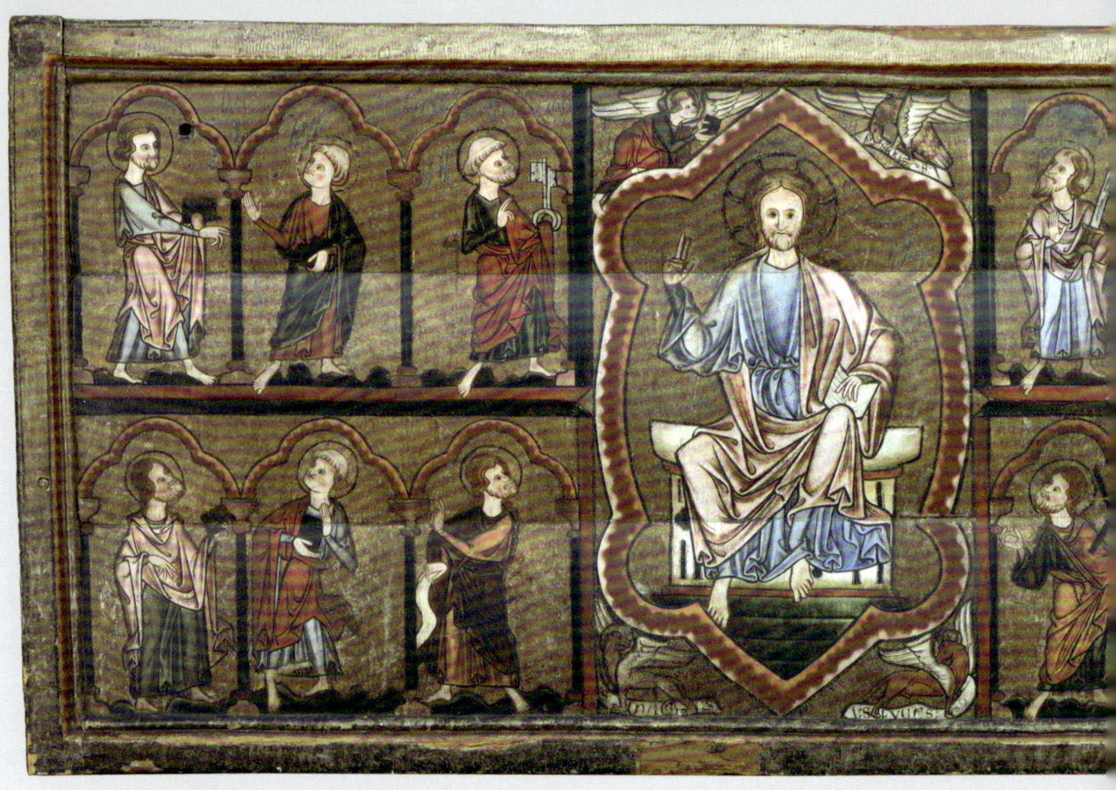

35
ALTARFRONTALE AUS ULVIK

Norwegen, 1250–1275
Aus Ulvik (Hardanger), im Museum vor 1859
Nadelholz, bemalt
H 94,5 x B 192 x T 4,5 cm
Inv. Nr. MA 3

In mittelalterlichen Kirchen dienten Altarfrontalien der Verzierung der Vorderseite des Altarblocks. Gemalte Altarfrontalien waren im Hochmittelalter in ganz Europa verbreitet, doch konzentriert sich der Erhalt des Objekttyps auf Norwegen und Katalonien. Dieses bemalte Exemplar aus der verschwundenen Stabkirche in Ulvik am Hardangerfjord ist eines der ältesten erhaltenen Exemplare dieser Art in Norwegen. Es besteht aus drei horizontalen Brettern, die in einen profilierten Rahmen gesetzt sind. Im Mittelteil, der die gesamte Höhe der Tafel ausfüllt, sitzt Christus frontal auf einem Thron, mit einem Buch in der linken Hand, während er die rechte Hand im Segensgestus erhoben hält. In den Zwickeln der vielpässigen Mandorla sind die Symbole der vier Evangelisten zu sehen: der Engel des Matthäus (oben links), der Adler des Johannes (oben rechts), der Löwe des Markus (unten links) und der Ochse des Lukas (unten rechts).

Die Seitenpartien sind in zwei Register unterteilt und zeigen die zwölf Apostel in Dreiergruppen, die jeweils einzeln unter einem auf Säulen ruhenden Dreipassbogen stehen. Drei Apostel sind an ihren Attributen zu erkennen: Petrus und Paulus im oberen Register, die den Mittelteil flankieren, und

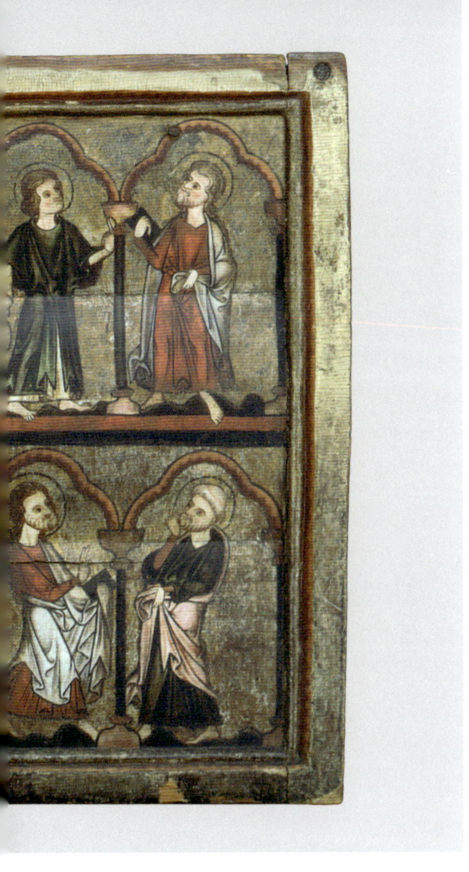

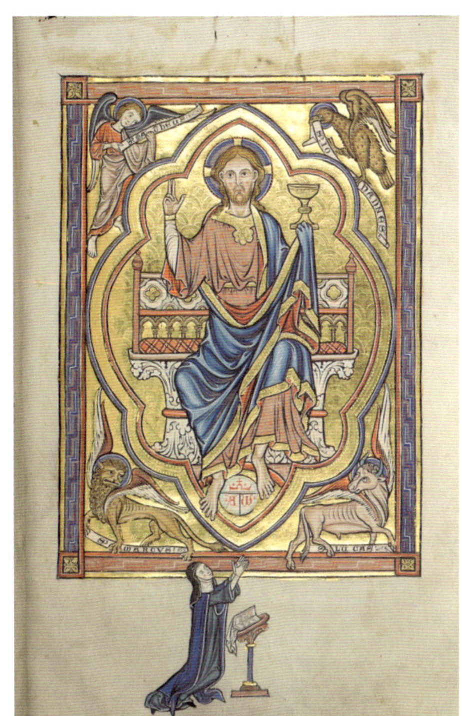

Majestas Christi im Amesbury Psalter, Salisbury (England), um 1250. Foto The Codrington Library at All Souls College, Oxford

Andreas rechts unten links. Die Apostel nehmen dynamische Posen ein, und einige scheinen miteinander im Gespräch zu stehen. Hier und da tritt ein Fuß über den gemalten Rahmen hinaus, was das Gefühl von Räumlichkeit erzeugt.

Die Ikonographie des Frontales entspricht den frühesten Frontalien in Katalonien aus dem zwölften und frühen 13. Jahrhundert: Hix, Esquius, Farrera, alle im Museu Nacional d'Art de Catalunya in Barcelona (Inv. Nr. 15802, 65502, 15808). Christus und die zwölf Apostel sind auch auf dem Frontale aus dem norwegischen Heddal zu finden, das heute im Kulturhistorisk museum in Oslo aufbewahrt wird (Inv. Nr. C34746). Die Form und der Stil der Frontale aus Ulvik zeigen eine starke Verwandtschaft zur englischen Buchmalerei des 13. Jahrhunderts; die Mandorla mit vier vorspringenden Kreissegmenten scheint fast vom sogenannten Amesbury-Psalter der Zeit um 1250 (Oxford, All Souls College, The Codrington Library, MS Lat. 6) übernommen worden zu sein. Die Verwendung von Nadelholz lässt jedoch eine Entstehung des Frontales in Norwegen vermuten.

Neumann 1826, S. 399–400; Bendixen 1893, S. 3–7; Bendixen 1904–1913, S. 478; Lindblom 1916, S. 121–123; Fett 1917, S. 25–31; Braun 1924a, Bd. 2, S. 113; Hauglid/Grodecki 1955, S. 16, 26; Blindheim 1968, S. 32; Morgan 1995, S. 14, 23; Wichstrøm 1981, S. 302–304; Tudor-Craig 1987, S. 132; von Achen 1996a, S. 36–39; Hohler/Morgan/Wichstrøm/Plahter 2004, Bd. 1, S. 135–136; von Achen 2018, S. 23–25; Leeflang 2019

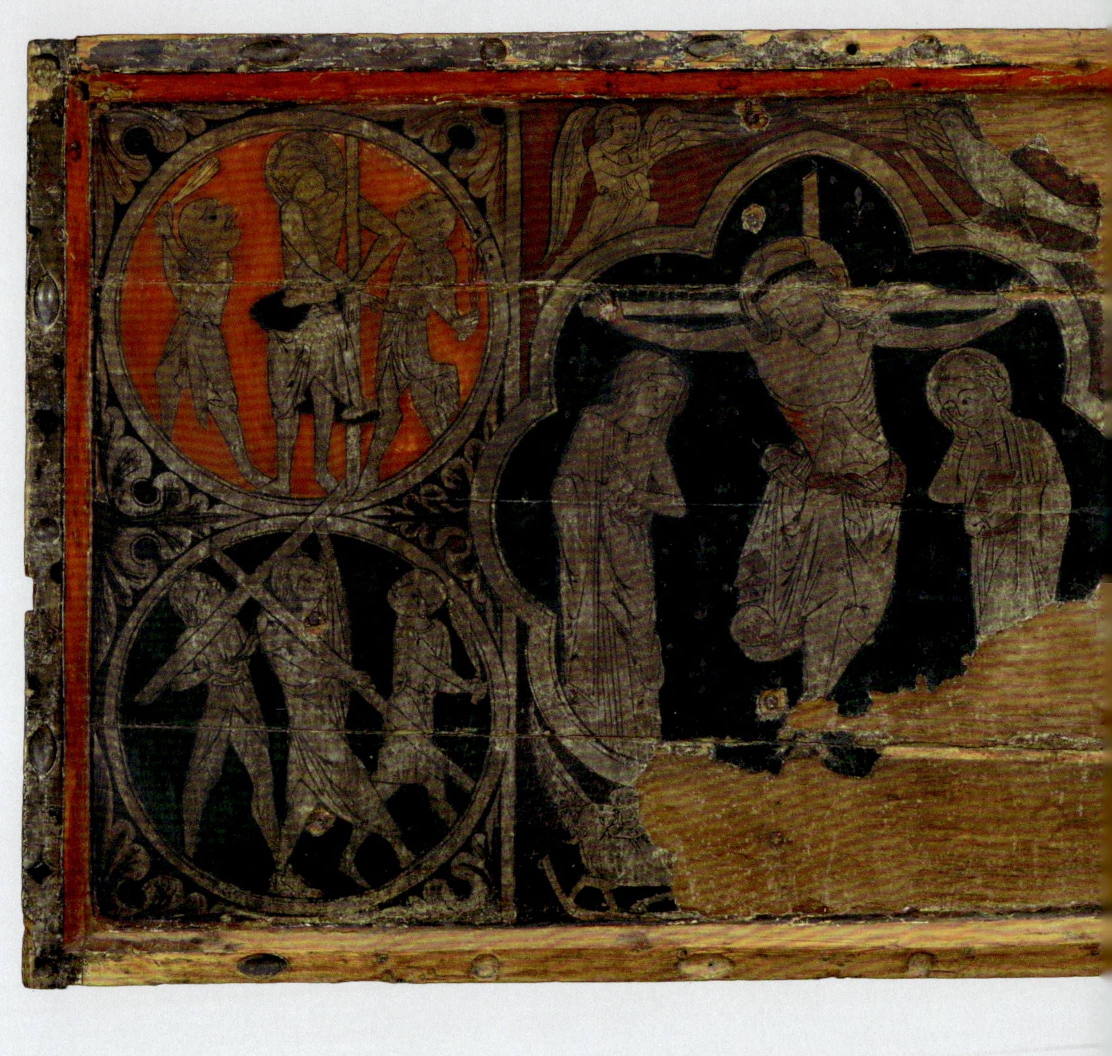

36
ALTARFRONTALE AUS HAUGE

Norwegen, um 1275
Aus Hauge (Sogn), im Museum seit 1875
Eiche, bemalt
H 92 x B 150 x T 4 cm
Inv. Nr. MA 185

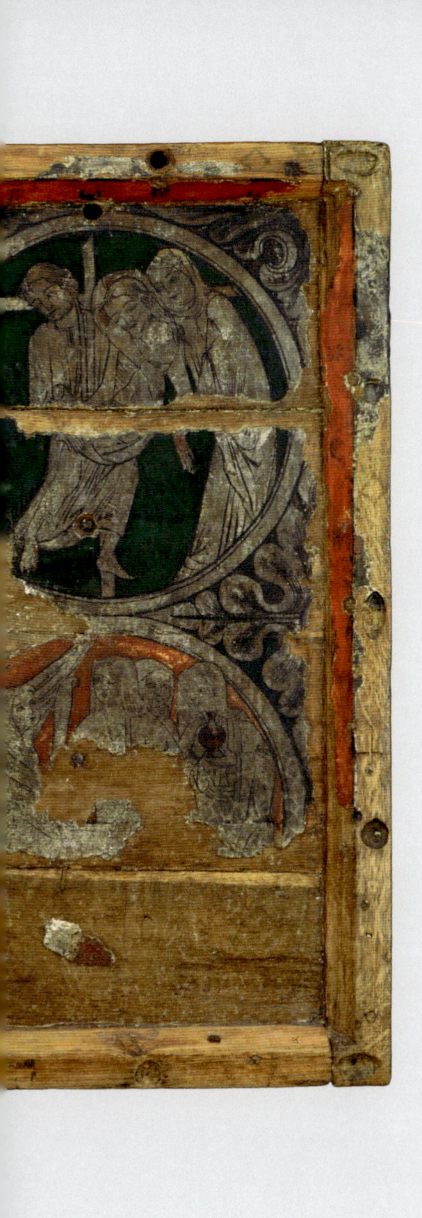

Dieses Altarfrontale aus der verschwundenen Kirche von Hauge in Lærdal am Sognefjord gehört zu den ältesten erhaltenen Tafelmalereien Norwegens. Auch wenn die Tafel heute stark beschädigt und verdunkelt ist, ist das Bildprogramm noch vollständig erkennbar. An verschiedenen Stellen sind Spuren von Imitationsgold – Silber mit einem Firnis – zu erkennen. Der Hintergrund der Szenen ist abwechselnd in rot und grün mit einem Muster aus kleinen Monden und weißen Lilien im Mittelteil gehalten. Dem Stil nach zu urteilen, wird die Tafel im letzten Viertel des 13. Jahrhunderts entstanden sein.

Der Mittelteil zeigt den gekreuzigten Christus zwischen der Jungfrau Maria und dem heiligen Johannes in einem mehrpässigen Rahmen mit den vier Evangelisten in den Zwickeln (der Markuslöwe fehlt). Dieses Motiv findet sich meist rund um den thronenden himmlischen Christus (*Majestas Domini*). Christus, der an einem Kreuz aus ausgesprochen schmalen Balken hängt, hat seine Füße in einer Haltung übereinandergestellt, die ab dem zweiten Viertel des 13. Jahrhunderts üblich wird (Kat. Nr. 23).

An den Seiten sind innerhalb von vier Medaillons weitere vier Szenen wiedergegeben: die Geißelung (oben links), die Kreuztragung (unten links), die Kreuzabnahme (oben rechts) und die drei Marien und der Engel am leeren Grab (unten rechts). Auffallend ist die unnatürliche Haltung vieler Figuren, und insbesondere die Kreuzabnahme unterscheidet sich von herkömmlichen Modellen. Das Frontale aus Hauge ist ein früher Vertreter eines Frontalientypus, der in den Seitenpartien ein narratives Programm zeigt. Ein katalanisches Beispiel aus der Zeit um 1200 ist das Frontale aus Vila-seca, das sich heute im Museu Epsicopal in Vic befindet (Inv. Nr. MEV 5). Die Konzentration auf den Passionszyklus kündigt eine spätere Entwicklung im 14. Jahrhundert an, nicht nur in Norwegen, sondern auch in anderen europäischen Ländern.

Bendixen 1905, S. 3–5; Fett 1917, S. 36–37; von Achen 1996a, S. 28–31; Hohler/Morgan/Wichstrøm/Plather 2004, Bd. 1, S. 101–103

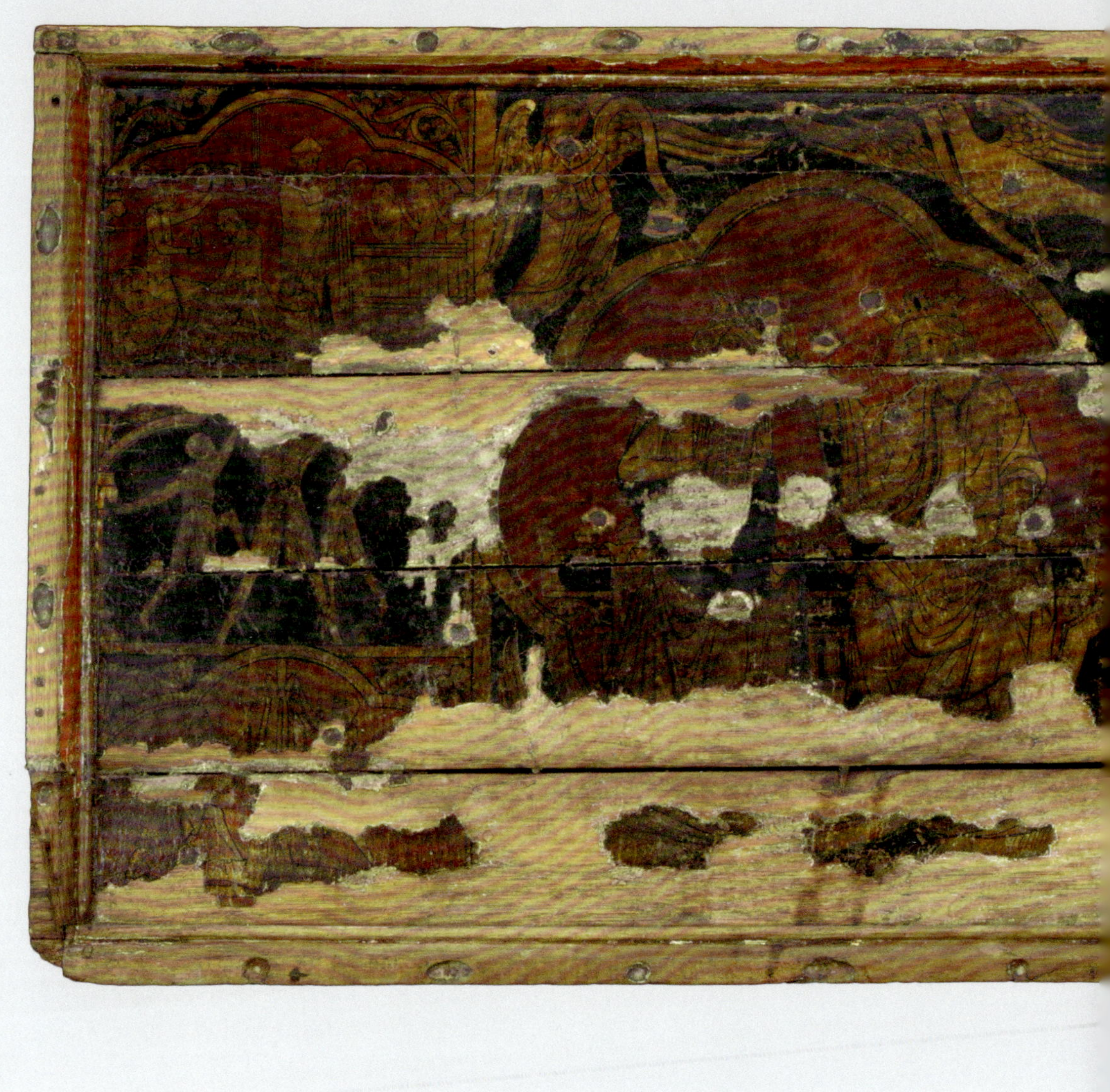

37
FRONTALE AUS KAUPANGER

Norwegen, 1250–1275
Aus Kaupanger (Sogn), seit 1863 im Museum
Eiche, bemalt
H 92 x B 149,5 x T 5,5 cm
Inv. Nr. MA 14

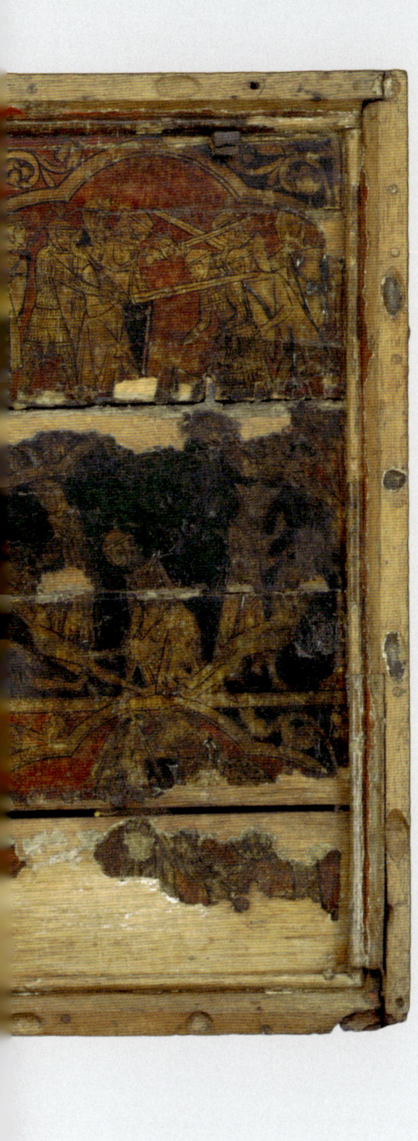

In einer zentral platzierten Mandorla ist die Szene der Marienkrönung wiedergegeben, Symbol der mystischen Vermählung Christi mit der Kirche (=Maria), umgeben von den vier Evangelistensymbolen; ein ikonographischer Typus, der normalerweise nur Christus vorbehalten ist. In sechs von dreipässigen Arkadenbögen überfangenen Bildfeldern sind zu beiden Seiten Szenen aus verschiedenen Heiligenlegenden zu erkennen. Links von oben nach unten: Nikolaus mit den drei Kaufleuten, das Martyrium des heiligen Andreas und das Martyrium des hl. Petrus. Rechts oben befindet sich das Martyrium des hl. Olav, darunter die Heilung eines verkrüppelten Priesters durch Olav sowie St. Michael im Kampf mit dem Drachen.

Die Figuren waren ursprünglich golden, doch sind sie im Laufe der Zeit dunkel verfärbt. Die Hintergründe sind in Rot und Grün gehalten, ähnlich wie auf dem Altarfrontale aus Hauge (Kat. Nr. 36). Die Farbgebung verstärkt auf beiden Frontalien den Effekt von Emaille- oder Goldschmiedearbeiten. Das Frontale gehörte vermutlich zu einem nach der Reformation entfernten, Maria geweihten Seitenaltar. Im Jahr 1964 wurde bei Ausgrabungen das Fundament des mittelalterlichen Hochaltars entdeckt, der deutlich größere Dimensionen aufweist als das Frontale.

Die Kirche zu Kaupanger (altnordisch für »Kaufmannsplatz«) ist die einzige erhaltene Stabkirche einer mittelalterlichen »städtischen« Ansiedlung. Die weit im Sognefjord an einer natürlichen Bucht gelegene Ansiedlung war Anlaufpunkt für Händler und ist seit dem frühen 12. Jahrhundert nachweisbar. Die Kirche war von weitem sichtbar. Die dargestellten Heiligen auf dem Frontale können als Schutzpatrone der Fjordbewohner und Händler gedeutet werden, die vor Gefahren auf Reisen, gegen Krankheiten und bösen Mächte beschützt wurden.

Bendixen 1897, S. 16–20; Lindblom 1916, S. 48–49, 124; Fett 1917, S. 36; Braun 1924a, Bd. 2, S. 113; Blindheim 1968, S. 34; Wichstrøm 1981, S. 303; Morgan 1995, S. 23; von Achen 1996a, S. 33–34; Hohler/Morgan/Wichstrøm/Plahter 2004, Bd. 1, S. 105–106; Stang 2009, S. 105–109

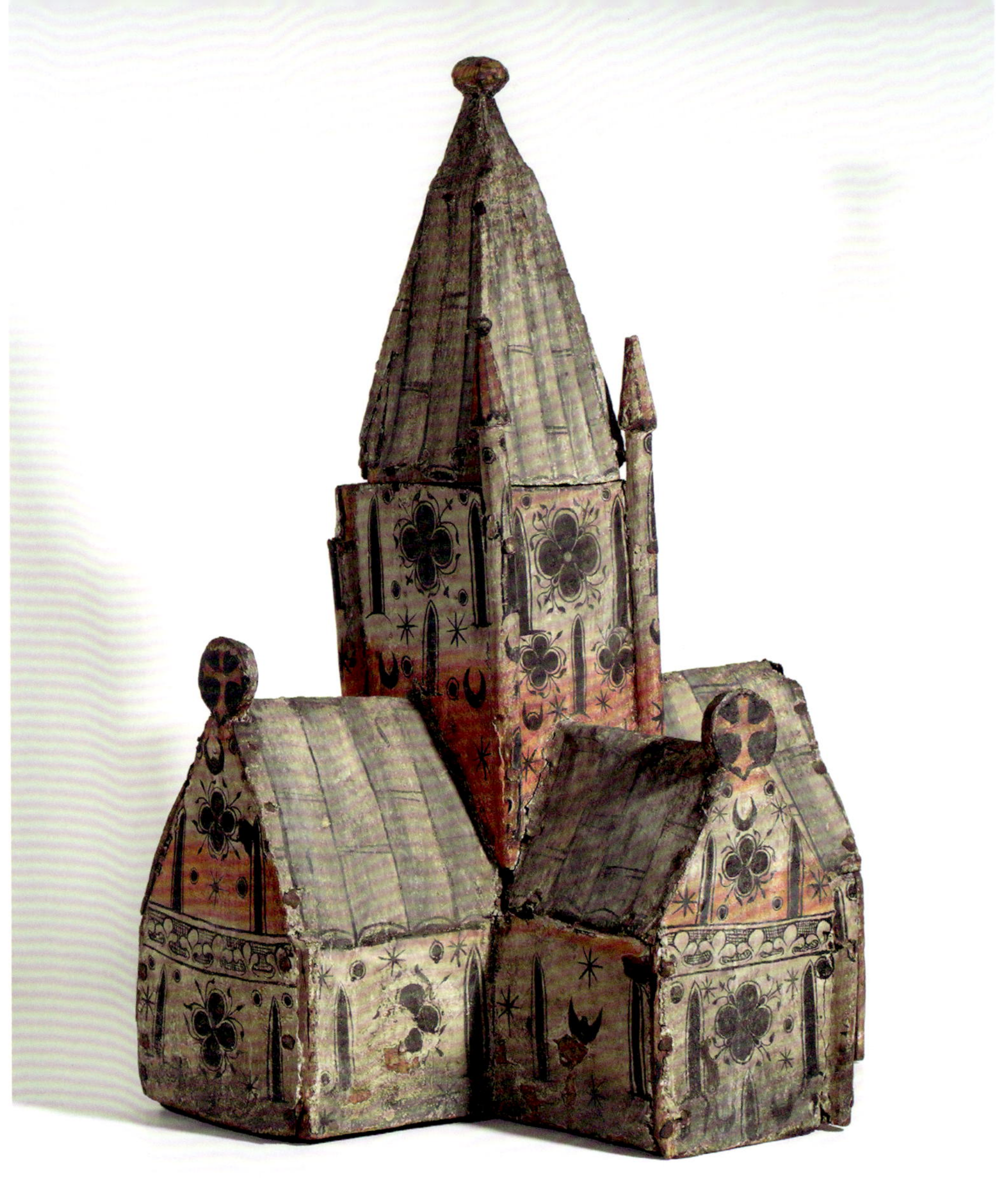

38

KIRCHENMODELLE AUS BORGUND UND KINSARVIK

Norwegen, 13. Jahrhundert

Aus Borgund (Sogn), im Museum seit 1891, und Kinsarvik (Hardanger), im Museum seit 1870

Eiche, bemalt

H 86 x B 58,5 x T 40 cm (Borgund)

H 96 cm x B 42 x T 42 cm (Kinsarvik)

Inv. Nr. MA 288 (Borgund), MA 161 (Kinsarvik)

Als diese hölzernen Kirchenmodelle ins Museum kamen, wurden sie (mit einem Fragezeichen) als Reliquienschreine oder als Tabernakel zur Aufbewahrung der konsekrierten Hostie registriert. In den 1970er Jahren wies Bernt C. Lange jedoch überzeugend nach, dass solche Miniaturkirchen als Bekrönungen von Tabernakelschreinen dienten. Das Kirchenmodell aus Kinsarvik hat einen T-förmigen Grundriss mit einem aufragenden Vierungsturm. Alle Wände sind mit schwarzen Spitzbogenfenstern bemalt, und die schrägen Dächer sind mit vertikalen Streifen in verschiedenen Grüntönen verziert. Oben auf dem Frontgiebel ist eine runde Scheibe angebracht, die ein weißes Kreuz auf schwarzem Grund zeigt. Alle Giebel werden von schlanken Fialen flankiert; dieselben Elemente umgeben auch den Spitzgiebel. Das Kirchenmodell aus Borgund ist gröber ausgeführt als das aus Kinsarvik, mit schnell gemalten Fenstermotiven, zeigt aber eine größere Variation (Lanzett- und Vierblattformen). Der vordere und der linke Seitengiebel sind mit runden Scheiben mit Kreuzmotiven bekrönt. Wie in Kinsarvik ist die Turmspitze im Modell aus Borgund von Fialen umgeben.

Anhand der Maße der Kirchenmodelle lässt sich die geöffnete Breite der nicht erhaltenen Tabernakelschreine, zu denen sie gehörten, berechnen. Diese betrug in Kinsarvik mindestens 170 cm und in Borgund gar 200 cm. Für Schreine dieser Größe scheint kaum ein anderer Ort als der Hochaltar der respektiven Kirchen denkbar. In Norwegen sind Elemente von vergleichbar großen Tabernakelschreinen erhalten geblieben, zum Beispiel in den Stabkirchen von Hedalen (Madonna, Dorsale, vier Flügel und Kirchenmodell) und Reinli (vier Flügel und Kirchenmodell, letzteres jetzt in Oslo, Kulturhistorisk museum, Inv. Nr. C7292). Die bekrönenden Kirchenmodelle sind als Hinweis auf das himmlische Jerusalem oder als Symbol der Jungfrau Maria in ihrer Rolle als *Ecclesia* interpretiert worden. Eine allzu spezifische Interpretation sollte allerdings mit Vorsicht vorgenommen werden, da architektonische Formen auch andere Heiligenfiguren krönen und in anderen Zusammenhängen vorkommen.

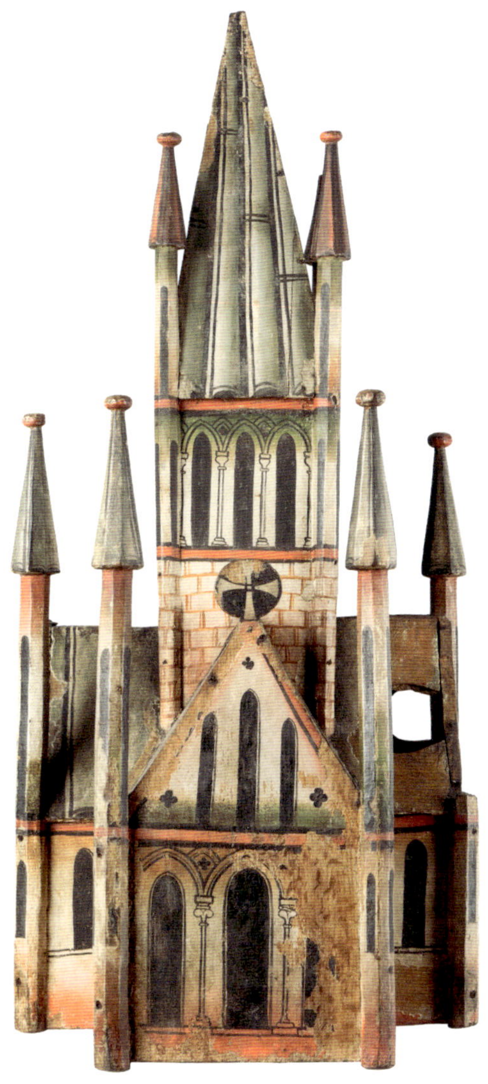

Fett 1909, S. 106; Bendixen 1904–1913, S. 103–104; Lange 1994; Kroesen/Tångeberg 2021, S. 58–59

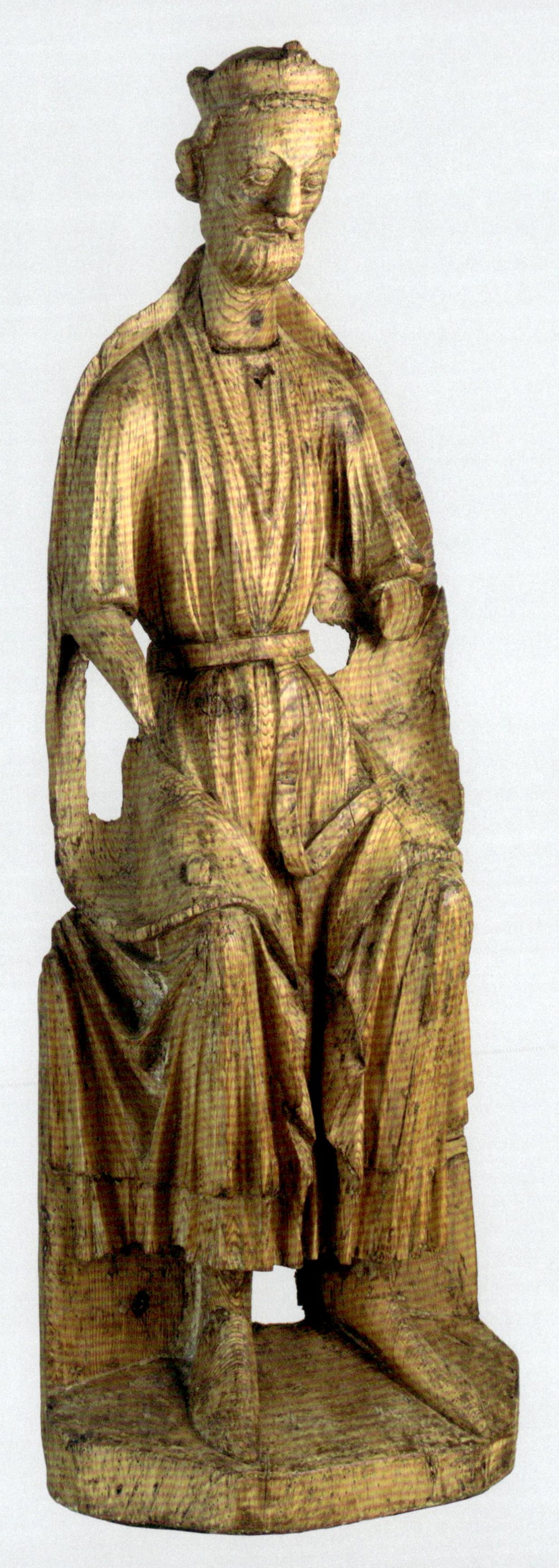

39
ST. OLAV AUS SEIM

Norwegen oder Dänemark (?), um 1250
Aus Seim (Nordhordland), im Museum vor 1911
Nadelholz, Polychromiereste
H 121 x B 44 x T 23 cm
Inv. Nr. MA 427

Dieser thronende St. Olav aus Seim, nördlich von Bergen, ist bemerkenswert schlank und die Rückseite ausgehöhlt und hier und dort durchbohrt. Beide Arme des Heiligen sind abgebrochen, nur der untere Teil des Throns ist erhalten und fast die gesamte Polychromie ist verlorengegangen (der obere Mantel weist Spuren von blauer Farbe auf). Der Kopf der Figur wurde separat geschnitzt und in den Torso eingefügt, ein Charakteristikum der dänisch/schonischen Skulptur des 13. Jahrhunderts (Tångeberg 1989, S. 21–23). Sein Gewand, das mithilfe eines Gürtels um die sehr schlanke Taille gerafft ist, fällt zusammen mit dem Mantel entlang der Beine in sehr tief geschnitzten Falten nach unten. Seine schräg gestellten, mit spitzen Schuhen bekleideten Füße ruhen auf einem fünfseitigen Sockel.

Der hl. Olav von Seim besitzt eine auffällige Formensprache, die mit der großen Figur des hl. Olav von Tyldal (Hedmark) übereinstimmt, die heute im Nationalmuseum in Kopenhagen aufbewahrt wird (Inv. Nr. 10364). Die wichtigsten Merkmale sind eine ausgeprägte Nase, eine hohe Stirn mit kleinen Locken, die unter der Krone hervorschauen, weit geöffnete Augen mit reliefartig ausgeführten Augenlidern und Wimpern sowie tiefen Gewandfalten. Aron Andersson bezog diese Merkmale auf die englische Skulptur der Mitte des 13. Jahrhunderts, wie sie zum Beispiel an der Westfront der Kathedrale von Wells zu finden ist. Da der hl. Olav von Seim jedoch aus Nadelholz geschnitzt wurde, scheint ein Import aus England unwahrscheinlich. Vielmehr scheint es sich um eine in Skandinavien nach englischen Vorbildern hergestellte Skulptur zu handeln.

Bendixen 1911, S. 19; Andersson 1949, S. 121–123; Blindheim 2004, S. 64–65

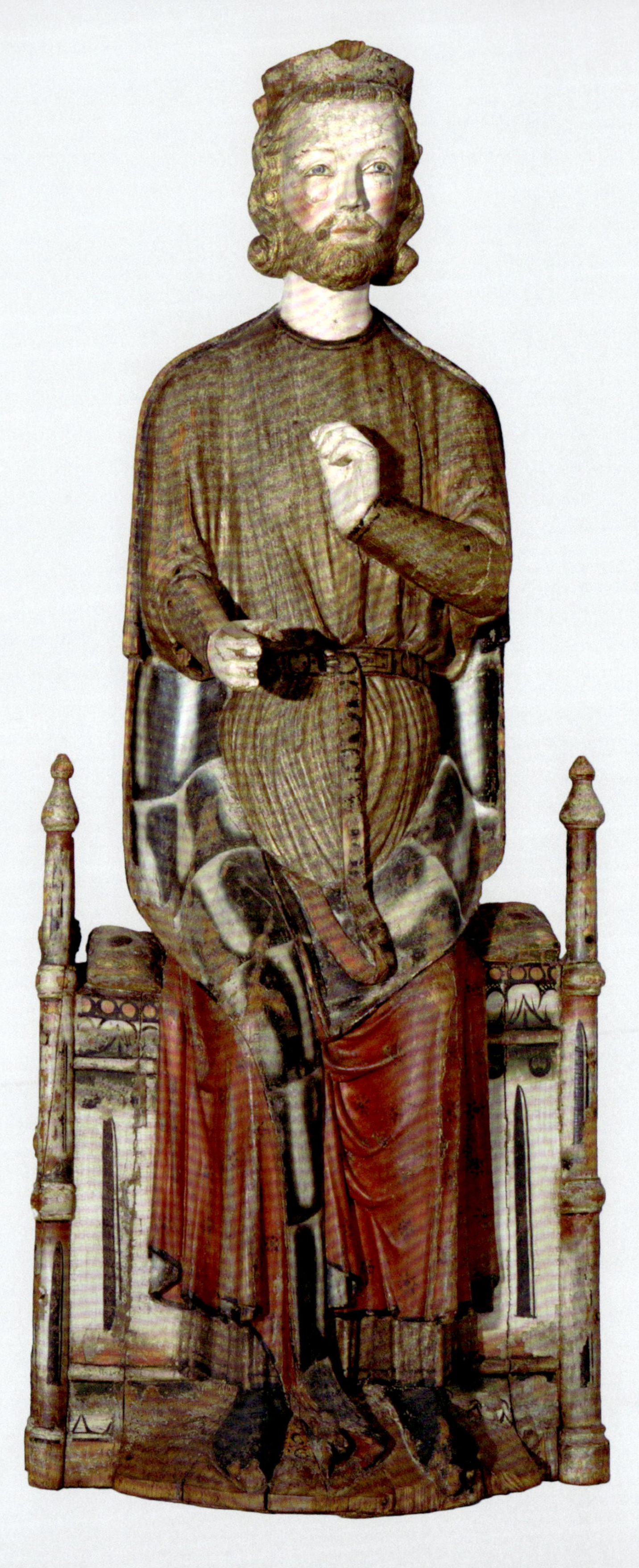

40

ST. OLAV AUS DALE

Norwegen, 1260–1270
Aus Dale i Luster (Sogn), vor 1837 im Museum
Nadelholz, Polychromie
H 151 x B 41 x T 39 cm
Inv. Nr. MA 49

Die lebensgroße Skulptur des hl. König Olav sitzt auf einem architektonisch gestalteten Thron mit Pfosten und Thronkissen, bemalt in »dual shading«. Er trägt ein imitationsgoldenes, gegürtetes, knöchellanges Gewand und einen offengeschlagenen roten Mantel mit gemalten Hermelininnenfutter. Sein junges bärtiges Gesicht wird von mittellangem, goldenem und welligem Haar gerahmt. Auf seinem Kopf trug er ursprünglich eine Krone. Sein rechter Arm ist nach vorne gestreckt und hielt ursprünglich sein Attribut, eine Axt. Seine Linke hält er in einem Segensgestus vor der Brust. Eine vergleichbare Größe erreicht lediglich die Olavskulptur aus Tyldal (Hedmark), nun im Nationalmuseum Kopenhagen (1230–1250, Inv. Nr. 10364).

Mit dem langgestreckten Torso ist die Skulptur mit jener aus Seim (Kat. Nr. 39) und Fresvik (Oslo, Kulturhistorisk museum, Dauerleihgabe des Nordiska Museet zu Stockholm, Inv. Nr. 17797) vergleichbar. Für alle drei Skulpturen erkennt Aron Andersson englische Impulse, und er vergleicht die Skulptur mit jenen auf den Westfassaden der Kathedralen in Lincoln und Wells. Die Skulptur aus Dale stand wohl auf einem der drei archäologisch nachweisbaren Altäre in der einst reich ausgestatteten Kirche zu Dale. Die Seitenaltäre waren von hölzernen Baldachinen überfangen und der Chor mit Wandmalereien ausgestattet, die sich unter der nachreformatorischen Ausmalung zum Teil erhalten konnten.

Die im Vergleich zur Höhe geringe Tiefe von 39 cm verweist vermutlich auf eine ursprüngliche Aufstellung vor einem Rückbrett (Dorsale) oder in einem Tabernakelschrein. Aus der Kirche hat sich ebenfalls ein bemaltes Frontale erhalten (Kat. Nr. 69). Bendix Bendixen erwähnt um 1900 eine weitere, nun verlorene, fragmentierte weibliche Heiligenfigur in der Kirche – vielleicht eine Madonna – die stilistische Ähnlichkeiten mit der Olavsfigur aufgewiesen haben soll.

Fett 1908, S. 39; Bendixen 1911, S. 18; Andersson 1949, S. 236–238; Stang 1997, S. 54–55; Hoff 2000, S. 39–40; von Achen 2018, p. 51–54

41

MADONNA MIT KIND AUS EINER UNBEKANNTEN KIRCHE

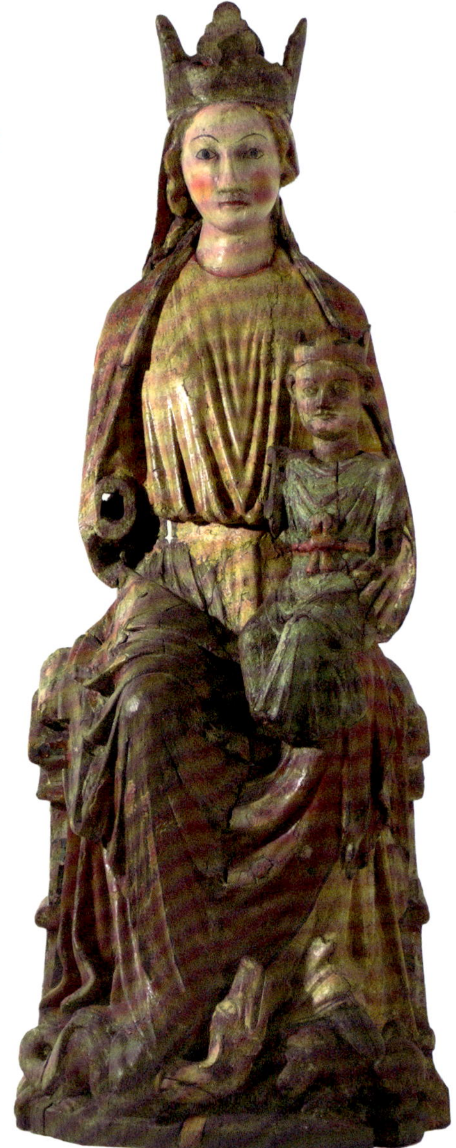

Norwegen, 1250–1300
Aus einer unbekannten Kirche in Westnorwegen, vor 1868 im Museum
Eiche, polychromiert
H 121 x B 44 x T 33 cm
Inv. Nr. MA 45

Diese große Madonnenfigur wurde vor 1868 aus einer unbekannten Kirche in Westnorwegen in das Museum überführt. Der rechte Arm der Jungfrau ist abgebrochen, ebenso wie beide Arme des Christuskindes. Die gekrönte Madonna sitzt auf einem Kissen auf einem Thron, dessen Seiten mit drei schwarzen Fenstern auf weißem Grund verziert sind. Das Kind, ebenfalls gekrönt, sitzt auf ihrem linken Knie. Im Vergleich zu anderen zeitgleichen Madonnen (Kat. Nr. 27, 32, 58) erscheinen die Gesichter von Mutter und Kind streng und wenig ausdrucksstark. Das Haar der Jungfrau und des Kindes ist vergoldet, der Rest der Polychromie ist wahrscheinlich sekundär. Martin Blindheim beobachtete englische Stileinflüsse, nahm aber eine Entstehung in Norwegen, genauer in Bergen an. Die begrenzte Tiefe der Figur könnte darauf hinweisen, dass sie in einem Tabernakelschrein mit Flügeln aufgestellt war (Kat. Nr. 8, 27, 32).

Unter Mariens Spitzschuhen befinden sich zwei Ungeheuer. Mit ihrem rechten Fuß trampelt sie auf einem Drachen, während unter ihrem linken Fuß ein Löwe zu erkennen ist. Es handelt sich wahrscheinlich um eine verkürzte Darstellung der Stelle in Psalm 91:13, die beschreibt, wie Gott das Böse besiegt (»Du sollst auf den Löwen und die Kreuzotter treten: den jungen Löwen und den Drachen sollst du mit Füßen treten«). Hier ist es jedoch nicht Gott oder Christus, sondern Maria, die auf den wilden Tieren trampelt. Dies lässt sich auf die apokalyptische Frau der Offenbarung (12:1–18) beziehen, die den Drachen, der sie und ihr Kind bedroht, besiegt sowie auf Genesis 3:15, wo die Neue Eva (=Maria) der Schlange den Kopf zertritt.

Bendixen 1911, S. 5–6; Blindheim 2004, S. 30, 74–75

42
JOHANNES DER TÄUFER AUS EINER UNBEKANNTEN KIRCHE

Norwegen, 1260–1280
Aus einer unbekannten Kirche in Westnorwegen, im Museum vor 1911
Eiche
H 91 x B 26 x T 14 cm
Inv. Nr. MA 330

Als Bendix Bendixen diese Figur unbekannter Provenienz beschrieb, ging er nicht darauf ein, wen sie darstellt. Der grobe, breite Mantel und die Scheibe in seinen Händen machen jedoch deutlich, dass es sich um Johannes den Täufer handelt. Der Vorläufer Christi wird als Einsiedler mit langem Haar, das über die Schultern fällt, dargestellt. Er ist in einen dicken Mantel gehüllt, der in weiten Falten über die Knie fällt. Darunter scheint er nackt zu sein, aber das lässt sich aufgrund der nun fehlenden Polychromie nicht mit Sicherheit feststellen. Auch die gemalte Verzierung der Scheibe ist verloren; diese wird das Bild Christi als Lamm Gottes gezeigt haben, wie es im Hochmittelalter üblich war. Ein aus Follebu (Oppland) stammender Johannes, der heute im Kulturhistorisk museum in Oslo aufbewahrt wird (Inv. Nr. C1616), zeigt das Lamm Gottes als Relief. Der Johannes in Bergen, der auf einem unbearbeiteten Holzblock ruht, fällt durch seine grobe Ausführung auf; die Figur ist aus verschiedenen Holzstücken zusammengesetzt, und hier und da sind selbst kleinste Teile angesetzt.

Bendixen 1911, S. 26–27

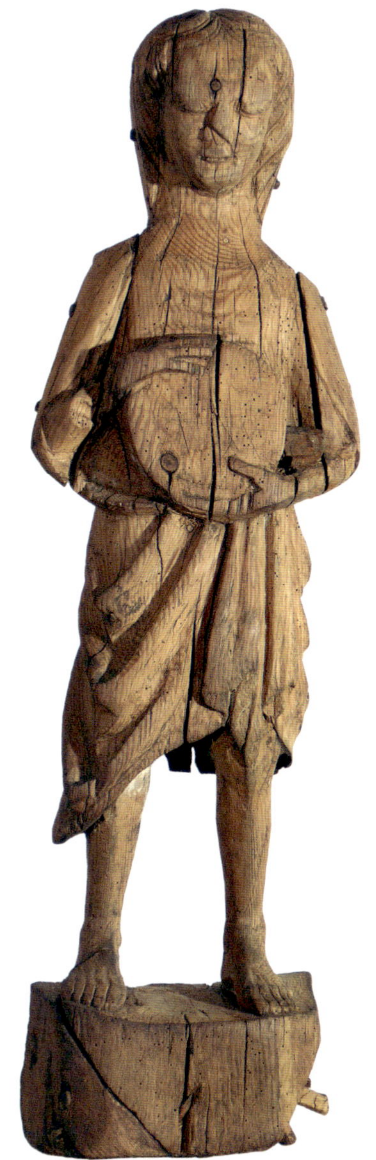

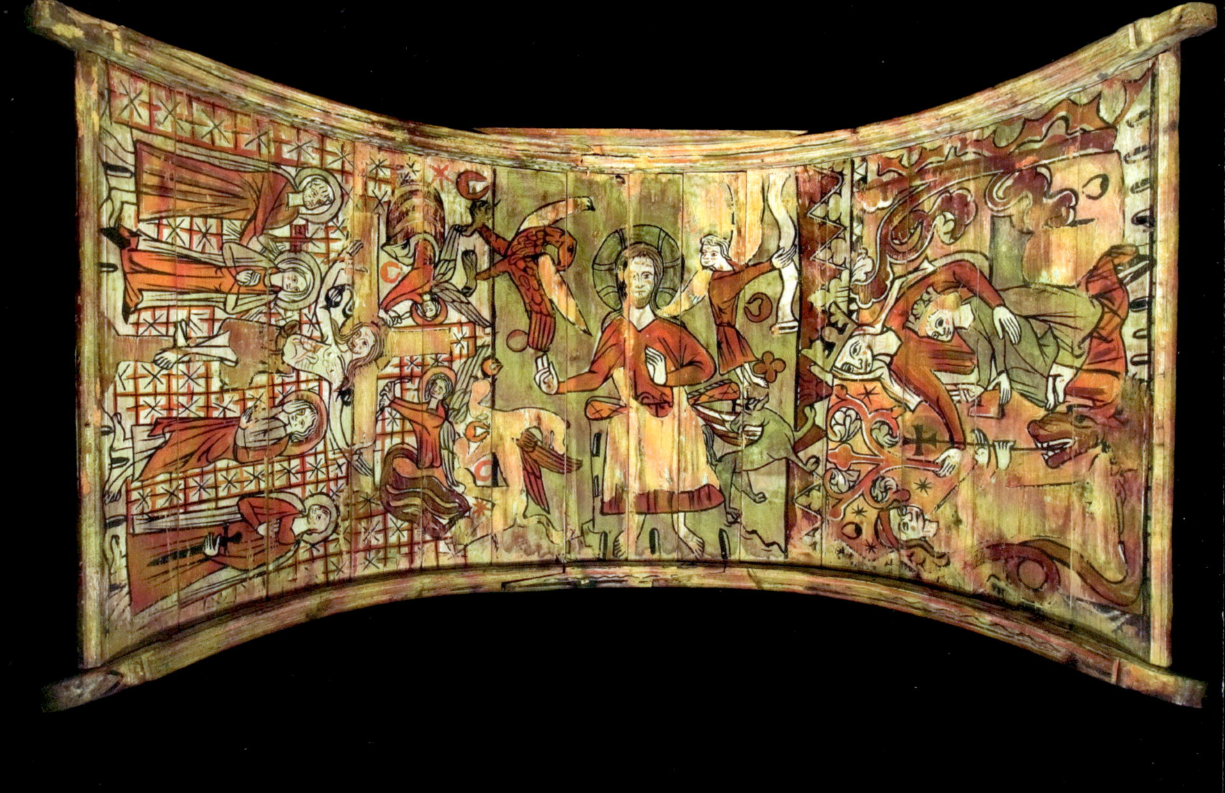

43
BEMALTER ALTARBALDACHIN AUS ÅRDAL

Norwegen, 1275–1300
Aus Årdal (Sogn), seit 1867 im Museum
Nadelholz, bemalt
H 115 x B 250 x T 151,5 cm
Inv. Nr. MA 131

Dieser hölzerne Baldachin in Form eines Tonnengewölbes stammt aus der Stabkirche zu Årdal am Sognefjord. Nach dem Abriss der Kirche 1867 gelangte der Baldachin zusammen mit dem Kirchenportal, drei Altarfrontalien und einem Kirchenschrank in die Bergener Sammlung (Kat. Nr. 15, 52, 67, 68, 73). Im Zentrum ist der thronende Christus wiedergegeben, umgeben von den vier Evangelistensymbolen. Zu seiner Linken ist die Kreuzigung mit den Assistenzfiguren Maria und Johannes, flankiert von den Apostelfürsten Petrus und Paulus abgebildet. Zur rechten Christi ist die thronende Gottesmutter dargestellt, die Margrethe von Antiochien, die den Drachen besiegt, einen Zweig überreicht.

Anhand eines Briefes im Museumsarchiv, der vor dem Abriss der Kirche verfasst wurde, wird deutlich, dass sich das Tonnengewölbe als Baldachin über dem Hochaltar im Chor befand und dort an den Stäben, die um den Hochaltar standen, befestigt war. Hölzerne und steinerne Baldachine über Hochaltären waren im mittelalterlichen Europa verbreitet, doch haben sich außerhalb Italiens und der Adriaküste nur wenige Beispiele erhalten. Die meisten waren wohl aus Stein gefertigt. Der Baldachin aus Årdal, jener in der Stabkirche zu Torpo im Hallingdal und ein Seitenaltarbaldachin in Hopperstad (Sogn) (Abb. S. 14) sind die einzigen überlieferten hölzernen Baldachine in Nordeuropa. Spuren in einigen Stabkirchen weisen allerdings auf eine weitere Verbreitung hin.

In Funktion und Ikonographie ist der Baldachin aus Årdal mit den flachen hölzernen Baldachindecken zu vergleichen, die sich in Katalonien (Spanien) erhalten haben und im Museu Nacional d'Art de Catalunya (aus Tavèrnoles, um 1200, Inv. Nr. 24060 und Tost, Inv. Nr. 3905) und im Museu Episcopal zu Vic (Inv. Nr. MEV 41120) bewahrt werden. Diese bemalten Decken zeigen ebenfalls die im Zentrum befindliche *Majestas Domini*.

Die Ikonographie der genannten Baldachine rahmte und kommentierte auf visuelle Weise jede Messe, die der Priester am Hochaltar zelebrierte. Der Opfertod Christi als Erlösungstat wird nach theologischer Auslegung während jeder Eucharistiefeier erneuert, wobei Christus in Brot und Wein gegenwärtig ist (*Realis Praesentia*). Die Elevation der Hostie und des Kelchs durch den Priester führte auf diese Weise optisch zu einer Art Verschmelzung der irdischen und der himmlischen Liturgie.

Kielland 1904, S. 176–177; Braun 1924a, Bd. 2, S. 263; Hauglid 1973, S. 376; Anker 1978; von Achen 2018, S. 68–74; Kuhn 2019a

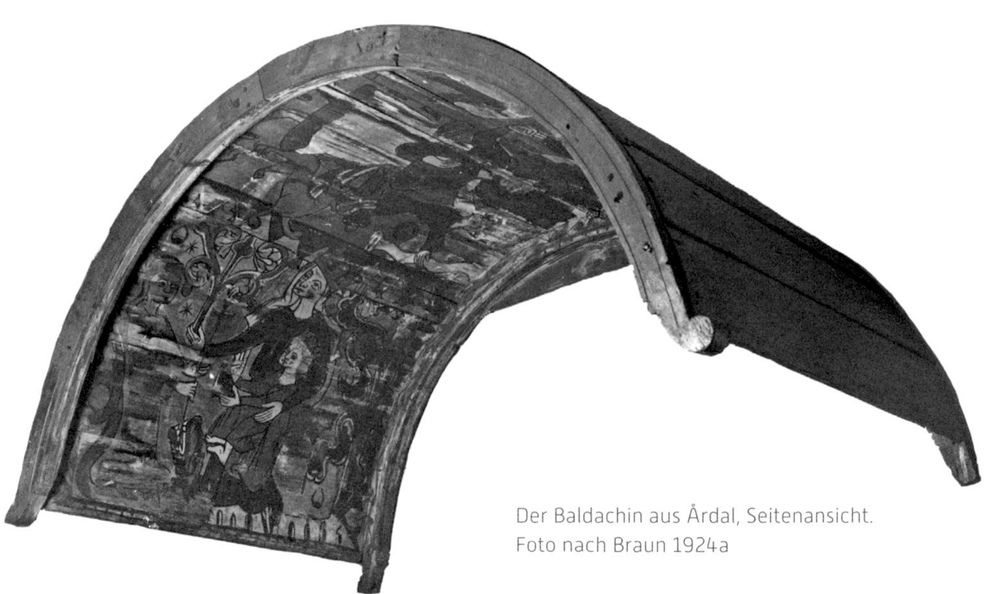

Der Baldachin aus Årdal, Seitenansicht.
Foto nach Braun 1924a

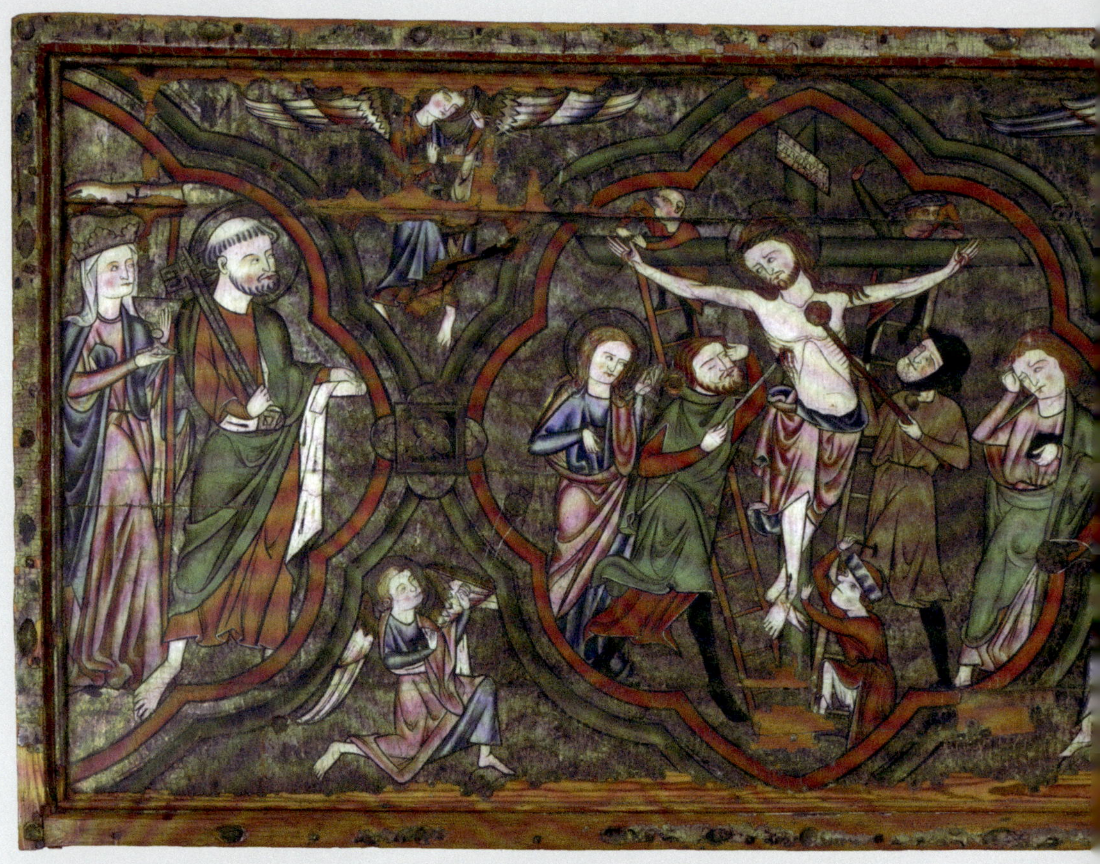

44
FRONTALE AUS KINSARVIK

Norwegen, um 1275
Aus Kinsarvik (Hardanger), vor 1837 im Museum
Nadelholz, bemalt
H 103,5 x B 197,5 x T 5 cm
Inv. Nr. MA 10

Das Frontale aus der mittelalterlichen Steinkirche zu Kinsarvik am Hardangerfjord zeigt in einer mehrpässigen Umrahmung eine vielfigurige Kreuzigung in simultaner Erzählweise. Christus hängt am Kreuz in einer leicht gebogenen Körperhaltung. Sein Kopf ist zu seiner Rechten geneigt und schaut zu seiner Mutter Maria. Johannes steht rechts des Kreuzes, seine Hand ist im Trauergestus erhoben. Drei Schergen, von denen zwei auf Leitern stehen, nageln Christus ans Kreuz. Gleichzeitig wird ihm durch Stephaton der Essigschwamm gereicht, während seine Seite durch Longinus durchbohrt wird. Die Mittelszene wird von je vier Engeln mit Weihrauchfässern in den Zwickeln umgeben.

In den Seitenpartien sind links Petrus

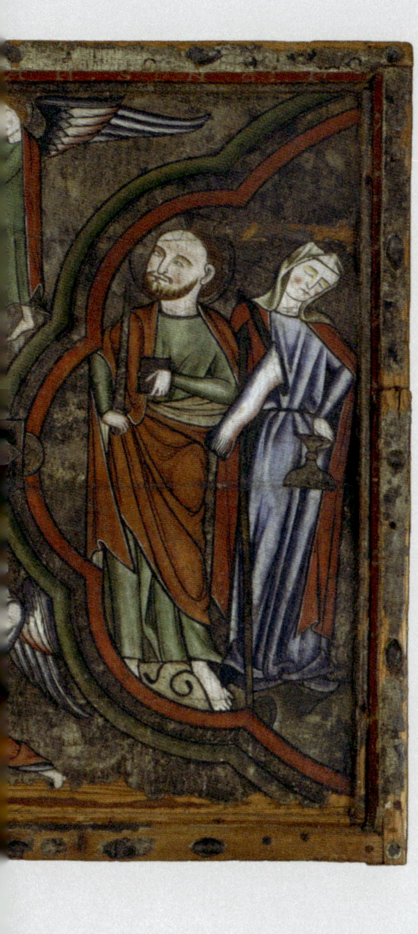

und die Personifikation der Kirche (*Ecclesia*) wiedergegeben. Die gekrönte Kirche wendet ihren Blick zu Christus und hält einen Kelch – Symbol der Eucharistie – sowie die Siegesfahne. Auf der rechten Seite ist Paulus dargestellt, neben ihm die Personifikation des Judentums (*Synagoga*), die ihre Augen geschlossen hält und sich vom Kreuz abwendet, während ihre Fahne zerbrochen ist. Ihr Kelch ist umgekippt und die Krone rutscht von ihrem Haupt.

In der Darstellung zeigt das Frontale eine komplexe theologische Ikonographie, die auf den Opfertod Christi und damit auf das Geschehen am Altar – die Eucharistiefeier – verweist. Die Apostelfürsten verkörpern die institutionalisierte Kirche und Lehre, während die Personifikationen den Sieg der christlichen Kirche über das Judentum darstellen. Der eucharistische Aspekt der Darstellung wird durch die weihrauchfassschwenkenden Engel verstärkt. Auf dem Rahmen befindet sich eine lateinische Inschrift, die die intendierte Wahrnehmung des Bildinhalts des Altarfrontales kommentiert: *Nec deus est nec homo presens quam cernis imago sed deus est et homo presens quam signat imago* (Das Bild ist weder Gott noch Mensch, aber Gott und Mensch sind das, was das Bild zeigt). Dieser Titulus stammt von dem Benediktinermönch Balderich von Bourgueil (1046–1130) und erfuhr eine weite Verbreitung.

Das Frontale befand sich wahrscheinlich am Hauptaltar im Chorneubau der Kirche in Kinsarvik aus der Mitte des 13. Jahrhunderts (Abb. S. 23); die bei archäologischen Ausgrabungen entdeckten Fundamente des mittelalterlichen Altares korrespondieren mit der Breite des Frontales. Die simultane Erzählweise in der Kreuzigungsszene lässt sich ebenfalls auf den Frontalien aus Eid und Nes (I) finden (Kat. Nr. 61, 63).

Neumann 1826–1829, S. 393–394; Christie 1842, S. 71; Bendixen 1889, S. 24–26; Bendixen 1904–1913, S. 521–524; Lindblom 1916, S. 49, 123; Fett 1917, S. 32, 36; Braun, 1924a, Bd. 2, S. 113; Blindheim 1968, S. 34; Wichstrøm 1981, S. 256; Danbolt 1986, S. 34; Fuglesang 1995, S. 27–35; Morgan 1995, S. 14–16; von Achen 1996a, S. 41–42; Hohler/Morgan/Wichstrøm/Plahter 2004, Bd. 1, S. 107–108; Kessler 2007, S. 65–67; Stang 2009, S. 174–177; von Achen 2018, S. 26–28

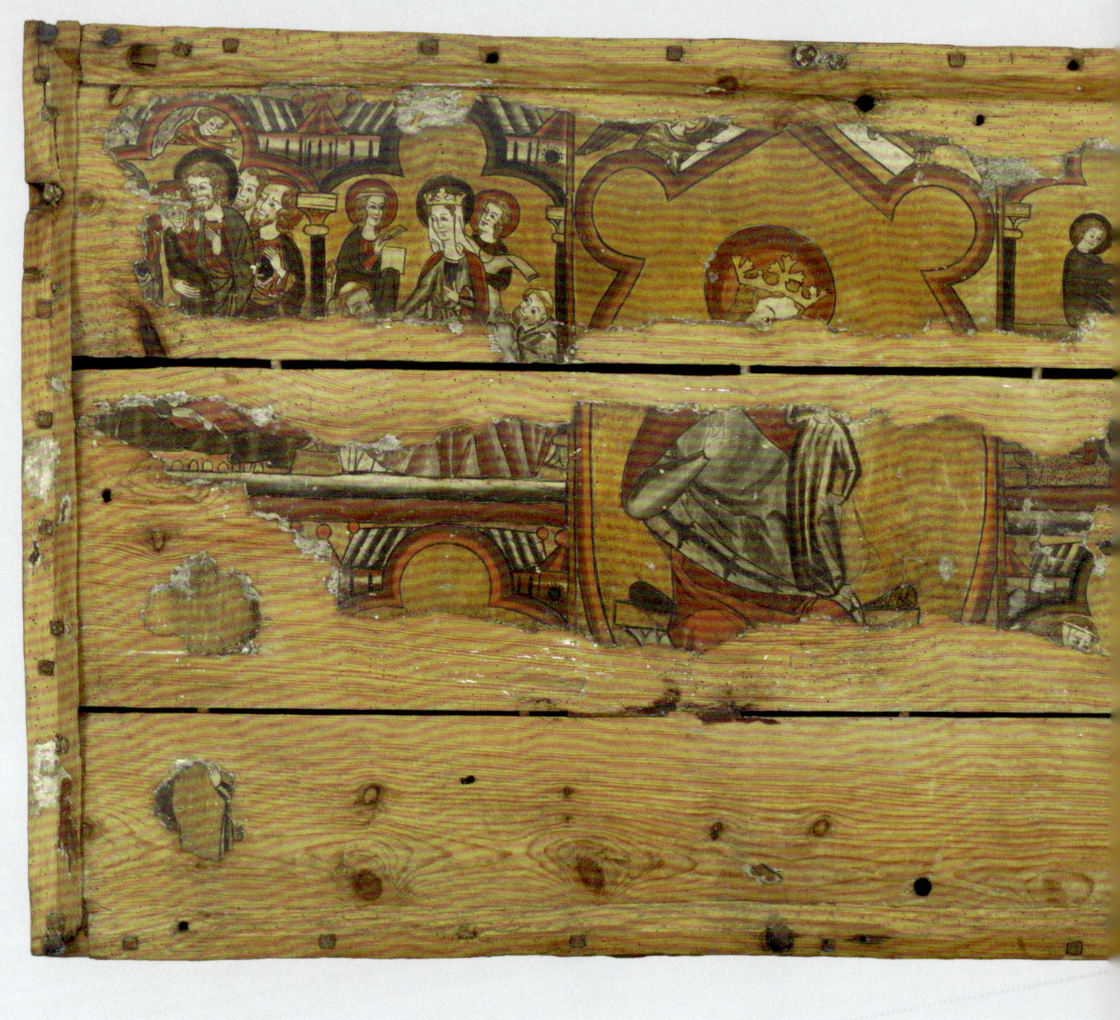

45
ALTARFRONTALE AUS FLÆTE IN ARNAFJORD

Norwegen, um 1300
Aus Flæte in Arnafjord (Sogn), im Museum seit 1826, fälschlicherweise als aus Vanylven stammend registriert
Nadelholz, bemalt
H 89 x B 145 x T 4 cm
Inv. Nr. MA 13

Von der bemalten Oberfläche dieses Altarfrontales aus der Kirche zu Flæte in Arnafjord (Sogn) ist weniger als die Hälfte erhalten. Es zeigt die Jungfrau Maria, die von Szenen aus ihrem Leben umgeben wird. Der Mittelteil, der die gesamte Höhe der Tafel ausfüllt, zeigt die thronende Madonna mit dem auf ihrem linken Knie stehenden Christuskind.

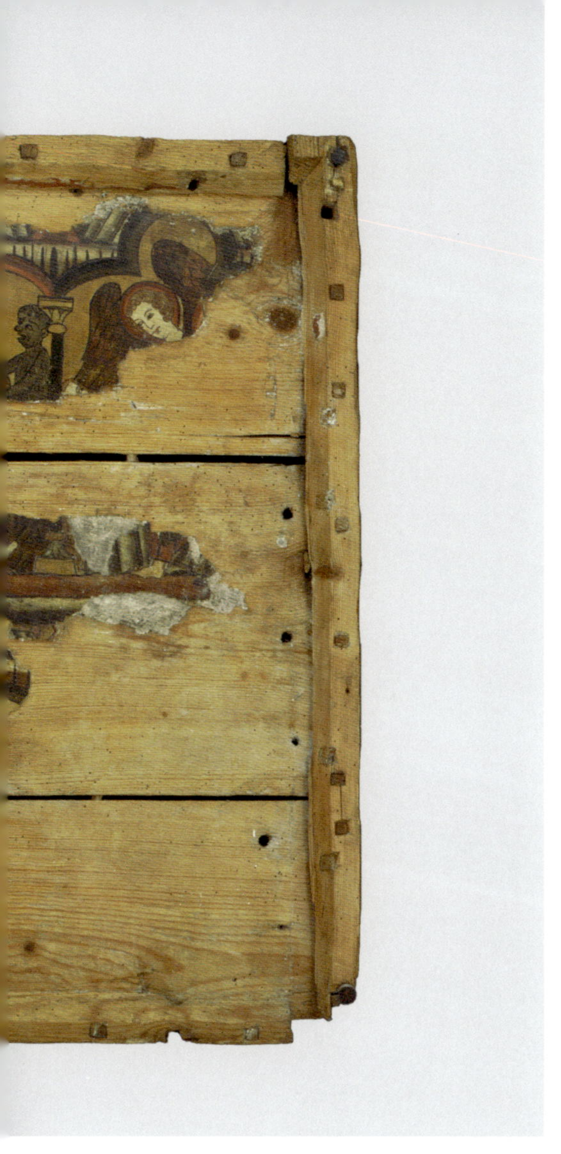

Die Unterzeichnung deutet darauf hin, dass ursprünglich eine Darstellung der *Maria Lactans* geplant war. Die Jungfrau thront in einem ovalen Rahmen mit vier Halbkreisen, dieselbe Form, die auch auf dem Altarfrontale aus Ulvik vorkommt (Kat. Nr. 35). Bemerkenswert sind die vier Wesen, Symbole der Evangelisten, in den Zwickeln, die ebenfalls von der Ikonographie der *Majestas Christi* stammen. Auf diese Weise setzt das Frontale aus Arnafjord Maria mit Christus gleich. Dasselbe Motiv der *Majestas Mariae* findet sich auf den gemalten katalanischen Frontalen aus El Coll und Lluçà, beide um 1200, die heute im Museu Episcopal in Vic aufbewahrt werden (Inv. Nr. MEV 3, MEV 4).

Die marianische Botschaft wird durch die auf zwei Register verteilten und in architektonisch gerahmten Seitenszenen hervorgehoben. Sie zeigen Episoden aus dem Leben der Jungfrau Maria sowie von ihr vollbrachte Wunder, von denen einige in der mittelalterlichen Kunst nur sehr selten zu finden sind. Das obere linke Register zeigt den Marientod sowie die wundersame Heilung des Priesters Reginalds durch das Gebet des Heiligen Dominikus an die Jungfrau. Die rechte Seite zeigt die Erscheinung von Maria und dem Christuskind an den Cluniazensermönch Gerardus sowie eine nicht identifizierte Szene mit einem Mann und einem Engel. Im unteren Register, rechts der Mitte, ist die Szene der Errettung eines jüdischen Jungen aus einem brennenden Ofen zu erkennen (vgl. Kat. Nr. 67).

Während des Transports im Jahr 1826 erlitt das Frontale schwere Wasserschäden. Nachdem die Tafel Bergen erreicht hatte, wurde es von dem bekannten Landschaftsmaler J.C. Dahl restauriert. Er war Professor an der Kunstakademie in Dresden und besuchte jeden Sommer seine Heimatstadt Bergen. Dahl war von grundlegender Bedeutung für die Bewusstseinsbildung für das kulturelle Erbe Norwegens. Aus der Kirche befindet sich ebenfalls ein Prozessionsstab und zwei Türbeschläge in der Sammlung (Kat. Nr. 50).

Bendixen 1911, S. 41–44; Lindblom 1916, S. 65, 201–204; Fett 1917, S. 143–145; Kloster 1951, p. 206–207; von Achen 1996a, S. 44–47; Hohler/Morgan/Wichstrøm/Plahter 2004, Bd. 1, 2004, S. 136–138; Stang 2009, S. 88–89

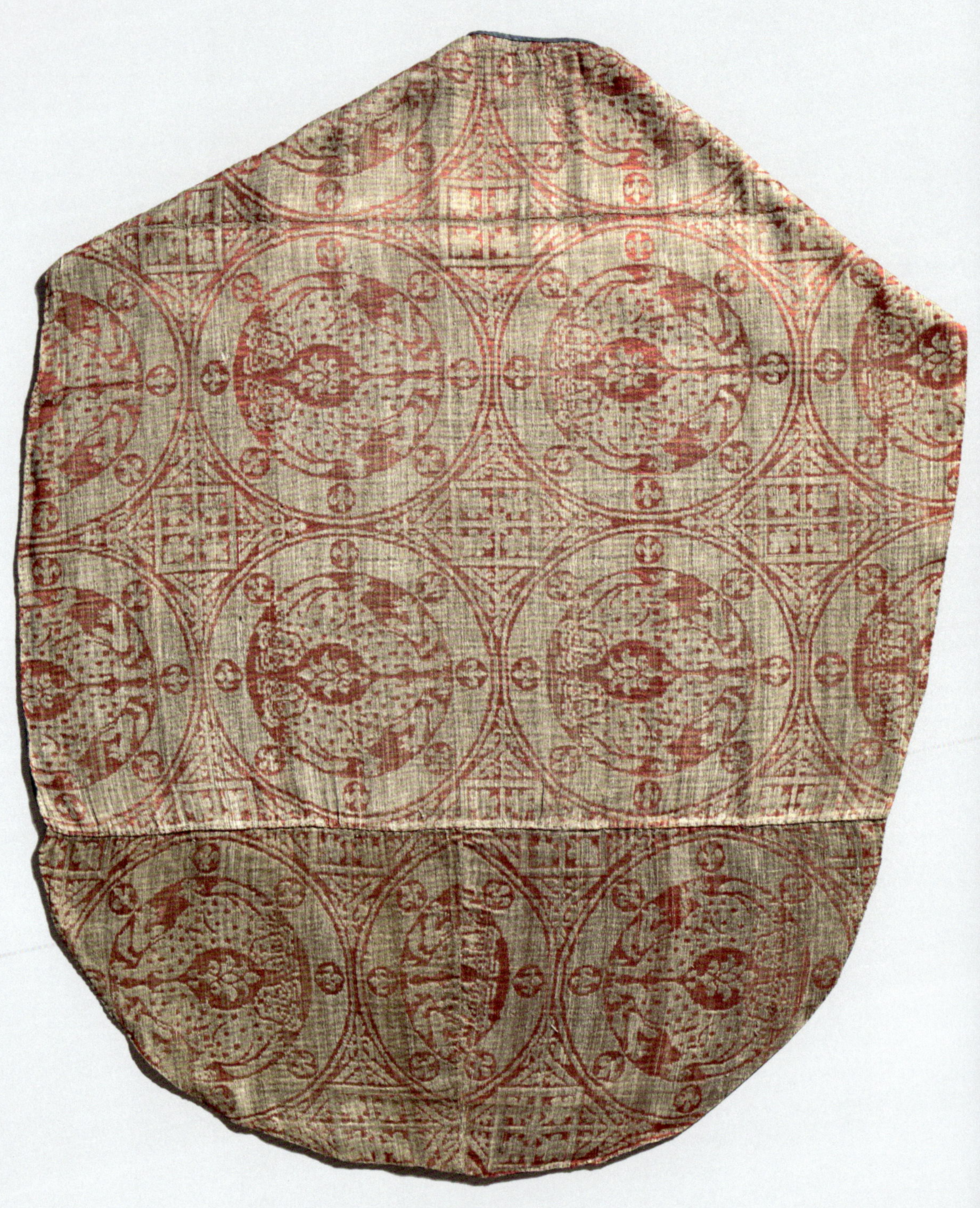

46
KASEL AUS RØLDAL

Südeuropa (Spanien?), 1250–1300
Aus Røldal (Ullensvang), seit 1895 im Museum
Roter Seidenstoff und Häutchengold, dunkelblaues Innenfutter (sekundär?)
H 128 x B 93 cm (Rückseite)
H 93 x B 66 cm (Vorderseite)
Inv. Nr. MA 301

Der kostbare Stoff der Kasel aus der Stabkirche zu Røldal kann in die zweite Hälfte des 13. Jahrhunderts datiert werden. Der Musterrapport (30 x 30 cm) besteht aus symmetrisch gegenüberstehenden, sich zugewandten Leoparden oder Tigern mit mittig platzierter Palmette in Medaillonfeldern mit acht Lilien in Kreisen. In den Zwickeln sind zwei ineinander verschachtelte Quadrate mit Blattornamentik zu erkennen. Die Breite des Stoffes betrug ursprünglich mindestens 90 cm (drei Musterrapporte). Da eine Webkante fehlt, könnte der Stoff ursprünglich noch breiter gewesen sein. Der Stoff ist in Samit in 1/2 Köperbindung gewebt und hat zwei Kett- und zwei Schusssysteme. Beide Kettsysteme bestehen aus Seide. Ein Schuss besteht aus vergoldeten Membranstreifen, die in S-Richtung um einen Pflanzenfaserkern gewickelt sind, während der andere aus bordeauxroten Seidenfäden besteht, die den Hintergrund des Musters bilden. Ein hoher Silbergehalt im Vergleich zu einem niedrigen Goldgehalt im Häutchengold weist auf einen westeuropäischen Ursprung des Gewebes hin.

Das Muster kann mit spanischen Stoffen des 13. Jahrhunderts verglichen werden (z. B. im Kunstgewerbemuseum Berlin, Inv. Nr. 78.659). Kostbare Seidenstoffe wurden häufig umgenäht und selbst kleine Stücke sparsam verwendet. Das Fehlen großer Muster im Stoff aus Røldal bedeutet, dass die heutige Form des Messgewandes nicht mit der Ursprünglichen identisch ist. Die Kasel weist zudem einen »barocken« Schnitt auf. Das Messgewand könnte ursprünglich die Form einer sogenannten Glockenkasel oder eines Chormantels (*pluviale*) aufgewiesen haben. Zur reichen mittelalterlichen Ausstattung der Stabkirche zu Røldal zählen zudem ein Altarfrontale sowie drei Skulpturen samt einer Tabernakelschreintür (Kat. Nr. 28, 32, 33, 34, 72), zwei Flügel eines spätmittelalterlichen Retabels (jetzt Oslo, Kulturhistorisk museum, Inv. Nr. C5067) und ein Triumphkreuz (in situ).

Bendixen 1896, S. 14–18; Bendixen 1904–1913, S. 137; Von Falke 1913, S. 29; Bugge/Kielland 1919, S. 20; Kielland 1921, S. 28–29; H. Engelstad 1941, S. 7, 37, 121–122; Nockert 1985, S. 195–200; Dalen 2017, S. 145–146; Kuhn/Lukešová 2019

47
BRONZENE KIRCHENGLOCKE AUS SANDEID

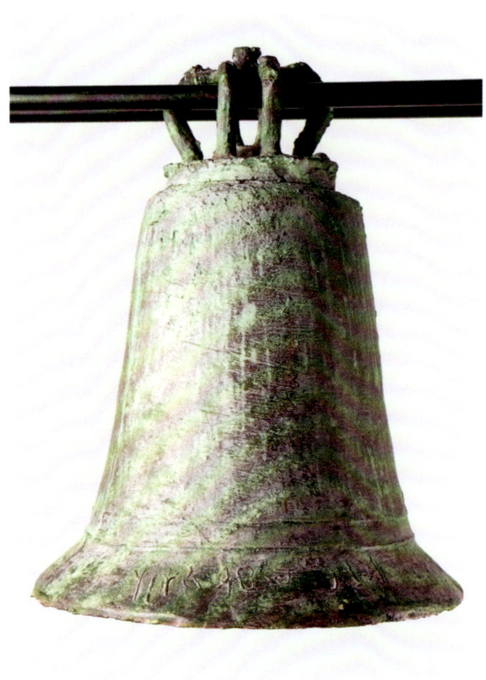

Norwegen, 1250–1300
Aus Sandeid i Ryfylke (Rogaland), im Museum seit 1907
Bronze
H. 56 x B 44 cm
Inv. Nr. MA 513

Diese in Bronze gegossene Kirchenglocke ist eine der ältesten erhaltenen Kirchenglocken Norwegens. Sie gehörte der mittelalterlichen Stabkirche von Sandeid i Ryfylke (Rogaland) und wurde in die 1814 errichtete und 1906 abgerissene Holzkirche übernommen. Eine zweite mittelalterliche Glocke, die sich noch in Sandeid befindet, ist sogar noch älter, möglicherweise aus dem späten 12. Jahrhundert. Die Glocke entspricht dem sogenannten »Zuckerhut-Modell«, mit konisch zulaufenden Seiten. Sie ist an einer Krone aufgehängt, die aus sechs ineinander übergehenden Halbringen besteht. Am Boden befinden sich zwei schmale dekorative Profilränder über einem sich verbreiternden Rand. Dieser trägt eine Runeninschrift, die wahrscheinlich als »Svein prestr leit gjera mik« gelesen werden muss: »Svein, der Priester, ließ mich machen«. Eine alternative Lesart lautet: »[...] leit bæria mik«, das mit »[...] ließ mich erklingen« übersetzt werden muss.

Es war üblich, dass Inschriften auf mittelalterlichen Glocken in der ersten Person verfasst wurden, um so den Klang oder die »Stimme« der Glocke zu personifizieren. Die Gründe für die Schenkung der Glocke durch Svein, der wahrscheinlich der Priester der Landkirche war, werden nicht explizit genannt, aber es ist anzunehmen, dass er sie zur Erinnerung und für sein Seelenheil fertigen ließ. Ein Datum wird nicht genannt, aber das Modell, dem die Glocke von Sandeid entspricht, ist ab dem Ende des zwölften und während des gesamten 13. Jahrhunderts zu finden. Die geschwungene Form des Randes scheint auf eine spätere Phase, nach 1250, hinzuweisen.

Fett 1909, S. 105, 109; Olsen 1954, S. 297–298

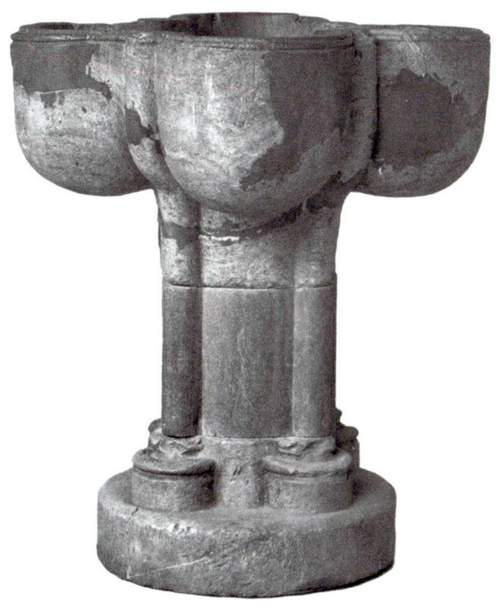
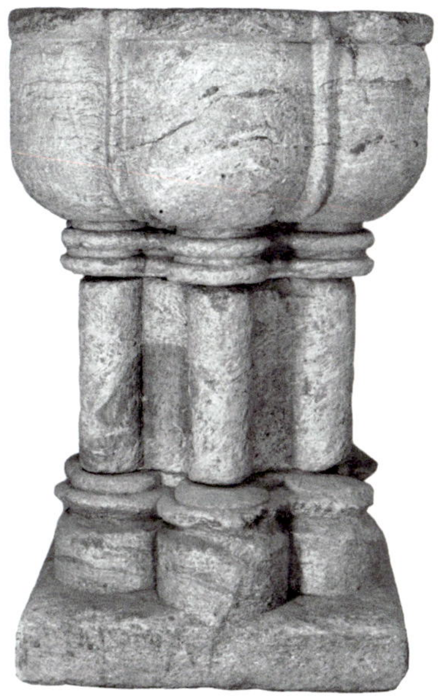

48
MEHRPÄSSIGE TAUFBECKEN AUS JONDAL UND AURLAND

Norwegen, 1250–1350
Aus Jondal (Hardanger), im Museum seit 1887, und Aurland (Sogn), im Museum seit 1847
Speckstein
H 94 x B 81 cm (Jondal)
H 110 x B 76 cm (Aurland)
Inv. Nr. MA 267 (Jondal), MA 36 (Aurland)

Siebzehn mittelalterliche Taufbecken in Norwegen haben ein mehrpässiges Becken, zwei davon befinden sich in der Sammlung in Bergen. Das niedrige Becken aus Jondal, das stark restauriert wurde, nachdem es in das Museum kam, ist vierpässig. Die Pässe springen stark hervor, in den Zwickeln sitzen abgerundete Wülste. Diese setzen sich als Dreiviertelsäulen am zylindrischen Schaft nach unten fort und enden in Ringen, die auf einer runden Basis ruhen. Das Becken des Taufbeckens aus Aurland weist einen Sechspass auf und ist mit spitzen Wülsten in den Zwickeln versehen. Das Becken ruht auf einem Säulenschaft, der von sechs Dreiviertelsäulen unter jedem Pass umgeben wird. Der Übergang zwischen Becken und Schaft ist mit Doppelringen verziert, ein Motiv, das sich auf dem sechspässigen Sockel wiederholt, der auf einer quadratischen Fußplatte ruht. Der einheimische Stein und die architektonische Form von Schaft und Sockel beider Taufbecken veranlassten Mona Bramer Solhaug zu der Vermutung, dass sie von der Steinmetzhütte in Bergen hergestellt wurden.

Bendixen 1915–1916, S. 12–15; Bramer Solhaug 2001, Bd. 1, S. 161–164, Bd. 2, S. 29, 59–60; Drake 2002, S. 128, 182

49

KOSTBARE GEWEBE AUS SELJA

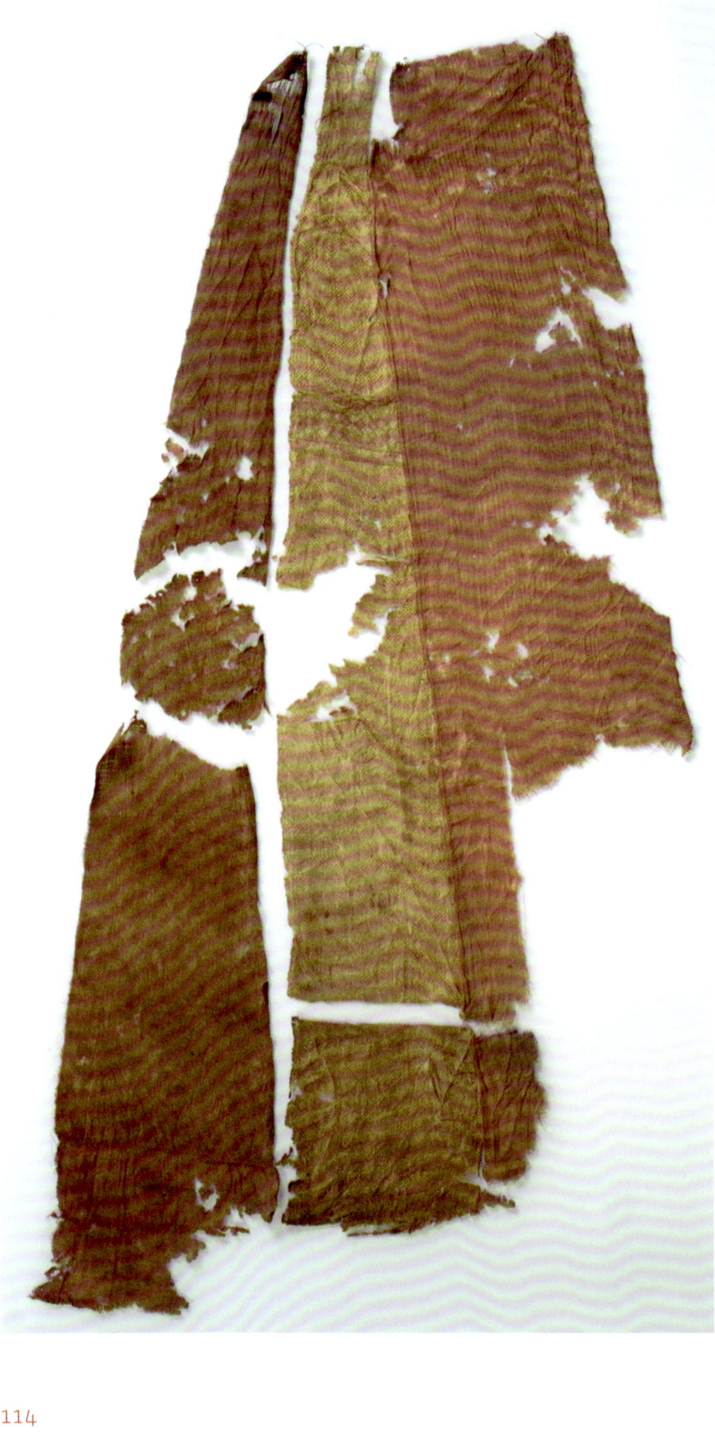

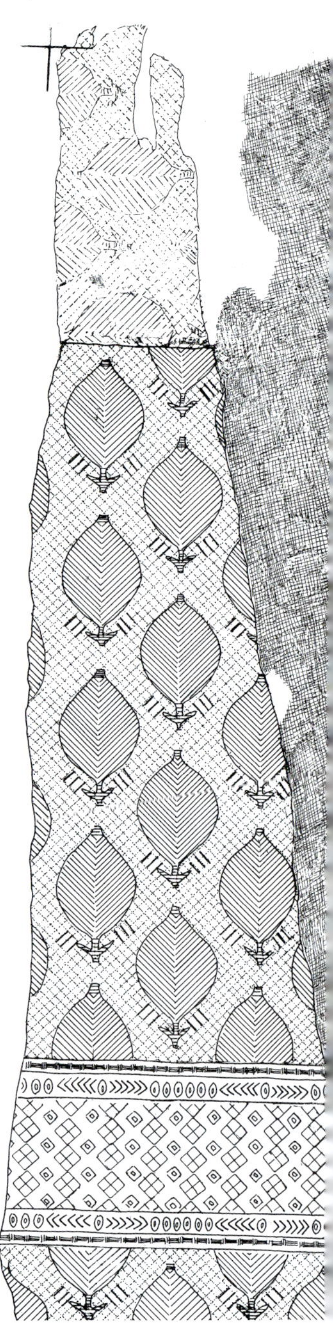

Südspanien oder östliches Mittelmeer,
13. Jahrhundert
Aus dem Kloster Selja (Nordfjord),
im Museum seit 1866
Seidengewebe
73 x 14 cm, 14 x 16 cm, 7 x 8 cm
Inv. Nr. BRM 406/24–32

Diese drei Fragmente aus Seidengewebe wurden in der Höhlenkapelle des Klosterkomplexes auf der Insel Selja in Nordfjord gefunden. Laut Legende soll die irische Königin Sunniva mit ihrem Gefolge hier im 10. Jahrhundert an Land gekommen sein, nachdem sie aus ihrer Heimat geflüchtet war, um so der Vermählung mit einem heidnischen Vereher zu entkommen. Sie sollen bei einem Angriff der Wikinger ums Leben gekommen sein und galten kurze Zeit später als die ersten christlichen Heiligen Norwegens. Um 1070 wurde Selje zum Bischofssitz erhoben, der gegen Ende des 11. Jahrhunderts auf Bergen überging. Die Translation der Reliquien Sunnivas aus Selja nach Bergen erfolgte am 7. September 1170.

Das kleinste Textilfragment war ursprünglich rot und zeigt ein kompliziertes Muster aus sich kreuzenden Linien, die Rauten und sternförmige Zwischenräume formen. Die Sterne sind mit Blumenmotiven gefüllt, während jede Raute zwei Vögel zeigt, die ihre Körper voneinander abwenden, wobei sie sich ihre Köpfe zuwenden. Die beiden anderen Fragmente waren ursprünglich gelblich und mit einem geometrischen Muster aus Rauten, Blättern und kleinen Kreuzen verziert. Vergleichbare Seidengewebe wurden aus dem Mittelmeerraum nach ganz Europa exportiert. Laut Helen Engelstad

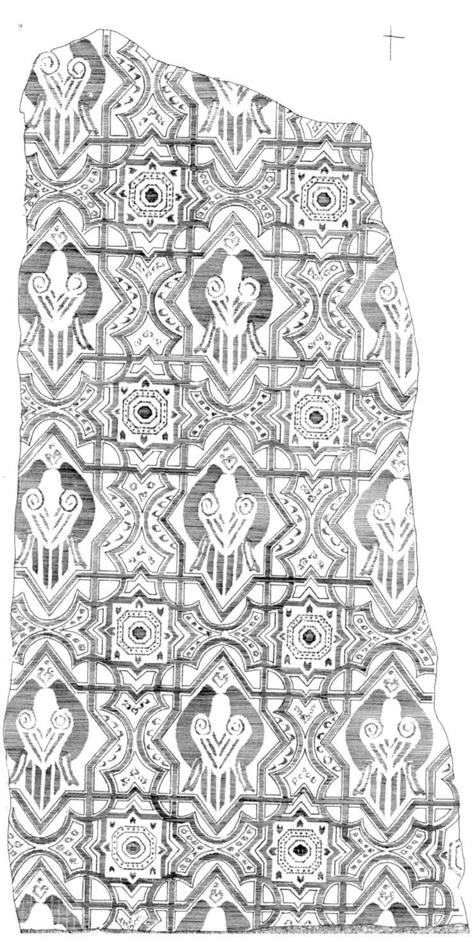

Zeichnungen Ellinor Moldeklev Hoff

weist das Vogelmotiv auf eine Herkunft aus dem östlichen Mittelmeerraum, doch scheint Südspanien (Andalusien) wahrscheinlicher. Die ursprüngliche Funktion der Textilien aus Selje ist nicht bekannt. Sie könnten als Kleider oder zum Einwickeln von Reliquien gedient haben, oder auch zu den Gewändern eines Priesters gehört haben.

H. Engelstad 1941, S. 38–40, 122; Hommedal 2018, S. 72

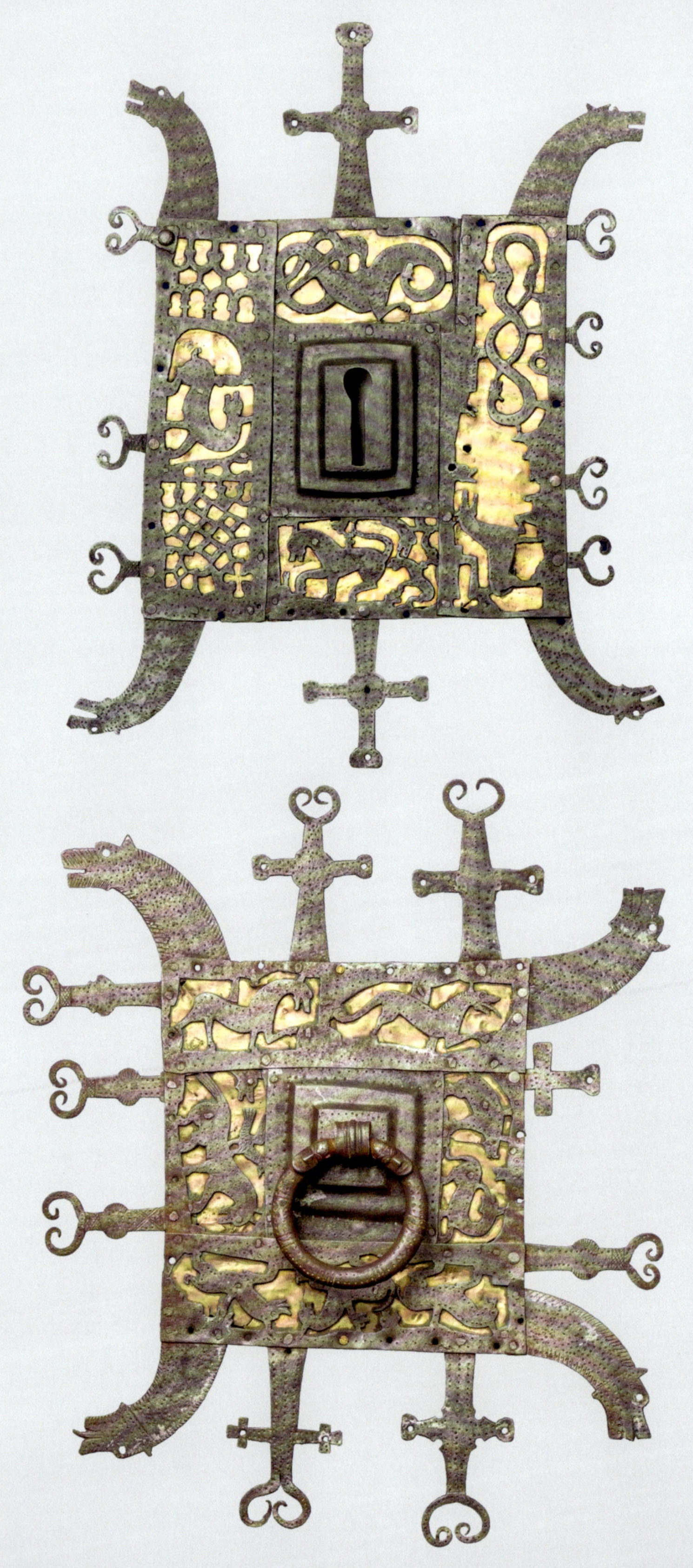

50
SCHMIEDEEISERNE TÜRBESCHLÄGE AUS FLÆTE IN ARNAFJORD

Norwegen, 13. Jahrhundert (?)
Aus Flæte in Arnafjord (Sogn), im Museum seit 1890
Eisen, Kupfer
H 49 x B 39 x T 2,5 cm
H 47 x B 38,5 x T 5 cm
Inv. Nr. MA 281ab

Diese reich verzierten Türbeschläge gehörten ursprünglich zur Stabkirche von Flæte in Arnafjord am Südufer des Sognefjords. Als diese 1645 abgerissen wurde, gelangten die Beschläge in eine neuerrichtete Holzkirche im nahe gelegenen Nese. 1890 kamen sie in das Museum.

Bei dem ersten Türbeschlag handelt es sich um eine große Schlossplatte, verziert mit kleinen Kreuzen und einem Schlüsselloch in der Mitte. Das Schlüsselloch ist umgeben von durchbrochenen dekorativen Mustern, die in verschiedene Fächer unterteilt sind. Oben links befinden sich gespiegelte Rundbogenarkaden und unten links eine Art Webmotiv. Die anderen Felder zeigen Tierfiguren, von pferde- und kuhähnlichen Wesen in der Mitte links und unten rechts, bis hin zu Tieren, die sich selbst in den Schwanz beißen, in der Mitte und oben rechts. Unten scheint ein Pferd von mehreren wilden Tieren gejagt zu werden.

Beim zweiten Eisenbeschlag handelt es sich um eine Ringplatte mit stilisierten Drachenköpfen an allen vier Ecken. Das untere Feld enthält drei Einhörner, ein Schwein und einen Löwen zur rechten Seite, und ein Pferd mit einem Vogel auf dem Rücken in der Mitte links. Löwen und Pferde tauchen im Feld über dem Ring nochmals auf. Die Darstellung von wilden Tieren auf und um Kirchenportale hat oft eine vielschichtige Bedeutung. Sie stellen die bösen Mächte außerhalb der Kirche dar, schützen sie jedoch gleichzeitig. Vergleichbare Türbeschläge lassen sich noch in den Stabkirchen zu Lomen, Hedalen, Høre und Reinli finden.

Kloster 1951, S. 205–207; Gjærder 1952, S. 216, 218, Karlsson 1988, Bd. 1, S. 136–137

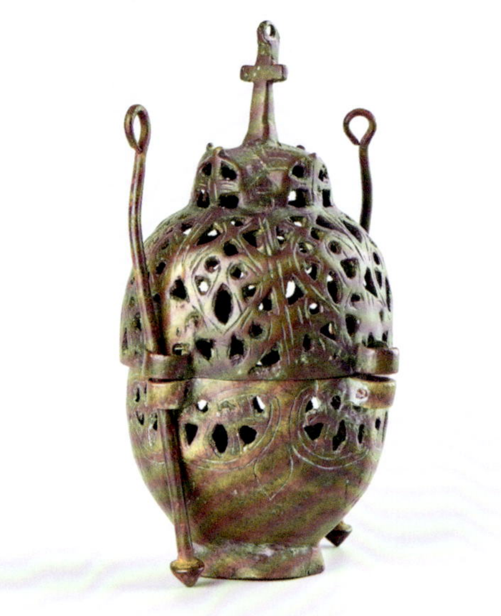

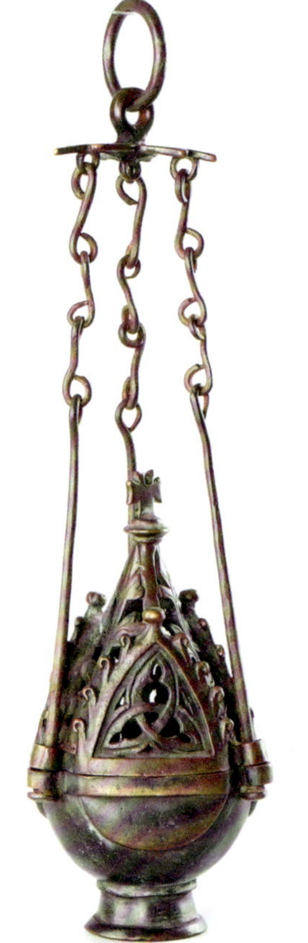

51
DIVERSE WEIHRAUCHFÄSSER

Skandinavien und Norddeutschland,
frühes 13.-1. Hälfte 14. Jahrhundert
Aus Aurland (Sogn), Bygstad (Sunnfjord), Hauge (Sogn), Eidfjord (Hardanger), Røldal (Ullensvang), Veøy (Romsdal), Volda (Sunnmøre), Vossevangen (Voss), und unbekannter Herkunft, seit dem 19. Jahrhundert im Museum
Bronze, Emaille
H bis 25 cm, B bis 13 cm
Inv. MA 61–65, MA 70, MA 186, MA 263, MA 300

Weihrauchfässer wurden zur rituellen Beräucherung des Altares, des Altargerätes und der Opfergaben während der Messe am Altar sowie bei der Kirchweihe verwendet. Weihrauch galt als Symbol der zum Himmel aufsteigenden Gebete der Gläubigen. Die Weihrauchfässer der Bergener Sammlung stammen aus unterschiedlichen westnorwegischen Kirchen und können alle in das 13. und die erste Hälfte des 14. Jahrhunderts datiert werden. Die meist kugelförmigen oder eckigen Rauchschalen werden von einem architektonisch ausgestalteten und durchbrochen gearbeiteten Deckel verschlossen. Die Ketten zum Tragen und Schwingen des Rauchfasses sowie die Zugkette zum Anheben des Deckels sind nicht bei allen Exemplaren erhalten.

Die Rauchfässer der Bergener Sammlung wurden von Hiltrud Westermann-Angerhausen in verschiedene Gruppen unterteilt. Das Rauchfass aus Veøy (MA 61) (links oben) stammt aus einer Werkstatt, die in einem leistungsfähigen, vermutlich niedersächsischen Exportzentrum der Hanse zu verorten ist. Exemplare aus diesem Zentrum, aber aus unterschiedlichen Werkstätten, lassen sich insbesondere im westlichen Ostseeraum,

Südschweden und Norwegen finden. Aus norddeutscher-niedersächsischer Produktion stammen auch die Rauchfässer aus Aurland (MA 64), Bygstad (MA 70, Deckel später als Kerzenhalter wiederverwendet) und Volda (MA 62), wobei die Werkstatt, die das Rauchfass aus Volda fertigte, im Entwurf auf westliche, wohl maasländische Vorbilder zurückgriff. Das auf die erste Hälfte des 14. Jahrhunderts datierte Rauchfass aus Vossevangen (MA 63) (links unten) weist bereits gotische Züge auf und wurde wohl in einer Lübecker Werkstatt gefertigt. Vergleichbare, jedoch weniger detailreich gearbeitete Exemplare lassen sich im Schleswig-Holsteinisches Landesmuseum (Inv. 1935/747) und im Statens historiska museum in Stockholm (Inv. Nr. 20679:6) finden.

Um eine skandinavische Nachahmung eines norddeutschen-niedersächsischen Vorbildes handelt es sich bei einem Exemplar unbekannter Herkunft (MA 65) (rechts), wobei die Verbreitung von dreizehn vergleichbaren Rauchfässern zwischen Trondheim und Bergen auf eine westnorwegische Werkstatt schließen lässt. Das Rauchfass aus Røldal (MA 300) ist ebenfalls eine wohl norwegische Abwandlung importierter Vorbilder.

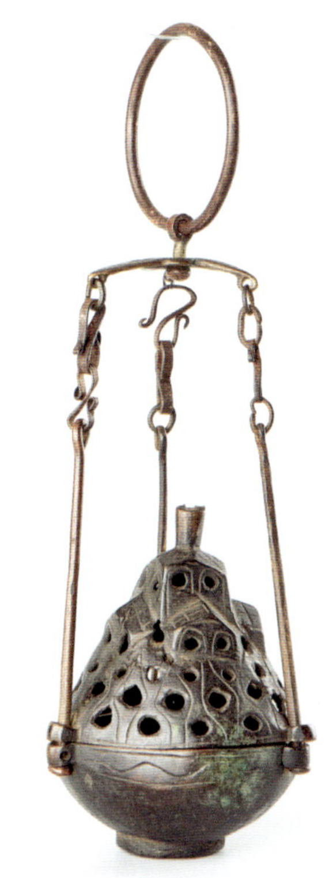

Fett 1909, S. 60; Bendixen 1911, S. 42–47; Kielland 1927, S. 73; Westermann-Angerhausen 2014, S. 174, 312–313, 355, 261, 392, 395

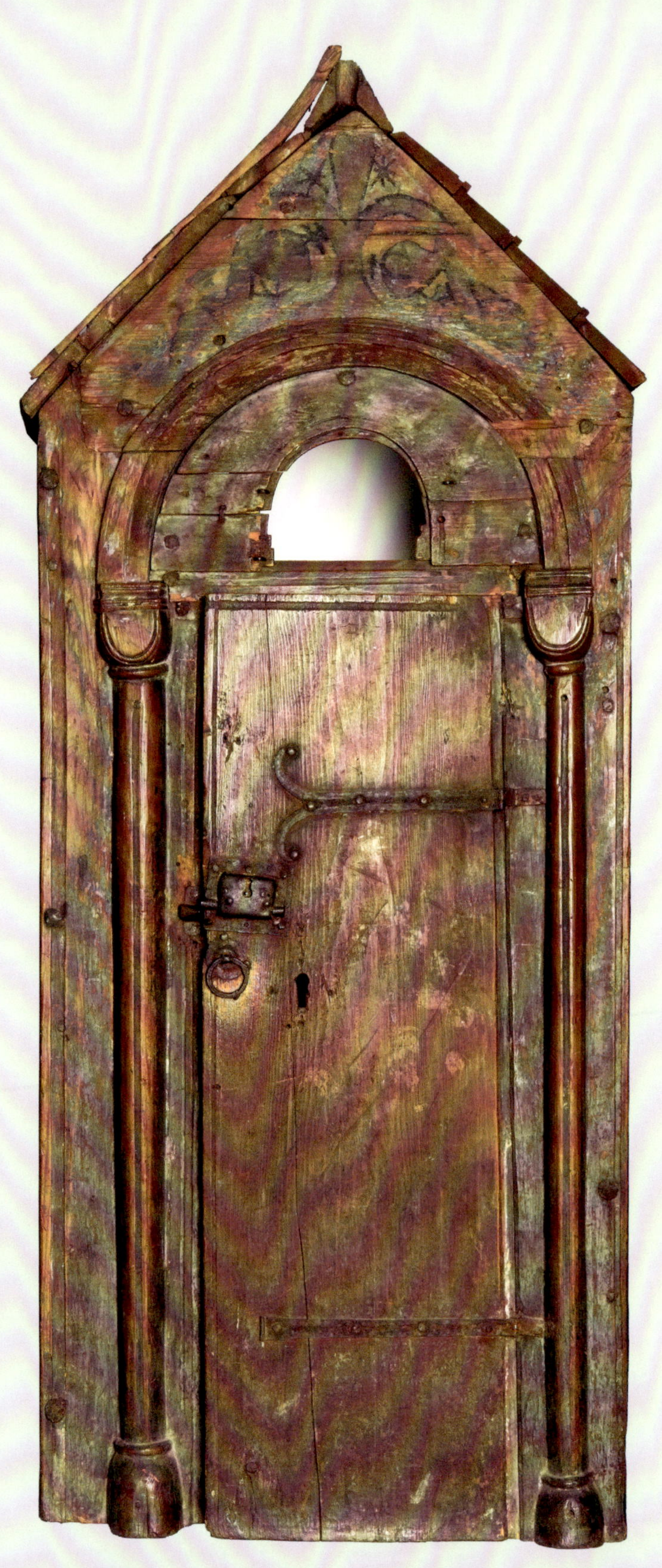

52
KIRCHENSCHRANK AUS ÅRDAL

Norwegen, 13. Jahrhundert
Aus Årdal (Sogn), seit 1867 im Museum
Nadelholz, Reste von Bemalung
H 176 x B 74 x T 40,5 cm
Inv. Nr. MA 126

Dieser giebelförmige Kirchenschrank mit profilierten Halbsäulen mit Basen und Würfelkapitellen zu beiden Seiten der Schranktür, die von einem Rundbogen überfangen wird, stammt aus der Stabkirche zu Årdal am Sognefjord. Im halbrunden Bogenfeld befindet sich oberhalb des schmalen Türgesims eine halbrunde Öffnung, die den Blick in das Innere des Schrankes freigibt. Neben der Lilienornamentik im Giebelfeld lassen sich weitere Spuren der ursprünglichen Farbigkeit erkennen. Der Schrank war in graublau gefasst, während die Türe und der Rundbogen in dunkelroter Farbgebung gehalten waren. Die rote Liliendekoration im Giebelfeld ist in Nuancen heller und wird von fünf dunklen Sternen umgeben. Die Profilierung des Säulenschafts ist in einem rötlichen Farbton hervorgehoben und das Bogenfeld in einem gebrochenen Weiß akzentuiert. Kleinere Löcher am Rande der wohl sekundär hinzugefügten halbrunden Öffnung innerhalb des Bogenfeldes, scheinen auf die Anbringung eines Gitters zu weisen. Die Seitenpartien des Schrankes wurden nur grob bearbeitet und mit einer dünnen dunkelroten Lasur gefasst.

Einige sowohl zeitlich wie auch im Aufbau als Giebelschrank nahestehende Kirchenschränke lassen sich im deutschen und schwedischen Bestand finden, beispielsweise in Rimbo (Uppland). Wie in Årdal ist die Funktion dieser Schränke nicht immer bekannt. Sie könnten zur Aufbewahrung des Sakraments gedient haben – waren also sogenannte Sakramentsschränke oder -häuser – oder können zur Aufbewahrung der kostbaren Paramente und anderer mobiler Objekte wie Bücher und *vasa sacra* gedient haben (Kroesen/Tångeberg 2014, S. 53–55). Eine Zusammenführung verschiedener Funktionen im Schrank aus Årdal könnte angenommen werden, da insbesondere die Stabkirchen keine Sakristeien aufwiesen. Inventare aus Ylmheim (heute Ølmheim, Sogn) und Hålandsdalen (heute Holdhus in Sunnhordland) aus den Jahren 1321–1323 respektive 1306 machen deutlich, dass auch kleine Pfarrkirchen eine beträchtliche Anzahl von Büchern besitzen konnten. Für Holdhus werden acht und für Ylmheim sogar neunzehn erwähnt, darunter Messbücher, Psalter, Gebetbücher und Heiligenkalender (*Diplomatarium Norvegicum* XV, 8). Weitere Gegenstände aus der Stabkirche von Årdal in der Bergener Sammlung sind ein Portal, ein Baldachin und drei Altarfrontalien (Kat. Nr. 15, 43, 67, 68, 73).

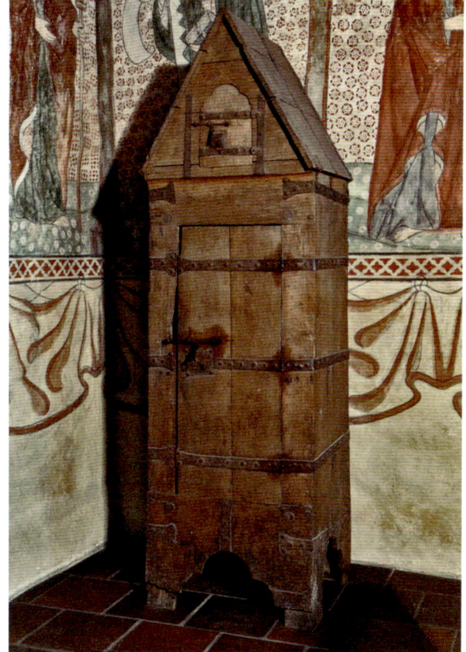

Rimbo (Uppland, Schweden), Kirchenschrank, 14. Jahrhundert? Foto Justin Kroesen

Bendixen 1890, S. 3–8; Hohler 1999, S. 107–108

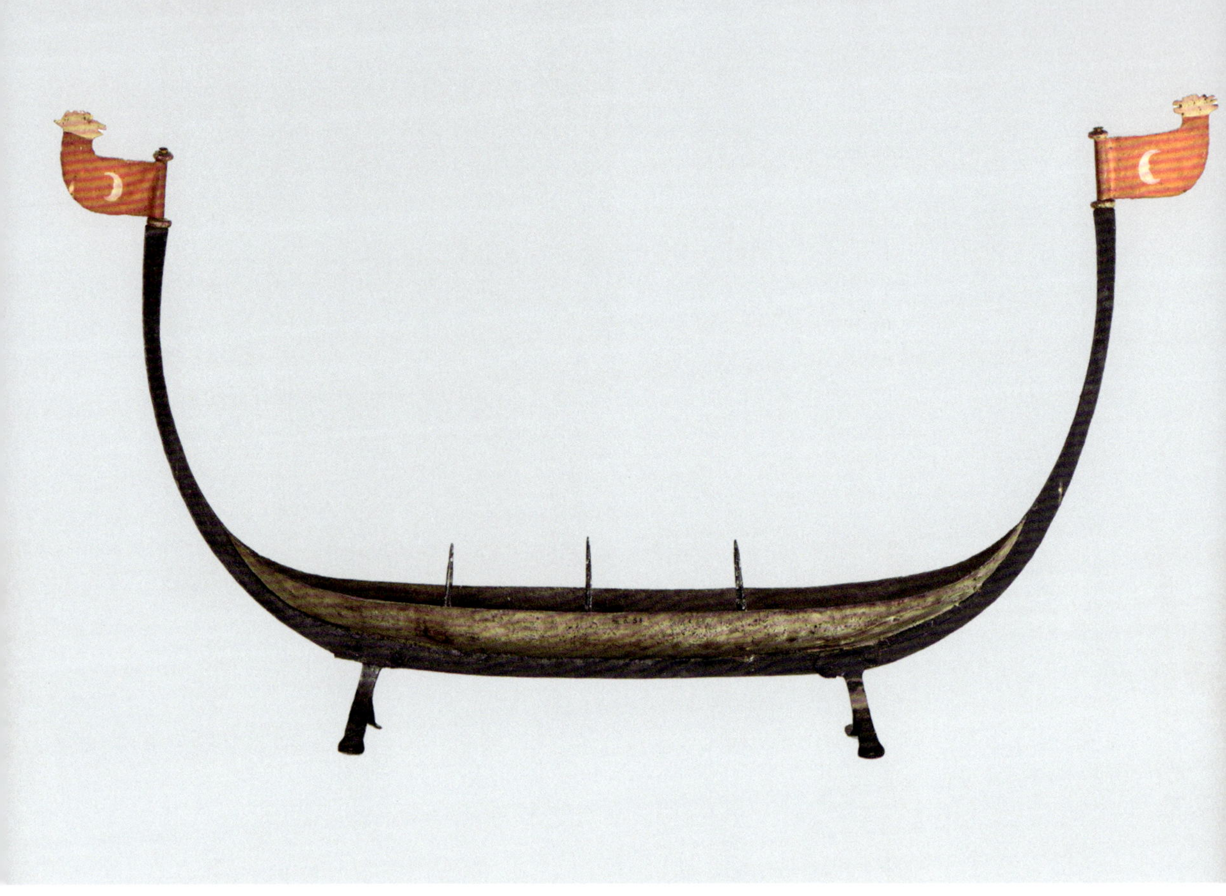

53
LEUCHTER IN FORM EINES SCHIFFES AUS DALE

Norwegen, 13. Jahrhundert
Aus Dale i Luster (Sogn), vor 1837 im Museum
Eisen, teilweise bemalt
H 52 x B 93 x T 12,5 cm
Inv. Nr. MA 58

Der Leuchter in Form eines Langbootes mit schmalem Rumpf und langen Steven stammt aus der Steinkirche von Dale am Lustrafjord, einem Seitenarm des Sognefjords. In der Mitte des Rumpfes befinden sich drei Halterungen für Kerzen. Der Leuchter steht auf vier Füßen. An den Steven befinden sich rotbemalte, mit einem Halbmond verzierte Wimpel. Mit ihrem schmalen Rumpf und nach oben gezogenen Steven erinnert dieser Leuchter an zeitgenössische Boote sowie an die aus dem 9. Jahrhundert überlieferten Wikingerboote aus Oseberg und Gokstad (jetzt Oslo, Vikingskipmuseum). Ein nahezu identischer Leuchter hat sich unweit von Dale in der Stabkirche zu Urnes erhalten. Dass diese Leuchter wohl verbreiteter waren, kann angenommen werden, denn in einem

Dokument von 1366 aus Talgje (Rogaland) wird ebenfalls ein Leuchter in Form eines Schiffes erwähnt (*Diplomatarium Norvegicum* IV, 457).

Die Leuchter in Dale und Urnes standen wahrscheinlich auf dem Altar. Allgemein kann das Schiff als Symbol der Kirche und der Erlösung interpretiert werden. Fest steht, dass diese Leuchterschiffe die Lebenswirklichkeit vieler Kirchgänger aus den Höfen am Fjord widerspiegelten, wo das Wasser eine wichtige Verbindung darstellte. Miniaturschiffe waren auch im nachreformatorischen Kirchenraum anwesend. Aus dem 17. und 18. Jahrhundert haben sich eine beachtliche Anzahl hängender Votivschiffe in norwegischen Kirchen erhalten, unter anderem in Dale.

Bendixen 1909, S. 37–38; Frimannslund 1944; Hoff 2000, S. 40

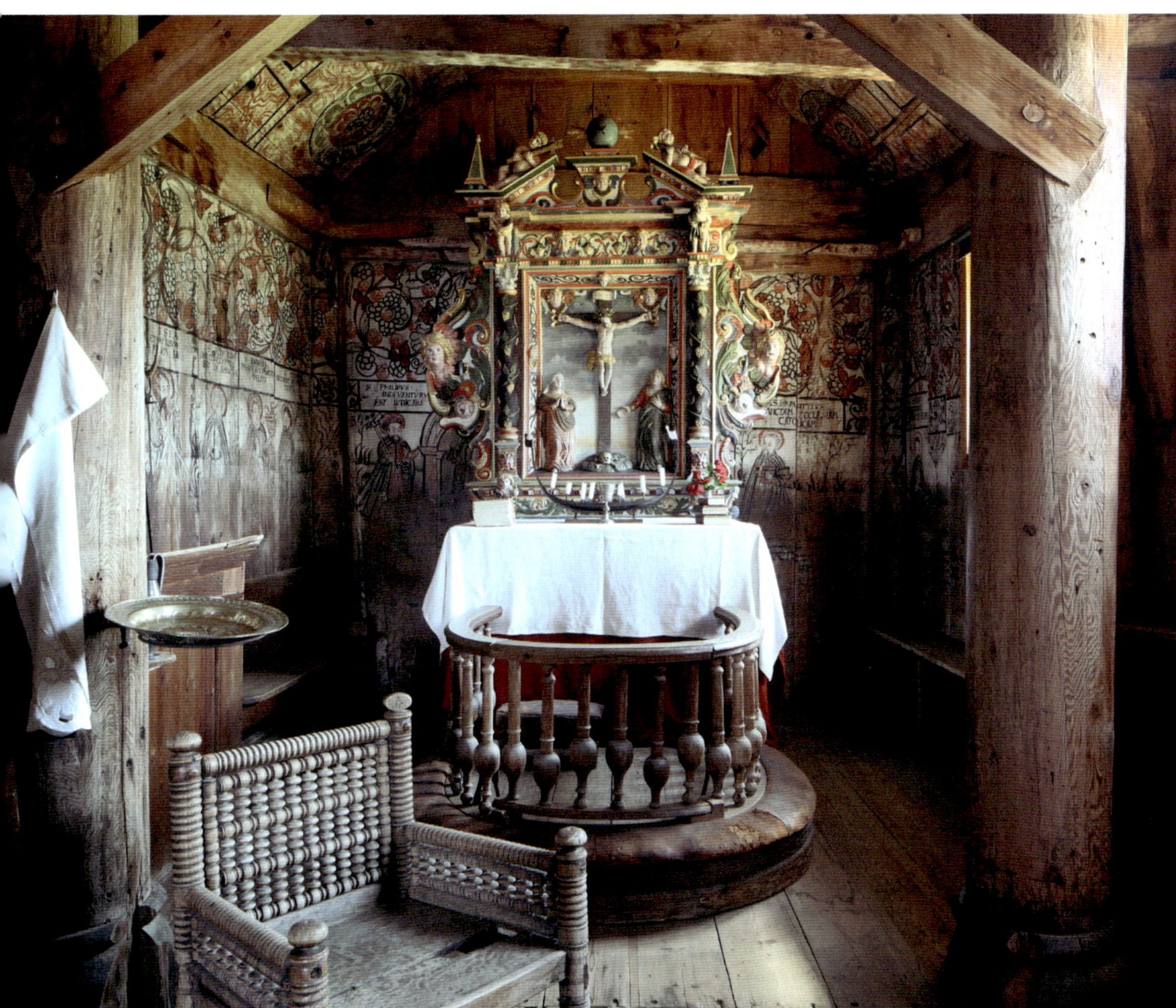

Urnes, Stabkirche, Chorinneres mit Leuchterschiff auf dem Altar. Foto Justin Kroesen

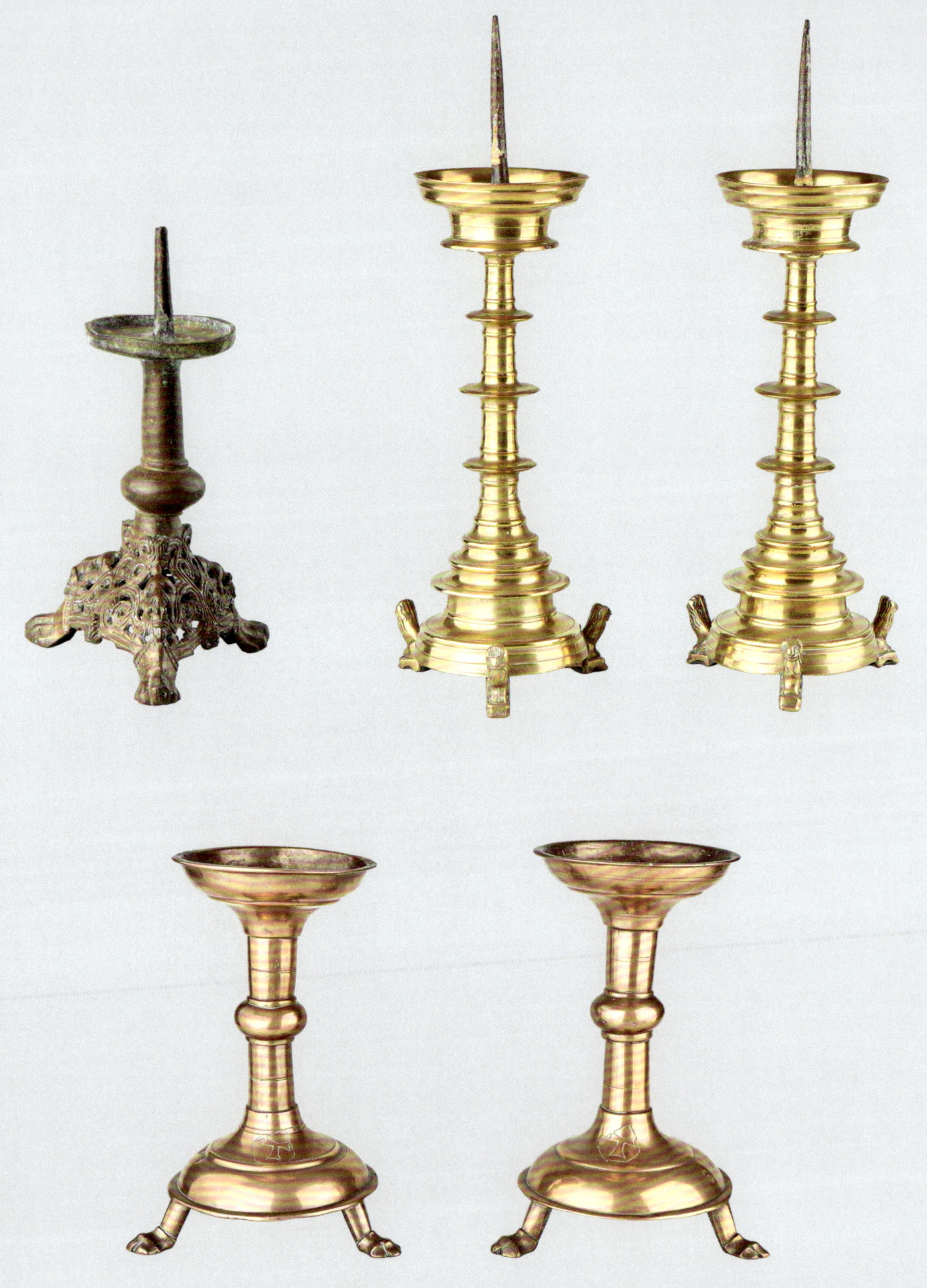

54

DIVERSE KERZENLEUCHTER

Norwegen (Joranger, Bergen), Norddeutschland und Niederlande (Austevoll), 13.-15. Jahrhundert
Aus Joranger (Luster, Sogn), Austevoll (Sunnhordland), Bergen (St Georgshospital), im Museum seit dem späten 19. Jahrhundert
Bronze (Joranger), Messing (Austevoll, Bergen)
H 18 x B 11 cm (Joranger)
H 54 x B 18,5 cm (Austevoll)
H 33 x B 23 cm (Bergen)
Inv. Nr. MA 275 (Joranger), MA 285ab (Austevoll), MA 315ab (Bergen)

In der Kirche zu Joranger am Lusterfjord wurde unter dem Holzboden ein Kerzenständer aus Bronze gefunden. Er ruht auf drei Tierklauen, über denen drachen- oder eidechsenartige Wesen herabzukriechen scheinen, während die Zwischenflächen mit durchbrochenen Ranken verziert sind. Darüber befindet sich ein runder Knauf, aus dem ein Schaft emporragt, der eine Schale mit einem mittig platzierten Stift hält, auf dem die Kerze gesteckt werden kann. Die Verflechtung von Tier- und Pflanzenmotiven ist ein Charakteristikum der nordischen romanischen Kunst (Kat. Nr. 10–15), und der Kerzenständer lässt sich grob in das 13. Jahrhundert datieren.

Aus dem 15. Jahrhundert stammen zwei runde Leuchter aus Messing, die aus der abgerissenen Kirche von Austevoll südlich von Bergen stammen. Aus dieser Kirche sind auch ein St. Olav und ein mittelalterlicher Flügelaltar erhalten (Kat. Nr. 79, 98). Die Leuchter ruhen auf drei sitzenden Löwen und sind mit vorspringenden Ringen, die um den Boden, den Schaft und die Schale gelegt sind, verziert. Diese Leuchter wurden wahrscheinlich aus Norddeutschland oder den Niederlanden importiert. Zwei in Messing gegossene Leuchter in einfacher Ausführung stammen aus der Kapelle des St.-Georgs-Hospitals in Bergen. Sie ruhen auf Tierhufen und der Schaft ist durch einen konvexen Ring unterbrochen. Oben auf dem Sockel sitzt ein kleines Wappen, wahrscheinlich ein Zunftzeichen.

Bendixen 1909, S. 31–32, 34–36; Bendixen 1904–1913, S. 109

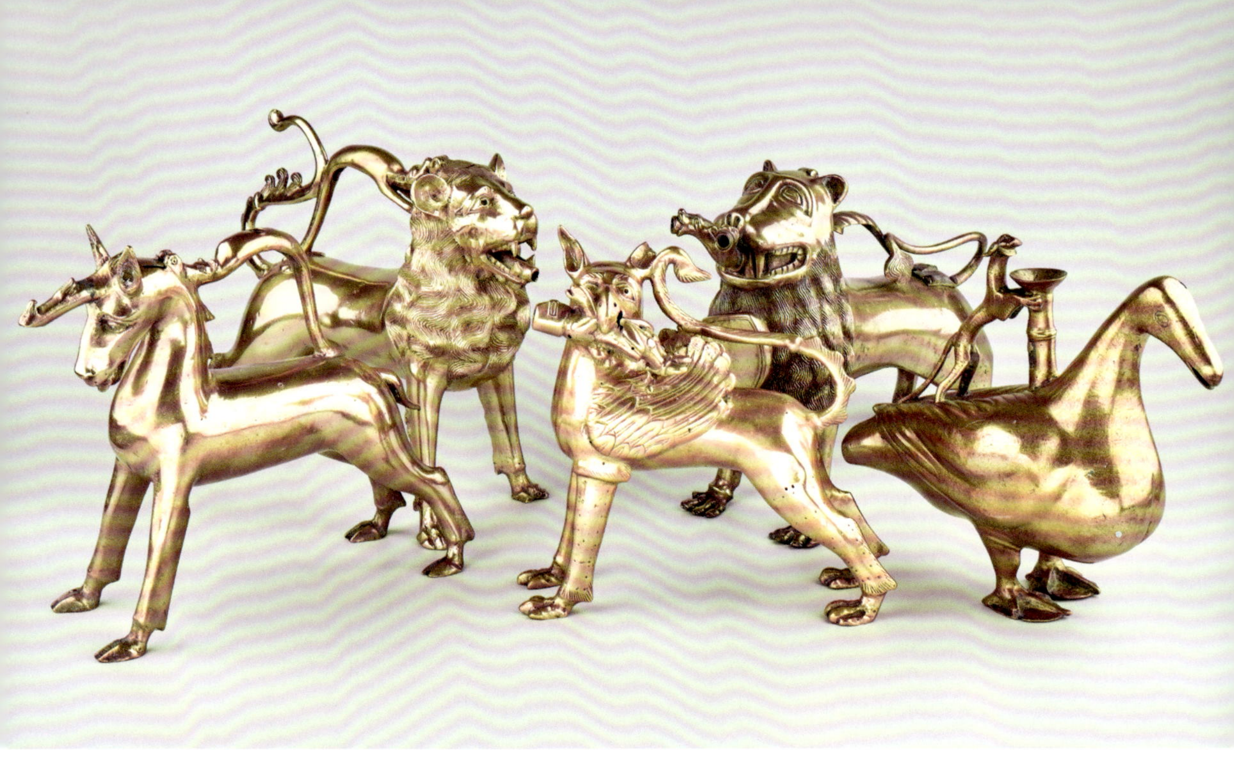

55
FÜNF AQUAMANILIEN

Norddeutschland, 14.-frühes 16. Jahrhundert, und Persien, 10. Jahrhundert (?) (MA 69)
Aus Melhus (Trøndelag) (MA 66), Molde (Romsdal) (MA 67), im Museum seit 1825; Strinda (Trøndelag) (MA 68), im Museum seit 1837; Øvre Eiker (Buskerud) (MA 69), im Museum seit 1837; Leikanger (Sogn) (MA 148), im Museum seit 1869
Kupferlegierung
H variiert zwischen 27–29 cm
Inv. Nr. MA 66, MA 67, MA 68, MA 69, MA 148

Die Regeln schrieben vor, dass die Priester vor und nach der Kommunion ihre Hände waschen sollten, als Zeichen der Reinheit und um zu verhindern, dass Partikel der konsekrierten Hostie entweiht werden. Zu diesem Zweck wurde ein spezielles Gefäß verwendet, das Aquamanile (*aqua*=Wasser, *manus*=Hand) genannt wurde. Diese Aquamanilien haben meist die Form eines Tieres, das sowohl mit Gefahr als auch Moral assoziiert werden konnte (Olchawa 2019). Sie verbreiteten sich in ganz Europa in verschiedenen Formen und Figuren. Das Beispiel aus Øvre Eiker (MA 69) hat die auffällige Form einer dickbäuchigen Ente mit einem senkrechten Henkel auf dem Rücken, an dem sich ein vierfüßiges Tier anlehnt. Es wurde traditionell für eine deutsche Arbeit gehalten, wie auch alle anderen Aquamanilien der Bergener Sammlung. Die Entenform hat in jüngerer Zeit allerdings zu der Annahme geführt, dass es viel früher (im 9. oder 10. Jahrhundert) in der islamischen Welt (Persien?) entstanden ist.

Die Aquamanilien in Form eines Greifs und eines Einhorns wurden wahrscheinlich in Lübeck in der ersten Hälfte des 14. Jahrhunderts hergestellt. Der Greif, ein Geschöpf mit dem Körper eines Löwen und dem Kopf und den Flügeln eines Adlers, stammt aus Strinda (MA 68). Er hat seinen Kopf nach links gewandt und hält einen kleinen Ritter in Rüstung im Schnabel. Der Greif symbolisiert den Teufel, der die menschliche Seele wegnimmt, was durch die flehende Haltung des Ritters visualisiert wird. Das Einhorn, geformt wie ein Pferd mit einem Horn auf der Stirn, stammt aus Molde. Dieses Fabeltier stand für Kampfeslust und Mut und konnte der Sage nach nur von einer Jungfrau gezähmt werden. Ein Bogen zwischen Kopf und Schwanz in Form einer Schlange dient als Henkel, das Horn auf dem Kopf als Ausguss.

Der ältere Löwe mit gespaltener Zunge als Ausguss (MA 148) wurde in Leikanger gefunden und wurde wahrscheinlich in der ersten Hälfte des 14. Jahrhunderts ebenfalls in Lübeck hergestellt. Er wird mit der Werkstatt von Johannes Apengeter in dieser Stadt in Verbindung gebracht. Das jüngere der Löwen-Aqamanilien aus Melhus trägt auf der Brust ein Wappen des Stifters und hat einen S-förmigen Schnabel als Ausguss. Ein schlankes, drachenähnliches Wesen auf seinem Rücken dient als Henkel. Dieses Exemplar ist wesentlich jünger – aus dem späten 15. oder frühen 16. Jahrhundert – und könnte in Braunschweig hergestellt worden sein.

Bendixen 1891, S. 3–11; Kroesen 2019b; Olchawa 2019, S. 228–229

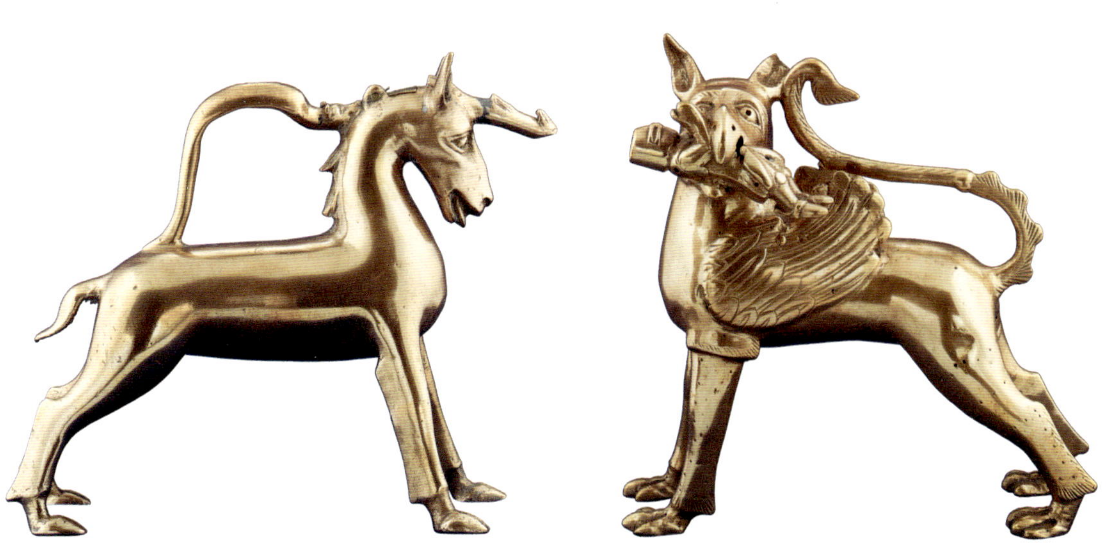

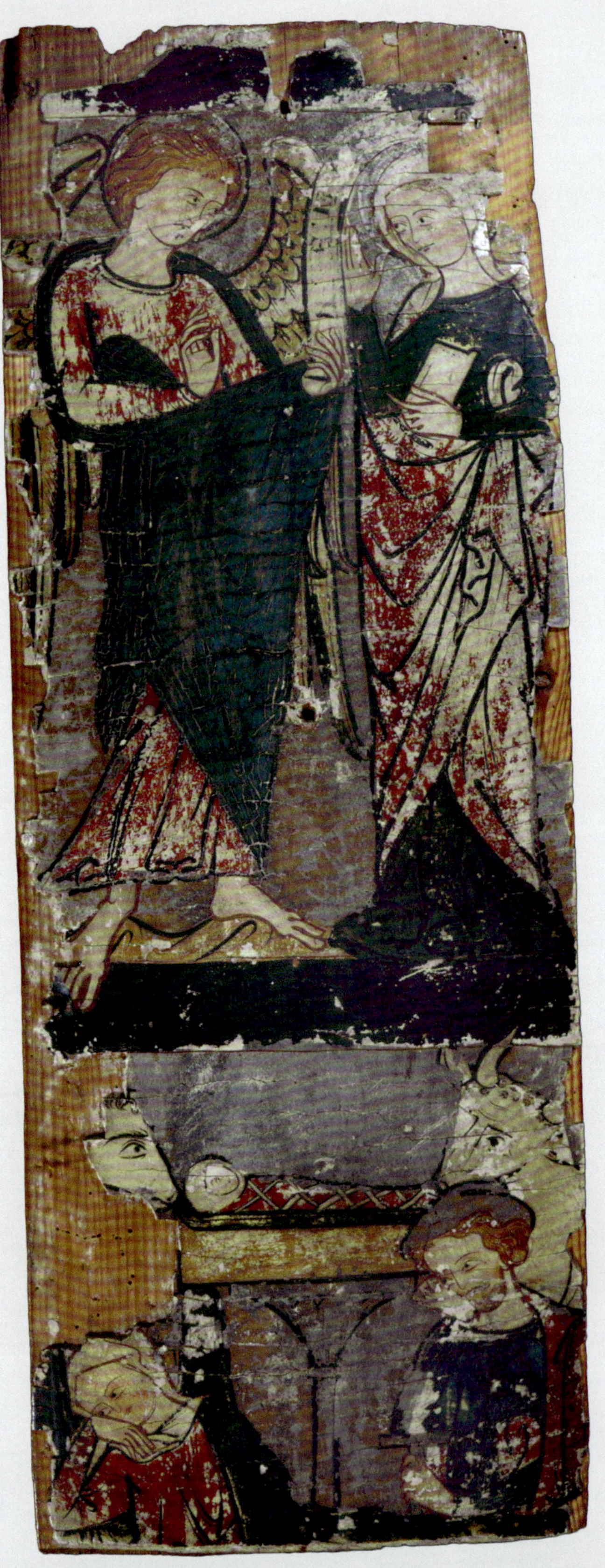

56
BEIDSEITIG BEMALTE TAFEL AUS FET

Norwegen, 1275–1300
Aus Fet (Luster, Sogn), seit 1865 im Museum
Nadelholz, bemalt
H 61,5 x B 22 x T 2 cm
Inv. Nr. MA 219

Diese bemalte Tafel zeigt auf einem Imitationsgoldgrund die Verkündigung. Der Erzengel Gabriel, in einer roten Tunika mit blauem Umhang gehüllt, nähert sich Maria von links und hält seine rechte Hand in einem Sprechgestus. Seine Linke hält ein Schriftband, auf dem, anhand der verbliebenen Buchstaben, die Segensworte *Ave gratia plena* (Gegrüßet voller Gnaden) rekonstruiert werden können. Sein rechter Fuß ist über den Bildrand gestreckt, was eine gewisse Tiefe erzeugt. Rechts steht Maria, die den Gruß des Engels erwidert. In ihrer linken Hand hält sie ein Buch und sie ist in ein grünes Gewand mit rotem Umhang gehüllt. Unter der Verkündigung sind Reste einer Szene der Geburt Christi zu erkennen: Maria liegt, dem ikonographischen Typus folgend, auf einem Bett und stützt ihren Kopf in ihre rechte Hand. Joseph ist rechts zu erkennen, während Ochs und Esel an der Krippe stehen.

In Stil und Ausführung ist die Tafel aus Fet singulär im überlieferten Bestand norwegischer Tafelmalerei und von besonders künstlerischer Qualität. Nigel Morgan verglich den Gebrauch schwarzer Konturlinien im Faltenwurf allgemein mit den Frontalien aus Hamre (Kat. Nr. 62), Eid (Kat. Nr. 61) und Nes I (Kat. Nr. 63). Während Harry Fett die Tafel stilistisch mit der französischen Buchmalerei verglich, machte Andreas Lindblom auf englische Vorbilder aufmerksam (z. B. im *De Lisles Psalter*, 1310–1340, jetzt London, British Library, Arundel MS 83). Über allgemeine Ähnlichkeiten gehen diese Vergleiche jedoch nicht hinaus. Fest steht, dass die Tafel aus Fet stilistisch auf das letzte Viertel des 13. Jahrhunderts zu datieren ist. Somit ist sie eines der ältesten Tafelbilder Europas, die mit einem ölhaltigen Bindemittel gemalt wurde.

Die gemalten Szenen dekorierten vermutlich die Innenseite des bewegbaren Flügels eines Marienschreines. Die Rückseite der Tafel ist in einem bräunlich-rötlichen Ton gehalten und die vertikale Schnittrichtung der Platte scheint einen Gebrauch als Frontale auszuschließen. Die meisten Tabernakelschreine des 13. Jahrhunderts sind jedoch mit Relieffiguren an den Innenseiten ausgestattet, wie zum Beispiel der Marienschrein aus Røldal (Kat. Nr. 33). Das beidseitig bemalte Fragment aus Fet wäre singulär im frühen überlieferten skandinavischen Bestand, doch lassen sich Parallelen auf der Iberischen Halbinsel finden.

Bendixen 1897, S. 8–9; Lindblom 1916, S. 41–42; 127–128; Fett 1917, S. 42–43; Hohler/Morgan/Wichstrøm/Plahter 2004, Bd. 1, S. 31; Andersen 2015, S. 181; von Achen 2018, S. 43; Andersen 2020, S. 78; Kroesen/Tångeberg 2021, S. 66

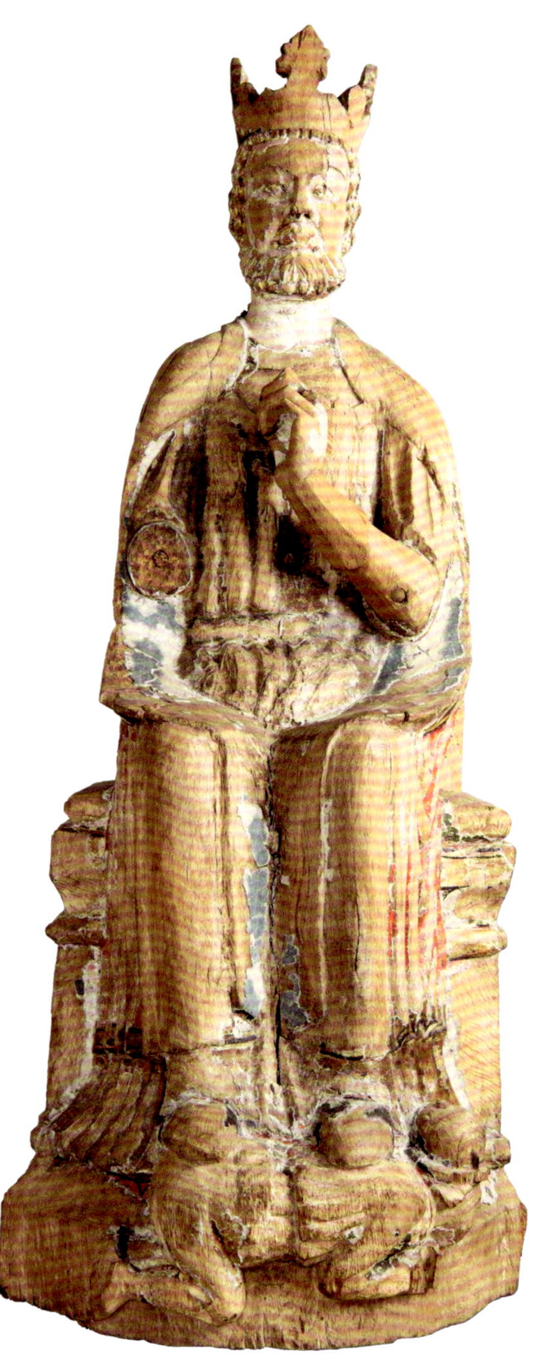

57
ST. OLAV AUS KYRKJEBØ

Norwegen, um 1300
Aus Kyrkjebø (Sogn), vor 1862 im Museum
Nadelholz, polychromiert
H 137 x B 55 x T 43,5 cm
Inv. Nr. MA 172

Der heilige König Olav ist sitzend auf einem Thron wiedergegeben. Reste von Polychromie weisen auf eine ursprünglich reiche Fassung hin. Er ist in ein imitationsgoldenes gegürtetes Gewand gehüllt, das bis auf seine Schuhe fällt. Er ist in einen roten Mantel gehüllt, der offengeschlagen und von beiden Seiten über seine Knie gelegt ist. An den Haaren und Bart sind Reste einer goldenen Fassung zu erkennen, auf seinem Haupt befindet sich eine imitationsgoldene Krone. In der manierierten angewinkelten Haltung der linken behandschuhten Hand, folgt die Figur dem Typus der älteren Skulptur aus Dale i Luster (Kat. Nr. 40), sein rechter Unterarm ist verlorengegangen. Der König platziert seine Füße auf eine kauernde männliche Figur mit Helm. Sowohl die männliche Figur als auch ein Drache (bisweilen mit Menschenkopf) gehören ab der zweiten Hälfte des 13. Jahrhundert zum Attribut des Heiligen und symbolisieren das Heidentum. Auf der Rückseite sind Reste eines Dorsals oder einer Thronlehne zu erkennen. Die generellen Stilmerkmale der Figur lassen eine Entstehung um 1300 vermuten.

Bendixen 1911, S. 17–18; Stang 1997, S. 56–57

58
MADONNA MIT KIND AUS KORS

Norwegen, um 1300
Aus Kors (Romsdal), im Museum seit 1847
Eiche, polychromiert
H 112 x B 34 x T 31 cm
Inv. Nr. MA 44

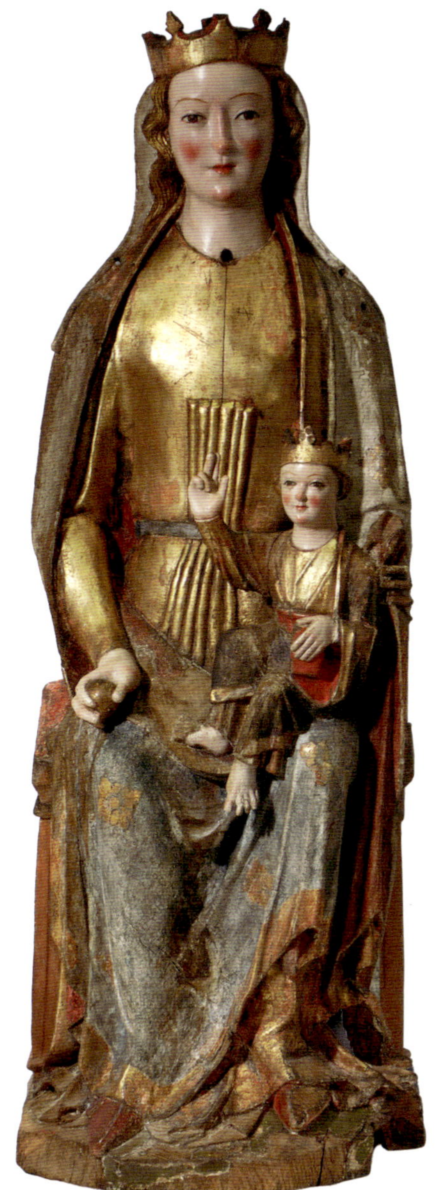

Diese gut erhaltene Madonna stammt wahrscheinlich aus Romsdal (Møre og Romsdal) und kam 1847 aus der Kirche zu Kors in das Museum. Da diese Pfarrei erst nach dem Mittelalter gegründet wurde, kann es sich nicht um den ursprünglichen Aufstellungsort handeln. Die Jungfrau sitzt auf einem roten Kissen, das auf einer Thronbank platziert ist, deren Seiten mit Fenstermotiven auf einem Hintergrund in »dual-shading« dekoriert ist. Mutter und Kind sind beide gekrönt und haben einen auffallend heiteren Ausdruck. Christus sitzt auf dem linken Knie Mariens und hält die rechte Hand erhoben, während er in der linken ein Buch hält. Auffallend ist die auseinanderstrebende Fußstellung Christi; sein rechter Fuß reicht bis zum anderen Knie Mariens, wie es in norwegischen Madonnen aus dieser Zeit üblich war, jedoch ohne es zu berühren.

Maria stützt das Kind mit dem linken Arm und hält in der rechten Hand eine Kugel. Beide Figuren haben vergoldetes Haar und sind mit goldenen Gewändern bekleidet. Während Christus einen dunklen Umhang trägt, ist Marias Mantel in dunkelblau mit goldenen Motiven gehalten. Auffallend ist der Reliefdekor auf Mariens Bauch in Form von sechs parallelgesetzen Röhrenfalten. Dieses Motiv ist aus dem 13. und 14. Jahrhundert nicht bekannt und wurde möglicherweise später hinzugefügt. Das Überschnitzen älterer Skulpturen, um diese an neue ästhetische oder andachtsfördernde Vorlieben anzupassen, war im Spätmittelalter sehr verbreitet (Kat. Nr. 6). Die Figur ist auf der Rückseite stark ausgehöhlt, was möglicherweise darauf hinweist, dass sie ursprünglich in einem Tabernakelschrein aufgestellt war.

Bendixen 1911, S. 5; Blindheim 2004, S. 84–85

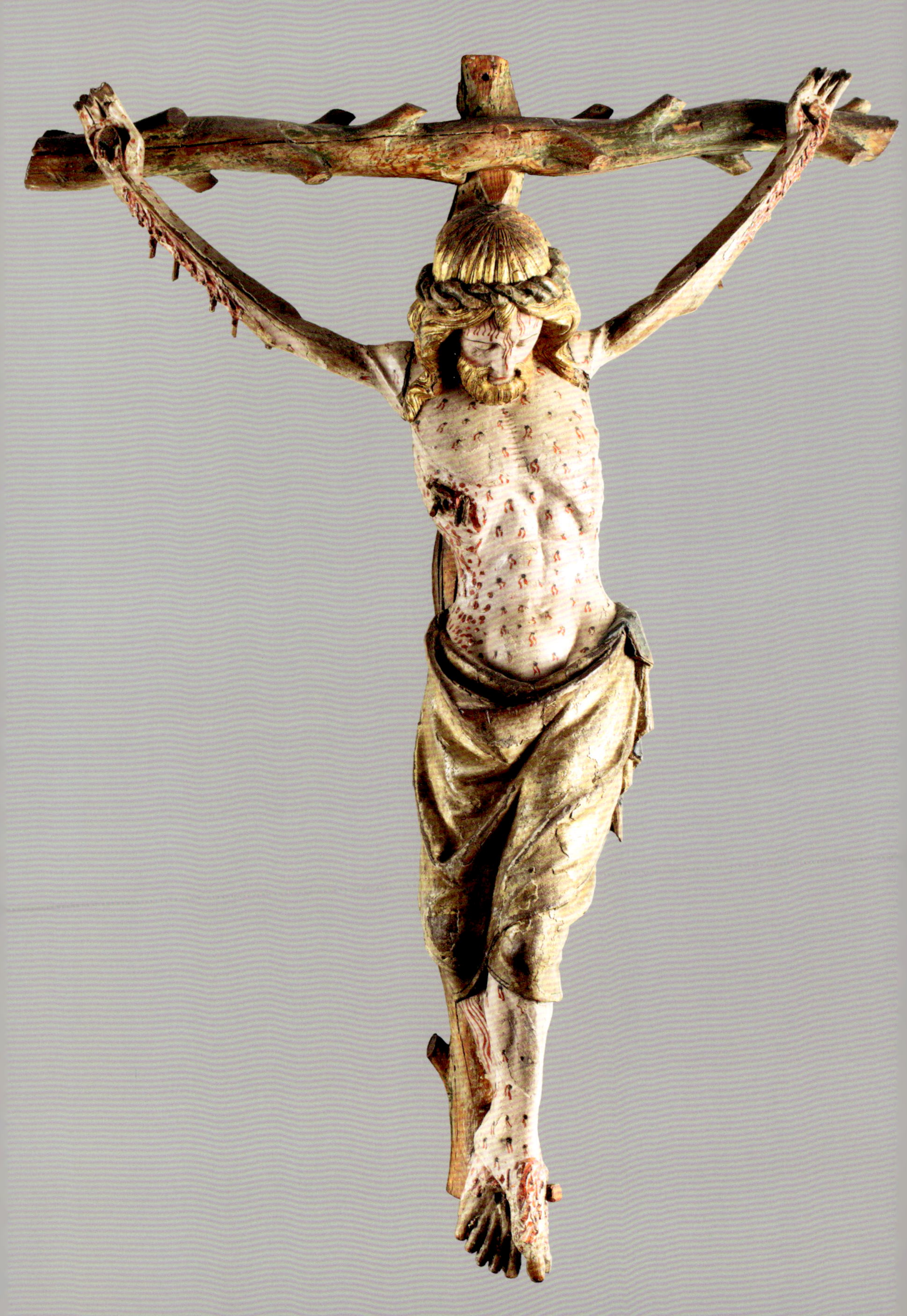

59
EIN *CRUCIFIXUS DOLOROSUS* AUS FANA

Norwegen/Skandinavien, 1325–1350
Aus Fana bei Bergen, seit 1878 im Museum
Eichenholz (Corpus) und Nadelholz (Kreuz), polychromiert
H 136 x B 109 x T 36 cm
Inv. Nr. MA 236

Das Kreuz, aus zwei grobgehauenen Stämmen zusammengesetzt, zeigt den hängenden, mit Wunden übersäten, ausgemergelten Christus. Sein Brustkorb ist voluminös hervorgehoben und die Splitter der Lanze sind in seiner offenen Seitenwunde zu erkennen. Das Blut strömt in dicken Tropfen aus seinen Handwunden die Arme herunter. Sein schulterlanges goldenes Haar wird von einer Dornenkrone bekrönt. Sein Kopf ist auf die Brust gesunken, seine Augen geschlossen. In dem nachdrücklich zur Schau gestellten Leiden folgt das Kruzifix dem Typus des *Crucifixus dolorosus*, der im frühen 14. Jahrhundert in ganz Europa verbreitet war.

Eine Konzentration überlieferter Vorbilder lässt sich im Rheinland finden, mit dem Kruzifix aus St. Maria im Kapitol (Köln, um 1300) als eines der frühesten Vertreter. Insbesondere im Rheinland erlebte die Leidensmystik mit Meister Eckhart, Heinrich Seuse und Johannes Tauler im 13. und 14. Jahrhundert eine große Blüte. Der Typus lässt sich zeitgleich auch in Italien, Spanien und Frankreich, in Polen und in Skandinavien nachweisen. Insgesamt haben sich in Skandinavien etwa fünfzig *Crucifixi dolorosi* erhalten, in Norwegen u. a. in Hov (jetzt Trondheim, Vitenskapsmuseet, Inv. Nr. 00907), Odda, Olstad, Sør-Fron und Tretten (alle Oslo, Kulturhistorisk museum, Inv. Nr. C33286, C33289, C33256, C3013).

Die Kirche zu Fana unweit von Bergen war ein Wallfahrtsort zu einem wundertätigen Silberkreuz, das, laut Legende, von zwei Brüdern – der eine blind – aus dem Fjord unweit der Kirche gefischt wurde. Der Blinde wurde geheilt und es entwickelte sich eine Wallfahrt. Das Silberkreuz wurde nach der Reformation entfernt und eingeschmolzen, doch der Kult scheint zu dieser Zeit auf dieses hölzerne Kreuz übergegangen zu sein. Zur Kirche gehörte ein Hospital, das seit 1303 von den Kreuzbrüdern der Apostelkirche zu Bergen geleitet wurde und häufig in Testamenten hanseatischer Kaufleute, die ihr Handelskontor Bryggen in Bergen hatten, bedacht wurde. Aus der Kirche zu Fana hat sich ebenfalls ein Türring aus Bronze erhalten (Kat. Nr. 74).

Bendixen 1909, S. 29–30; Fett 1925, S. 225–227; Blindheim 1970, S. 163–164; Anker 1981, S. 286; Wichstrøm 1981, S. 289–295; Heslop 1987, S. 26; Morgan 1988, S. 140; Blindheim 1997, S. 139–151; Blindheim 2004, S. 196–197; Morgan 2006, S. 270; Laugerud 2018, S. 269–273; von Achen 2018, S. 76–77

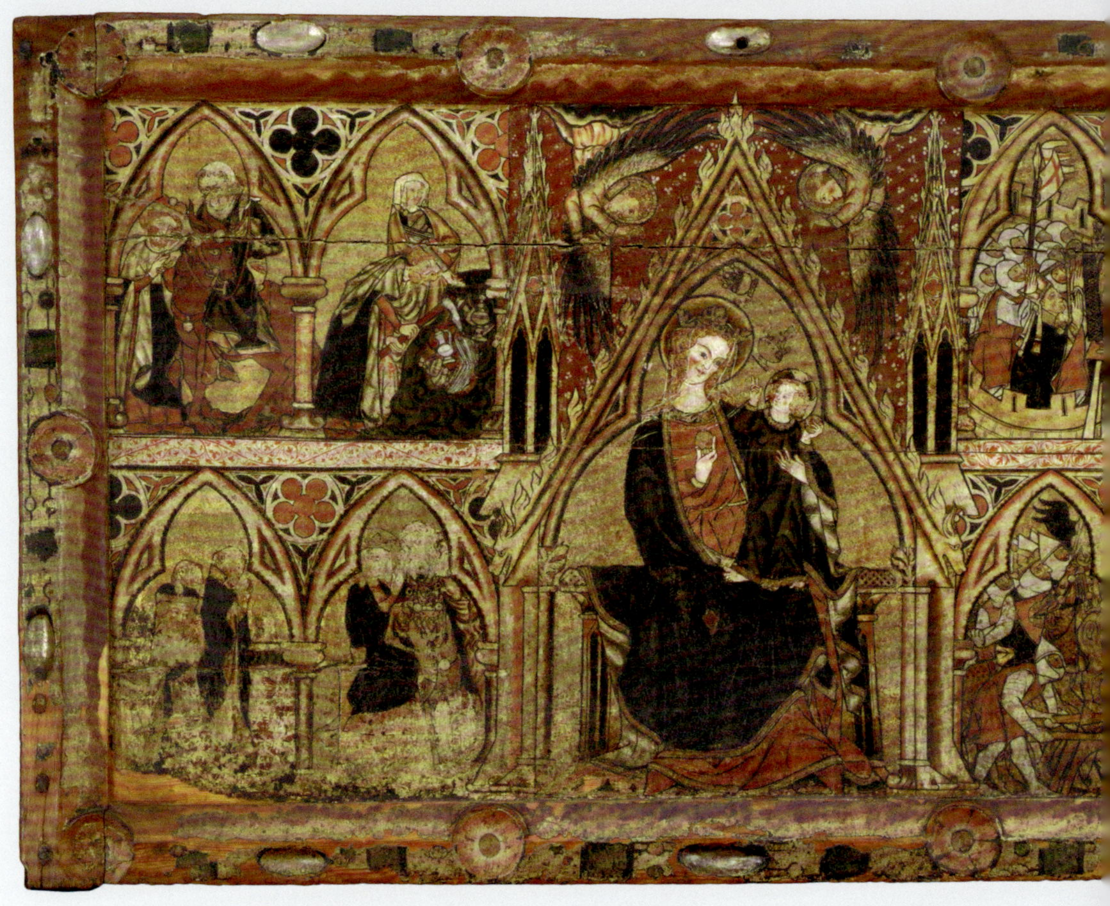

60
ALTARFRONTALE AUS VANYLVEN

Norwegen, um 1300
Aus Vanylven (Sunnmøre), fälschlicherweise Dale zugeschrieben, seit spätestens 1863 im Museum
Nadelholz, bemalt
H 102 x B 165 x T 5 cm
Inv. Nr. MA 9

Das Altarfrontale zeigt unter einem von einem Wimperg bekrönten Dreipassbogen die thronende Madonna mit Kind. Das stehende Christuskind wendet sich Maria in einem Segensgestus zu. Maria neigt ihren Kopf leicht zum Kind und beide halten je einen goldenen Globus. Oberhalb des mit Blattkrabben verzierten und von zwei Türmen flankierten Wimpergs sind zwei weihrauchfassschwenkende Engel vor rotem mit goldenen Punkten verzierten Hintergrund zu erkennen. In acht flankierenden Bildfeldern werden unter Dreipassbögen Szenen aus zwei Marienlegenden

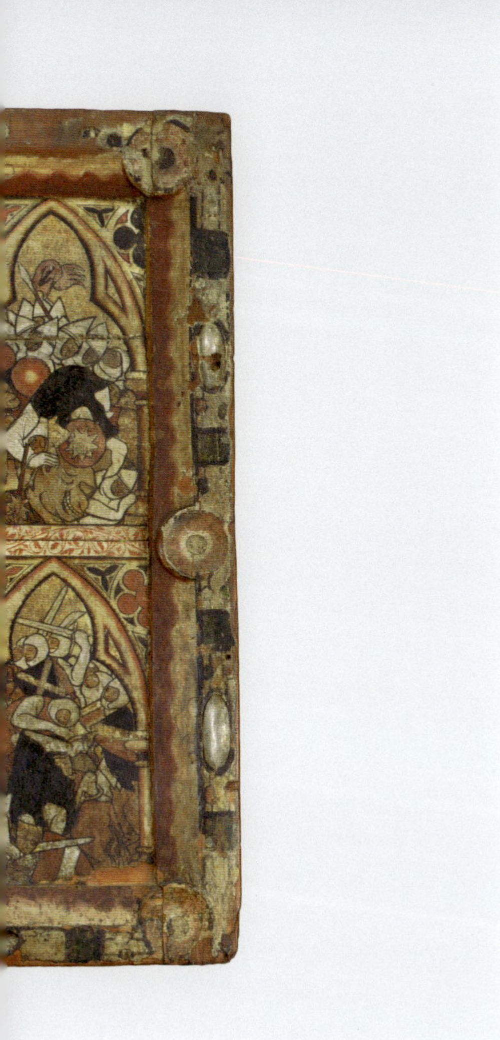

Die Legende auf der rechten Seite erzählt in vier Szenen die Geschichte eines Monsterkopfes, den die Sarazenen unter der Leitung Chosroes, zum Kampf gegen die Christen, die sich in Konstantinopel in Sicherheit gebracht haben, einsetzten. Das Bild der Gottesmutter vor der byzantinischen Stadtmauer führt zum Sieg der Christen, da es den Blick des Monsters unschädlich macht. Ein interessantes Motiv ist die Gottesmutter, die im linken oberen Bildfeld der rechten Seite in einem zeitgenössischen Tabernakelschrein aufgestellt ist. Fragmente solcher Tabernakelschreine haben sich aus dem 13. Jahrhundert in der Bergener Sammlung erhalten (Kat. Nr. 9, 33, 38). Die Legende aus dem 6. Jahrhundert wird in der Bildtafel folglich in die Entstehungszeit des Frontales versetzt. Dasselbe gilt für die Legende der Auffindung des wahren Kreuzes auf dem Frontale von Nedstryn (Kat. Nr. 65).

Neumann 1824, S. 424; Lindblom 1916, S. 67, 155–161; Fett 1917, S. 172; Blindheim 1968, S. 48; Wichstrøm 1981, S. 261, 307; Morgan 1995, S. 23; von Achen 1996a, S. 89–90; Hoff 2000, S. 36–37; Hohler/Morgan/Wichstrøm/Plahter 2004, Bd. 1, S. 94–97; Stang 2009, S. 89–93

wiedergegeben, die u.a. in der altnordischen *Maríu saga* überliefert sind, und auf einen zentraleuropäischen Ursprung zurückgehen. Auf der linken Seite befindet sich in vier Szenen die Legende des verarmten Ritters, der seine Frau an den Teufel verkauft, um als Gegenleistung Reichtum zu erlangen. Auf dem Weg zur Übergabe besucht die nichtsahnende Frau eine Kapelle um zu beten. Als die Frau in Schlaf fällt, übernimmt die Gottesmutter ihre Gestalt und verjagt den Teufel bei ihrer Ankunft, sodass der Pakt nichtzustande kommt.

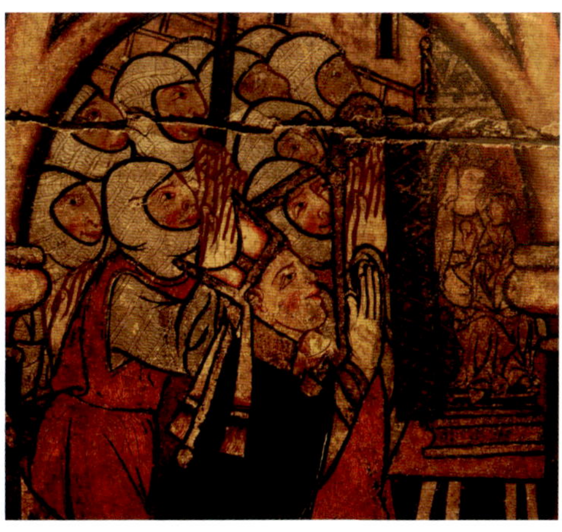

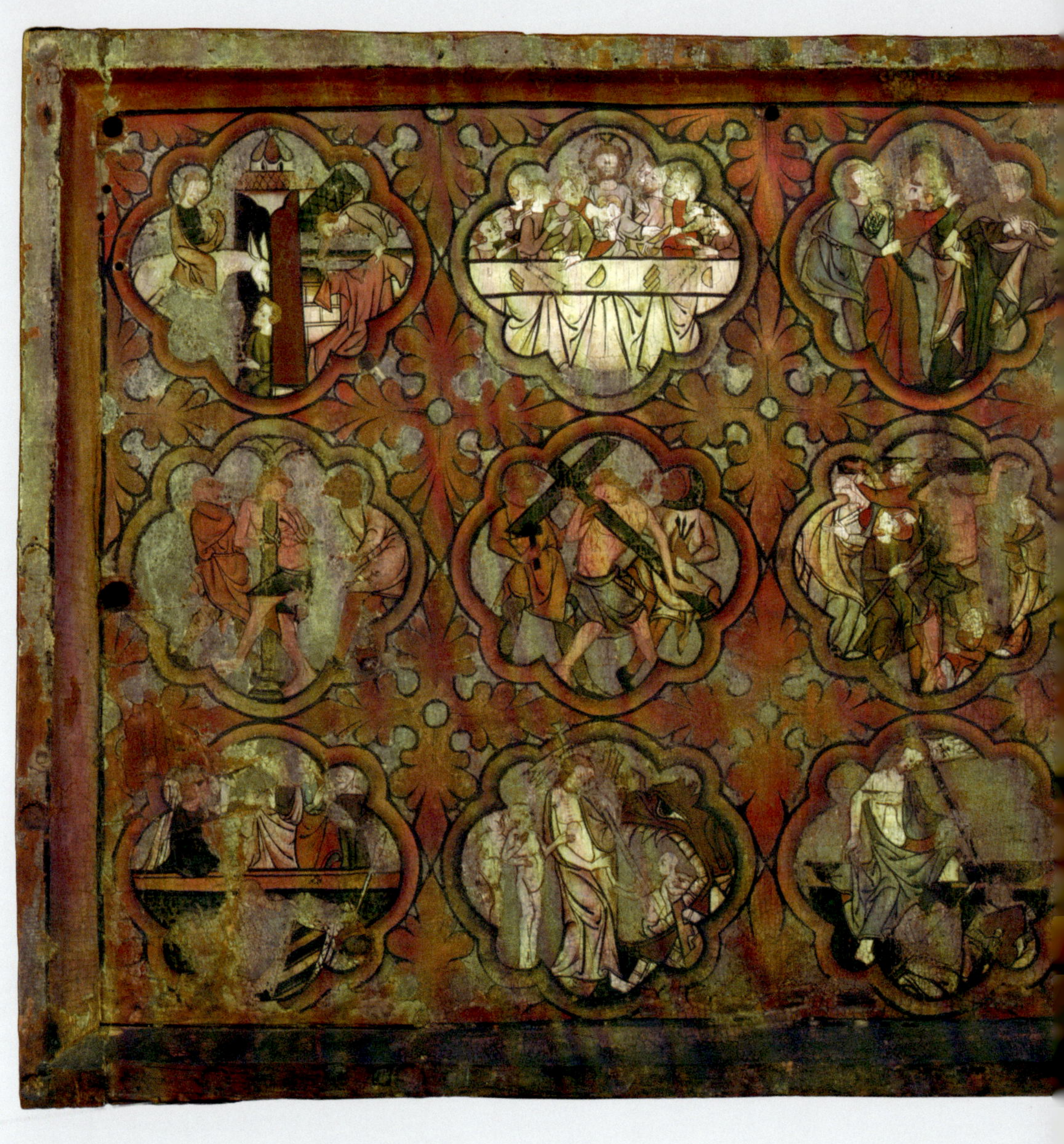

61
ALTARFRONTALE AUS EID

Norwegen, um 1300
Aus Eid (Romsdal), im Museum seit 1848
Nadelholz, bemalt
H 96 x B 135 x T 4,5 cm
Inv. Nr. MA 6

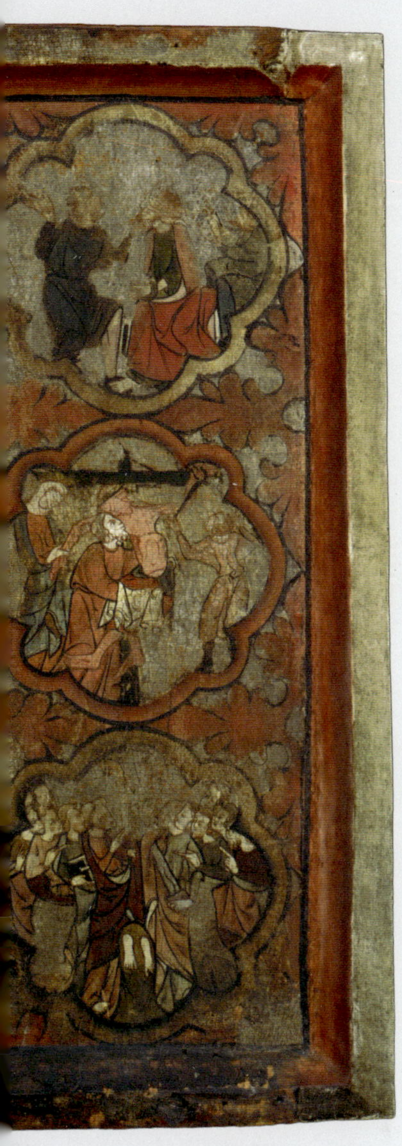

Die Struktur dieses Altarfrontales aus Eid (Romsdal) unterscheidet sich von den meisten anderen norwegischen Altarfrontalien des 13. und 14. Jahrhunderts. Die gesamte Fläche wird von einem narrativen Zyklus in zwölf Szenen eingenommen, und eine zentrale Mittelszene fehlt. Dies gilt auch für das etwas jüngere Frontale aus Nedstryn, das acht kreisförmig angeordnete Szenen aufweist (Kat. Nr. 65). Jede Szene wird von einem dekorativen Rahmen umgeben, der aus vier breiten und vier schmaleren Pässen besteht. Der Zwischenraum ist mit roten Palmetten auf einem imitationsgoldenen Hintergrund gefüllt. Die Tafel ist von einem rot bemalten Rahmen (auf der rechten Seite erneuert) mit geritzten Dekorationen umgeben.

Der Zyklus besteht aus drei horizontalen Bändern mit je vier Szenen, die von links nach rechts und von oben nach unten angeordnet sind. Das obere Register zeigt den Einzug in Jerusalem, das Letzte Abendmahl, die Verhaftung und die Verspottung Christi. Das zweite Register zeigt die Geißelung, die Kreuztragung, die Kreuzigung und die Kreuzabnahme, gefolgt von den drei Marien am Grab, den Abstieg in die Unterwelt (Höllenfahrt), die Auferstehung und die Himmelfahrt Christi im unteren Register. Die gemalten Szenen sind mit Linien umrandet, sodass die Bewegung der Figuren verstärkt wird und die Aufmerksamkeit auf die dargestellten Ereignisse gelenkt wird. Schäden, verursacht durch Hitze (durch Kerzen?), können darauf hinweisen, dass die Tafel sekundär als Retabel auf einem Altar aufgestellt war.

Bendixen 1896, S. 7–14; von Achen 1996a, S. 48–51; Morgan/Hohler/Wichstrøm/Plahter 2004, Bd. 1, S. 97–99

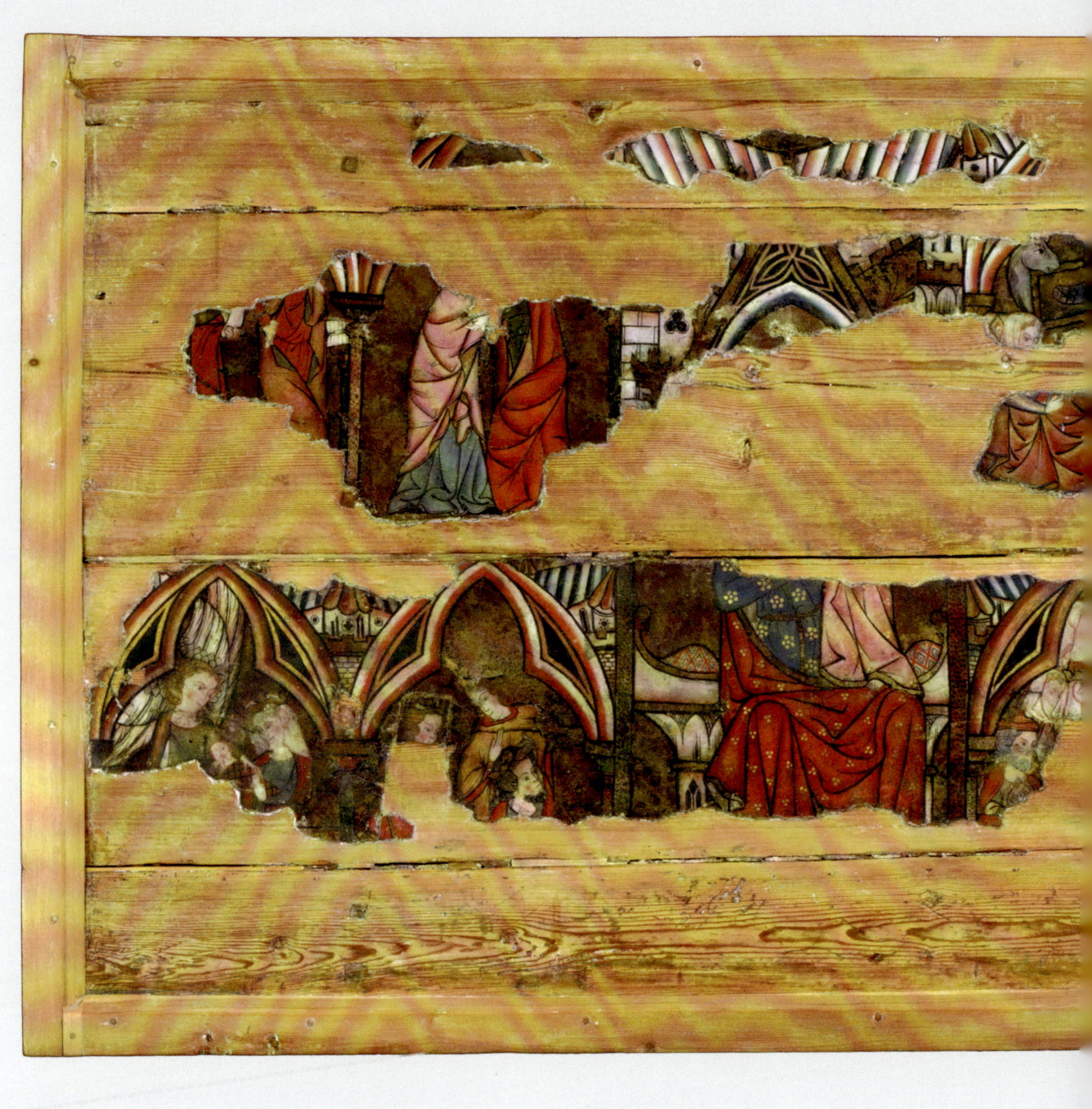

62
ALTARFRONTALE AUS HAMRE

Norwegen, um 1300
Aus Hamre (Nordhordland), im Museum seit 1905
Nadelholz, bemalt
H 110 x B 167 x T 5,5 cm
Inv. Nr. MA 153

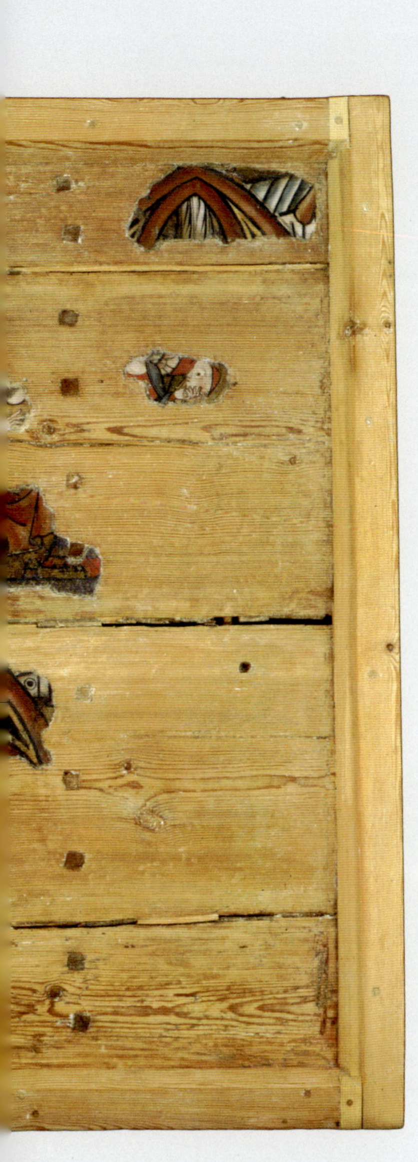

Das Frontale aus der Kirche zu Hamre auf der Insel Osterøy bei Bergen ist nur fragmentiert erhalten. Es befand sich bei der Wiederentdeckung von Textilien bedeckt am mittelalterlichen Hochaltar, der im Neubau des 17. Jahrhunderts integriert war. Weniger als die Hälfte der bemalten Oberfläche ist erhalten, und der Holzrahmen wurde erst 1958 hinzugefügt. Das Bildprogramm kann bis auf eine Szene rekonstruiert werden. In der Mitte ist die thronende Jungfrau Maria mit dem auf dem linken Knie stehenden Christuskind innerhalb eines spitzgiebligen Architekturbaldachins mit Dachseiten in »dual shading« dargestellt. Zuseiten des Mittelfeldes sind sieben Szenen aus der Kindheit Christi sowie ein marianisches Wunder dargestellt, jeweils von einem dreipässigen Spitzbogen eingerahmt.

Das obere Register zeigt auf der linken Seite die Verkündigung und Heimsuchung, gefolgt von der Geburt Christi und (wahrscheinlich) der Anbetung der Hirten auf der rechten Seite. Im unteren Register variiert die Reihenfolge. Unmittelbar links der Mitte ist die Anbetung der Drei Könige und rechts die Darstellung im Tempel zu erkennen. Die Szene links außen zeigt das Mirakel der sündigen Äbtissin, eine Episode aus der altnordischen *Maríu saga*: eine schwangere Äbtissin betet reumütig zur Jungfrau Maria, die daraufhin in Begleitung von zwei Engeln vom Himmel herabsteigt, um das Kind zu gebären, das zur Erziehung in die Obhut eines Einsiedlers gebracht wird. Der Bischof erteilt der reumütigen Äbtissin die Absolution und wird schließlich von ihrem Sohn abgelöst. Die Szene unten rechts ist völlig verloren.

Bendixen 1905, S. 16–19; von Achen 1996a, S. 52–55; Hohler/Morgan/Wichstrøm/Plahter 2004, Bd. 1, S. 100–101

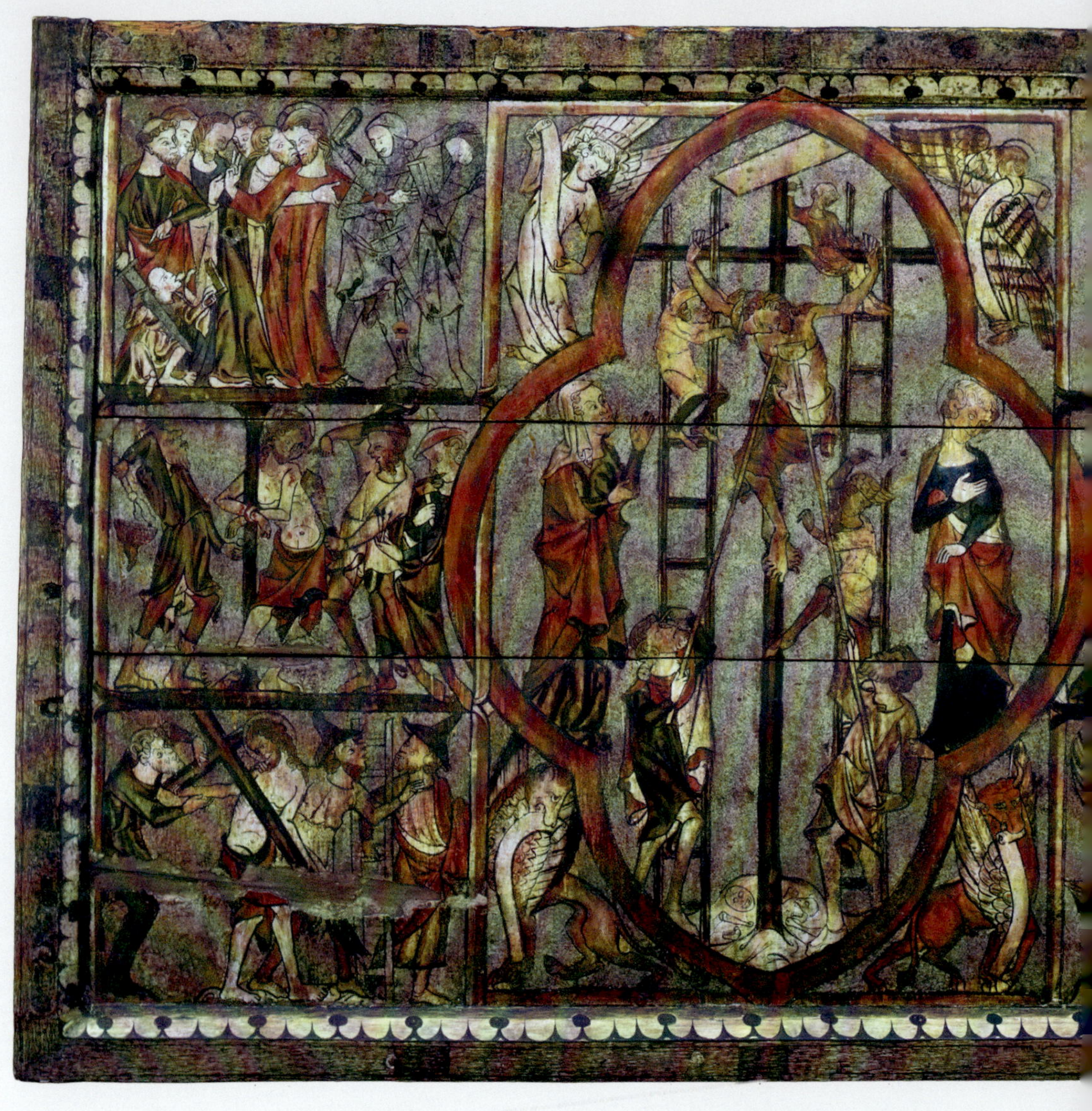

63
ALTARFRONTALE AUS NES (I)

Norwegen, um 1300
Aus Nes (Luster, Sogn), im Museum seit 1841
Nadelholz, bemalt
H 86 x B 123 x T 4 cm
Inv. Nr. MA 2

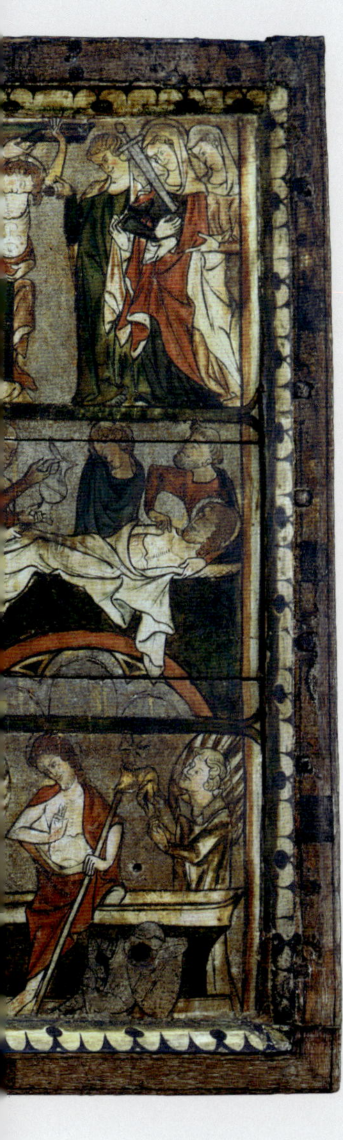

Dieses Altarfrontale wurde aus der 1836 abgerissenen Holzkirche in Nes am Lustrafjord in das Museum überführt. Damals diente die Tafel zusammen mit einem zweiten Altarfrontale aus derselben Kirche (Kat. Nr. 64) als Altarbild, wobei beide Tafeln übereinander auf dem Altar aufgestellt waren. Die Tafel vereint sowohl charakteristische Aspekte der frühesten erhaltenen norwegischen Altarfrontalien, als auch Motive, die spätere Entwicklungen ankündigen. Ein traditionelles Motiv ist die Mandorla, die als Vierpass die Mittelszene umgibt und von den Evangelistensymbolen in den Zwickeln umgeben wird. Die Mandorla, die gewöhnlich ikonographischer Bestandteil des thronenden Christus ist, wird hier mit einer vielfigurigen Kreuzigungsszene gefüllt. Christus, der in einer verdrehten Pose am Kreuz hängt, wird von Maria und dem heiligen Johannes flankiert. Bemerkenswert ist die simultane Erzählweise, bei der Christus am Kreuz hängend gleichzeitig von zwei kleineren auf Leitern stehende männlichen Figuren an das Kreuz genagelt wird, während eine dritte Figur die Dornenkrone hält. Von unten durchbohrt Longinus die Seite Christi mit einer Lanze, während Stephaton ihm den Essigschwamm reicht. Knochen am Fuße des Kreuzes verweisen auf Golgatha (=Schädelstätte).

Die Seitenpartien zeigen in drei Registern sechs Passionsszenen. Auf der linken Seite sind der Verrat des Judas im Garten Getsemani, zusammen mit Petrus, der dem Malchus das Ohr abschneidet, die Geißelung und die Kreuztragung mit Simon von Cyrene sowie zwei Männer, die eine Leiter tragen, wiedergegeben. Rechts ist die Kreuzabnahme mit Maria, deren Herz von einem Schwert durchbohrt wird, Joseph von Arimathäa und Nikodemus, die den toten Körper Christi im Beisein des heiligen Petrus (?) und des heiligen Johannes salben sowie die Auferstehung zwischen begleitenden Engeln zu erkennen. Alle Szenen sind in bewegter Weise vor einem imitationsgoldenen Hintergrund dargestellt.

Bendixen 1897, S. 3–9; Braun 1924a, Bd. 2, S. 113; von Achen 1996a, S. 64–67; Morgan/Hohler/Wichstrøm/ Plahter 2004, Bd. 1, S. 114–116; Stang 2009, S. 41–43

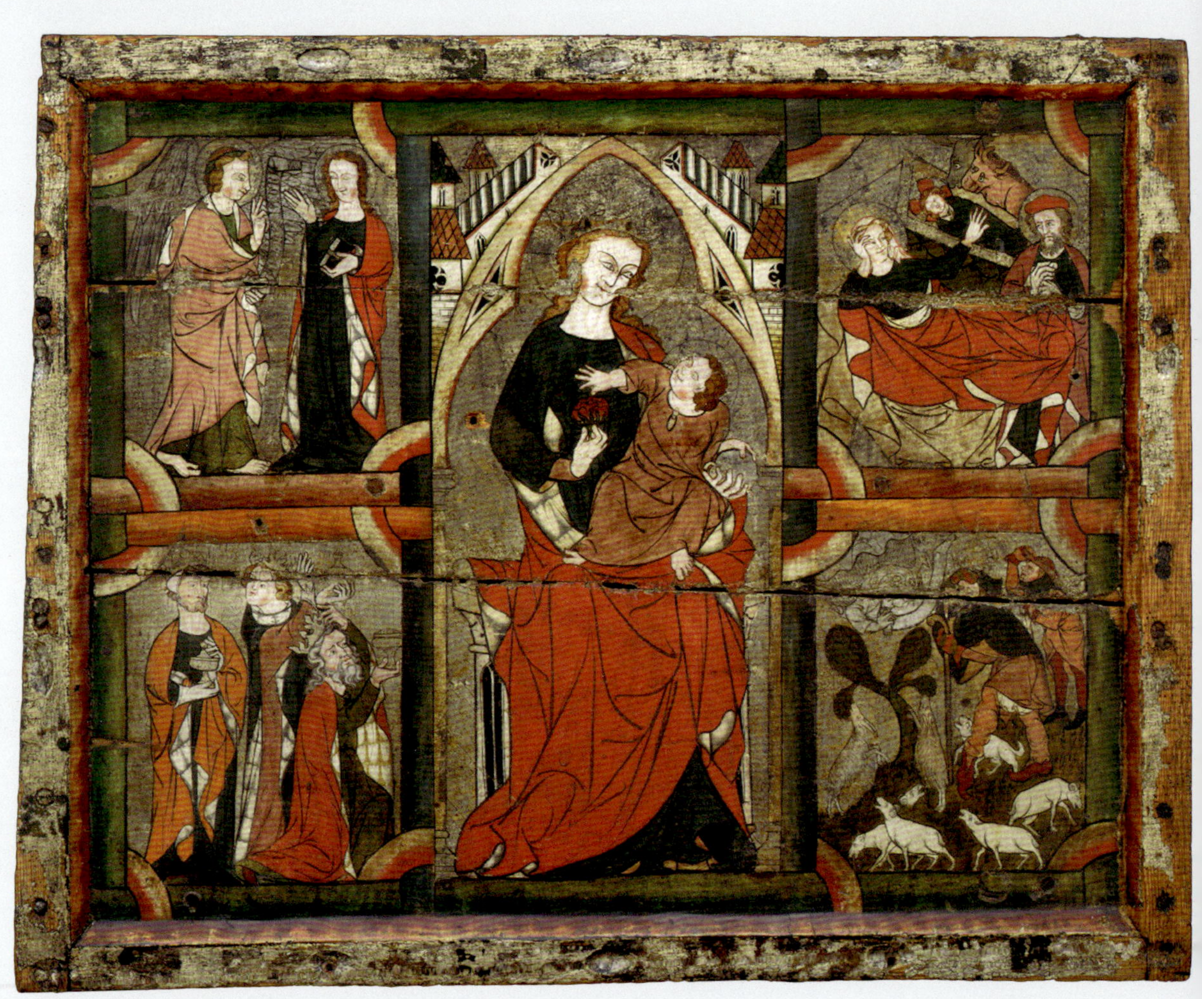

64
ALTARFRONTALE AUS NES (II)

Norwegen, 1300–1325
Aus Nes (Luster, Sogn), im Museum seit 1841
Nadelholz, bemalt
H 90 x B 110,5 x T 3,5 cm
Inv. Nr. MA 4

Wie das zuvor beschriebene Beispiel, so stammt auch dieses Altarfrontale aus Nes am Lustrafjord. Die Tafel ist von einem breiten profilierten Rahmen umgeben, dessen Einkerbungen und farbige Fassung Edelsteine imitieren. Die weitgehend mit Imitationsgold bedeckte Oberfläche ist durch ein Muster aus farbigen Bändern und Halbkreisen an den Schnittpunkten in fünf Abschnitte unterteilt. Der Mittelteil, der die gesamte Höhe der Tafel einnimmt, zeigt die gekrönte Jungfrau Maria, die auf einem mit Fenstermotiven verzierten Thron sitzt und das auffallend pausbäckige Christuskind auf ihrem Schoß hält. Das Kind schaut in einer bemerkenswert verdrehten Pose zu seiner Mutter. In der rechten Hand Mariens befindet sich eine Rose, während sie in ihrer Linken, zusammen mit dem Christuskind, eine Kugel hält. Die Jungfrau und das Kind sind von einem dreipässigen Spitzbogen umgeben, über dem eine Phantasiearchitektur mit Fenstern, Dächern und Türmchen zu erkennen ist.

Die Seitenpartien zeigen im Uhrzeigersinn vier Szenen aus dem Geburtszyklus. Oben links beginnt der Zyklus mit der Verkündigung, gefolgt von Christi Geburt in Bethlehem mit Ochs und Esel oben rechts. Daran schließen sich unten rechts die Anbetung der Hirten und unten links die Heiligen Drei Könige an. Diese wenden sich verehrungsvoll der großen Madonna mit Kind im Mittelfeld entgegen. Eine vergleichbare Komposition lässt sich bei den zeitgleichen Tabernakelschreinen erkennen (Kat. Nr. 9, 33). Die Andeutung eines dreidimensionalen Schreingehäuses im Mittelteil wird durch die bereits beschriebene architektonische Bekrönung verstärkt. Stilistisch sind die Figuren eng mit der Frontale aus Ådland/Samnanger (Kat. Nr. 66) verwandt, und es wurde vorgeschlagen, dass beide Tafeln aus derselben Werkstatt stammen.

Bendixen 1894–1895, S. 3–6; Braun 1924a, Bd. 2, S. 113; von Achen 1996a, S. 72–75; Morgan/Hohler/Wichstrøm/Plahter 2004, Bd. 1, S. 116–118

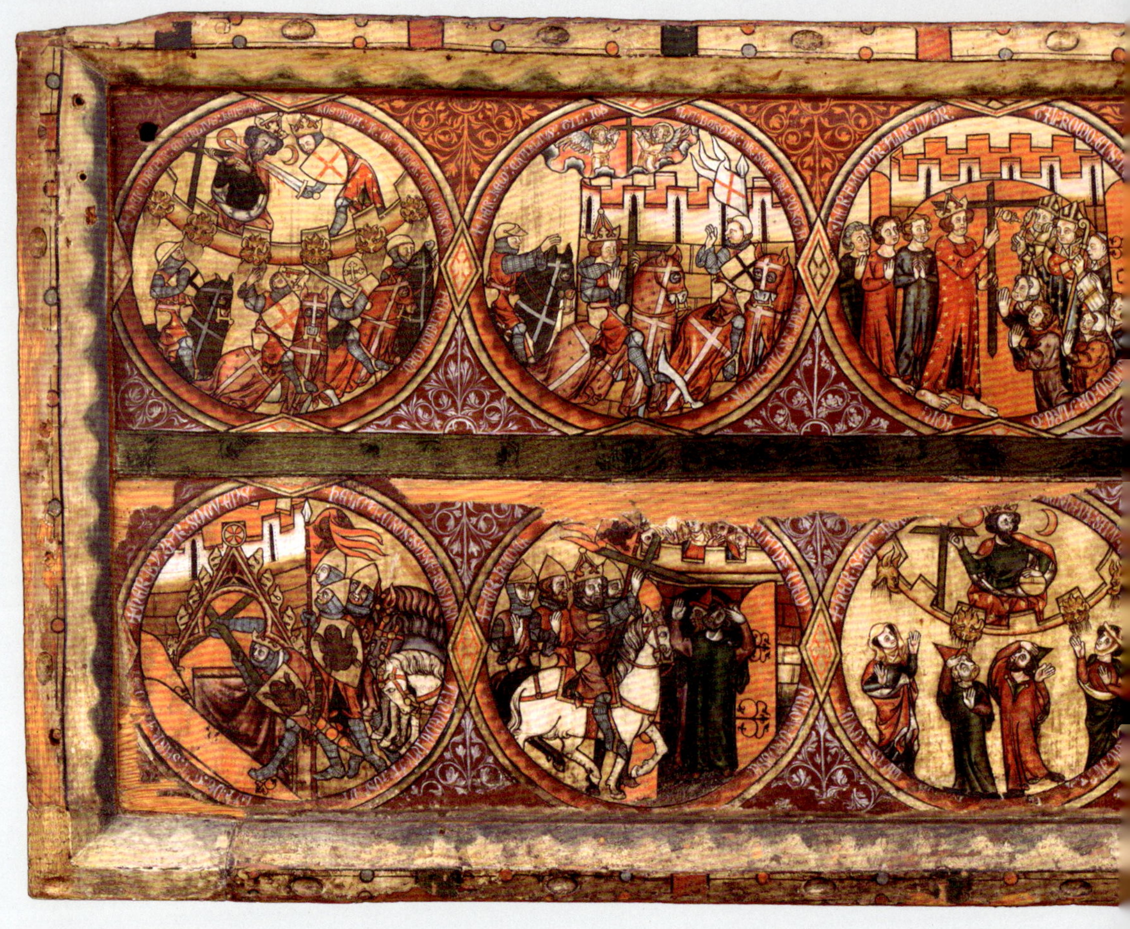

65

ALTARFRONTALE AUS NEDSTRYN

Norwegen (Bergen?), 1300–1325
Aus Nedstryn (Nordfjord), im Museum seit 1826
Nadelholz, bemalt
H 98 x B 174,5 x T 7,5 cm
Inv. Nr. MA 1

Diese bemalte Tafel aus Nedstryn war das erste Altarfrontale, das in das Bergens Museum aufgenommen, und Gegenstand der ersten kunsthistorischen Forschungsarbeit durch seinem Gründer, Wilhem Frimann Koren Christie wurde. Das Frontale besteht aus zwei breiten Tafeln, die von einen Rahmen mit ovalen Einschnitten eingefasst werden. Die gesamte Bildfläche besteht aus acht Medaillons, die die Legende des Raubs und der Wiedererlangung des Heiligen Kreuzes in den Jahren 614–629

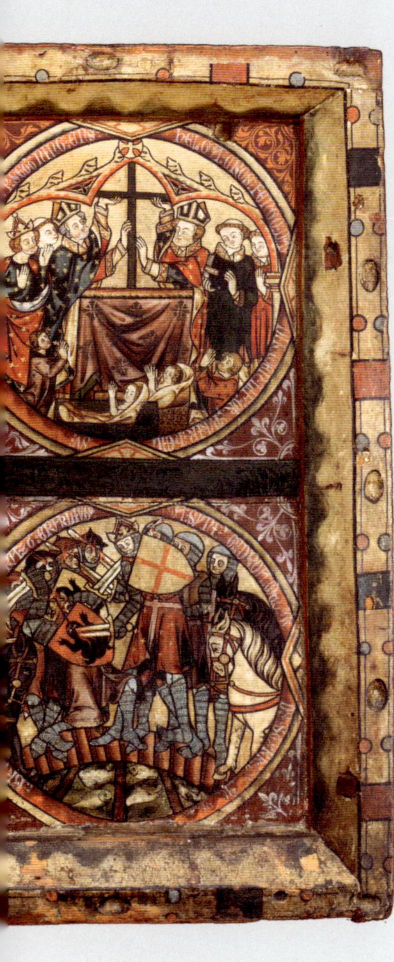

wiedergeben. Der Zyklus ist bemerkenswert umfangreich, und die Malereien sind von hoher künstlerischer Qualität. Auf den Medaillonrändern sind altnordische Inschriften zu erkennen, die die Szenen erklären und auf eine Entstehung des Frontales in Norwegen (Bergen?) hinweisen. Die engsten stilistischen und kompositorischen Parallelen finden sich außerhalb Norwegens, beispielsweise in englischen und französischen Glasfenstern und in der Buchmalerei. Ein vergleichbarer Zyklus findet sich zum Beispiel in den Glasfenstern der Sainte-Chapelle in Paris, die 1248 geweiht wurde.

Der Zyklus beginnt unten links mit dem Diebstahl des Kreuzes durch den persischen König Chosroes. Die drei rechts folgenden Szenen zeigen, wie Chosroes mit dem Kreuz in seinen Palast zurückkehrt, wie er vom Volk verehrt wird und wie sein Sohn vom byzantinischen Kaiser Heraklios besiegt wird. Das obere Register erzählt, wie der König anschließend von Heraklios getötet wird, wie Heraklios mit dem zurückeroberten Kreuz nach Jerusalem zurückkehrt, das Stadttor aus Hochmut jedoch nicht findet und wie er schließlich demütig barfuß mit dem Kreuz in den Händen die Stadt betritt und es auf dem Altar wieder aufrichtet.

Das Frontale wurde aus einer kleinen Landkirche in Nordfjord in das Museum überführt. Die außergewöhnliche Bildthematik wirft indes die Frage auf, ob sie auch ursprünglich für diese Kirche geschaffen wurde. In Zusammenhang mit den Kreuzzügen gewann die Legende aus dem 7. Jahrhundert eine neue Dynamik, denn sie implizierte einen Aufruf zur Befreiung der heiligen Stätten in Palästina, wobei Heraklios als Vorbild gelten sollte. So gesehen erscheint es plausibler, dass das Frontale ursprünglich zu einer Kirche im politischen Machtzentrum Bergen gehörte, zum Beispiel der Apostelkirche der königlichen Residenz. Das Frontale könnte erst später, vielleicht nach der Reformation, nach Nedstryn gelangt sein, als die Apostelkirche in Bergen abgerissen wurde.

Christie 1837; Bendixen 1892, S. 11–23; Fett 1917, S. 135–141; Braun 1924a, Bd. 2, S. 113; von Achen 1996a, S. 68–71; Morgan/Hohler/Wichstrøm/Plahter 2004, Bd. 1, S. 111–114; Torp 2006; Stang 2009, S. 177–180; Baert 2012; von Achen 2017, S. 44–47; von Achen 2018, S. 20–23

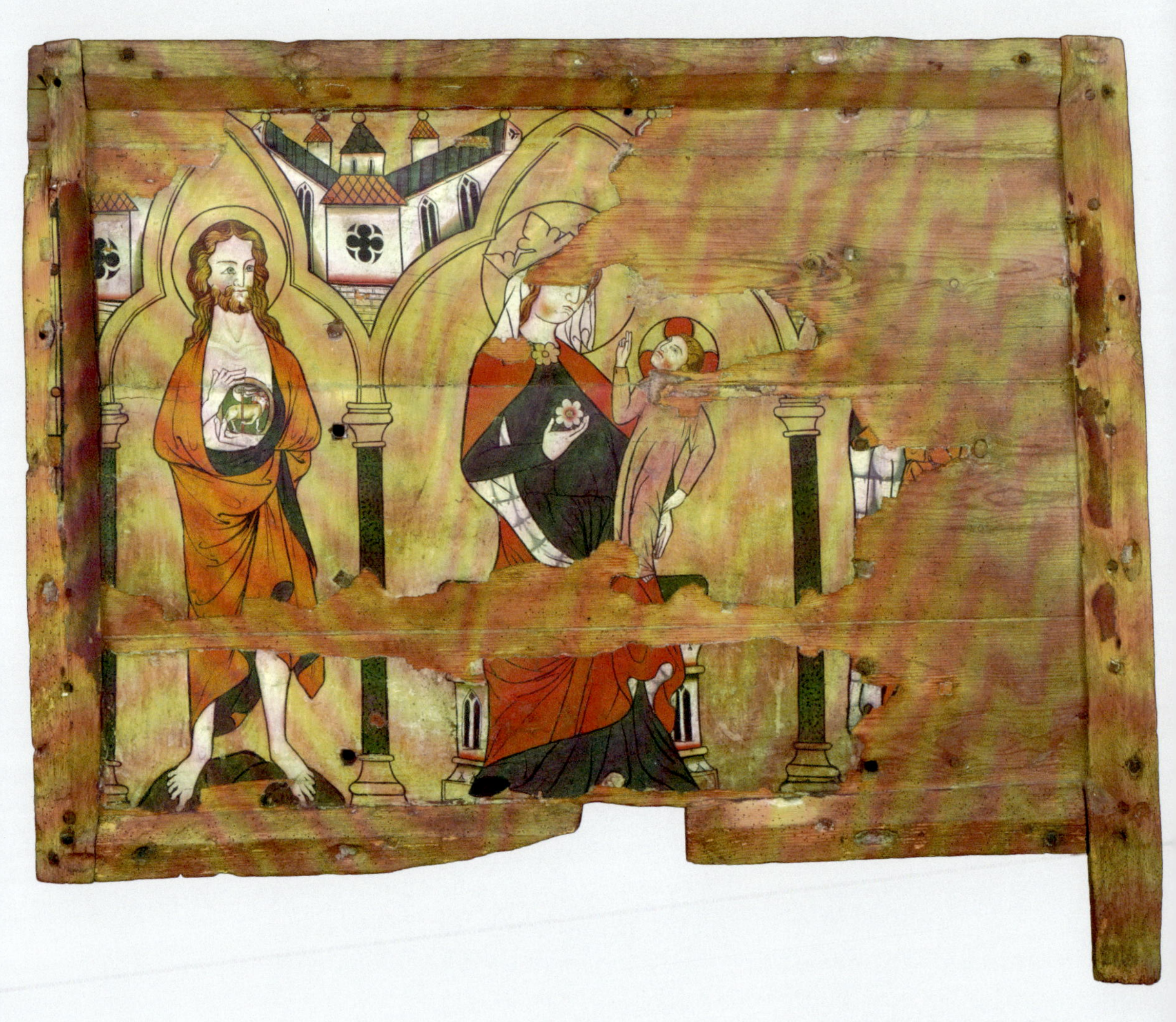

66

ALTARFRONTALE AUS ÅDLAND I SAMNANGER

Norwegen, 1300–1325
Aus Ådland i Samnanger östlich von Bergen, im Museum seit 1853
Nadelholz, bemalt
H 95 x B 127,5 x T 6 cm
Inv. Nr. MA 12

Das Frontale aus Ådland i Samnanger, östlich von Bergen, besteht aus drei horizontalen Brettern, die in einem abgeschrägten Rahmen eingefasst sind, wobei sich die Rahmenleiste am unteren rechten Rand forstsetzt; die entsprechende Verlängerung auf der linken Seite ist abgesägt. Ähnliche »Füße« sind auch von mehreren katalanischen Frontalien bekannt und dienten wahrscheinlich dazu, die Tafeln vor Feuchtigkeitsschäden zu schützen. Die innere Bildstruktur, unterteilt in drei die gesamte Höhe der Tafel einnehmenden Abschnitte, unterscheidet sich von allen anderen erhaltenen norwegischen Frontalien. Jeder Abschnitt wird von einem Heiligen unter einem dreipässigen Spitzbogen ausgefüllt. Die Bögen werden von verzierten Säulen in grüner Marmorimitation getragen. Die Fläche oberhalb der Spitzbögen ist mit reicher Phantasiearchitektur aus Gebäuden mit schwarzen Fenstern und »dual shading« sowie grünen und roten Dachseiten gefüllt und von Türmchen gekrönt. Die Architektur ist mit jener auf den Frontalien von Nes (II) und Årdal (II) zu vergleichen (Kat. Nr. 64, 67).

Das breitere zentrale Feld zeigt die Madonna mit Kind auf einem weißen Thron mit »dual shading« und schwarzen Fenstermotiven. Die gekrönte Jungfrau trägt unter einem roten Mantel ein blaugrünes Gewand und hält eine weiße Rose in ihrer rechten Hand. Das Christuskind trägt ein langes rosarotes Gewand und steht aufrecht auf ihrem linken Knie. Der linke Spitzbogen überfängt den barfüßigen Johannes den Täufer, der auf einem kleinen Hügel steht. Er hat langes gewelltes Haar und trägt einen roten Mantel mit dunkelgrünem Futter. Vor der Brust hält er eine runde Scheibe, die das Lamm Gottes mit einer Kreuzfahne zeigt, eine Darstellung, die auch auf der Holzskulptur des Täufers (Kat. Nr. 42) zu finden ist. Die Figur unter dem rechten Bogen ist nicht mehr zu identifizieren. Auf Grundlage von Fragmenten eines gemalten Hermelinfutters wird vermutet, dass es sich um die Darstellung des heiligen Königs Olav handeln könnte.

Bendixen 1897, S. 10–11 (genannt ›Tjugum‹); Bendixen 1904–1913, S. 339–340; Fett 1917, S. 135–141; von Achen 1996a, S. 76–79; Morgan/Hohler/Wichstrøm/Plahter 2004, Bd. 1, S. 121–122

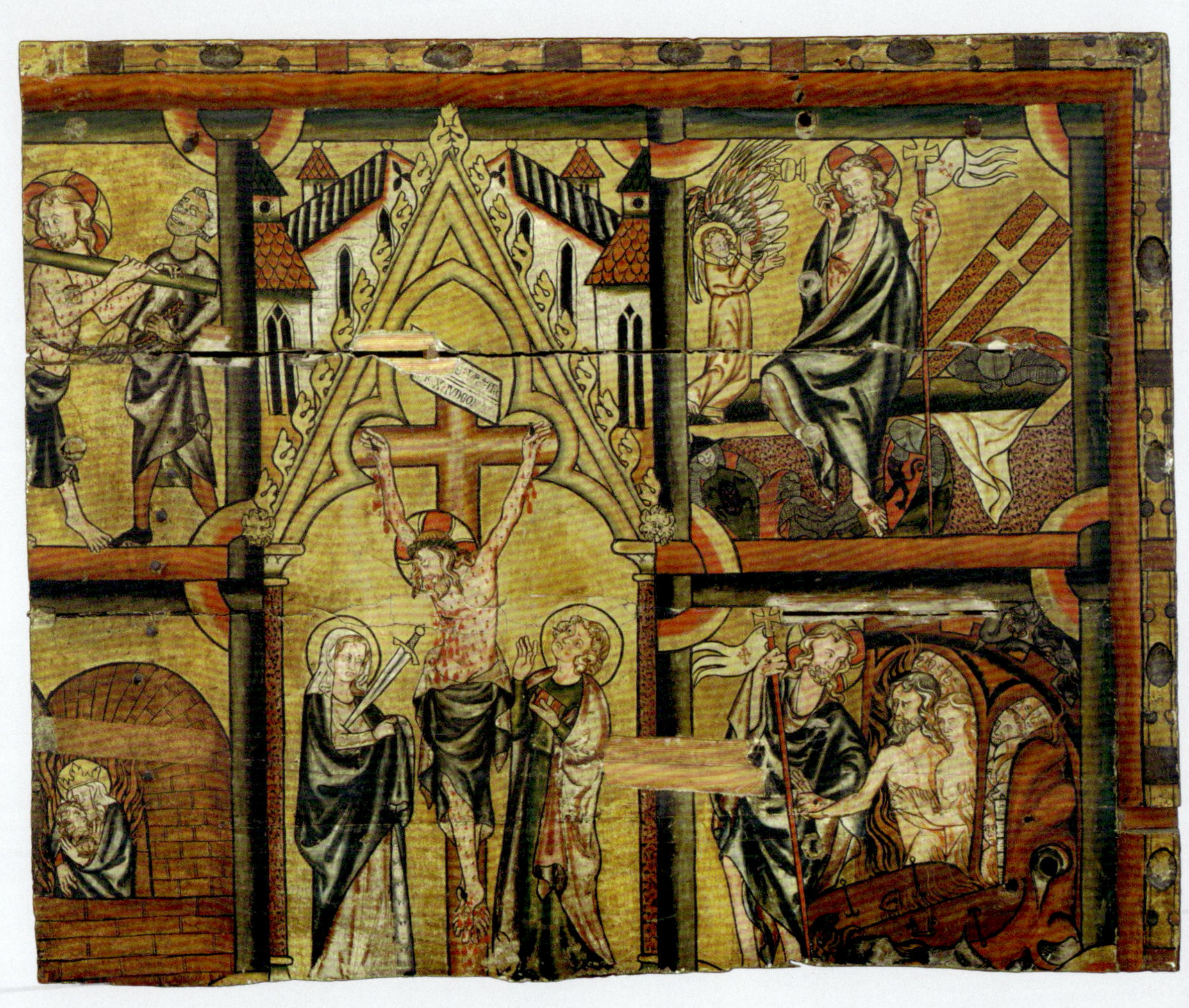

67

ALTARFRONTALE AUS ÅRDAL (II)

Norwegen, 1300–1325
Aus Årdal (Sogn), seit 1867 im Museum
Nadelholz, bemalt
H 90 x B 107 x T 3 cm
Inv. Nr. MA 129

Wegen ihrer geringen Breite gehörte dieses Altarfrontale aus der Stabkirche zu Årdal am Sognefjord vermutlich ursprünglich zu einem Seitenaltar. In nachreformatorischer Zeit wurde es beschnitten, um sekundär als Seitenverkleidung des Hochaltares zu dienen. Mittig unter einem fünfpässigen Spitzbogen befindet sich die Kreuzigung. Mit weit oben am Kreuz befestigten Armen und blutüberströmten Körper hängt Christus am Kreuz. Maria steht als *Mater Dolorosa* unter dem Kreuz mit durchbohrtem Herzen, Johannes hält ein Buch und weist mit seiner Rechten auf Christus. Der eucharistische Aspekt wird durch das Motiv der Kreuzigung, mit dem nachdrücklich zur Schau gestellten Blut, als Opferhandlung und Erlösungstat Christi verdeutlicht.

Narrative Szenen umgeben das Mittelfeld. Oben links ist die Kreuztragung wiedergegeben, darunter befindet sich eine Szene aus der Legende des jüdischen Jungen, der von Maria aus dem Feuer errettet wird. Die Popularität der Darstellung der Legende in Gesamteuropa führt Margrethe Stang auf antijüdische Ressentiments zurück, doch könnte die Szene ebenfalls allgemein als Schutzsuche bei der Gottesmutter interpretiert werden. Die Szene wird mit der Darstellung der Höllenfahrt Christi im rechten unteren Bildfeld des Frontales in Verbindung gesetzt: wie Christus die Gerechten errettet, so errettet Maria den jüdischen Jungen. Somit wird die enge Beziehung zwischen Gottesmutter und Christus auf visuelle Weise verstärkt. Oberhalb der Höllenfahrt befindet sich die Auferstehung. Imitationsedelsteine zieren den Rahmen des Frontales.

Bei Restaurierungsarbeiten im Jahr 1960 wurden in den Zwischenräumen der Holzplanken drei beschriebene Pergamentfragmente entdeckt. Der in altnordischer Sprache verfasste Text weist auf ein Dokument, das wohl in der königlichen Kanzlei in Bergen um 1300 geschrieben und sekundär zur Vorbereitung der Bildtafel verwendet wurde. Der Pergamentfund weist somit auf eine Entstehung der Tafelmalerei in einer norwegischen Werkstatt hin, die wahrscheinlich in Bergen ansässig war. Zusammen mit zwei weiteren Frontalien, einem Altarbaldachin und einem Kirchenschrank bildet dieses Frontale eine seltene geschlossene Überlieferung hochmittelalterlicher Kirchenausstattung (Kat. Nr. 43, 52, 68, 73).

Bendixen 1889, S. 40–48, Lindblom 1916, S. 66–67, 203, 207, Fett 1917, S. 173–174; Braun 1924a, Bd. 2, S. 113; Holm-Olsen 1969; Wichstrøm 1981, S. 281, 299, 307; Morgan 1995, S. 18, 23; von Achen 1996a, S. 57–58; Hohler/Morgan/Wichstrøm/Plahter 2004, Bd. 1, S. 143–145; Stang 2009, S. 38–41

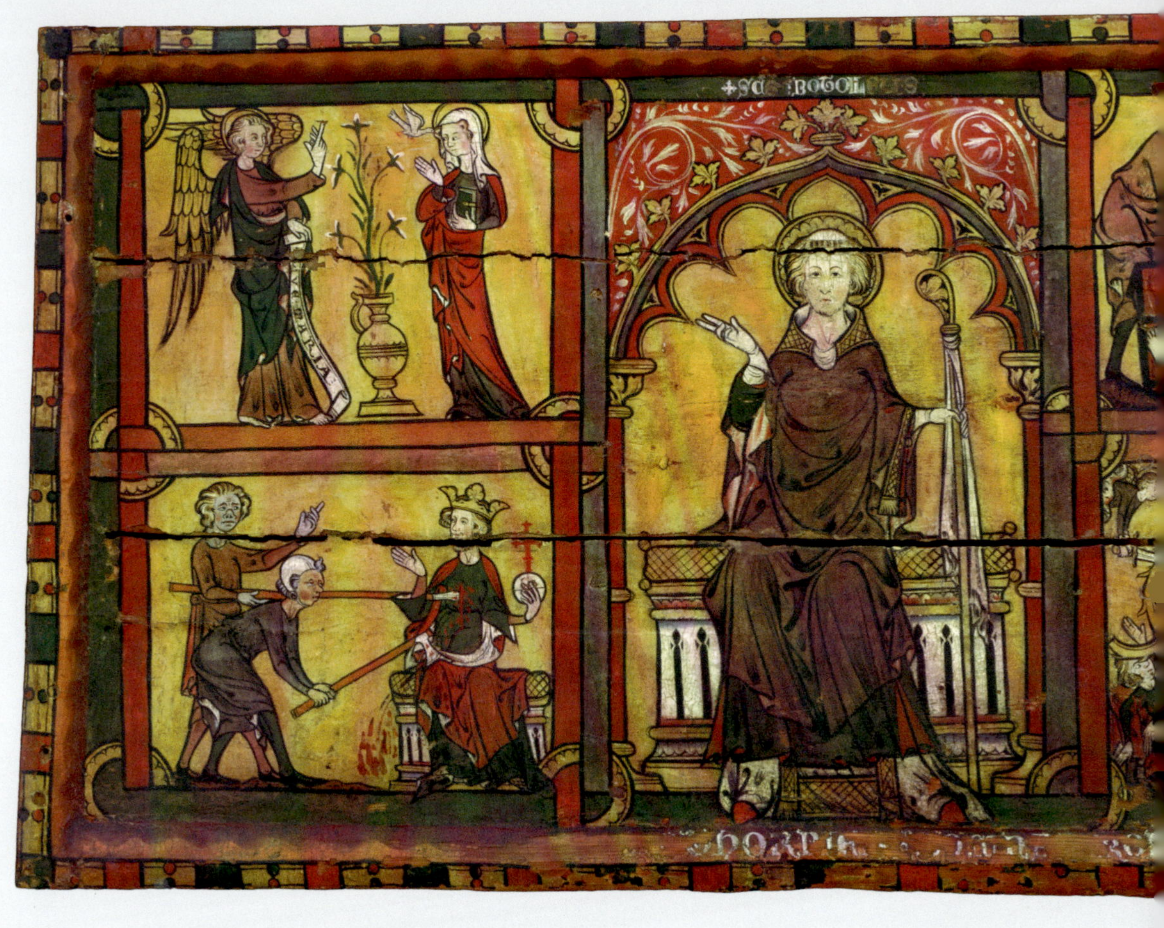

68
ALTARFRONTALE AUS ÅRDAL (I)

Norwegen, um 1325
Aus Årdal (Sogn), seit 1867 im Museum
Nadelholz, bemalt
H 90,5 x B 166 x T 3 cm
Inv. Nr. MA 128

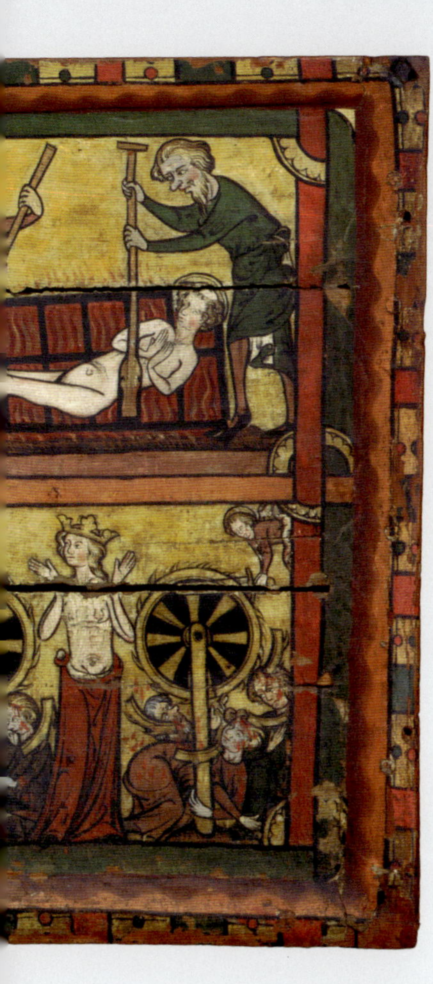

Das Frontale zeigt im Mittelfeld den thronenden heiligen Abt Botolph, der an der Inschrift SCS: BOTOLFUS oberhalb des siebenpässigen Bogens identifiziert werden kann. Seine linke Hand hält einen Krummstab, während er mit seiner Rechten den Segensgestus ausführt. Der Heilige wird von vier narrativen Szenen umgeben. Die Szene des Martyriums des heiligen Olav links unten verknüpft zwei ansonsten unabhängig voneinander auftretende Szenen, nämlich den Tod Olavs in der Schlacht von Stiklestad im Jahr 1030 mit dem Motiv des thronenden Königs. Das linke obere Feld zeigt die Verkündigung an Maria, gefolgt vom Martyrium des heiligen Laurentius (rechts oben) und dem Martyrium der heiligen Katharina (rechts unten). Unterhalb des zentralen Mittelfelds befindet sich eine nur in Fragmenten erhaltene Inschrift, die als THORBIG [...] RONA gelesen werden kann. Laut Margrethe Stang könnte es sich hierbei um den Namen eines Stifters handeln.

Das Frontale befand sich am mittelalterlichen Hochaltar der Stabkirche zu Årdal, bis diese 1867 abgebrochen und durch einen Neubau ersetzt wurde (Abb. S. 11, 19). Zusammen mit dem erhaltenen hölzernen Baldachin (Kat. Nr. 43) bildete es ein Altarensemble. Die Darstellung des thronenden Botolphs verweist vermutlich auf die Dedikation der Kirche und des Hauptaltares an diesen Heiligen. Die Auswahl der Heiligen sowie die Szene der Verkündigung können auf besonders bevorzugte Festtage im Kirchenjahr verweisen, aber auch allgemein im Sinne der Nachfolge Christi gedeutet werden.

Bendixen 1889, S. 31–40; Lindblom 1916, S. 33–34, 155–161; Fett 1917, S. 159; Braun 1924a, Bd. 2, S. 113; Blindheim 1968, S. 47; Wichstrøm 1981, S. 261, 307; Morgan 1995, S. 21, 23; von Achen 1996a, S. 81–82; Lidén 1999, S. 176; Hohler/Morgan/Wichstrøm/Plahter 2004, Bd. 1, S. 142–143; Stang 2009, S. 112–115

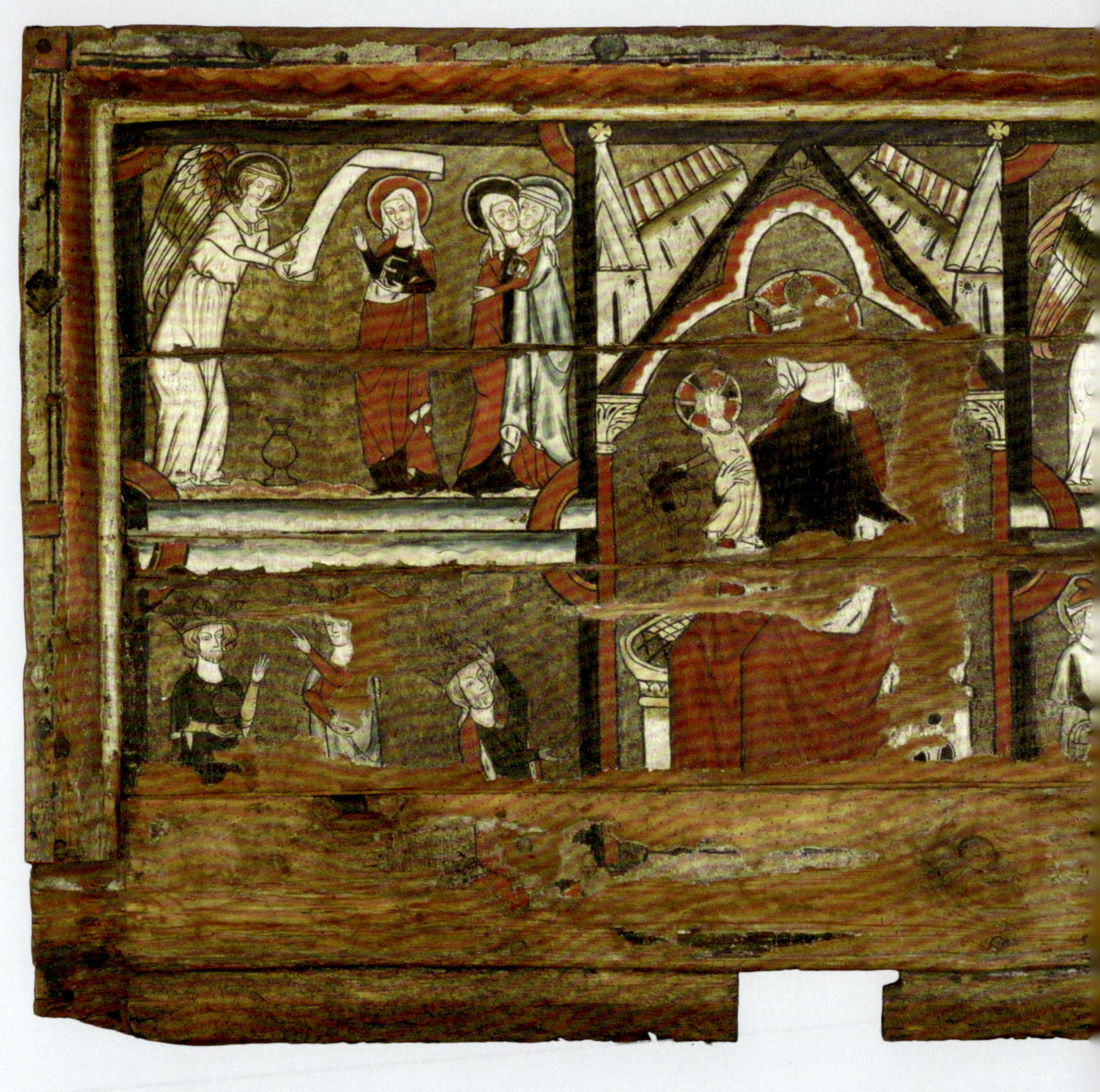

69

ALTARFRONTALE AUS DALE

Norwegen, um 1325
Aus Dale i Luster (Sogn), seit 1860 im Museum
Nadelholz, bemalt
H 98 x B 148,5 x T 4,5 cm
Inv. Nr. MA 5

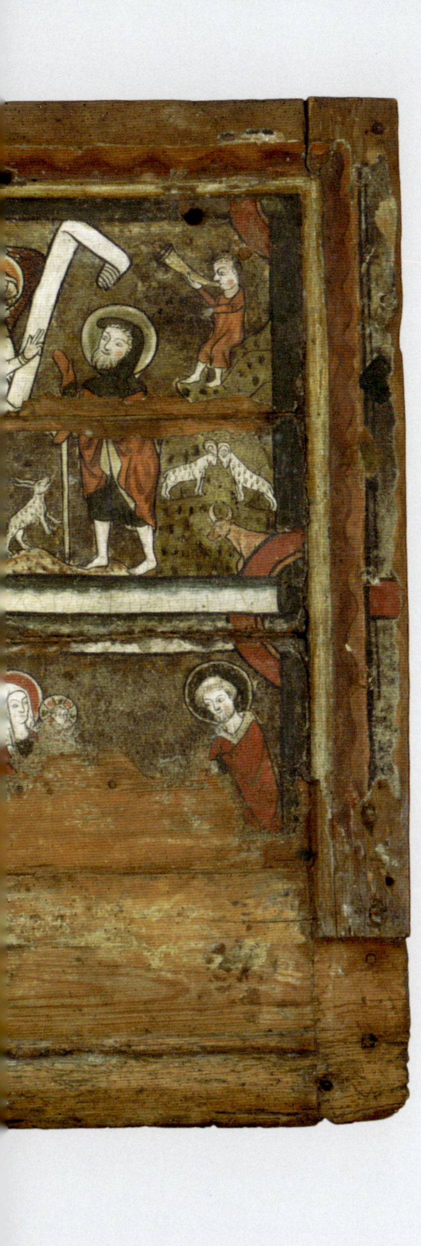

Unter einem dreipassförmigen Spitzbogen mit Architekturbekrönung vor Imitationsgoldgrund thront die Gottesmutter auf einem mit Fenstermotiven verzierten Thron. Mit ihrer rechten Hand umgreift sie das stehende Christuskind, das mit seiner linken Hand Mariens Schulter berührt und in seiner Rechten einen Raubvogel hält. In vier flankierenden Feldern wird der Geburtszyklus wiedergegeben. Oben links sind die Verkündigung an Maria und die Heimsuchung dargestellt, oben rechts die Verkündigung an die Hirten. Unten links befinden sich die Drei Könige, der linke König stehend, der Mittlere dem linken König zugewandt, während sich der rechte König kniend der Madonna mit Kind im Mittelfeld zuwendet. Im unteren Bildfeld rechts ist die Darstellung des Herrn im Tempel wiedergegeben.

Die Tafel wurde von Bischof Jacob Neumann auf einer Visitationsreise 1827 entdeckt. Die Schäden an der Polychromie im unteren Bereich und das Fehlen der unteren Rahmenleiste des Frontales wurden durch die Zweitverwendung als Seitenwange einer Kirchenbank verursacht. Die Tafel wurde dem Museum bereits im selben Jahr angeboten, allerdings erst 1860 in die Sammlung überführt. Die doppelte Nennung der Frontale in den Museumsprotokollen führte wohl zur fälschlichen Benennung eines weiteren Frontales als Dale (II), das jedoch ursprünglich aus der Kirche zu Vanylven (Sunnmøre) stammte (siehe Kat. Nr. 60). Die Größe des Frontales scheint auf eine ursprüngliche Anbringung am Hochaltar der Kirche zu verweisen, da die Seitenaltäre schmaler waren.

Neumann 1824, S. 424; Bendixen 1896, S. 17–18; Lindblom 1916, S. 67, 155–161; Fett 1917, S. 172; Blindheim 1968, S. 48; Wichstrøm 1981, S. 261, 307; Morgan 1995, S. 23; von Achen 1996a, S. 89–90; Hoff 2000, S. 36–37; Hohler/Morgan/Wichstrøm/Plahter 2004, Bd. 1, S. 82–94

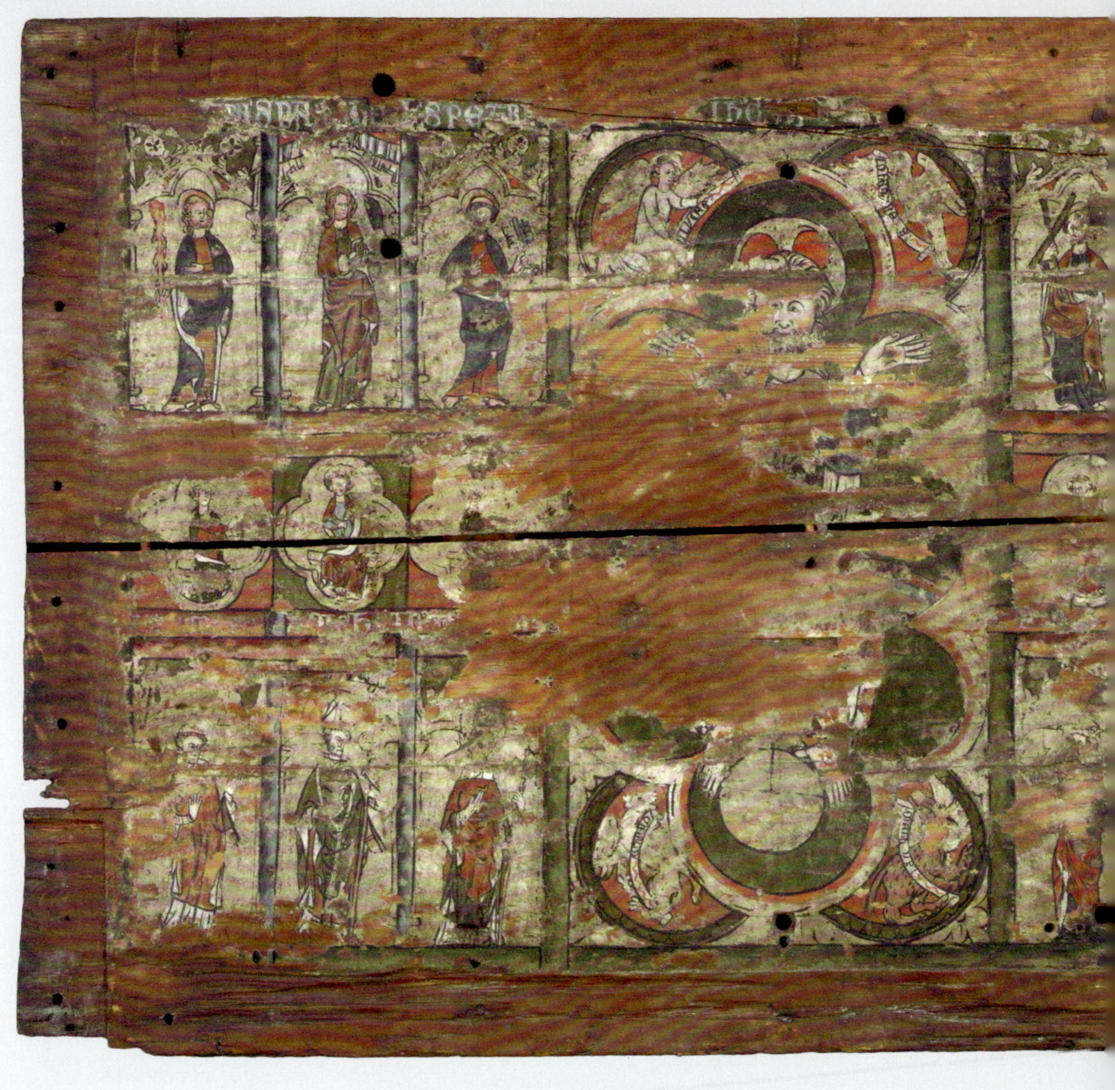

70
ALTARFRONTALE AUS TJUGUM

Norwegen, um 1325
Aus Tjugum (Sogn), seit 1897 im Museum
Nadelholz, bemalt
H 99 x B 144 x T 2 cm
Inv. Nr. MA 11

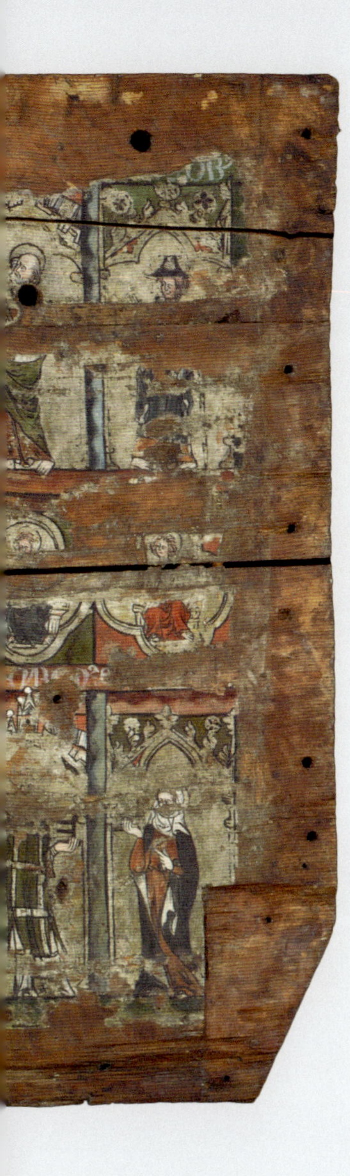

Das fragmentiert erhaltene Altarfrontale aus der Kirche zu Tjugum am Sognefjord zeigt Christus als Weltenrichter thronend auf einem Regenbogen in einer achtpässigen Mandorla, umgeben von den vier Evangelistensymbolen mit Schriftbändern. Seine mit Wundmalen versehenen Hände sind zum Segen erhoben. Zu Füßen ist eine Weltkugel zu erkennen, die, in drei Kompartimente unterteilt, die bekannten Kontinente darstellen. Die stehenden Apostel und Heiligen unter Dreipassbögen im oberen und unteren Register sind Christus zugewandt; das schmalere mittlere Register zeigt sitzende Engel in Vierpässen, die Musikinstrumente halten. Die Heiligen können anhand der Inschriften und Attribute teils identifiziert werden: oben v.l.n.r. Judas Thaddäus (?), Bartholomäus, Petrus, Andreas, Paulus und Jakobus d. Ä.; unten ein Diakon, ein Bischof, Olav, Laurentius und Maria Magdalena. Christus als thronender Weltenherrscher, der explizit seine Wundmale an Händen und Füßen präsentiert, verweist sowohl auf die Wiederkunft des Gottessohnes als auch auf die Realpräsenz Christi am Altar während der Eucharistie.

Das Frontale ist ein später Vertreter einer langen Bildtradition des thronenden Christus, sitzend in einer Mandorla, umgeben von den vier Evangelistensymbolen und flankiert von Aposteln und Heiligen, wie sie auf zahlreichen erhaltenen romanischen Antependien in ganz Europa zu finden ist (Kat. Nr. 35). Diese Aspekte sind hier mit dem Gerichtsmotiv verknüpft. Das Frontale wurde von dem Museumsgründer Wilhelm Frimann Koren Christie 1827 als Deckplatte des Hauptaltares entdeckt. Die zahlreichen Schäden sowie das Fehlen des Rahmens müssen wohl auf diese Zweitverwendung zurückgeführt werden. Die fälschliche Zuschreibung des Frontales an die Kirche zu Samnanger, wie sie in älterer Literatur zu finden ist, wurde inzwischen widerlegt.

Bendixen 1897, S. 13–16; Lindblom 1916, S. 270; Fett 1917, S. 168–169; Braun 1924a, Bd. 2, S. 113–114; Blindheim 1968, S. 50; Wichstrøm 1981, S. 307; Morgan 1995, S. 2; von Achen 1996a, S. 85–86; Hohler/Morgan/Wichstrøm/ Plahter 2004, Bd. 1, S. 129–131

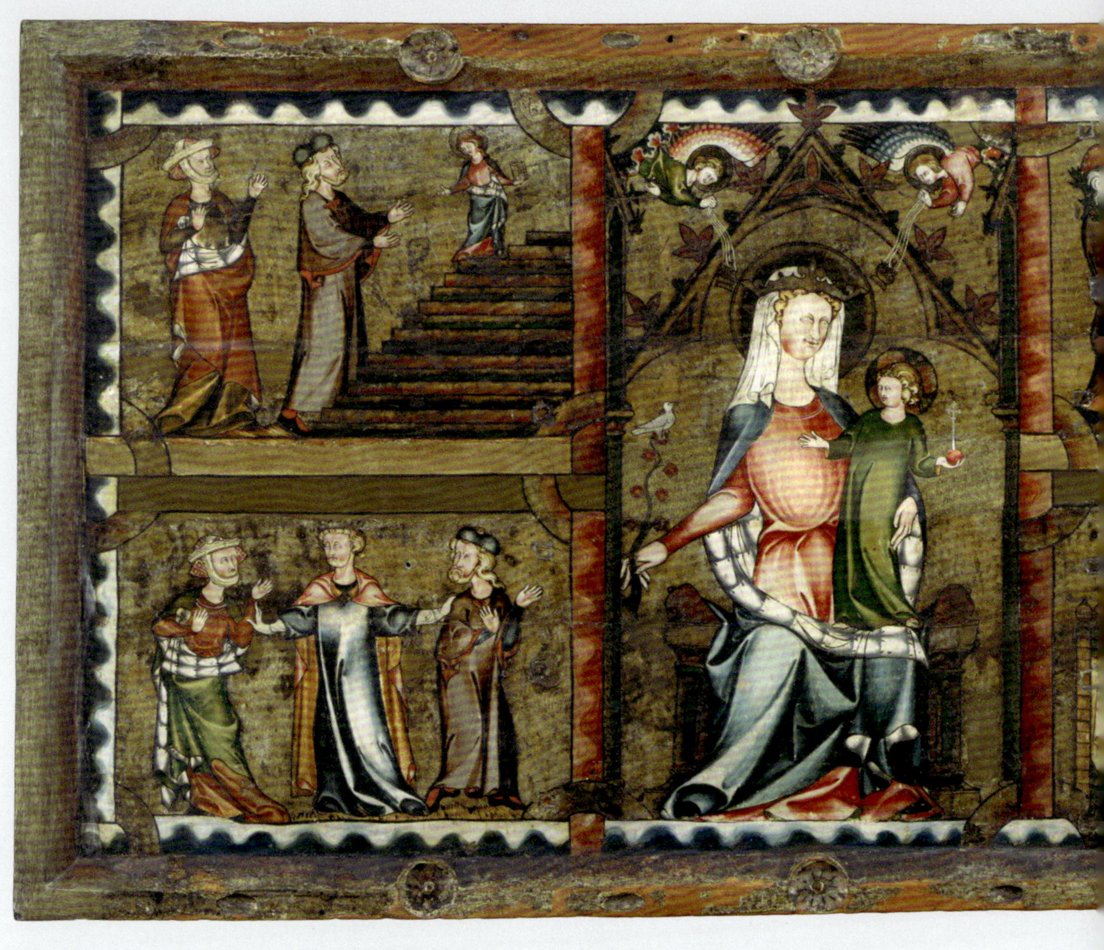

71

ALTARFRONTALE AUS ODDA

Norwegen, 1325–1350
Aus Odda (Sørfjord, Hardanger),
im Museum seit 1832
Nadelholz, bemalt
H 94 x B 165,5 x T 4,5 cm
Inv. Nr. MA 8

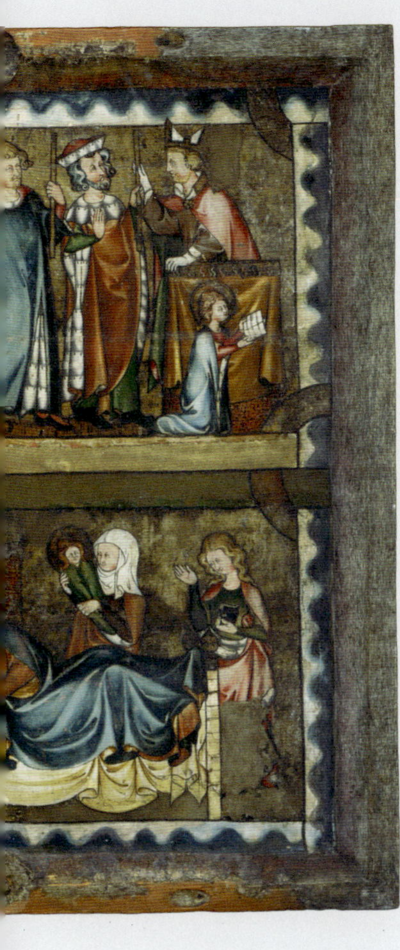

Während die meisten Altarfrontalien mit einer Madonna mit Kind im Mittelfeld von Szenen der Geburt und Kindheit Christi umrahmt werden, ist diese Tafel aus Odda am Sørfjord, einem Seitenarm des Hardangerfjords, ganz der Jungfrau gewidmet. Vom Rahmen sind nur die horizontalen Leisten mit geschnitzen Rosettenmotiven orginal. Die Bildtafel wird von einem gemalten Rand mit Wellenmotiv in Blaugrün und Weiß umgeben. Die Bildfelder sind durch farbige Bänder und Halbkreise an den Schnittpunkten voneinander getrennt, ein Muster, das mit der Frontale aus Nes (II) (Kat. Nr. 64) korrespondiert. Alle Szenen und Figuren sind vor einem imitationsgoldenen Hintergrund wiedergegeben.

Das Mittelfeld, das die gesamte Höhe der Frontale einnimmt, zeigt die Madonna mit dem Christuskind auf einem goldenen Thron und rotem Kissen sitzend. Die gekrönte Jungfrau trägt ein rosa Gewand und einen blauen Mantel mit einem Hermelininnenfutter. In ihrer rechten Hand hält sie einen gedrehten Rosenzweig, auf dem eine weiße Taube sitzt, mit der linken Hand stützt sie das Christuskind, das auf ihrem linken Knie steht. Sie wird von einem gotischen Dreipassbogen unter einem Wimperg zwischen Fialen eingerahmt. In den oberen Zwickeln erscheinen zwischen welligen Wolkenbändern zwei weihrauchfassschwenkende Engel.

Die vier Szenen auf den Seitenpartien sind dem apokryphen Protoevangelium des Jakobus entnommen. Unten links ist die Verbannung der Eltern Mariens – Joachim und Anna – aus dem Tempel durch einen Hohepriester dargestellt, während unten rechts die Geburt der Jungfrau Maria wiedergegeben ist. Oben links ist zu sehen wie die Jungfrau dem Tempeldienst geweiht wird, wobei das Mädchen die fünfzehnstufige Treppe hinaufsteigt. Oben rechts ist Maria neben einem Altar im Gebet vertieft wiedergegeben, während sich drei Brautbewerber von links nähern. Sie alle tragen einen Stab, doch nur der ihres zukünftigen Ehemanns Joseph erblüht.

Bendixen 1894–1895, S. 17–22; Fett 1917, S. 112–118; Braun 1924a, Bd. 2, S. 113; von Achen 1996a, S. 96–99; Morgan/Hohler/Wichstrøm/Plahter 2004, Bd. 1, S. 118–120

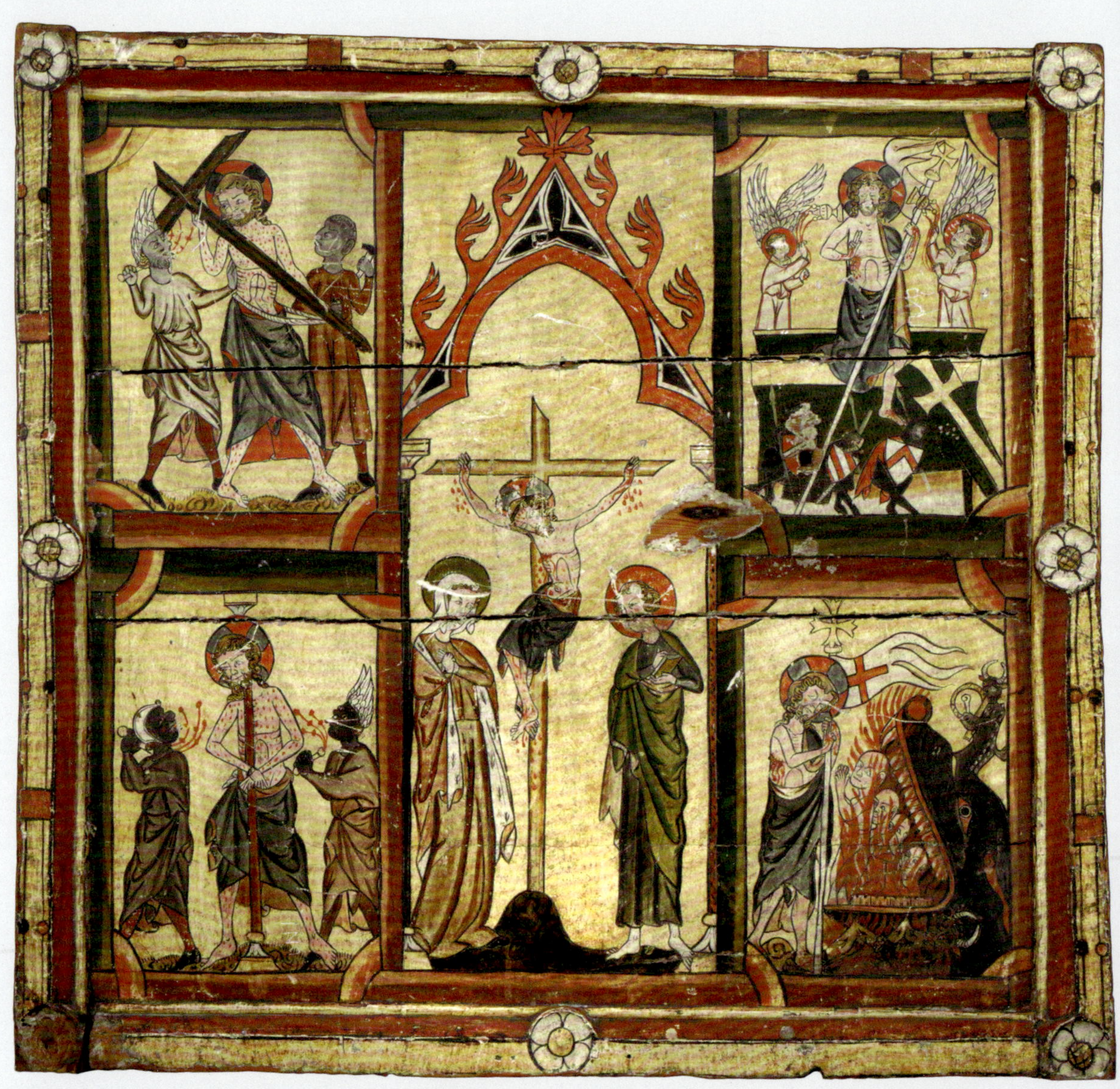

72

ALTARFRONTALE AUS RØLDAL

Norwegen, 1325–1350
Aus Røldal (Ullensvang), seit 1845 im Museum
Nadelholz, bemalt
H 108 x B 114 x T 4 cm
Inv. Nr. MA 7

Die zentrale Szene der Kreuzigung befindet sich unter einem dreipässigen Spitzbogen mit Wimpergbekrönung mit ausgeprägten Blattkrabben. Am schlanken Kreuz hängend ist Christus in stark gekrümmter Haltung wiedergegeben, seine Wundmale sind deutlich hervorgehoben. Zuseiten des Kreuzes stehen die Assistenzfiguren Maria und Johannes. Das Kreuz steht auf einem kleinen Hügel, der Golgotha repräsentiert. Die zentrale Mittelszene, die die gesamte Höhe der Tafel einnimmt, wird von vier narrativen Bildfeldern mit Darstellungen der Passion umgeben: links unten die Geißelung Christi, darüber die Kreuztragung, rechts unten die Höllenfahrt Christi, darüber die Auferstehung. Die Stilmerkmale sowie die deutliche Betonung der Wundmale und des Blutes verweisen auf eine Entstehung in der ersten Hälfte des 14. Jahrhunderts, als das Leiden Christi in Kunst und Andachtsliteratur immer deutlicher hervorgehoben wurde (Kat. Nr. 59, 61, 63).

Seit dem 16. Jahrhundert ist aus Schriftquellen eine Wallfahrt zu einem wundertätigen Kruzifix in der Stabkirche zu Røldal belegt, das jedes Jahr zur Johannisnacht (norw.: Sankthans oder Jonsok) zu schwitzen begann. Diese Wallfahrt geht vermutlich auf einen mittelalterlichen Ursprung zurück und wurde erst 1835 unterbunden. Die nachdrückliche Wiedergabe des Blutes auf dem Frontale könnte in Zusammenhang mit der Wallfahrt zum wundertätigen Kruzifix gebracht werden, das sich bis heute in der Kirche befindet (um 1250). Aus der Kirche haben sich bedeutende Reste der mittelalterlichen Ausstattung bewahrt, darunter drei hölzerne Skulpturen (Kat. Nr. 28, 32, 34), Teile eines Tabernakelschreins (Kat. Nr. 33), eine Kasel (Kat. Nr. 46) und zwei Flügel eines kleinen spätmittelalterlichen Retabels (jetzt Oslo, Kulturhistorisk museum Inv. Nr. C5067).

Bendixen 1893, S. 17–22; Bendixen 1904–1913, S. 556; Lindblom 1916, S. 67; Fett 1917, S. 175, 219–220; Braun 1924a, Bd. 2, S. 113; Blindheim 1968, S. 50; Wichstrøm 1981, S. 304; Morgan 1995, S. 23; von Achen 1996a, S. 93–94; Hohler/Morgan/Wichstrøm/Plahter 2004, Bd. 1, S. 120–121; Stang 2009, S. 43–45; Laugerud 2018, S. 273–275; von Achen 2018, S. 81, 84

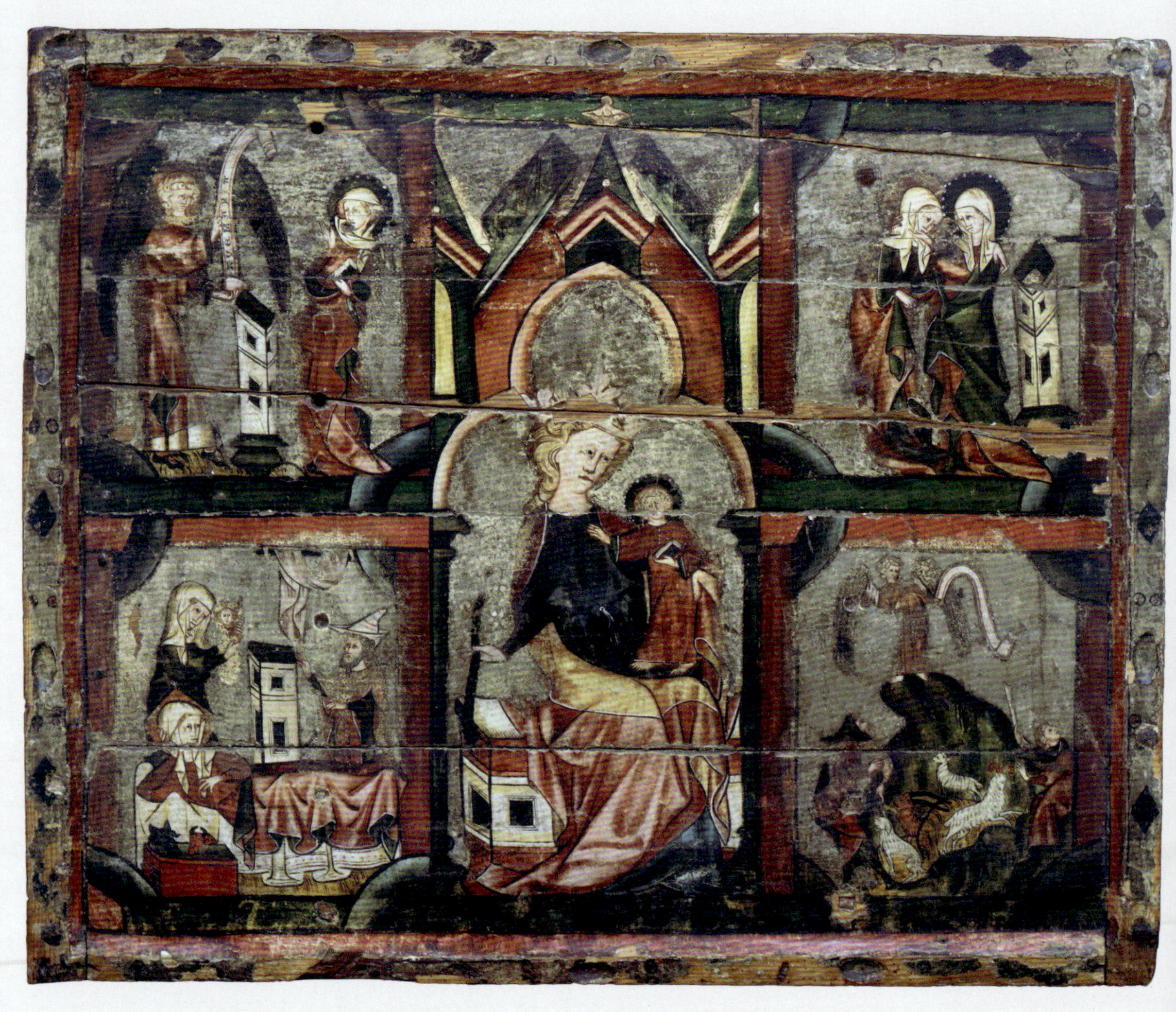

73
ALTARFRONTALE AUS ÅRDAL (III)

Norwegen, 1330–1350
Aus Årdal (Sogn), seit 1867 im Museum
Nadelholz, bemalt
H 91,5 x B 108,5 x T 3 cm
Inv. Nr. MA 130

Die Madonna mit Kind thront unter einem architektonisch ausgeformten Baldachin mit Dreipassbogen vor Imitationsgoldgrund. Auf ihrem linken Knie steht das Christuskind und in ihrer Rechten hält sie ein Zepter. Das Kind wird von Mariens linken Arm gehalten und greift mit seiner rechten Hand zu seiner Mutter, während es mit der Linken ein Buch hält. Die Mittelfigur wird durch vier narrative Szenen aus dem Geburtszyklus umgeben: die Verkündigung oben links, gefolgt von Mariä Heimsuchung oben rechts, unten links die Geburt und unten rechts die Verkündigung an die Hirten. Die Geburt Christi mit Vorhangmotiv und Amme weist Ähnlichkeiten mit der konventionellen Ikonographie der Geburt Mariens auf. Das auffällige turmähnliche Lesepult, das neben der Verkündigungsszene in zwei weiteren Szenen auftaucht und dort keine sinnvolle Ergänzung darstellt, könnte auf eine falsch verstandene Vorlage zurückzuführen sein.

In der malerischen Ausführung ist das Frontale einfacher als das des Hauptaltares (Kat. Nr. 68) oder das Passionsfrontale (Kat. Nr. 67). Es wird unter stilistischen Gesichtspunkten auf die Zeit zwischen 1330 und 1350 datiert und ist somit das jüngste der drei erhaltenen Frontalien aus der Stabkirche zu Årdal. Anne Wichstrøm und Nigel Morgan haben auf stilistische Anklänge an die Pariser und Kölner Malerei der Zeit aufmerksam gemacht. Vor dem Abbruch der Kirche befand sich das Frontale zusammen mit dem beschnittenen Passionsfrontale (Kat. Nr. 67) sekundär als Seitenverkleidung am Altar im Chorraum. Die mariologische Ikonographie verweist auf eine ursprüngliche Anbringung des Frontales an einem der Gottesmutter geweihten Seitenaltar.

Bendixen 1892, S. 3–11; Lindblom 1916, S. 34–35, 162–163; Fett 1917, S. 119–126; Braun 1924a, Bd. 2, S. 113; Blindheim 1968, S. 47; Wichstrøm 1981, S. 310; Morgan 1995, S. 22–23; von Achen 1996a, S. 101–102; Hohler/Morgan/Wichstrøm/Plahter 2004, Bd. 1, S. 145–147

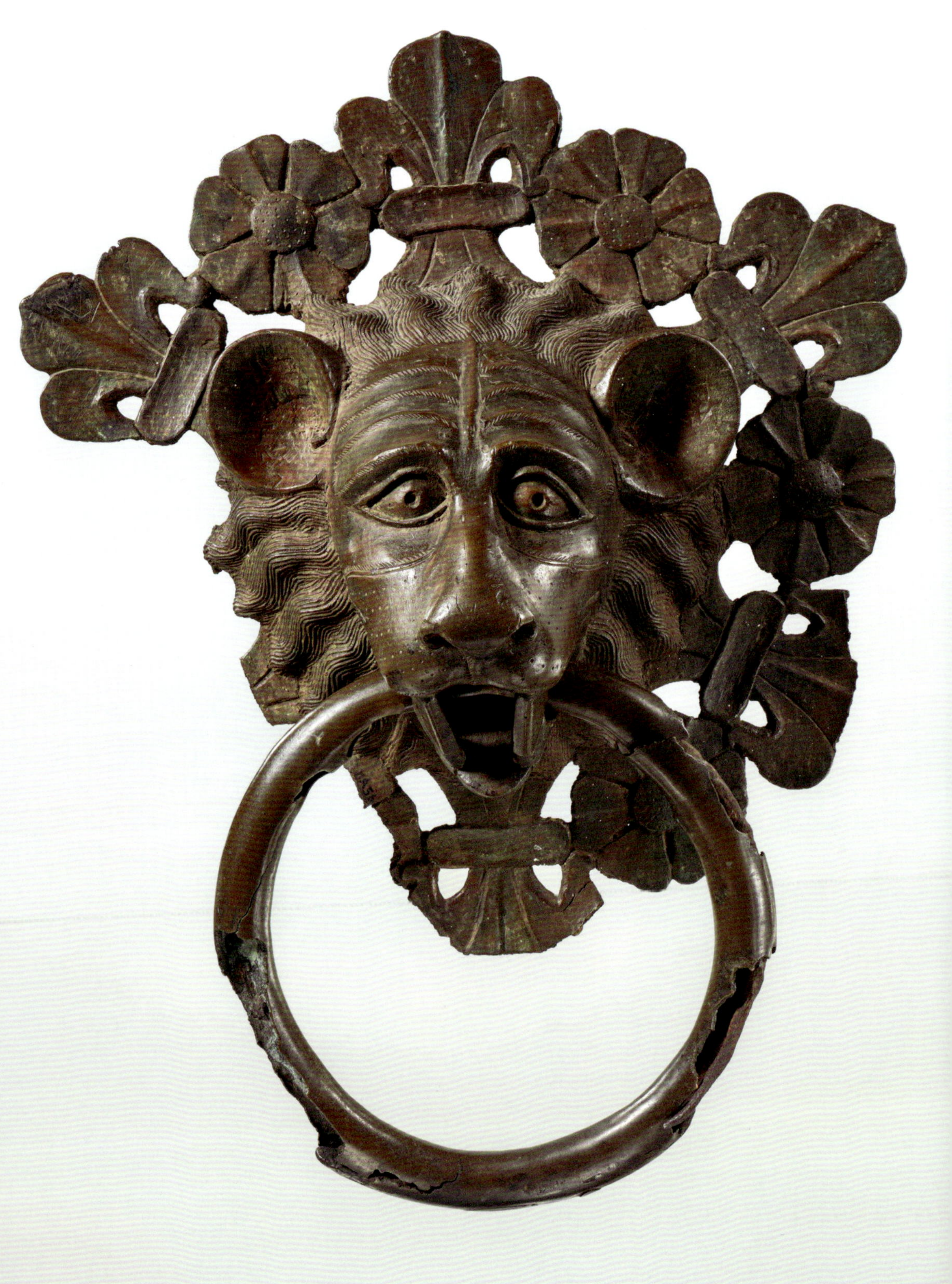

74
TÜRRING AUS FANA

Norddeutschland (Lübeck?), 1325–1350
Aus Fana bei Bergen, im Museum seit 1847
Bronze, Eisen
H 50 x B 40 x T 13 cm
Inv. Nr. MA 56

Löwenköpfe mit einem Ring im Maul schmücken seit der Antike die Türen von Heiligtümern. Ihre Symbolik bezieht sich unter anderem auf Aspekte wie Wachsamkeit und Schutz vor bösen Mächten, und sie wurden bisweilen auch für Eidesleistungen verwendet. Dieser ausdrucksstarke Löwenkopf mit einem (beschädigten) Ring befand sich ursprünglich auf der Türe des südlichen Langhausportals der Kirche zu Fana, etwa fünfzehn Kilometer südlich von Bergen. Er hat große mandelförmige Augen und abstehende Ohren. Der Kopf ist von einem Kranz aus Blumen und Lilien umgeben (teilweise zerstört).

Ursula Mende datierte den Türring zuletzt in das zweite Viertel des 14. Jahrhunderts und vermutete eine norddeutsche, eventuell lübische Herkunft im Umkreis des Meisters Johannes Apengeter. Vergleichbare, jedoch weniger stilisierte lübische Türringe haben sich in Rostock und Osnabrück erhalten. Neben Lübeck war insbesondere die Region um den Harz (Hildesheim, Goslar, Braunschweig) ein bedeutendes Zentrum der mittelalterlichen Bronzegießerei.

Ein weiterer Türzieher in der Bergener Sammlung stammt wahrscheinlich vom Südportal (Hauptportal) der Marienkirche zu Bergen (MA 643). Ähnlichkeiten mit den Türringen des Hauptportals des Mainzer Doms sowie jenen im Essener Münster weisen hier auf eine Entstehung im Rheinland am Ende des 13. Jahrhuderts hin.

Bendixen 1904–1913, S. 360–361; Mende 1981, S. 80–81, 97–98, 256; Hoff/Lidén/Storsletten 2000, S. 11

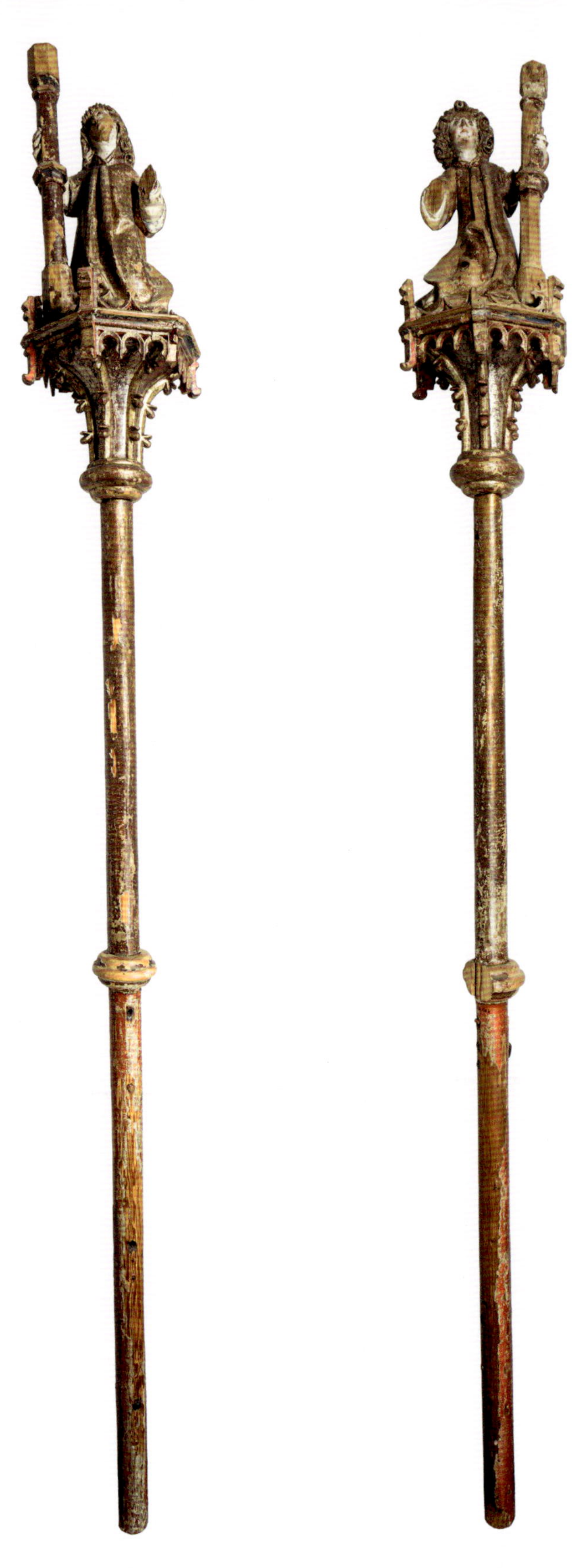

75
WANDLUNGSKERZENHALTER AUS SÆBØ UND SEIM

Norddeutschland (?), 15. Jahrhundert
Aus Sæbø (Nordhordland), im Museum seit 1869 (MA 150ab) und Seim (Nordhordland), im Museum seit 1879 (MA 237ab)
Eiche (Figuren und Schnitzereien), Nadelholz (Stab), Polychromie
H 250 cm (MA 150ab)
H 297 cm (MA 237a)
H 287 cm (MA 237b)
Inv. Nr. MA 150ab, MA 237ab

Diese hohen Stäbe aus Seim und Sæbø, nördlich von Bergen, wurden traditionell als Prozessionskerzenhalter betrachtet. Jüngste Forschungen von Vera Henkelmann (Henkelmann 2018) haben jedoch neues Licht auf solche Objekte geworfen. Sie dienten wohl als Wandlungskerzen und wurden während der Messe in dem Moment der Konsekration verwendet, in der die Hostie in Christi Leib verwandelt und dann emporgehoben wurde. Sie bestehen jeweils aus einem schmalen Stab, der in einer polygonalen Konsole endet, die mit spätgotischen Krabben und kleinen Fialen verziert ist auf der ein Engel mit einem Kerzenhalter steht. Auf den Leuchtern aus Sæbø (links) knien die in Alben und Dalmatiken gekleideten Engel, während sie die Leuchter mit einer Hand halten; die andere Hand und die Flügel sind verloren gegangen. Auf den Leuchtern aus Seim (unten) tragen beide stehende Engel, die jeweils einen Flügel verloren haben, eine Albe und eine vergoldete *Cappa* oder *Pluviale* sowie rote Schuhe. Alle Engel neigen ihren Kopf leicht zur Seite, und ihre Gewänder weisen einen lebhaften Faltenwurf auf. Zwei sehr ähnliche Kerzenhalter in der Bergener Sammlung stammen aus Os (MA 152). Aus stilistischen Gründen lassen alle Exemplare eine Entstehung in Norddeutschland vermuten.

Bendixen 1901, S. 6–8; Bendixen 1904–1913, S. 647

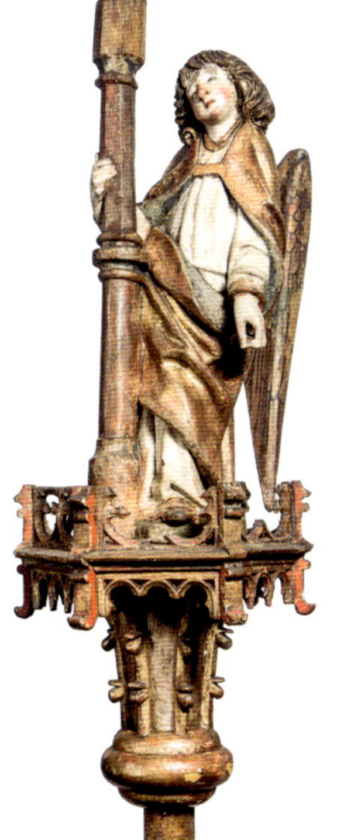

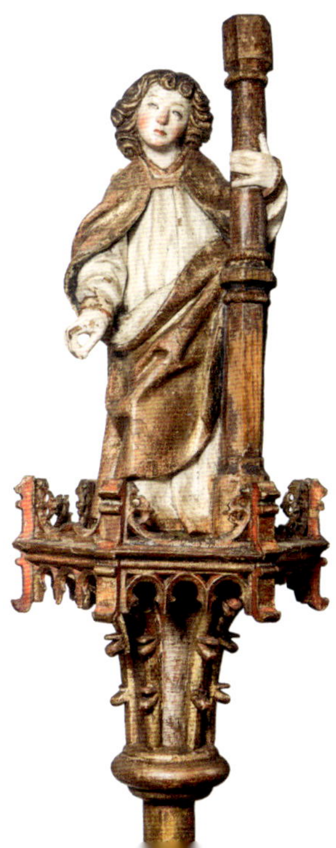

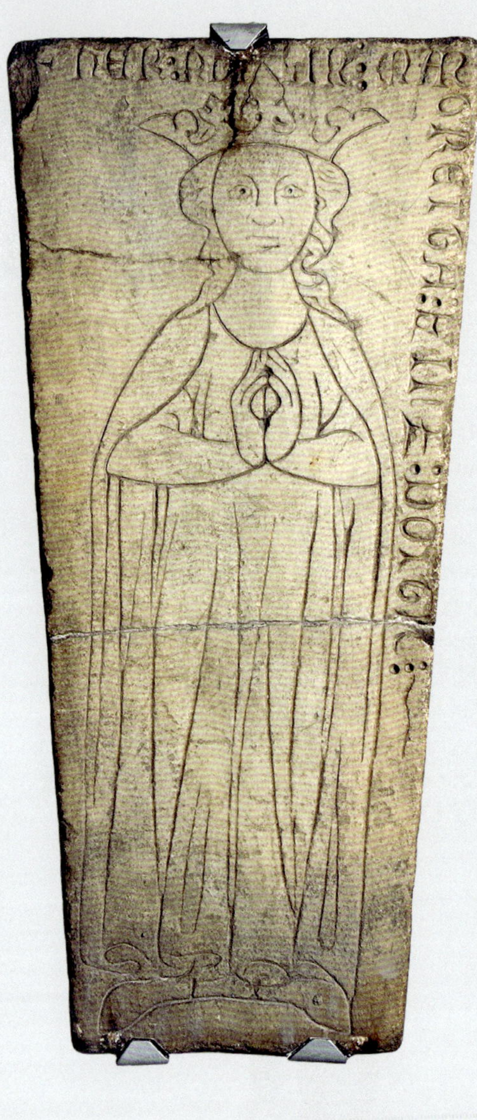

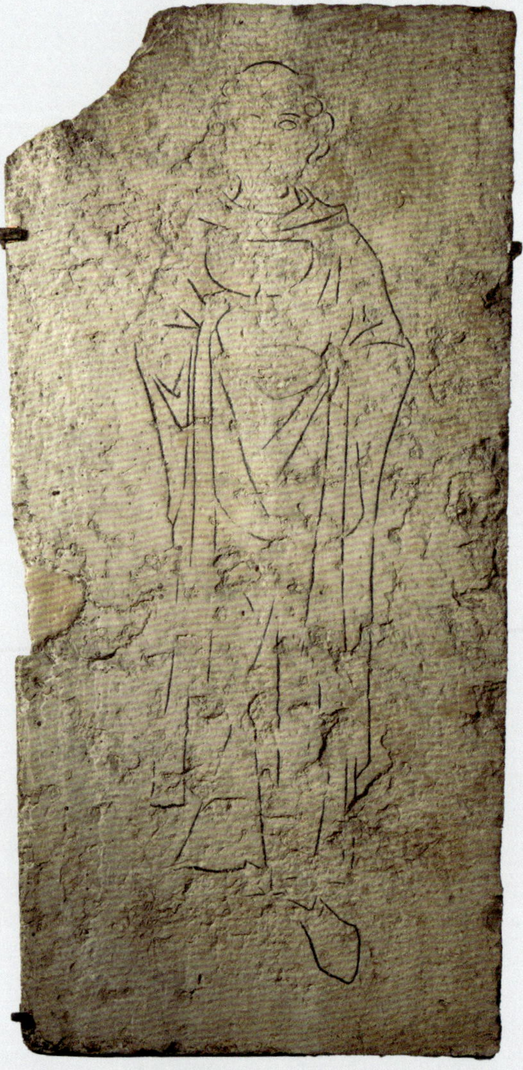

76
GRABPLATTEN AUS HESBY UND TØNJUM

Norwegen und Gotland (Schweden), spätes 13./erste Hälfte 14. Jahrhundert
Aus Hesby auf Finnøy (Rogaland) und Tønjum (Sogn), seit 1872 (Hesby) und 1885 (Tønjum) im Museum
Marmor (Hesby), Kalkstein (Tønjum)
H 85 x B 39,5 x T 4 cm (Hesby)
H 184,5 x B 90,5 x T 11,5 cm (Tønjum)
Inv. Nr. MA 169, MA 394

In Norwegen haben sich 67 Grabsteine aus der Zeit zwischen 1200 und 1400 erhalten, wovon 33 menschliche Figuren wiedergeben. Zahlreiche dieser Grabsteine zeigen Figuren in Umrisslinien, wobei anhand der Tracht oder des Attributs auf die gesellschaftliche Position des Verstorbenen aufmerksam gemacht wird. Die kleine Marmorplatte aus der Kirche zu Hesby auf der Insel Finnøy, nördlich von Stavanger, zeigt eine junge Frau mit Krone, die ihre Hände zum Gebet vor ihrer Brust gefaltet hält. Die Inschrift nennt die Verstorbene: »Her hviler Margretta Finnsdoter« (Hier ruht Margretta Finns Tochter). Bei der Verstorbenen handelt es sich wohl um die Tochter des dokumentarisch bekannten Ritters und Reichsrats Finn Agmundson zu Hesbø, der 1343 verstarb. Die Krone weist nicht auf eine königliche Abstammung der Verstorbenen hin, sondern auf den unverheirateten (jungfräulichen) Status.

Bei der Kalksteinplatte aus der Stabkirche zu Tønjum in Lærdal am Sognefjord handelt es sich um das Grab eines Priesters, der, im liturgischen Gewand gehüllt, mit beiden Händen einen Kelch des breiten romanischen Typs hält. Die stark abgeriebene Platte weist keine Inschriften auf und wurde als Türschwelle des Westeingangs der Stabkirche wiederverwendet, die 1823 durch einen Neubau ersetzt wurde. Traditionell lagen Priestergräber häufig im Chor der Kirche.

Während Marmor, der für die Platte aus Hesby verwendet wurde, auch in Norwegen vorkommt, wurde die Kalksteinplatte aus Gotland bezogen. Die Ostseeinsel war ein wichtiger Exporteur von Kalkstein in die umliegenden Nachbarländer. In der Bergener Sammlung ist er auch im Taufstein von Sæbø zu finden (Kat. Nr. 19). Ein exportierter Kalkstein spricht für einen wohlhabenden Priester und Gemeinde.

Nicolaysen 1862–1866, S. 447; Bendixen 1915–1916, S. 28; Bugge 1926, S. 26; Stige 2014, S. 29–30

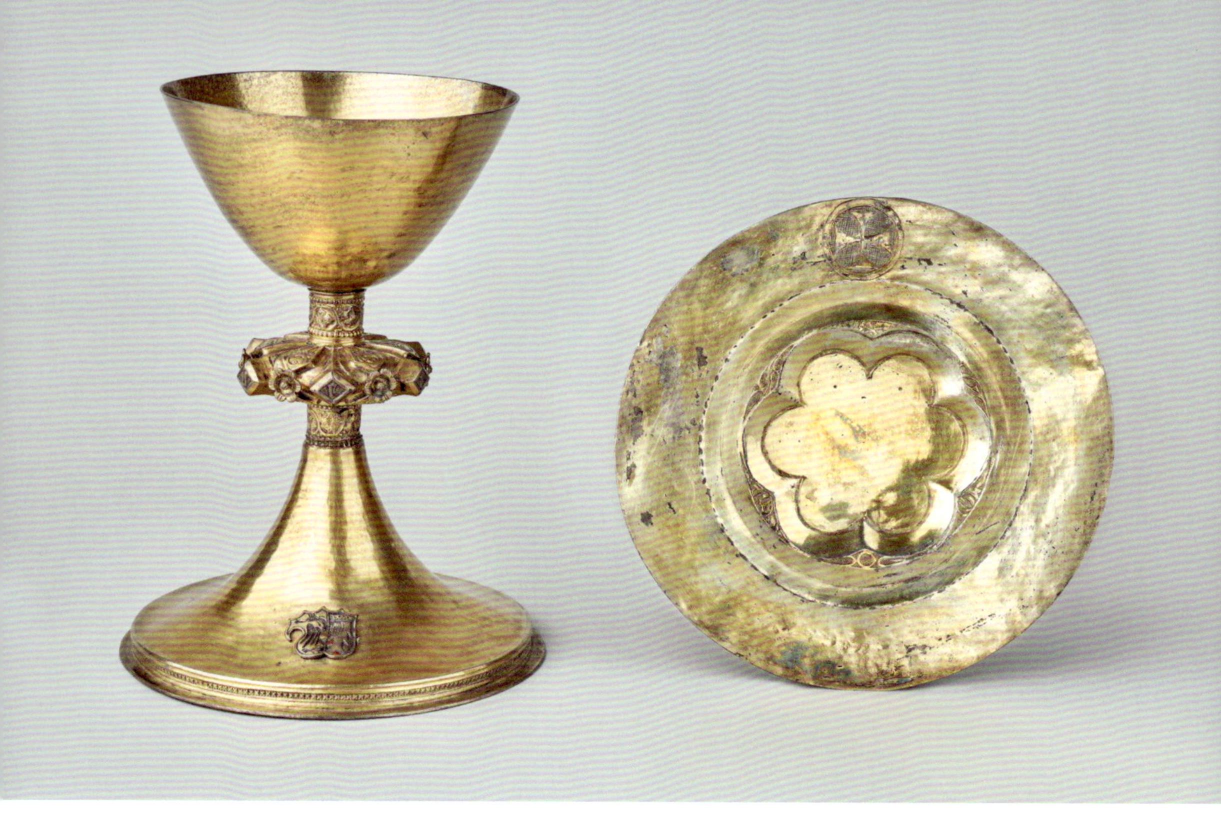

77

ZWEI KELCHE UND PATENEN AUS DER MARIENKIRCHE ZU BERGEN

Bergen oder Norddeutschland, 15. Jahrhundert
Aus der Marienkirche in Bergen, im Museum seit 1875
Silber, vergoldet
Kelch H 17 cm, Durchmesser 13 cm,
Patene Durchmesser 15 cm (MA 187)
Kelch H 19 cm, Durchmesser 16, und
Patene Durchmesser 16 cm (MA 218)
Inv. Nr. MA 187ab, MA 218ab

Kelch und Patene wurden vom Priester am Altar verwendet um während der Messe Wein und Brot zu spenden. Da diese Gefäße in direktem Kontakt mit dem Leib und Blut Christi standen, mussten sie aus edlen Materialien gefertigt und ihre Innenfläche sollte immer vergoldet sein. Aus der Marienkirche in Bergen sind zwei spätmittelalterliche Kelche mit dazugehörigen Patenen aus vergoldetem Silber erhalten. Der erste Kelch (MA 187) ist vollständig vergoldet und besteht aus einem konischen Becher auf einem konkaven runden Sockel. Der Knauf (*nodus*), der auf halber Höhe des Schaftes angebracht ist, ist alternierend mit Blumen und Rauten verziert, auf denen die Buchstaben *Ihesus* angebracht sind. Der Sockel trägt auf der einen Seite ein Relief des gekreuzigten Christus und auf der anderen Seite das Wappen des Bergener Hansekontors (Bryggen), das einen halben Adler und einen gekrönten Stockfisch zeigt (Foto rechts). Die Patene ist mit einer leichten sechspässigen Vertiefung, die von Ornamenten umgeben ist, versehen.

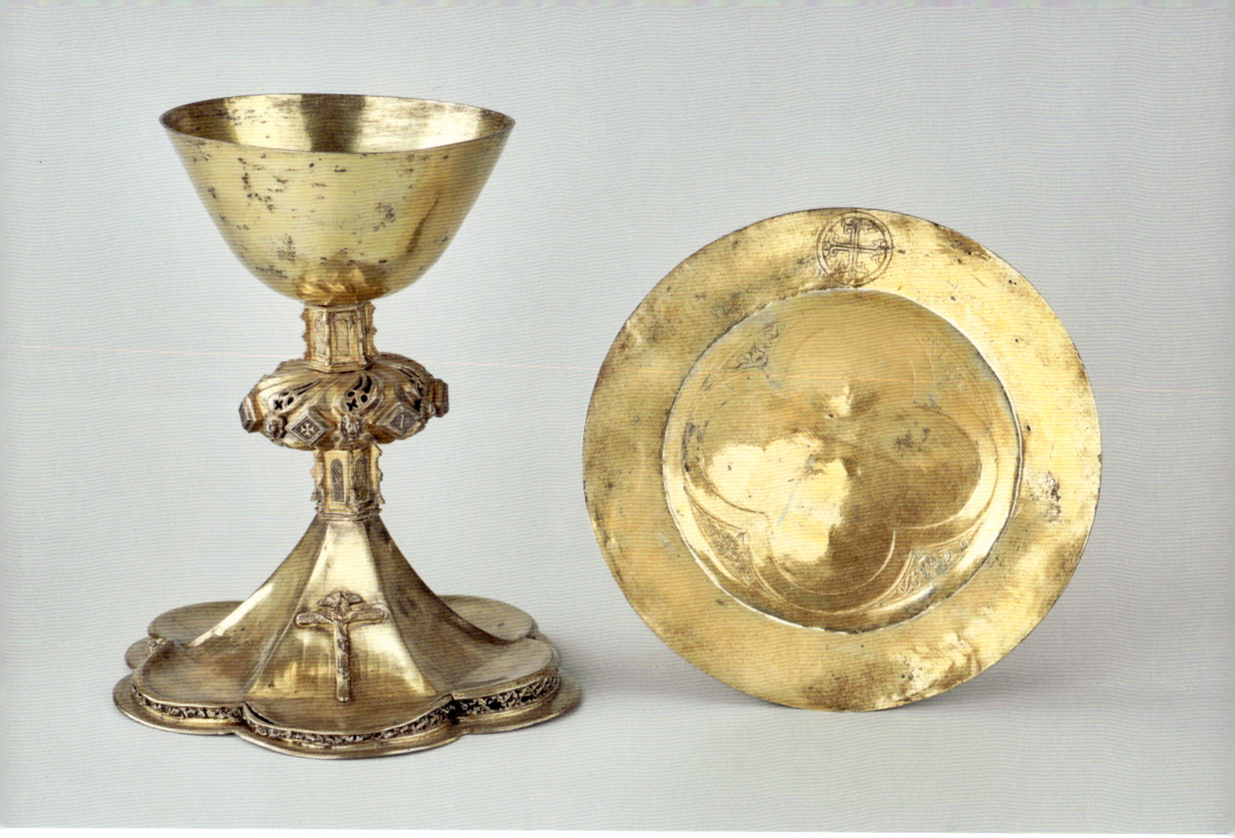

Auf dem sechspässigen Sockel des zweiten Kelches sind ebenfalls der gekreuzigte Christus und das Wappen des Hansekontors in Bryggen abgebildet und auch hier steht auf dem Knauf *Ihesus*, dem ein kleines Kreuz vorangestellt ist. Auf der Unterseite des Sockels ist ein Text in gotischer Minuskel zu lesen: »Ich bin dar mi de Kopman hebben well« (Ich bin dort, wo der Kaufmann mich haben will) (Foto rechts), was darauf verweisen könnte, dass es sich um einen Reisekelch handelte, der saisonal zwischen Bergen und den norddeutschen Hansestädten verkehrte. Die dazugehörige Patene weist eine vierpässige Vertiefung auf. Es ist bekannt, dass deutsche Goldschmiede im Bergener Hansekontor tätig waren und es ist wahrscheinlich dass solche liturgischen Gefäße von diesen Handwerkern hergestellt wurden.

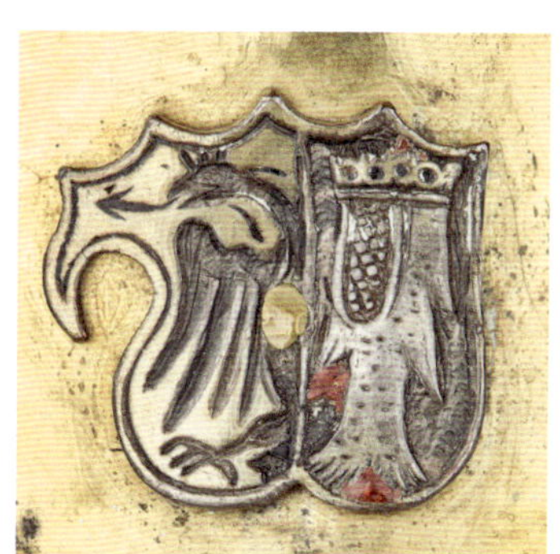

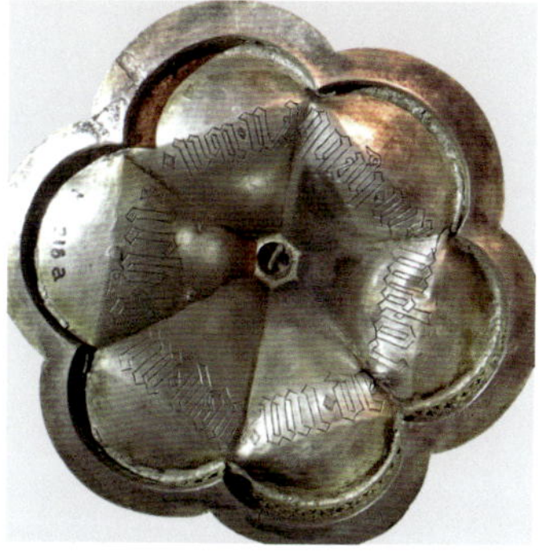

Bendixen 1909, S. 5–8; Kielland 1927, S. 220; von Achen 1994, S. 74–75

78
EINE UMGEARBEITETE MONSTRANZ AUS ULVIK

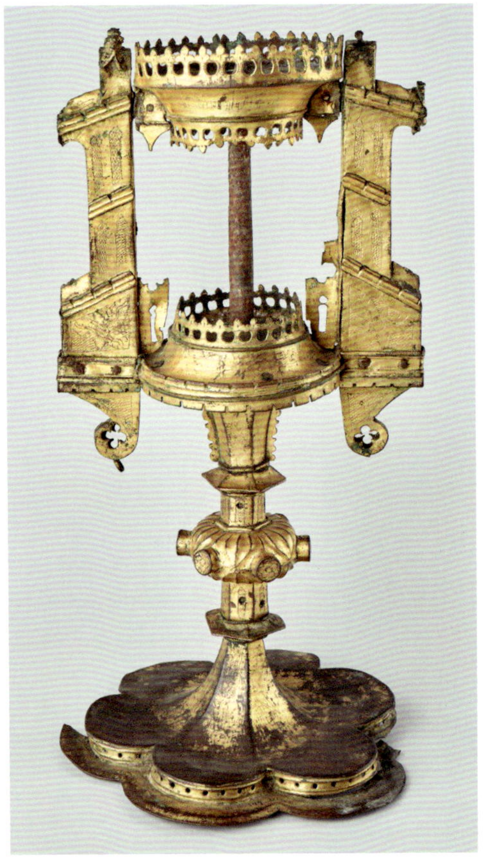

Norwegen (Bergen?), 15. Jahrhundert
Aus Ulvik (Hardanger), im Museum seit 1869
Kupfer, vergoldet
H 32 x B 18 x T 16,5 cm
Inv. Nr. MA 149

Im Laufe des Mittelalters wurde die regelmäßige Spendung der Kommunion an die Gläubigen von den kirchlichen Autoritäten allmählich zurückgedrängt und durch die »visuelle Kommunion« ersetzt, wobei die geweihte Hostie während der *Elevatio* den Gläubigen vorgezeigt wurde. Zu bestimmten Zeiten im liturgischen Jahr wurde die konsekrierte Hostie in einem eigens dafür entworfenen Gefäß, der sogenannten Monstranz (lateinisch *monstrare*=zeigen, ausstellen), auf dem Altar der Verehrung ausgesetzt. Eine Monstranz besteht in der Regel aus einem Zylinder aus Glas oder Bergkristall, der in einem edelmetallenen Gerüst aufgenommen wird und auf einem Sockel, ähnlich dem eines Kelches, ruht. Die Monstranz mit Christi Leib stand während des am zweiten Donnerstag nach Pfingsten begangenen Fronleichnamsfestes im Mittelpunkt aller Aufmerksamkeit und wurde in einer Prozession feierlich herumgetragen.

Mit der Reformation endeten diese Bräuche, weshalb in Norwegen kaum Monstranzen erhalten blieben. Das Exemplar aus Ulvik am Hardangerfjord ist aus vergoldetem Kupfer gefertigt und ruht auf einem sechspässigen Sockel und einem Schaft mit Knauf. Die bekrönende Fiale sowie der durchsichtige Zylinder wurden nach der Reformation entfernt, um das Objekt zu einem Kerzenhalter umzufunktionieren, wobei ein grob geschmiedeter Eisenstift angebracht wurde. Die flankierenden Strebepfeiler und die mit Blattkrabben verzierte Ringeinfassung erinnern noch heute an den einst heiligen Inhalt. Ein zweites Fragment einer Monstranz aus einer unbekannten Kirche in der Bergener Sammlung wurde als Sockel für ein Kruzifix wiederverwendet (MA 670). Aus der Kirche zu Ulvik enthällt die Sammlung ebenfalls ein gemaltes Altarfrontale (Kat. Nr. 35) und Teile eines Portals (Kat. Nr. 13).

Bendixen 1909, S. 11–12; Bendixen 1904–1913, S. 103; Kielland 1927, S. 223

79

DORSALEALTAR MIT HL. OLAV AUS AUSTEVOLL

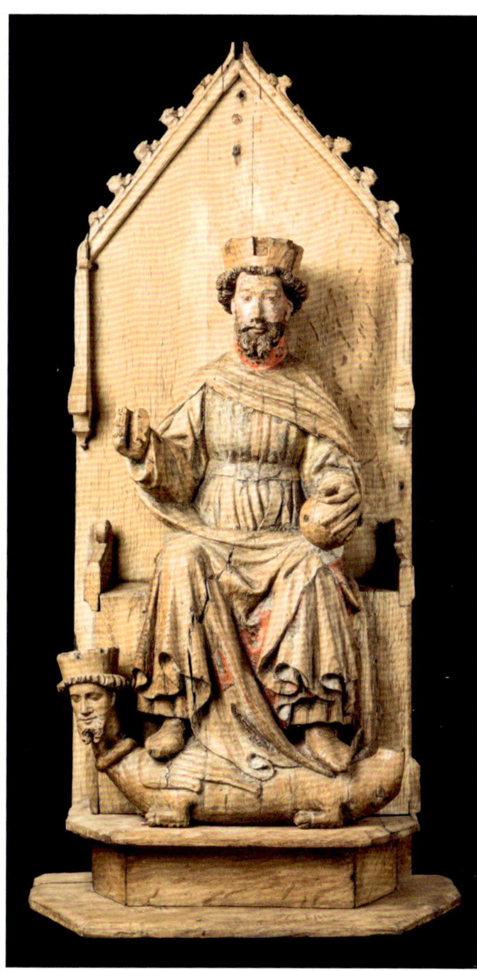

Norddeutschland (?), um 1425–1450
Aus Austevoll (Sunnhordland), im Museum seit 1891
Eiche, Polychromiereste
H 132 x B 54 x T 37 cm
Inv. Nr. MA 284

Dieser vor einem spitzgiebligen Dorsale thronende heilige Olav stammt aus der mittelalterlichen Kirche von Austevoll auf der Insel Sandtorr, südlich von Bergen. Norwegens erster christlicher König sitzt auf einer Thronbank und hält seine Spitzschuhe auf einem Mischwesen aus Drachenkörper mit seinem eigenen Ansicht, ein Symbol seiner heidnischen Vergangenheit. Der heilige Olav ist in einem langen Gewand gehüllt, das auf Höhe der Taille gegürtet ist, und trägt einen Mantel über seine Schultern. Mit seiner linken Hand hält er eine Kugel, die auf seinem linken Knie ruht. In seiner teilweise abgebrochenen Rechten, wird er wohl ursprünglich sein traditionelles Attribut, eine Axt, gehalten haben. Rote und braune Polychromiereste haben sich insbesondere im Gesicht und in seinem lockigen Haar und Bart erhalten.

Die Skulptur ruht auf einem niedrigen, sechskantigen Kastensockel. Die Thronrückwand endet in einem dreieckigen Giebel, dessen krönende Kreuzblume verloren gegangen ist. Die Platzierung von Heiligenfiguren vor giebelförmigen Dorsalen wurde ab dem 12. Jahrhundert in verschiedenen Teilen Europas üblich. Viele solcher »Dorsalealtäre« sind noch heute in Schweden und insbesondere auf der Insel Gotland zu finden. Stilistisch scheint der Olav von Austevoll aus Norddeutschland zu stammen. Zwei eng verwandte Olav-Figuren finden sich in den Kirchen von Bø (Nordland) und Østråt (Sør-Trøndelag), die laut Eivind Engelstad in Lübeck gefertigt sein sollen. Aus Austevoll stammt ebenfalls ein Messingleuchter und ein spätgotischer Flügelaltar, der wahrscheinlich aus den Nördlichen Niederlanden importiert wurde (Kat. Nr. 54, 98).

Bendixen 1911, S. 21–22; Engelstad 1936, S. 228

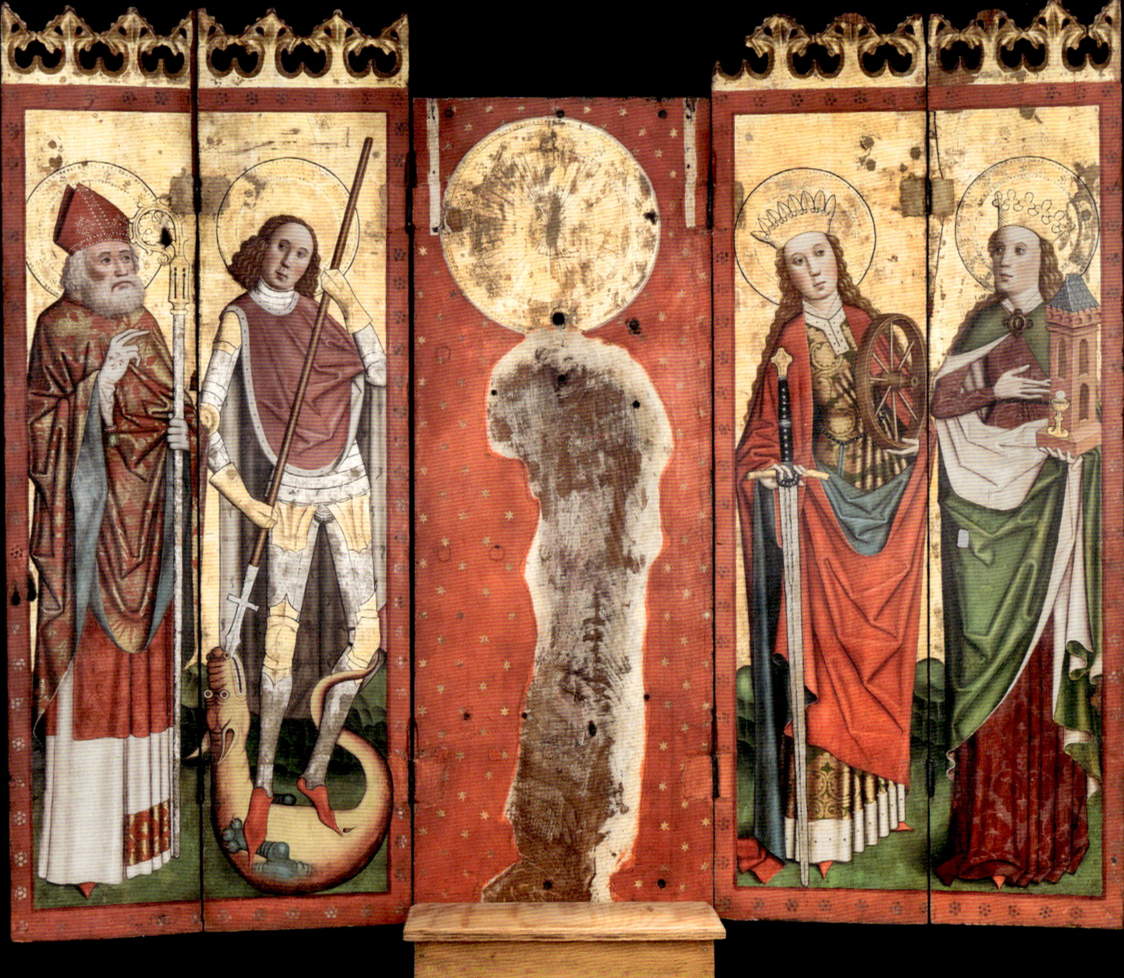

80
DORSALE UND SCHREINFLÜGEL AUS GRANVIN

Norddeutschland (Lübeck?), 1450–1475
Aus Granvin (Hardanger), im Museum seit 1842
Eiche, bemalt
H 116 x B 139,5 cm (offen)
Inv. Nr. MA 43

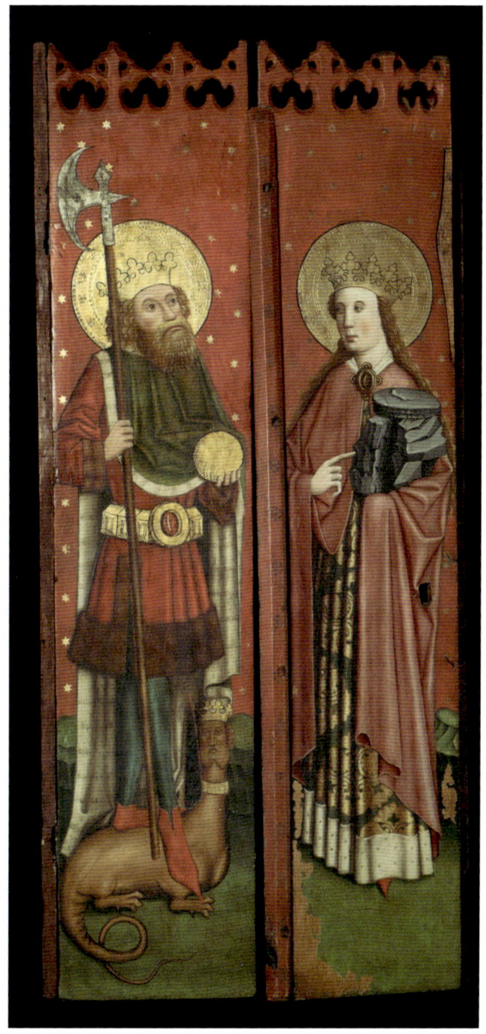

Auf den vier Flügeln eines Tabernakelschreins aus Granvin am Hardangerfjord befinden sich gut erhaltene qualitätsvolle Malereien. Die Innenseiten zeigen vier stehende Heilige vor rotem Hintergrund, von links nach rechts: einen heiligen Bischof (St. Augustinus?), St. Georg mit dem Drachen, St. Katharina mit dem Rad und St. Barbara mit ihrem Turm. Die Aussenseiten der beiden äußeren Flügel zeigen Porträts der beiden norwegischen Heiligen Olav und Sunniva. Die letztgenannte Heilige, deren Reliquien in der Kathedrale von Bergen aufbewahrt und verehrt wurden, war die Schutzpatronin Westnorwegens. Auf dem Dorsale befindet sich ein goldener Nimbus auf rotem Grund. Die Malereien deuten stilistisch auf eine norddeutsche, wahrscheinlich lübische Herkunft hin. Bemerkenswert ist der Zackenkamm oberhalb der Flügel in Form einer Reihe von aufrecht stehenden, plastisch geformten Blättern, die aus dem Holz der Tafeln geschnitzt sind. Die Breite der vier Flügel, die in etwa der des Dorsales entspricht, lässt vermuten, dass der Schrein einen fünfseitigen Grundriss hatte, für den es keine bekannten Parallelen gibt (der vorliegende Sockel ist neu). Aus der gleichen Kirche befinden sich in der Bergener Sammlung auch eine Maria mit Kind (Kat. Nr. 22) und Figuren der beiden Johannese (Kat. Nr. 81).

Bendixen 1904–1913, S. 467–468; Bendixen 1911, S. 37–41; Engelstad 1936, S. 45–46, 235–236; Lapaire 1969, S. 188; Hoffmann 2015, S. 59–61, 347–349; Kroesen/Tångeberg 2021, S. 127

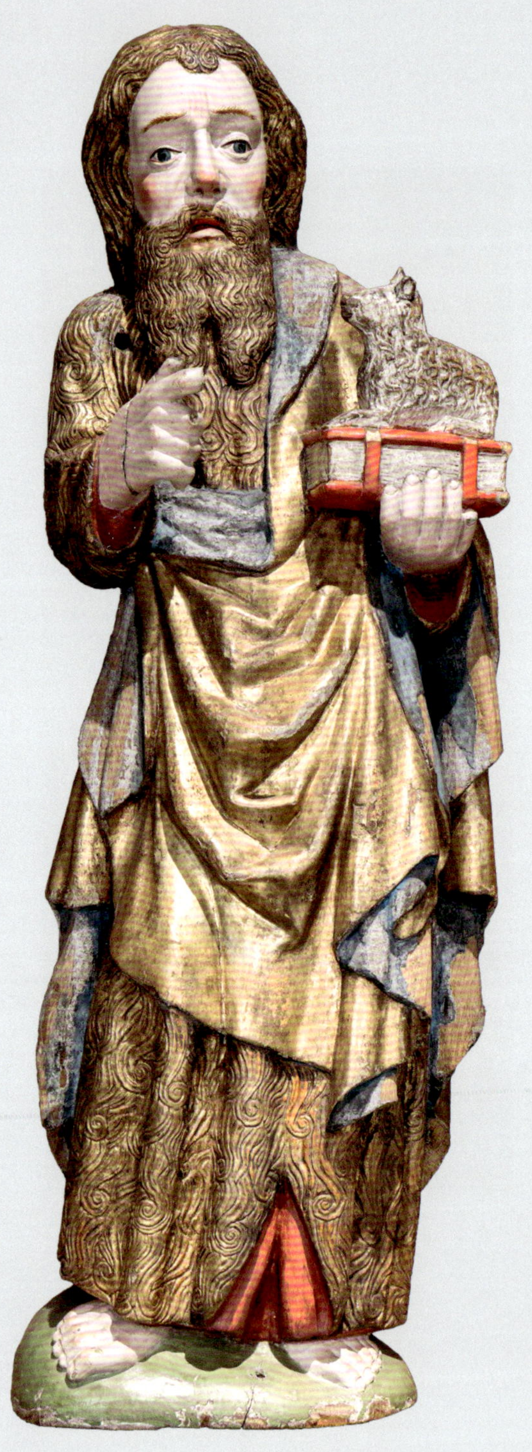
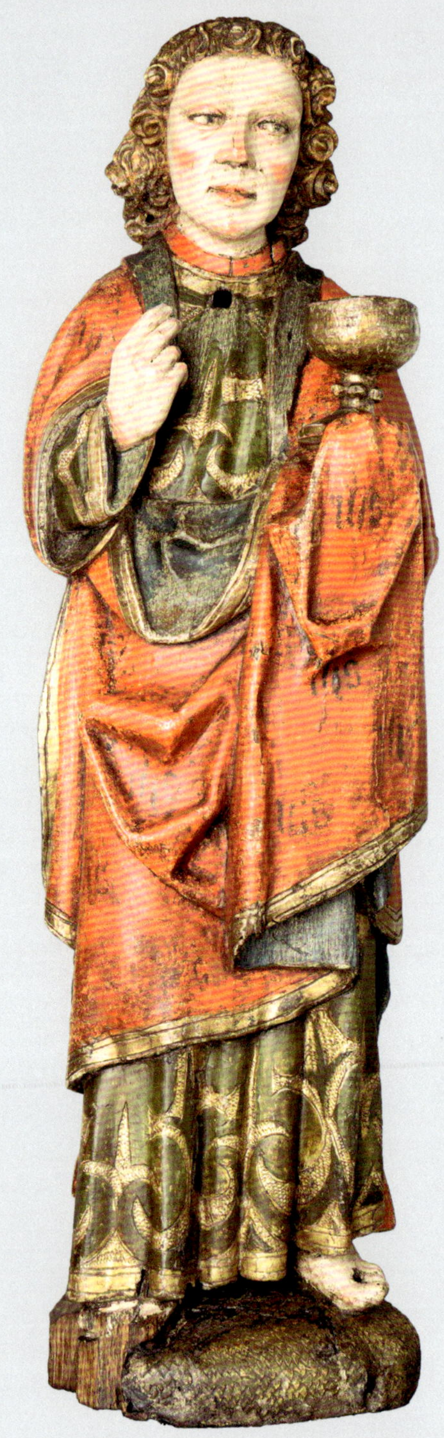

81
JOHANNES DER TÄUFER UND JOHANNES DER EVANGELIST AUS GRANVIN

Niederrhein oder Nördliche Niederlande (?), um 1470
Aus Granvin (Hardanger), seit 1842 im Museum
Eiche, polychromiert
H 80 x B 25 x T 17,5 cm (MA 31)
H 90 x B 33 x T 23 cm (MA 43)
Inv. Nr. MA 31, MA 43

Diese vollrundgeschnitzten Skulpturen, die den heiligen Johannes den Täufer und den heiligen Johannes den Evangelisten darstellen, stammen aus Granvin am Hardangerfjord. Johannes der Täufer steht barfuß auf einem kleinen Hügel und trägt einen langen Mantel aus Kamelhaar unter einem goldenen Umhang. In seiner linken Hand hält er ein geschlossenes, eisenbeschlagenes Buch, auf dem sich das Lamm Gottes befindet. Mit seiner rechten Hand zeigt er auf das Lamm und verweist so auf seine Rolle als Wegbereiter Christi. Der Evangelist ist mit einem roten Mantel bekleidet, unter dem eine Dalmatik aus grünem Brokat mit einem roten Kragen zu erkennen ist. Die Wirkung des Brokats wird mit Hilfe von aus dem Holz geschnitzten Mustern verstärkt; der rote Mantel ist mit den gotischen Buchstäben IHS (*Ihesus*) verziert. In seiner linken Hand, die mit einem Tuch bedeckt ist, hält er einen großen goldenen Kelch, während die rechte Hand erhoben ist. Das bartlose, junge Gesicht Johanni ist von lockigen, vergoldeten Haarlocken umgeben. Seine nackten Füße stehen auf einem runden Sockel. In der Mitte des oberen Dalmatiksaums befindet sich ein Loch, das die gesamte Skulptur durchdringt und an das ursprüngliche Vorhandensein einer Fibel oder eines kleinen Reliquiars erinnern könnte. Eivind Engelstad betrachtete die vollrunde Ausführung beider Figuren als ein nordniederländisches oder niederrheinisches Merkmal, was auf eine Herkunft aus dieser Region hindeuten könnte. Aus Granvin befinden sich in der Bergener Sammlung auch die vier Flügel und das Dorsale eines Tabernakelschreins (Kat. Nr. 80).

Bendixen 1904–1913, S. 468; Bendixen 1911, S. 14; Engelstad 1936, S. 45–46, 136, 236, 359

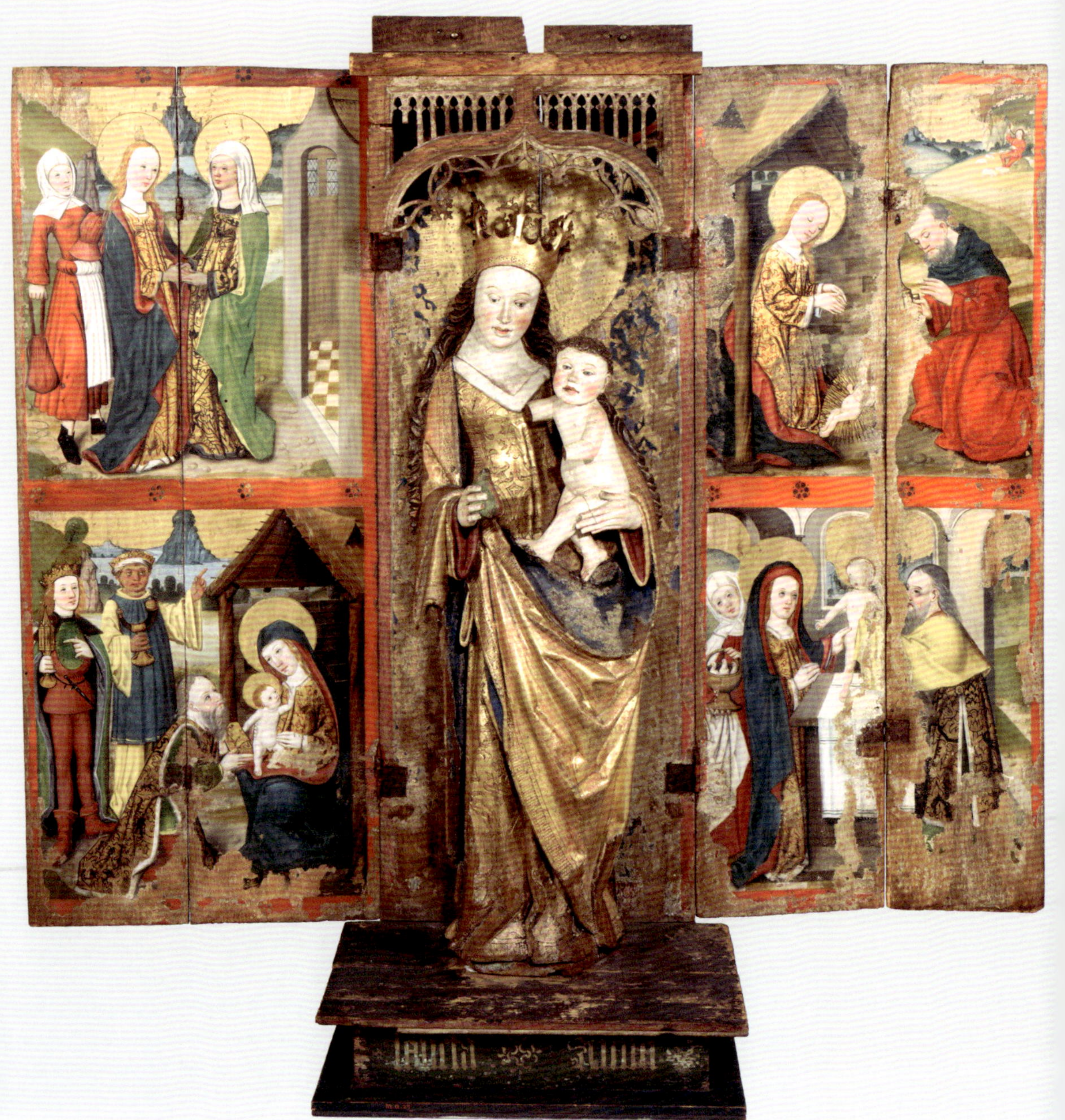

82

MARIENSCHREIN AUS BREKKE

Norddeutschland (Lübeck?), um 1480
Aus Brekke (Sogn), im Museum vor 1868
Eiche, bemalt, polychromiert
H 144 x B 157 x T 38 cm (geöffnet) und
H 144 x B 56 x T 38 cm (geschlossen)
Inv. Nr. MA 29

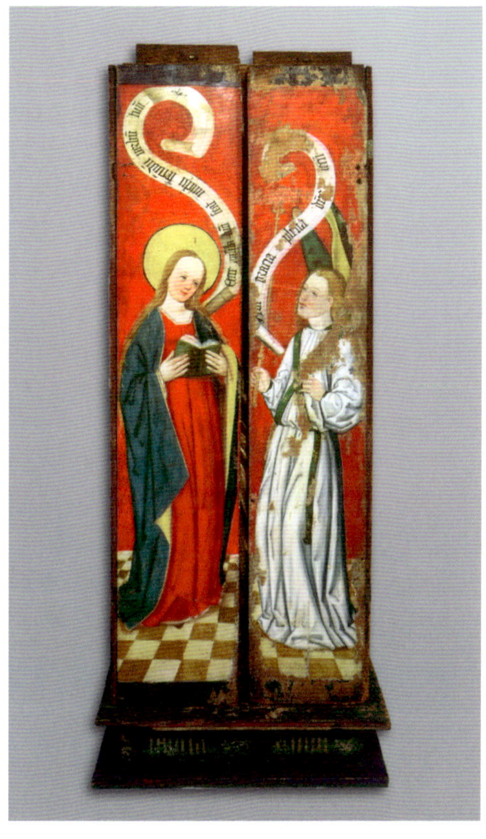

Dieser spätgotische Tabernakelschrein aus Brekke am Sognefjord repräsentiert einen Typus, der im späten Mittelalter in Mittel- und Nordeuropa weit verbreitet war. Der Schrein wurde vermutlich in Norddeutschland, möglicherweise in Lübeck, hergestellt. Die Figur der stehenden Madonna mit Kind hat ihre ursprüngliche Polychromie fast vollständig erhalten. Die Jungfrau hat langes, lockiges Haar, das unter der Krone über Schulter und Rücken herabfällt. Sie trägt ein goldenes Gewand und einen goldenen Mantel. In ihrer rechten Hand hält sie eine birnenförmige Frucht, während sie auf ihrem linken Arm das nackte Christuskind trägt. Das Dorsale ist mit Goldbrokatimitation verziert und wird von einem flachen Baldachin mit Spitzbögen und Maßwerkverzierung gekrönt. Aus unbekannten Gründen trägt die Vorderseite des Sockels die Inschrift *sancta anna*. Aus der Ikonographie schließt sich aber, dass es sich ursprünglich um einen Marienschrein handelte.

Die Innenseiten der vier verschließbaren Flügel zeigen, von roten Rahmen eingefasst, vier Marienszenen, die sich jeweils über die Breite zweier Flügel erstrecken. Oben links befindet sich die Heimsuchung Mariens und Elisabeths in Begleitung einer unbekannten dritten Frau, gefolgt von der Geburt Christi (oben rechts), der Anbetung der Heiligen Drei Könige (unten links) und der Darstellung im Tempel (unten rechts). Wie im 15. Jahrhundert üblich, zeigt die Vorderseite des Schreines im geschlossenen Zustand die Verkündigung. Maria und der Engel, die beide Textrollen halten, stehen vor rotem Hintergrund auf einem perspektivisch dargestellten Fliesenboden. Eine nahezu identische Darstellung findet sich auf dem Marienschrein in Risinge (Östergötland, Schweden), der ebenfalls wahrscheinlich Lübecker Herkunft ist.

Bendixen 1911, S. 41–44; Engelstad 1936, S. 239; Lapaire 1969, S. 188; Kroesen/Tångeberg 2021, S. 127–128

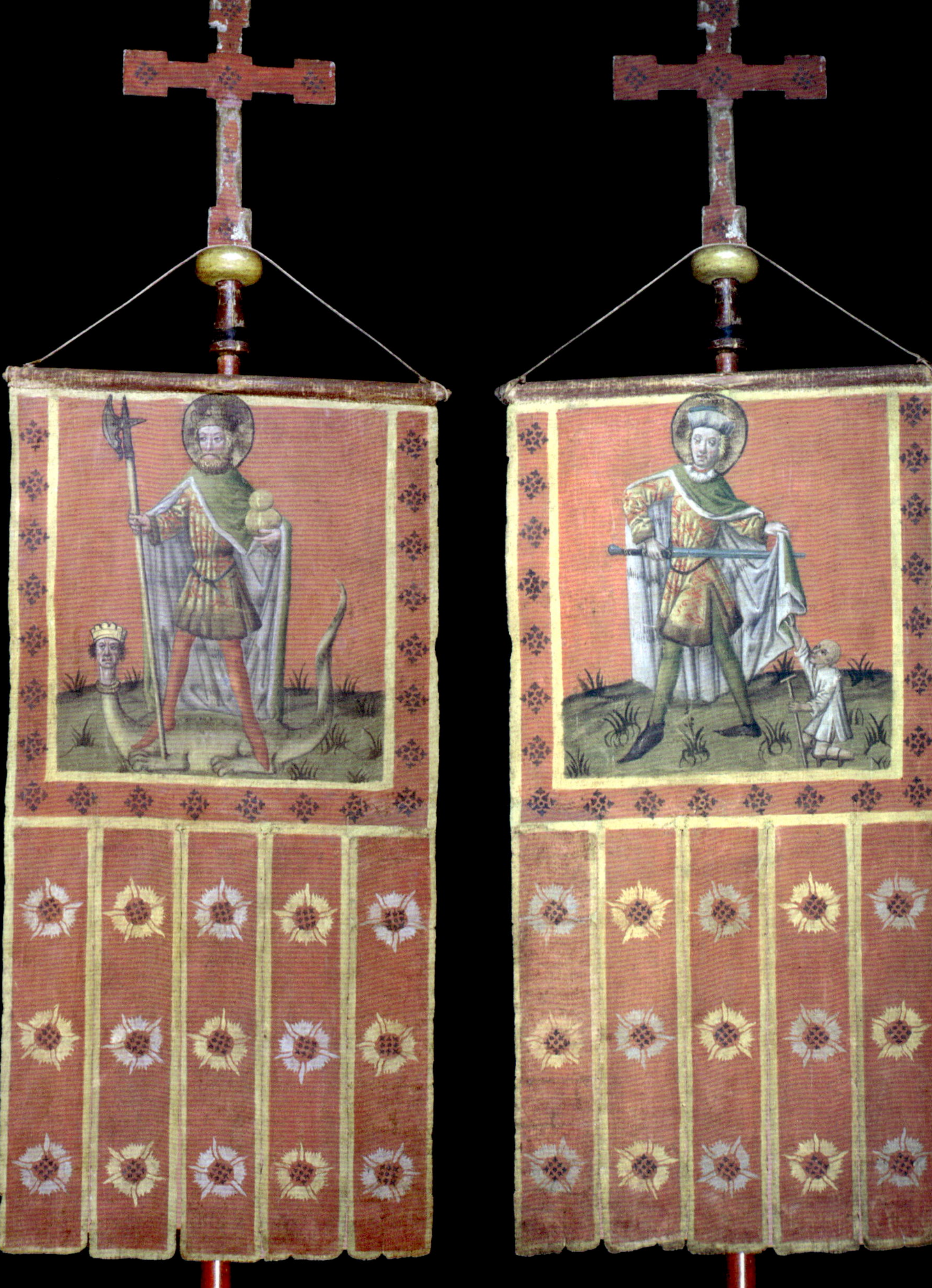

83
BEMALTE KIRCHENFAHNE AUS LAVIK

Norddeutschland (?), 1450–1475
Aus Lavik (Sogn), im Museum seit 1826
Nadelholz (Stab und Querstange),
Leinen (Fahne), bemalt
H 358 cm (Stab), H 110 x B 53 cm (Fahne)
Inv. Nr. MA 16

Dieser Stab mit Fahne kam bereits 1826 aus Lavik am Sognefjord in die Sammlung. Der rot bemalte Schaft endet in einem Kreuz mit quadratischen Enden, dessen Oberfläche mit schwarzen Schablonenrosetten verziert ist. Dasselbe Muster lässt sich auch auf der Fahne finden, die an einem horizontalen Holzstab befestigt ist. Die untere Hälfte besteht aus fünf hängenden Bändern, die mit stilisierten Blumen verziert sind. Die gerahmte Bildfläche darüber zeigt auf rotem Grund den norwegischen heiligen König Olav auf der einen Seite und auf der anderen Seite den heiligen Martinus mit dem Bettler.

Der gekrönte heilige Olav trägt ein Gewand und einen kurzen Hermelinumhang und steht auf einem Monster mit Menschenkopf, ein Symbol für das Heidentum. In der einen Hand hält er sein Attribut, eine Axt mit langem Stab, und in der anderen ein nicht identifiziertes Objekt, das aus zwei Kugeln besteht. Der heilige Martinus, der als gut gekleideter, bartloser Mann dargestellt wird, teilt seinen Mantel, um ihn dem zu seinen Füßen knienden Bettler zu geben.

An bestimmten Tagen des liturgischen Jahres, in diesem Fall am 29. Juli (St. Olav) und am 11. November (St. Martin), wurden Kirchenfahnen bei Prozessionen mitgetragen. Solche Kirchenfahnen müssen in praktisch jeder mittelalterlichen Kirche vorhanden gewesen sein. Das Inventar der Kirche von Ylmheim (jetzt Ølmheim, Sogn) aus dem Jahr 1321 erwähnt drei Fahnen, zwei mit Marienbildern und eine, die den heiligen Johannes den Evangelisten zeigt. Durch ihre Fragilität sind diese Fahnen nur selten erhalten, so beispielsweise zwei bemalte Kirchenfahnen aus Leinen im Kloster Lüne bei Lüneburg (Niedersachsen, um 1410–1420). Bendix Bendixen ging davon aus, dass die Fahne aus Lavik in Norddeutschland gefertigt wurde.

Bendixen 1889, S. 4–17; Fett 1909, S. 146–147; Braun 1924b, S. 239; E. Engelstad 1941; H. Engelstad 1941, S. 146; von Achen 1989, S. 11; Liepe 1998, S. 267–269; von Achen 2018, S. 37

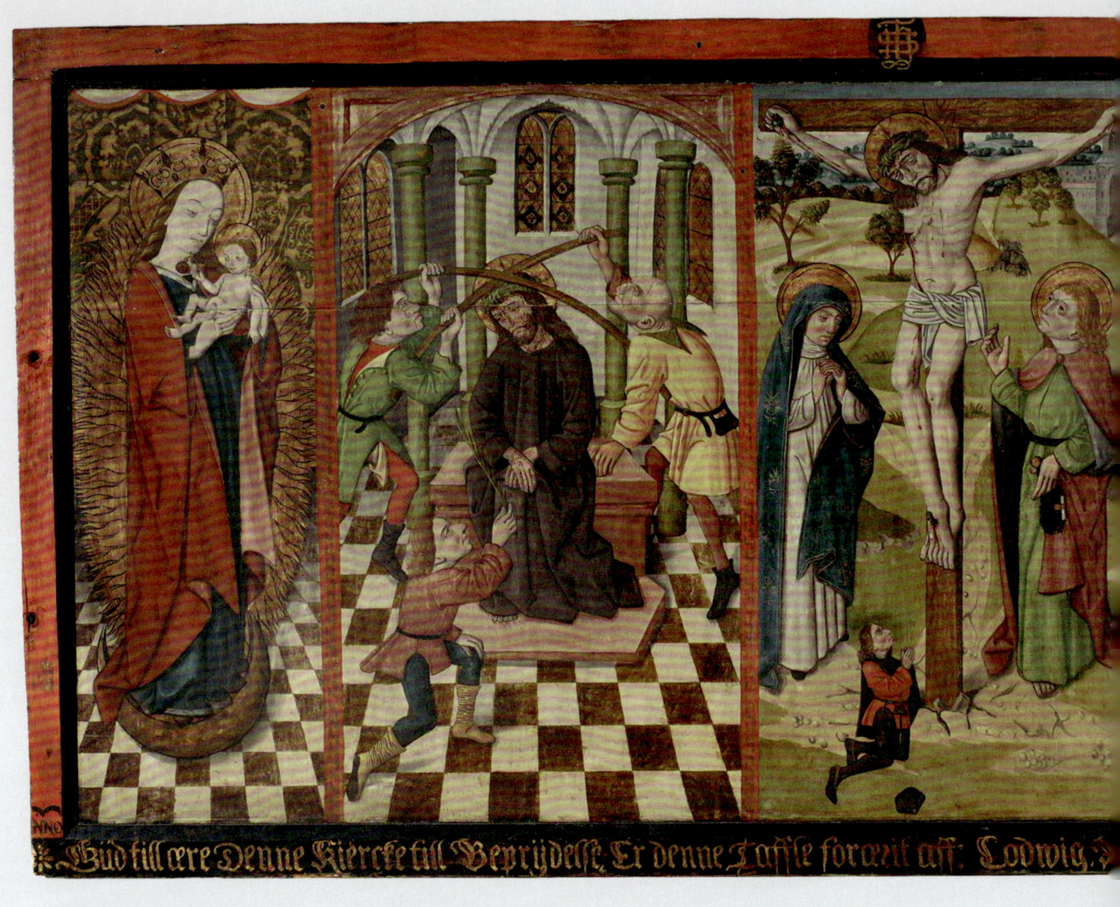

84
PASSIONSTAFEL AUS VOLDA

Norwegen, um 1470
Aus Volda (Sunnmøre), im Museum seit 1885
Eiche, bemalt
H 110 x B 217 x T 3 cm
Inv. Nr. MA 318

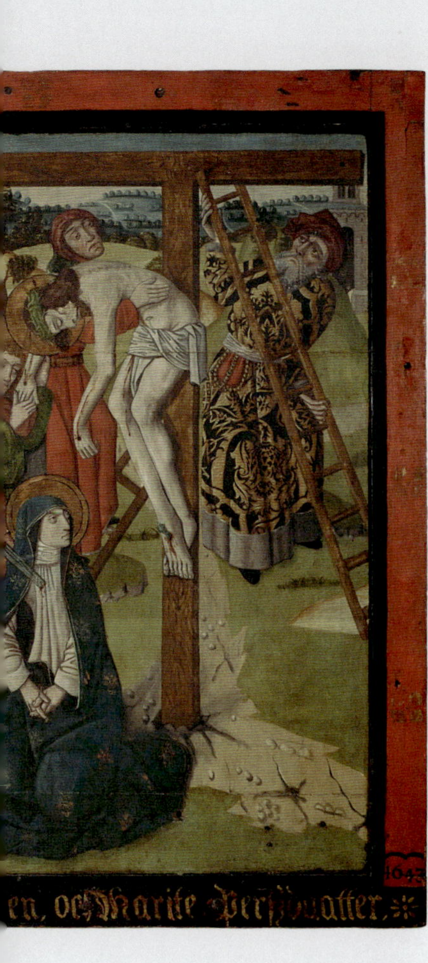

Diese bemalte Tafel aus Volda (Sunnmøre) wird von roten vertikalen Streifen in vier Bildfelder unterteilt. Das linke schmalere Bildfeld zeigt eine Mondsichelmadonna in einem Strahlenkranz. Im Hintergrund ist ein Wandteppich aus Goldbrokat zu erkennen, der Boden ist mit perspektivisch wiedergegebenen braunen und weißen Fliesen bedeckt. Der Fliesenboden setzt sich in der anschließenden Szene fort. Sie zeigt die Dornenkrönung Christi in einem spätgotischen Kirchengebäude. Christus sitzt auf einer Bank, die in Form eines Altars gestaltet ist und wird von drei Schergen umgeben. Das dritte Bildfeld zeigt eine dreifigurige Kalvariengruppe in einer grünen Hügellandschaft mit einem kleinen knienden Stifter zu Füßen des Kreuzes. Die letzte Szene zeigt die Kreuzabnahme durch Joseph von Arimathäa und Nikodemus. Im Vordergrund sitzt Maria, deren Herz von einem Schwert durchbohrt wird (*Mater Dolorosa*).

Im Jahr 1643 wurde der Rahmen mit einer Hausmarke und einer Inschrift übermalt, die die Stifter der Tafel erwähnt: »Gud till ære, denne kiercke till beprydelse. Er denne taffle foræret aff Lodwig Anderßen och Maritte Perszdatter/1643« (Zu Ehren Gottes und dieser Kirche zur Zier. Ist diese Tafel geschenkt durch Lodwig Anderßen und Maritte Perszdatter/1643). Die Inschrift macht deutlich, dass die Tafel bis 1643 zu einer anderen Kirche gehörte. Obwohl die Tafel traditionell als Altarfrontale betrachtet wurde, legen ihre abweichende Binnengliederung und Ikonographie eine andere Funktion nahe. Angesichts des Bildprogramms scheint es sich um eine Passionstafel zu handeln, mit der die Auftraggeber ihre Verehrung für den leidenden Christus und die Jungfrau Maria zum Ausdruck bringen konnten. Neben der Gedenkfunktion kann auch ein katechetisches Motiv eine Rolle gespielt haben. Wie Ruth Slenczka anhand von Beispielen aus Deutschland gezeigt hat, waren solche Bildtafeln im Spätmittelalter ein verbreitetes Phänomen (Slenczka 1998).

Bendixen 1905, S. 5–8; von Achen 1989, S. 3; von Achen 1996a, S. 104–107; von Achen 2017, S. 47–48; von Achen 2018, S. 17

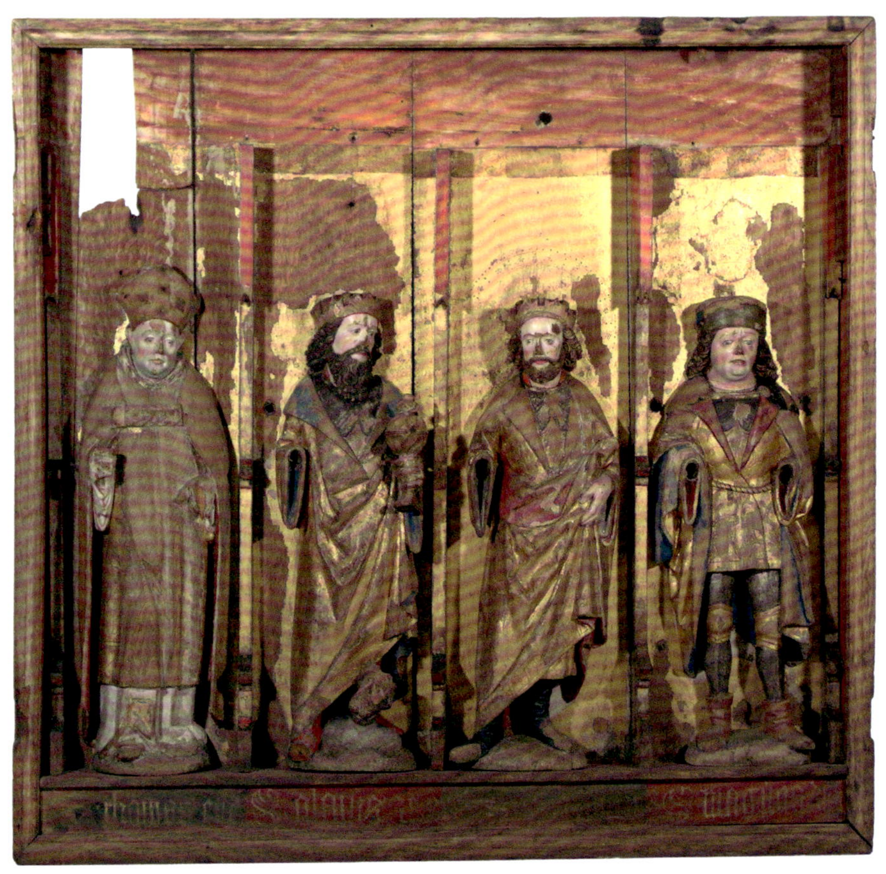

85
ALTARSCHREINE AUS LURØY UND NESNA

Norddeutschland (Lübeck?), 1470–1480
Aus Lurøy (Nordland), seit 1835 im Museum, und
Nesna (Nordland), seit 1865 im Museum
Eiche, polychromiert
H 113 x B 119 x T 13 cm (Lurøy)
H 115 x B 100 x T 13 cm (Nesna)
Inv. Nr. MA 19 (Nesna), MA 21 (Lurøy)

Der Mittelschrein eines Flügelaltares aus Lurøy, südlich von Bodø in Nordland, zeigt vier stehende Heilige, die anhand von goldenen gotischen Minuskeln, die unterhalb der Nischen am Rahmen des Schreins angebracht sind, identifiziert werden können. Es handelt sich von links nach rechts um den heiligen Thomas Becket im Bischofsornat, den heiligen Olav, den heiligen Edmund sowie den heiligen Magnus Erlendsson, einem lokal auf den Orkneyinseln und in Norwegen verehrten Heiligen. Sowohl die Baldachine, die über den Heiligen angebracht waren, die Säulen und Fialen als auch die meisten Hände der Heiligen sind verlorengegangen.

In der auf dem Wasserweg unweit von Lurøy gelegenen Kirche zu Nesna hat sich ein vergleichbarer Mittelschrein eines Flü-

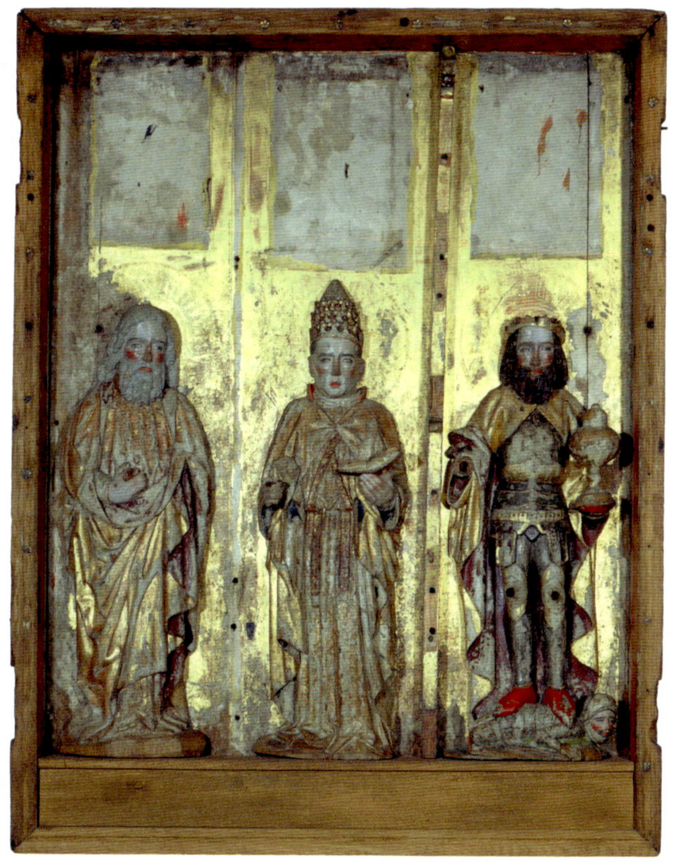

gelaltars erhalten. Dieser zeigt von links den heiligen Andreas, den heiligen Gregor und den heiligen Olav, die anhand von in gotischen Minuskeln ausgeführten Inschriften auf ihren Heiligenscheinen identifiziert werden können. Ebenfalls in diesem Schrein sind die bekrönenden Baldachine verlorengegangen, die Nasen und Hände fehlen. Der vergleichbare fragmentierte Erhaltungszustand beider Flügelaltäre weist auf eine wohl mutwillige Entfernung hin.

Die Schreine weisen zu beiden Seiten Spuren von Scharnieren auf; sämtliche Flügel gingen verloren. Mittelschreine von Flügelaltären mit Heiligenreihungen sind nur selten überliefert. Im Hinblick auf den Figurenstil und der Verarbeitung beider Schreine ist eine Entstehung in einer norddeutschen Werkstatt zu vermuten. Die Auswahl der Heiligen auf dem Retabel von Lurøy zeigt die bevorzugte Verehrung von Heiligen aus dem Nordseegebiet, insbesondere aus East Anglia (Edmund) und den Orkneys (Magnus), der Bewohner der norwegischen Westküste und weist auf eine Auftragsarbeit hin.

Fett 1909, S. 126; Bendixen 1911, S. 29, 34; Fett 1925, S. 236; Engelstad 1936, S. 53–54, 64–65, 274–275, 276–277

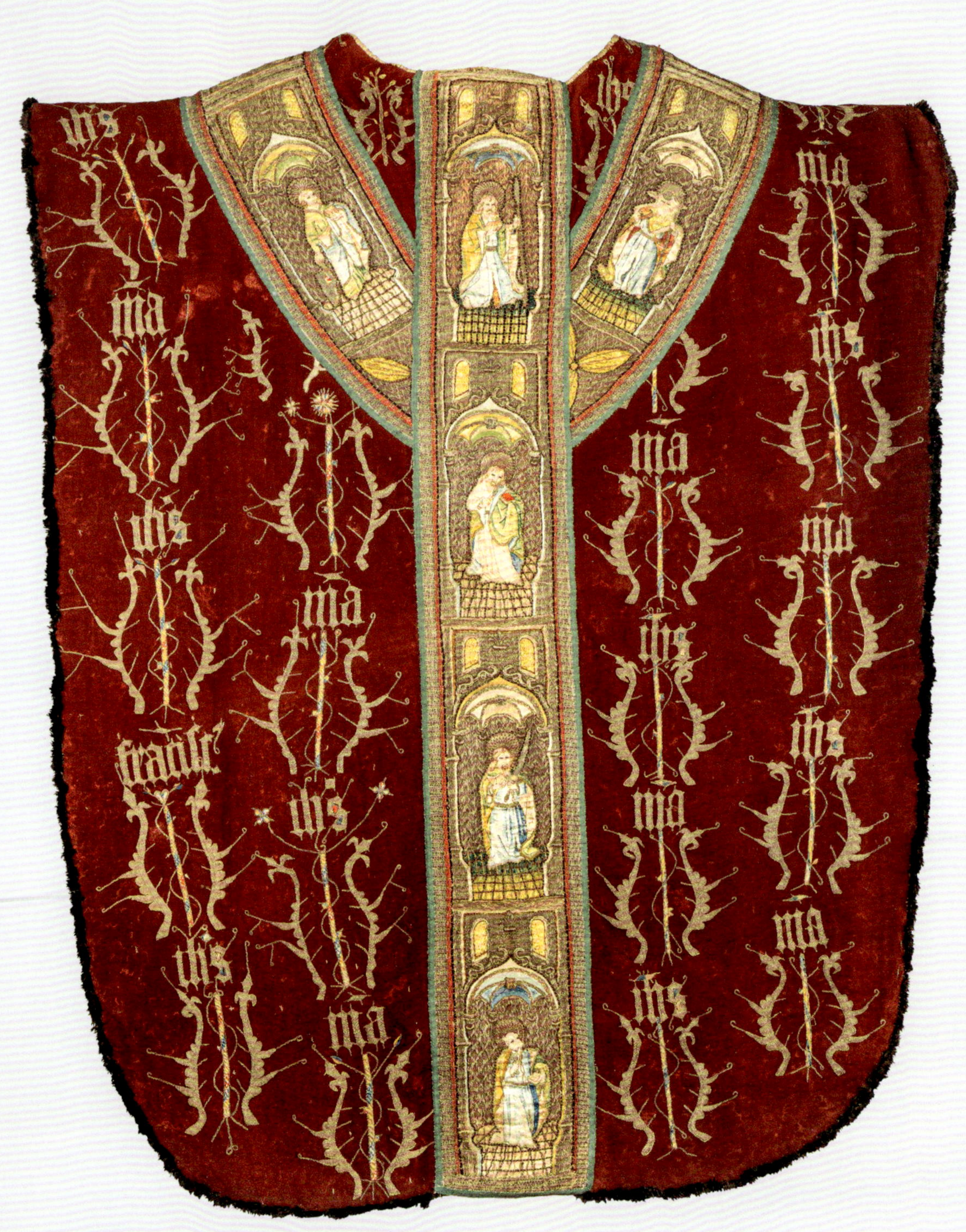

86
KASEL AUS VEØY

Norwegen (Trägerstoff, Stickereien), Niederlande (?) (Borten), um 1500
Aus Veøy (Romsdal), seit 1866 im Museum
Gefärbter Wollstoff mit applizierter Seidenstickerei
H 119 x B 103 cm (Kasel), B 17 cm (Borte)
Inv. Nr. MA 133

Auf einem rotgefärbten Wollstoff befindet sich auf Vorder- und Rückseite ein aus Stickereien gelegtes Gabelkreuz mit Heiligen in Architekturnischen. Der Bortenstab besteht auf der Rückseite aus vier, auf der Vorderseite aus ursprünglich drei männliche Heiligen, die in Kapellenräumen vor einem Ehrentuch stehen, während die Kreuzarme je einen männlichen Heiligen zeigen. Anhand der Attribute sind sie alle als Apostel zu identifizieren.

Die Stickereien sind in Spaltstich und Goldfäden in Anlegetechnik ausgeführt, wobei die Figuren einzeln gestickt und anschließend auf die Borte appliziert wurden. Auf dem Trägerstoff befindet sich in Golddraht und farbiger Seide gestickte, alternierende lyraförmige Floralornamentik, die sich mit den in gotischen Minuskeln ausgeführten goldenen *tituli* (Namen) *ma* (Maria), *ihs* (Jesus), *franci* (Franziskus) und *kat* (Katharina) abwechseln. Sowohl die rankenumwundenen Mittelstäbe der Floralornamentik als auch die Räume zwischen den Buchstaben im Christus-Namen sind mit farbiger Seide in Spaltstich ausgeführt. Die Ranken in der Nähe der Maria-Tituli enden in roten Blüten. Die Kasel ist von einem schmalen Fellsaum eingefasst.

Ob die Figurenborten in den Niederlanden gefertigt wurden, wie Helen Engelstad vermutete, oder in norwegischen Werkstätten niederländische Modelle gefolgt wurden, ist nicht mit Sicherheit zu beantworten. Die geringe Qualität der Bortenbesätze kann nicht zur Klärung dieser Frage beitragen, da Stickereien in unterschiedlichsten Qualitätsstufen hergestellt und gehandelt wurden.

Mit dem auf den Trägerstoff gestickten, alternierenden Motiven aus Pflanzenornamentik und *Tituli* folgt die Kasel Vorbildern, die sich zu dieser Zeit insbesondere in englischen Textilarbeiten finden lassen. Eine Parallele lässt sich im Chormantel (*Pluviale)* aus der Domkirche zu Stavanger erkennen (Kat. Nr. 88). Englische Arbeiten wurden in skandinavischen Werkstätten nachgefolgt und lassen sich unter anderem in einer Kasel aus einer unbekannten Kirche in Jämtland (im Mittelalter norwegisch, seit 1645 schwedisch) finden (jetzt Stockholm, Nordiska museet).

Die liturgischen Gewänder der Bergener Sammlung zeigen exemplarisch das kulturelle und ökonomische Netzwerk des mittelalterlichen Norwegens im Nordseeraum: nach England (Kat. Nr. 88), ins Rheinland (Kat. Nr. 87) und die Niederlande (Kat. Nr. 94).

Bugge/Kielland 1919, S. 49; H. Engelstad 1941, S. 115–116, 131–132

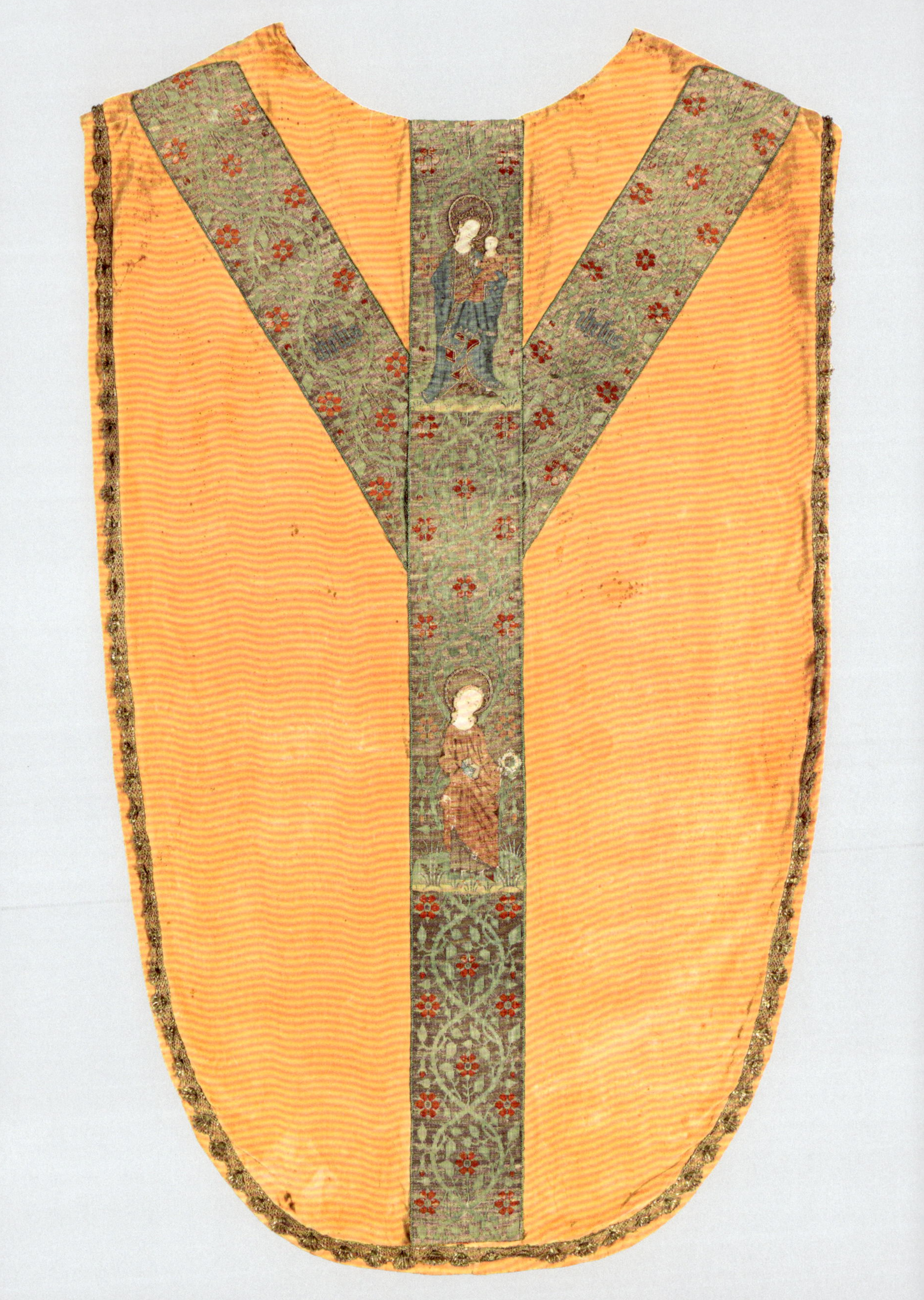

87

KASEL AUS BYGSTAD

Köln, 1400–1450 (Borten), Samtstoff unbekannter Herkunft, 18. Jahrhundert
Aus Bygstad (Sunnfjord), seit 1880 im Museum
Samt, Metall, Seide, Leinen
H 118 x B 76 cm (Kasel), B 11,5 cm (Borte)
Inv. Nr. MA 425ab

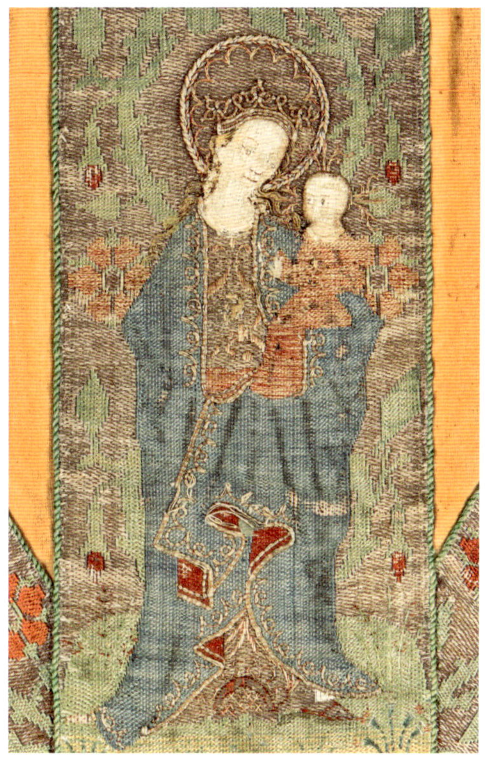

Auf einem mit Metall-Klöppelspitze eingefassten roten Samtstoff des 18. Jahrhunderts befindet sich eine als Gabelkreuz sekundär montierte, in Halbseidengewebe (Samit) ausgeführte sogenannte Kölner Borte im alternierenden Muster aus Rosenranken auf Goldgrund (Häutchengold) mit dem in Minuskeln in Blau ausgeführten Titulus *iehus* an den Kreuzarmen. Der Besatzstab zeigt Maria mit dem Christuskind und die heilige Dorothea auf Goldgrund, die in das Motiv der alternierenden Rosenranken aufgenommen sind. Die Gesichter der in die Borte gewebten Figuren sind separat in Spaltstich gestickt und auf die Borte appliziert. Verzierungen an den Gewändern, die Nimben sowie Blumen sind in Anlegetechnik und Spaltstich ausgeführt; Schattierungen und Faltenwürfe sind aufgemalt. Die Vorderseite zierte eine weitere Kölner Borte, die nun vom Stoff losgelöst separat aufbewahrt wird. Sie zeigt dasselbe Rosenrankenmuster und die Tituli *iehus, maria* und *iohies* (Iohannes).

Die Entstehung dieser gewebten Borten kann nach Köln lokalisiert werden. Die Borten wurden als Exportprodukt gehandelt und lassen sich in zahlreichen Kirchenschätzen weit über das Rheinland hinaus als Schmuck liturgischer Gewänder nachweisen. Mit dem Rosenrankenmotiv steht die Kölner Borte aus Bygstad am Übergang zwischen den früheren stilisierten Lebensbaum- und Rosettenmotiven und den späteren Mustern aus »naturalistisch« aufgefassten Rosenrankenzügen. Die Borte kann auf die erste Hälfte des 15. Jahrhunderts datiert werden. Nahezu identische Borten haben sich im Kölner Museum Schnütgen auf der Vorderseite einer blauen Kasel (Inv. Nr. N 335) sowie in einem Bortenfragment im selben Museum (Inv. Nr. N 148) erhalten. Vergleichbar ist ebenfalls ein Kaselkreuz in der Domkammer Münster (Inv. Nr. DD 40, Bombek/Stracke-Sporbeck 2012, S. 143).

Bugge/Kielland 1919, S. 50; H. Engelstad 1941, S. 63–65, 142

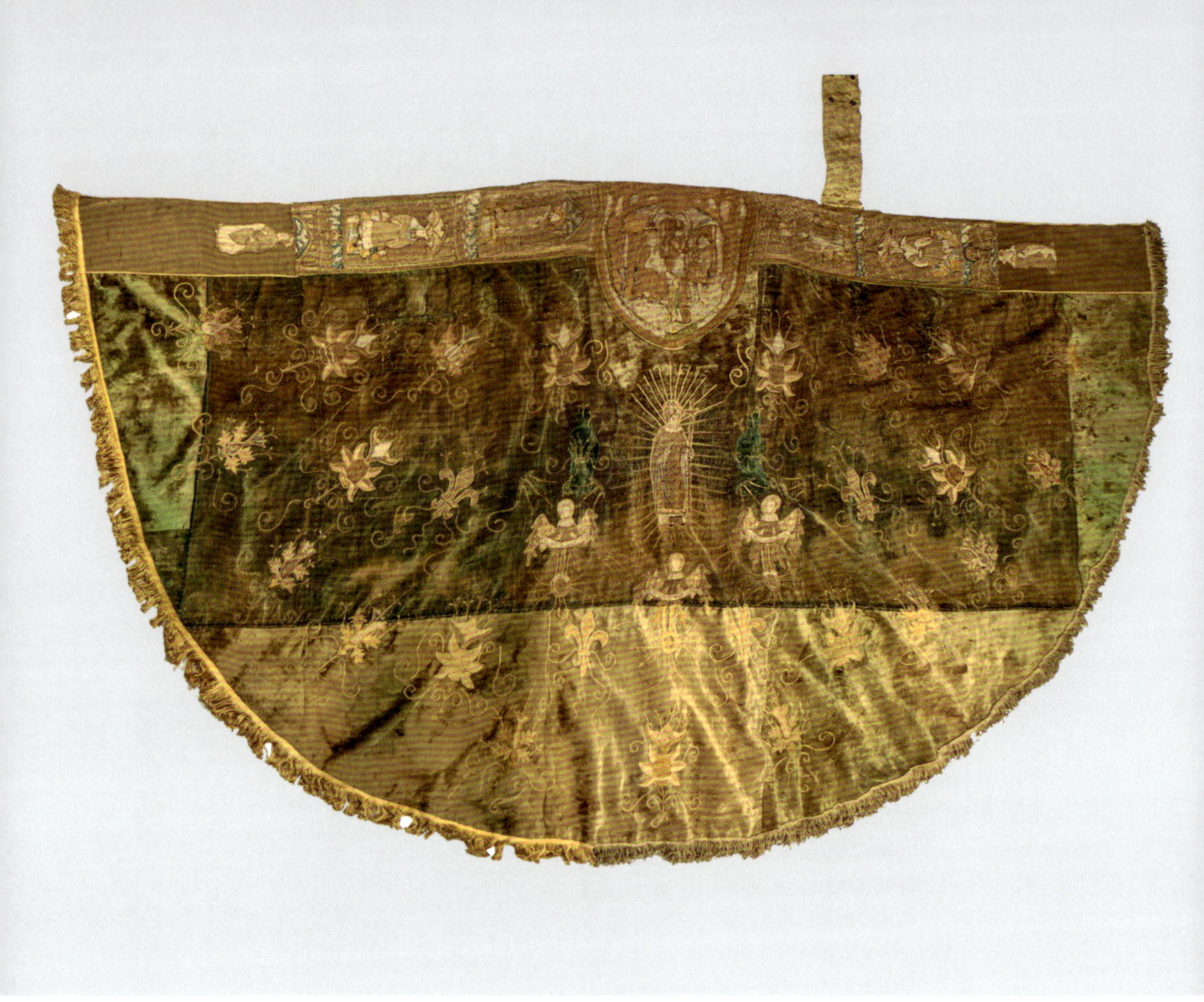

88
CHORMANTEL AUS DER DOMKIRCHE ZU STAVANGER

England, um 1500
Aus Stavanger (Rogaland), im Museum seit 1866, seit 1919 als Leihgabe im Stavanger Museum
Grüner Samt, Leinen (Trägerstoff); Seide, Silber- und Golddraht (Häutchengold) (Stickereien)
H 139 x W 277 cm
Inv. MA 50

Im Jahr 1866 wurde ein grüner Samt mit Stickereien auf dem Dachboden der Domkirche zu Stavanger entdeckt. Die Maße (71,5 cm x 249 cm) sowie die rechteckige Form des Stoffes wiesen auf einen sekundären Gebrauch als Altarantependium hin. Sowohl die Besatzstäbe als auch das Chormantelschild (*clipeus*), verweisen auf eine ursprüngliche Funktion des Stoffes als Chormantel (*pluviale*), ein liturgisches Gewand, das auf Hochfesten von hohen Geistlichen getragen wurde. Der rechteckige Stoff wurde 1940 zu einem Chormantel umgearbeitet und die Besatzstäbe sowie das Rückenschild an den angenommenen ursprünglichen Platz versetzt.

Das Chormantelschild zeigt die Szene der Anbetung des Christuskindes durch die Heiligen Drei Könige in einer Architekturumrahmung, während die Besatzstäbe sechs männliche Heilige in Nischen vor Ehrentüchern in Kapellenräumen zeigen. Lediglich vier Architekturrahmungen haben sich erhalten, die unteren zwei Heiligen wurden während der Umarbeitung im Jahr 1940 zurückversetzt. Sowohl die Heiligen als auch die Figuren des Chormantelschildes wurden einzeln gestickt und auf den Hintergrund appliziert. Die Seidenfäden sind in Spaltstich, die Goldfäden in Anlegetechnik gearbeitet.

Unterhalb des Chormantelschildes befindet sich ein stehender Bischof mit Mitra und Kreuzstab in einem Strahlenkranz, der vermutlich den heiligen Bischof Swithun von Winchester darstellt. Ihm war die Domkirche zu Stavanger geweiht, die ein kostbares Armreliquiar des Heiligen besaß. Der Bischof wird von drei Cherubim umgeben, die leere Spruchbänder halten und jeweils auf einer Rundscheibe mit Kreuz stehen. Der grüne Samtstoff ist zudem mit gestickten Rankenmustern sowie Blumen, Disteln und Lilien in Spaltstich dekoriert. Diese Motive sind typisch für liturgische Textilien, die im spätmittelalterlichen England gearbeitet wurden und unter dem Namen *Opus Anglicanum* in ganz Europa gefragt waren. Im Vergleich mit englischen spätmittelalterlichen Chormänteln, beispielsweise einem unbekannter Herkunft im Victoria and Albert Museum in London (Inv. Nr. 1376–1901), kann auch der Chormantel aus der Domkirche zu Stavanger

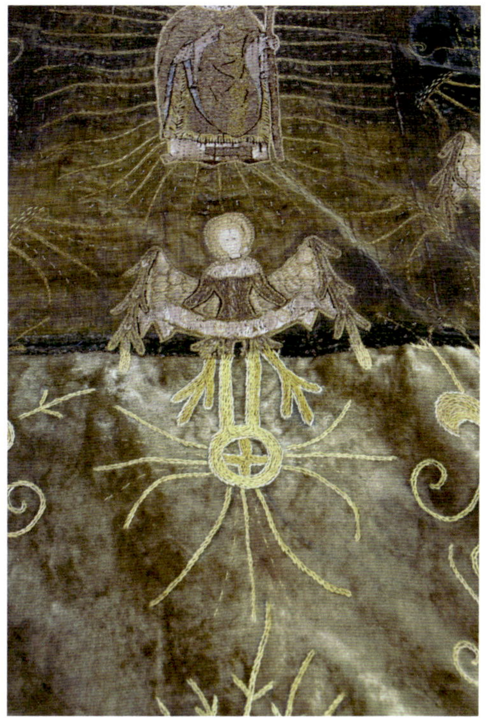

einer englischen Werkstatt zugeschrieben werden.

Wie in Stavanger wurden in anderen protestantischen Kirchen ausgediente mittelalterliche Textilien häufig umgenäht oder erhielten eine neue Funktion, zum Beispiel als Antependium oder Kanzelbehang. Diese Umnutzung konnte schon im 16. oder 17. Jahrhundert erfolgen. Beispiele lassen sich im norddeutschen Tangermünde sowie in der Marienkirche zu Rostock (ehemals aus der Klosterkirche zu Bützow) finden.

Kielland 1921, S. 23–36; H. Engelstad 1941, S. 11, 74–76, 137

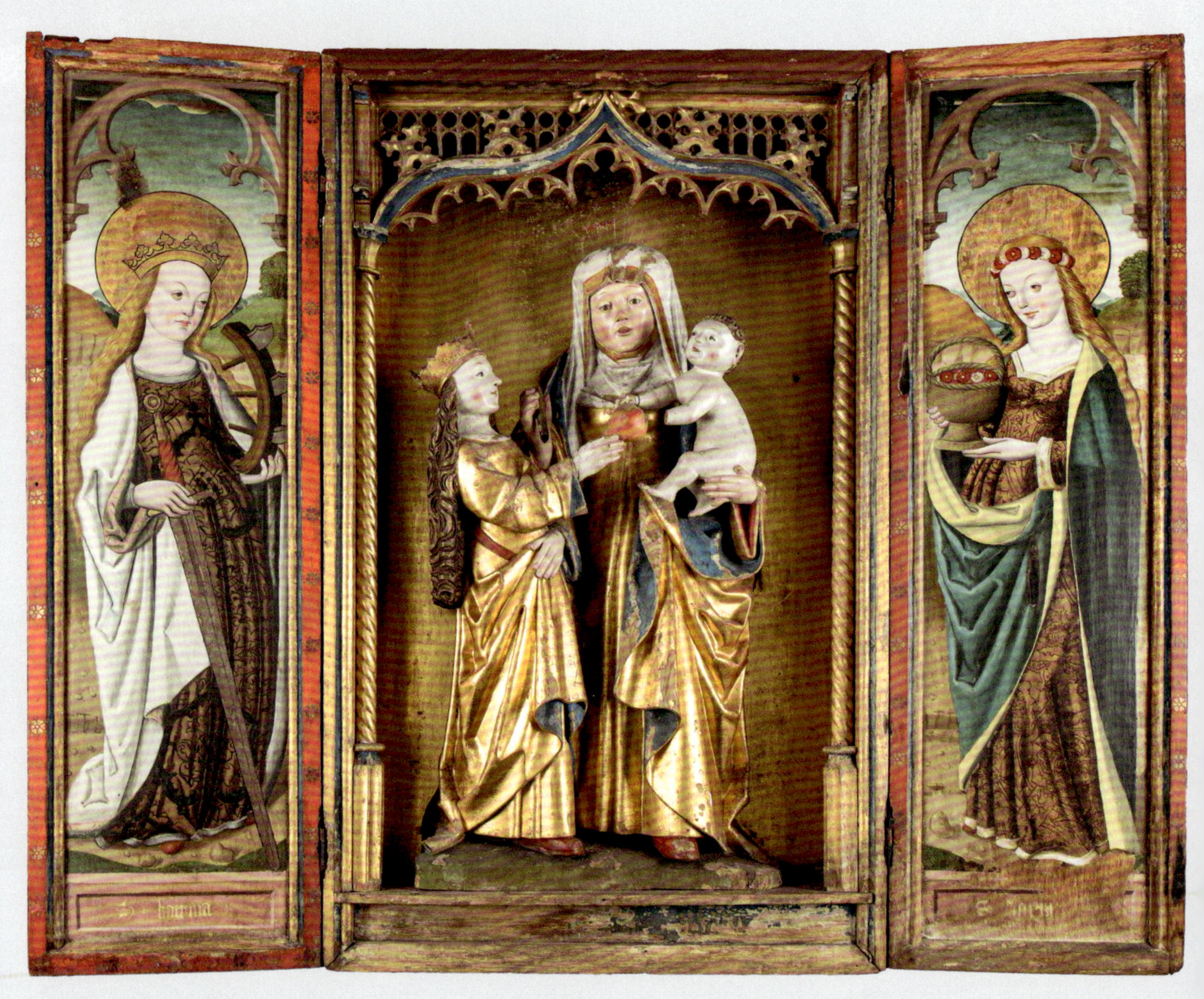

89

ST. ANNENSCHREIN AUS TRONDENES

Norddeutschland (Lübeck?), um 1480
Aus Trondenes (Troms), im Museum seit 1878
Eiche, bemalt, polychromiert
H 112 x B 142 x T 17,5 cm (offen), B 70 cm (geschlossen)
Inv. Nr. MA 230

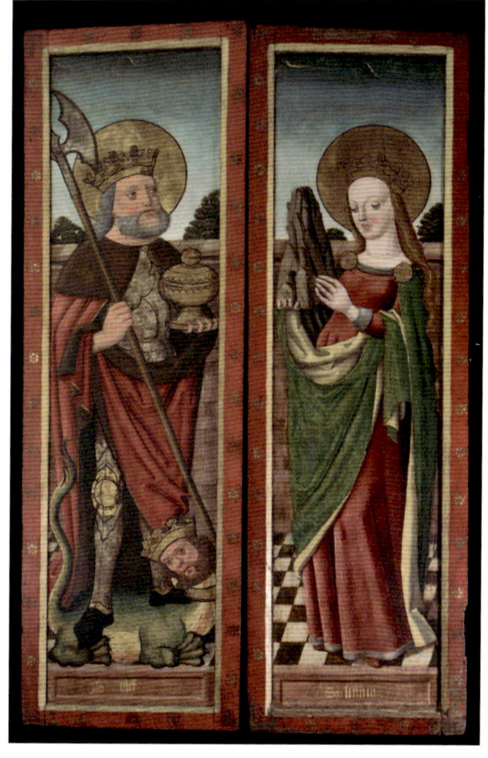

Die Kirche von Trondenes bei Harstad ist die nördlichste erhaltene mittelalterliche Kirche der Welt. Dieses Gebiet war das Zentrum der Kabeljaufischerei, der als Stockfisch über Bergen exportiert wurde und Nordnorwegen im späten Mittelalter großen Reichtum brachte. Im Chor der Kirche zu Trondenes befindet sich ein einzigartiges Ensemble von drei Altären, die mit Flügelretabeln norddeutscher, niederrheinischer und niederländischer Herkunft ausgestattet sind. Von einem weiteren Seitenaltar der Kirche stammt dieses kleine Triptychon, das eine Skulptur der Anna Selbdritt enthält. Anna trägt auf dem linken Arm ihren Enkel Christus, dem von der Jungfrau Maria von links ein Granatapfel gereicht wird. Während das Kind nackt ist, tragen die heilige Anna und Maria goldene Mäntel. Die Rückwand ist ebenfalls vergoldet, ebenso wie der Maßwerkbaldachin in Form eines Kielbogens, der seitlich auf gedrehten Säulen ruht.

Die bemalten Flügelinnenseiten zeigen die heilige Katharina, die durch Schwert und Rad identifiziert wird, und die heilige Dorothea, die einen Blumenkorb trägt. Beide sind stehend in einer hügeligen Landschaft dargestellt und werden je von einem gemalten Baldachin überfangen. Die Außenseiten zeigen den heiligen Olav (links) und die heilige Sunniva (rechts). Ihre Namen sind unten hinzugefügt: *s olef / s siniva*. Stilistisch lässt das Triptychon eine Entstehung in Norddeutschland, wahrscheinlich Lübeck, vermuten. Die Anwesenheit der beiden norwegischen Heiligen auf den Flügelaußenseiten weist eindeutig auf eine Auftragsarbeit hin.

Bendixen 1911, S. 45–47; Engelstad 1936, S. 295–296; von Achen 1996b, S. 68; Kausland 2017a, S. 59; Kausland 2020

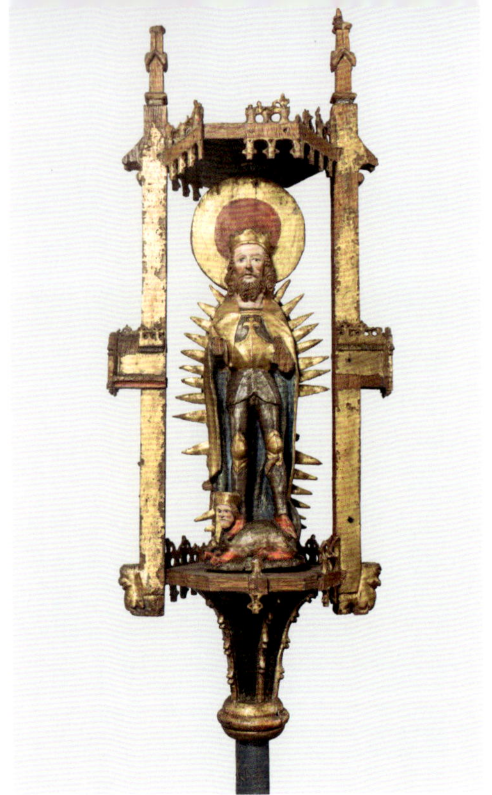

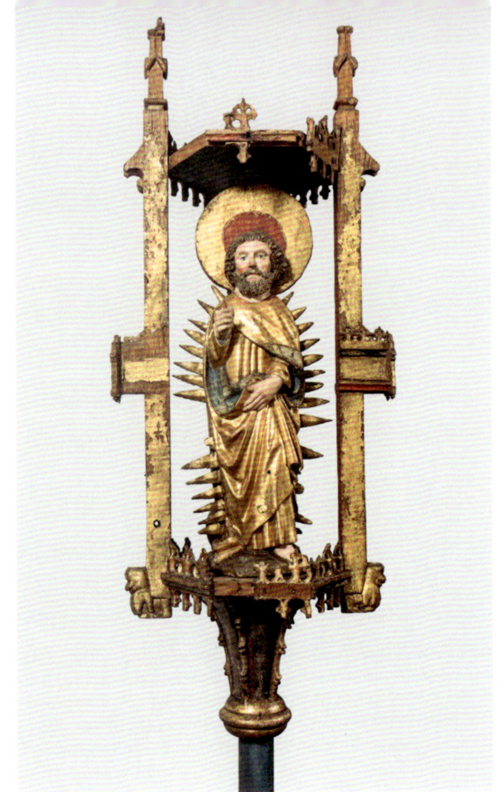

90
PROZESSIONSSTAB AUS ØRSKOG

Norddeutschland (?), 1450–1500
Aus Ørskog (Sunnmøre), im Museum seit 1865
Eiche (Schrein und Figuren), Nadelholz (Stab), polychromiert
H 279 cm
Inv. Nr. MA 41

Dieser Prozessionsstab aus Ørskog in Sunnmøre ist mit einer beidseitig ausgeführten Skulptur in einem sechsseitigen Gehäuse gekrönt. Der Stab war ursprünglich rot bemalt und ist unten gekürzt. Er endet in einem mit Blattkrabben verzierten Kapitell, das ein sechsseitiges Gehäuse trägt, flankiert von zwei von Fialen bekrönten Strebepfeilern. Die Strebepfeiler beherbergten ursprünglich kleine, jetzt verloren gegangene flankierende Figuren; unten sind kleine Tierfiguren zu erkennen. Im Gehäuse befinden sich zwei Figuren in Hochrelief, die in der Art eines *Marianums* rücklings gegeneinander platziert sind und von einem Strahlenkranz umgeben werden. Die eine Seite zeigt den heiligen norwegischen König Olav, der auf einem Ungeheuer steht, während die andere Seite wahrscheinlich den Apostel Petrus darstellt. Beide Figuren haben ihre ursprüngliche Polychromie und Vergoldung weitgehend erhalten, die Arme des heiligen Olav sind nun abgebrochen. Oben auf dem Baldachin befand sich ursprünglich eine Metallspitze, die als Kerzenhalter diente. Auf diese Weise wurden Prozessionen, in denen dieser Stab getragen wurde, mit Heiligenbildern und dem Licht flackernder Wachskerzen inszeniert.

Bendixen 1901, S. 11–12; von Achen 1994, S. 64

91
PROZESSIONSSTAB AUS UGGDAL

Norwegen, um 1500
Aus Uggdal (Sunnhordland), im Museum seit 1876
Eiche (Bekrönung), Nadelholz (Stab), polychromiert
H 191 cm
Inv. Nr. MA 192

Aus der Kirche zu Uggdal auf der Insel Tysnes, südlich von Bergen, stammt dieser Stab, der während Prozessionen mitgeführt wurde. Er weist mittig und an der Bekrönung runde Knäufe auf. Während die untere Hälfte eine glatte Oberfläche hat, weist der obere Abschnitt ein gedrehtes Profil auf, das abwechselnd rot und grün bemalt ist. Die runden Knäufe sind vergoldet. Der Stab endet in ein Kapitell mit sechs mit Blattkrabben verzierten Rippenbögen, das ein sechsseitiges Plateau trägt. Oben befindet sich ein Kerzenhalter, der von einem maßwerkdurchbrochenem Rahmen, der aus sich überschneidenen, umgedrehten Rundbögen und kleinen Fialen an den Ecken besteht, umgeben wird. Obwohl es sich bei solchen relativ leichten Stäben um Prozessionstäbe handelt, unterscheidet sich ihre Form nicht wesentlich von den festinstallierten Stangen, die die Hochaltäre vieler mittelalterlicher Kirchen umgaben und die zur Aufhängung von Tüchern (Altarvelen) dienten. In Deutschland sind mehrere Exemplare aus Metall und Stein erhalten, zum Beispiel in den St. Viktorkirchen in Xanten und Schwerte (beide in Nordrhein-Westfalen), St. Stephan in Mainz (Rheinland-Pfalz) und in St. Marien in Gelnhausen (Hessen). Aus Uggdal stammt in der Bergener Sammlung ebenfalls ein spätgotischer Flügelaltar (Kat. Nr. 99).

Bendixen 1901, S. 13

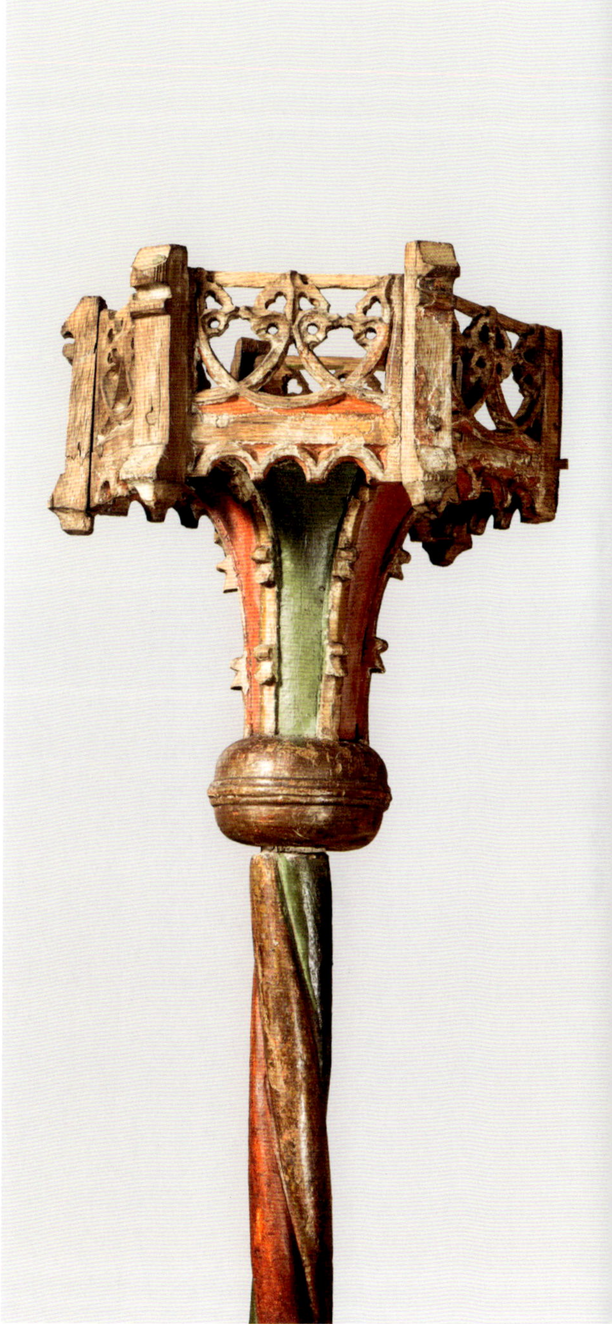

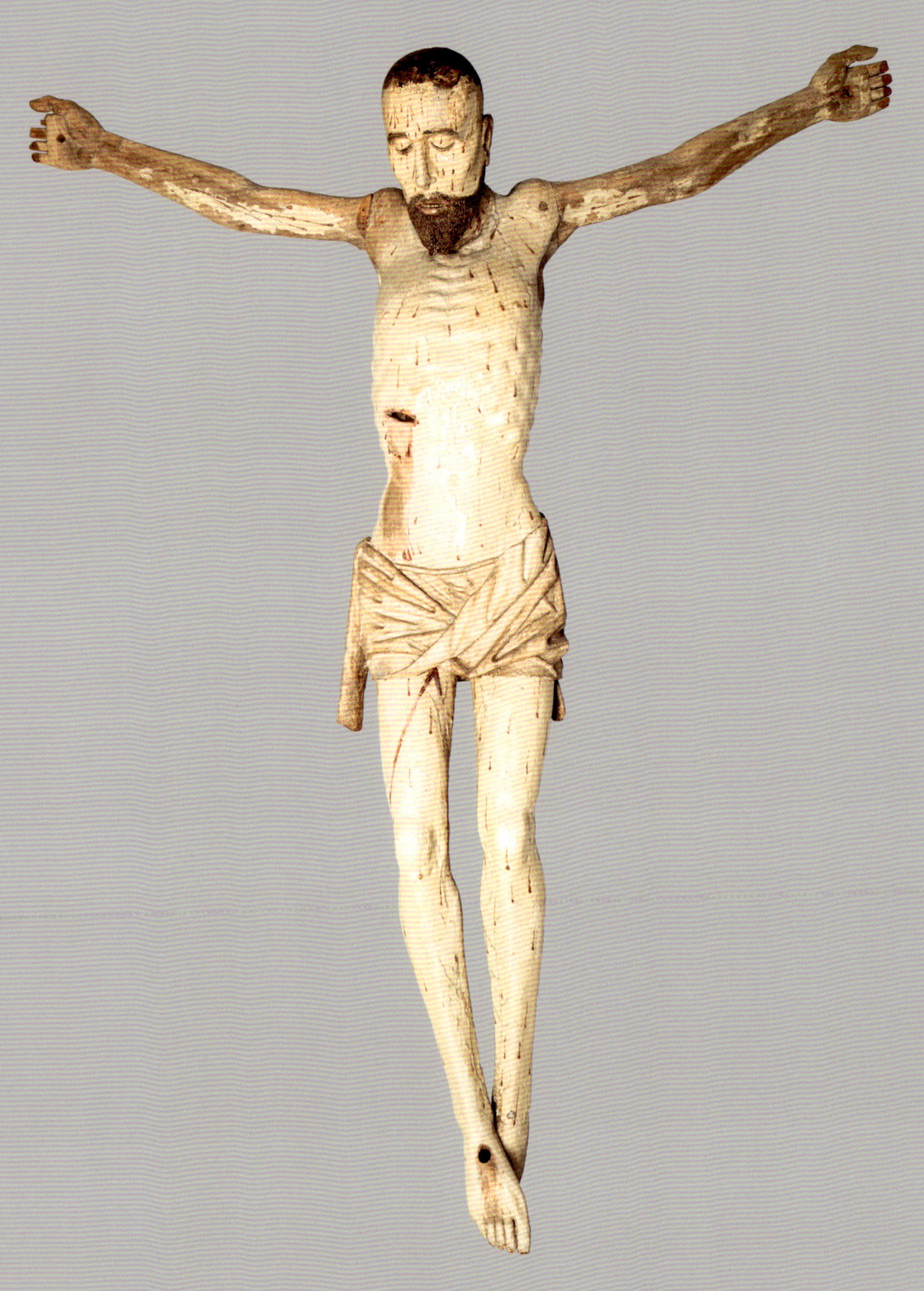

92
GEKREUZIGTER CHRISTUS AUS KYRKJEBØ

Skandinavien oder Deutschland, 1500–1510
Aus Kyrkjebø (Sogn), im Museum vor 1909
Eiche, polychromiert
H 180 x B 150 x T 37 cm
Inv. Nr. MA 666

Die lebensgroße Christusfigur ist hängend dargestellt, wobei die ausgestreckten Arme leicht nach oben gerichtet sind. Das Kreuz ist nicht mehr vorhanden. Christus Augen sind geschlossen, und sein bärtiges Gesicht ist leicht nach vorne gebeugt. Sein Brustkorb zeichnet sich unter der weißen Haut ab und er trägt ein weißes Lendentuch. Seine Füße sind übereinandergelegt, die Seitenwunde ist in das Holz geschnitzt und der ganze Körper mit Blut bedeckt.

Ab der zweiten Hälfte des 15. Jahrhunderts verbreitete sich die realistische Darstellung von Heiligen und insbesondere des leidenden Christus. Die Künstler versuchten das Leiden und den Tod Christi durch naturgetreue Farbgebung, blutenden Wunden sowie durch naturalistische Körpermerkmale wiederzugeben. Dieses Bestreben konnte auch die Verwendung von Fremdmaterialien beinhalten. Der nun haarlose Christus muss ursprünglich eine Perücke aus Naturhaar mit einer (echten?) Dornenkrone getragen haben, die später verlorengingen. Parallelen finden sich in ganz Mitteleuropa, mit einer Konzentration im deutschsprachigen Raum, in Tschechien und Polen. In Schweden ist ein Beispiel in der Marienkirche in Ystad (Schonen) erhalten.

Henning Laugerud beobachtete einen Hohlraum im Brustkorb der Figur, der möglicherweise als Reservoir für (künstliches) Blut diente, das durch die Seitenwunde herausfloss, worauf auch die fehlende Polychromie unterhalb der Wunde hindeutet. Solche Formen der Belebung mittelalterlicher Skulpturen waren im spätmittelalterlichen Europa nicht unüblich. Das große Kruzifix diente wahrscheinlich als Triumphkreuz zwischen Langhaus und Altarraum und ruhte auf einem Querbalken. Es lässt sich nicht mit Sicherheit feststellen, ob das zwei Meter hohe Kruzifix ursprünglich der Kirche zu Kyrkjebø gehörte oder möglicherweise nach der Reformation aus einer größeren Kirche dorthin übertragen wurde.

Bendixen 1909, S. 27; Engelstad 1936, S. 139, 239–240; von Achen 1989, S. 13; von Achen 2017, S. 50–51

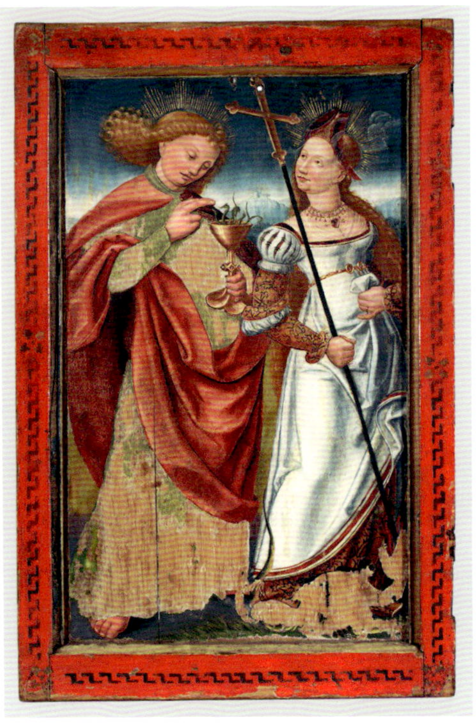

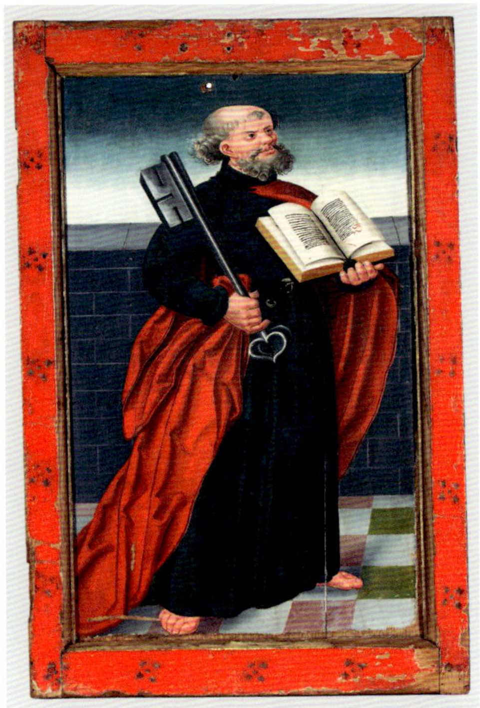

93

FLÜGEL EINES KLEINEN RETABELS AUS HJØRUNDFJORD

Norddeutschland (Hamburg?), um 1520
Aus Hjørundfjord (Sunnmøre), im Museum seit 1864
Eiche, bemalt
H 77 x B 48 x T 4 cm
Inv. Nr. MA 249ab

Diese bemalten Tafeln aus Hjørundfjord in Sunnmøre dienten ursprünglich als Flügel eines kleinen Altarretabels. Beide sind von rot bemalten Rahmen mit schablonierten Rosetten umgeben. Der Mittelschrein des Flügelretabels, mit einer geschnitzten Pietà flankiert von einem heiligen Bischof und dem heiligen Olav, befindet sich noch heute in der Kirche und wurde 1702–1704 in einen barocken Altar aufgenommen.

Die Innenseite des einen Flügels zeigt eine Berglandschaft mit dem in liturgische Gewänder gehüllten Johannes dem Evangelisten, der einen Kelch hält sowie eine reich gekleidete hl. Margarete. Die Außenseite derselben Tafel zeigt Petrus, der auf einem Fliesenboden vor einer gemauerten Wand unter blauem Himmel steht. Der Apostel trägt ein dunkles Gewand unter einem reich gefalteten roten Mantel. In seinen Händen hält er ein offenes Buch und sein Attribut,

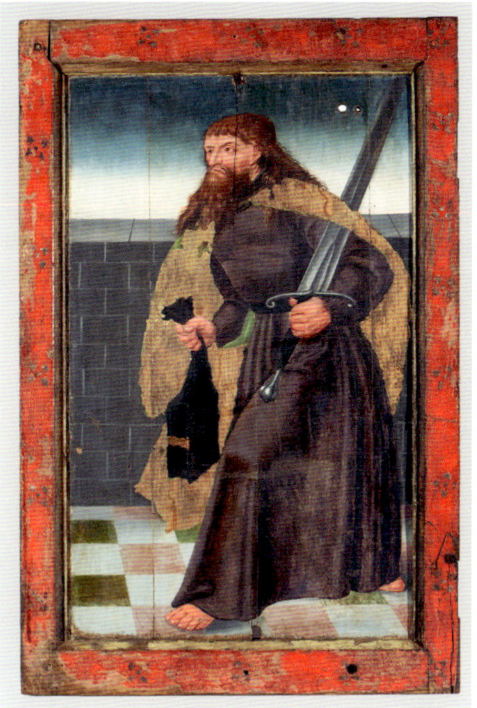

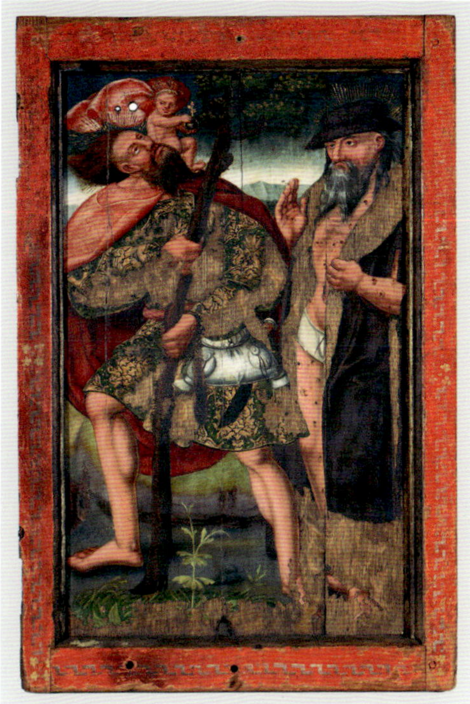

einen großen Schlüssel. Die zweite Tafel zeigt auf der Außenseite den Apostel Paulus, der ebenfalls ein dunkelbraunes Gewand trägt und vor einem vergleichbaren Hintergrund steht. Im Gegensatz zu Petrus ist sein Mantel jedoch grün und fast vollständig verloren. In seiner linken Hand trägt er sein Attribut, das Schwert, während seine rechte Hand ein Beutelbuch hält. Die Innenseite zeigt den heiligen Christophorus der das Christuskind trägt und den heiligen Rochus, stehend in einer Landschaft.

Dem Stil nach zu urteilen, vermutete Kristin Kausland, dass der Altar um 1520 in Hamburg gefertigt worden sein könnte. Aus Hjørundfjord enthält die Bergener Sammlung weiterhin einen kleinen Flügelaltar, jetzt ohne Figuren (Kat. Nr. 100) und eine reich verzierte Kasel (Kat. Nr. 94), beides aus dem frühen 16. Jahrhundert.

Bendixen 1911, S. 67–68; Engelstad 1936, S. 247–249; von Achen 1989, S. 12; Ekroll/Eide 2012, S. 208, 210; Kausland 2020

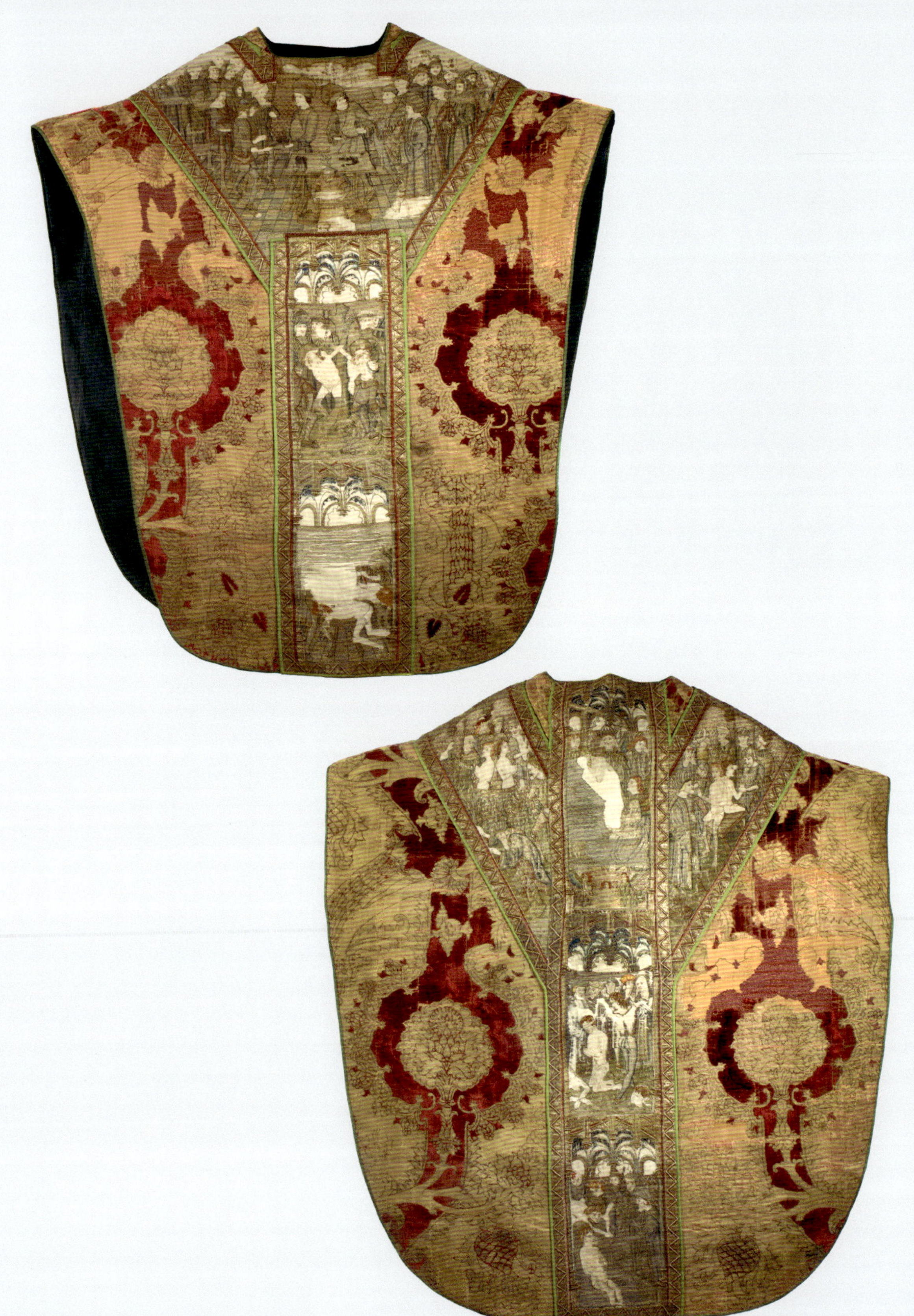

94
KASEL (UND MAKULATURFUNDE) AUS HJØRUNDFJORD

Nördliche Niederlande (Stickerei und Verarbeitung), Norditalien (Stoff), 1500–1510
Aus Hjørundfjord (Sunnmøre), seit 1864 im Museum
Seide, Brokat, Papier
H 130 x B 117 cm (Kasel)
H 39 x B 24 cm (Architekturzeichnung)
H 18 x B 12,5 (Blumenmotiv)
Inv. Nr. MA 51

Auf einem rot-goldenen italienischen Brokatstoff mit Granatapfelmuster befindet sich auf der Vorder- und Rückseite ein kostbar gesticktes Gabelkreuz mit Szenen aus dem Leben der heiligen Crispinus und Crispinianus sowie die Darstellung des Gnadenstuhls. Das Brustfeld der Vorderseite zeigt die beiden Heiligen als Schutzpatrone der Schuhmacher in ihrer Werkstatt. Auf den Besatzstäben der Vorder- und Rückseite ist das Martyrium der Heiligen unter Architekturbaldachinen wiedergegeben. Die Stickerei ist in Golddraht in Anlegetechnik und farbiger Seide in Spaltstich ausgeführt. In der Sticktechnik, der Figurenanordnung und der Baldachinmotivik lassen sich deutliche Übereinstimmungen mit nordniederländischen Stickereien der Zeit erkennen. Die Herstellung solcher Objekte konzentrierte sich im frühen 16. Jahrhundert in Utrecht und Amsterdam.

Ursprünglich stammt die Kasel wohl nicht aus der Kirche zu Hjørundfjord. Die Ikonographie und Auswahl der Heiligen weist auf eine Auftragsarbeit hin, vermutlich der Schuhmachergilde in Bergen, die einen Altar in der städtischen St. Hallvardskirche (im 16. Jahrhundert aufgegeben) unterhielt. Nach der Reformation wurden in den 1560er Jahren verschiedene Objekte aus den Bergener Stadtkirchen auf das Umland verteilt und es ist wahrscheinlich, dass die Kasel so nach Hjørundfjord gelangte.

Bei Restaurierungsarbeiten in den 1950er Jahren wurden zwei Musterzeichnungen auf Papier entdeckt, die zur Stabilisierung auf die Rückseite der Stickerei geklebt wurden, bevor die Stickereien auf die Kasel angebracht wurden. Bei diesen Makulaturfunden handelt es sich um die ausgediente perforierte Lochpause eines Figurenbaldachins sowie eines Rauten- und Blumenmusters. In den Stickereiwerkstätten wurden solche übertragbaren Muster verwendet, um den Herstellungsprozess der Stickereien zu vereinfachen und zu beschleunigen. Dabei wurde die perforierte Lochpause auf den Stickgrund gelegt und das Motiv mithilfe von Kohlenstaub, der durch die Perforierung gerieben wurde, übertragen. Defekte oder ausgediente Lochpausen konnten als Füllmaterial verwendet werden.

Bugge/Kielland 1919, S. 59; H. Engelstad 1941, S. 20, 56–57; 98, 136–137; Kielland 1957; von Achen 1996b, S. 76–77; von Achen 2017, S. 48–50

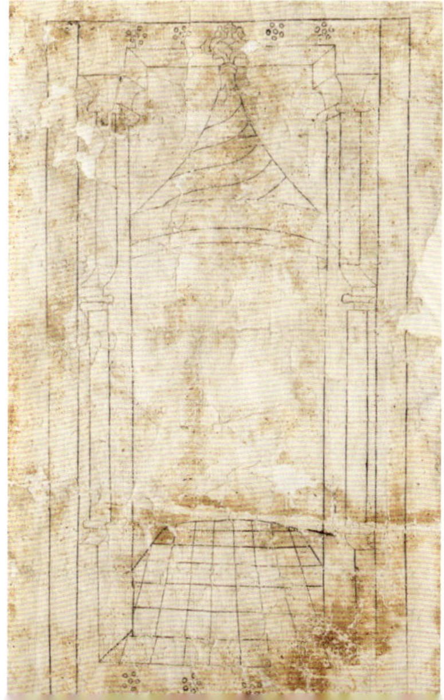

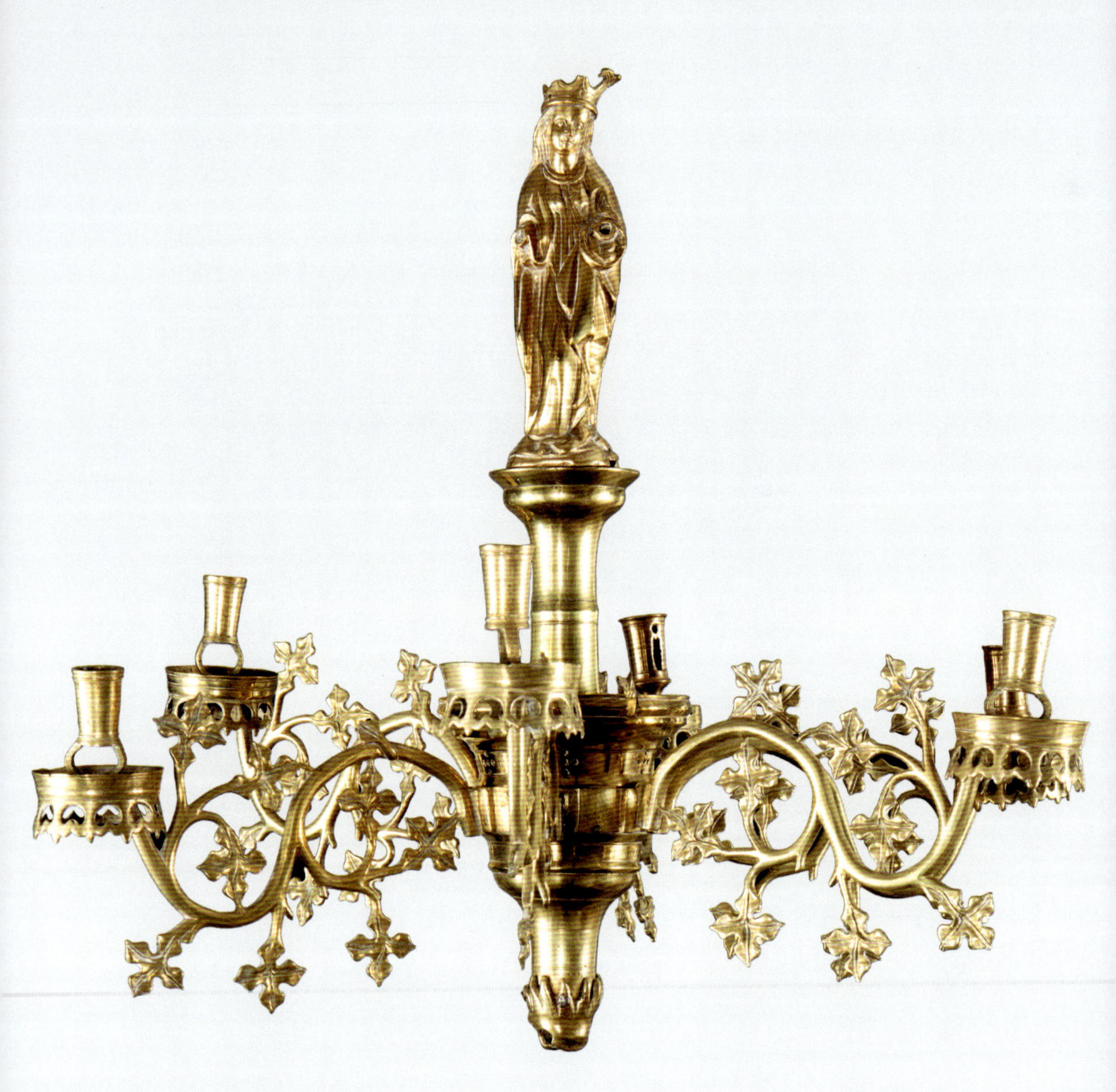

95
HÄNGENDER MARIENLEUCHTER AUS KINSARVIK

Deutschland, um 1500
Aus Kinsarvik (Hardanger), im Museum seit 1894
Messing
H 58 x B 60 cm
Inv. Nr. MA 293

Dieser hängende Messingleuchter aus Kinsarvik am Hardangerfjord besteht aus sechs S-förmigen Armen, die mit feinen Blättern verziert sind, die an Ranken erinnern und in runden Kerzenhaltern enden, die alle von Kränzen aus kleinen dreiblättrigen Kleeblättern umgeben sind. Der Knauf unten weist die Form eines Löwenkopfes auf. Das zentrale Element ist in Form eines Kegels ausgeführt, der sich nach unten verjüngt und von einer stehenden Figur der Jungfrau Maria gekrönt wird. Die separat gearbeiteten Unterarme sowie das Christuskind fehlen, und ihre Krone ist beschädigt.

Wie Vera Henkelmann zeigen konnte, wurden die meisten dieser Marienleuchter im deutschsprachigen Gebiet hergestellt, und hier befinden sich auch mit Abstand die meisten erhaltenen Exemplare (Henkelmann 2014). Starke Ähnlichkeiten weist der Leuchter aus Kinsarvik mit dem in St. Petri in Dortmund (Westfalen) auf, obwohl dieser mit einer Doppelkrone aus Kerzen ausgestattet ist. Der Marienleuchter aus Kinsarvik, der stilistisch auf ca. 1500 datiert werden kann, wurde wahrscheinlich ebenfalls in Deutschland hergestellt. Aus derselben Kirche enthält die Bergener Sammlung weiterhin ein gemaltes Altarfrontale (Kat. Nr. 44) und ein Kirchenmodell (Kat. Nr. 38).

Bendixen 1896, S. 19–20; Bendixen 1904–1913, S. 121

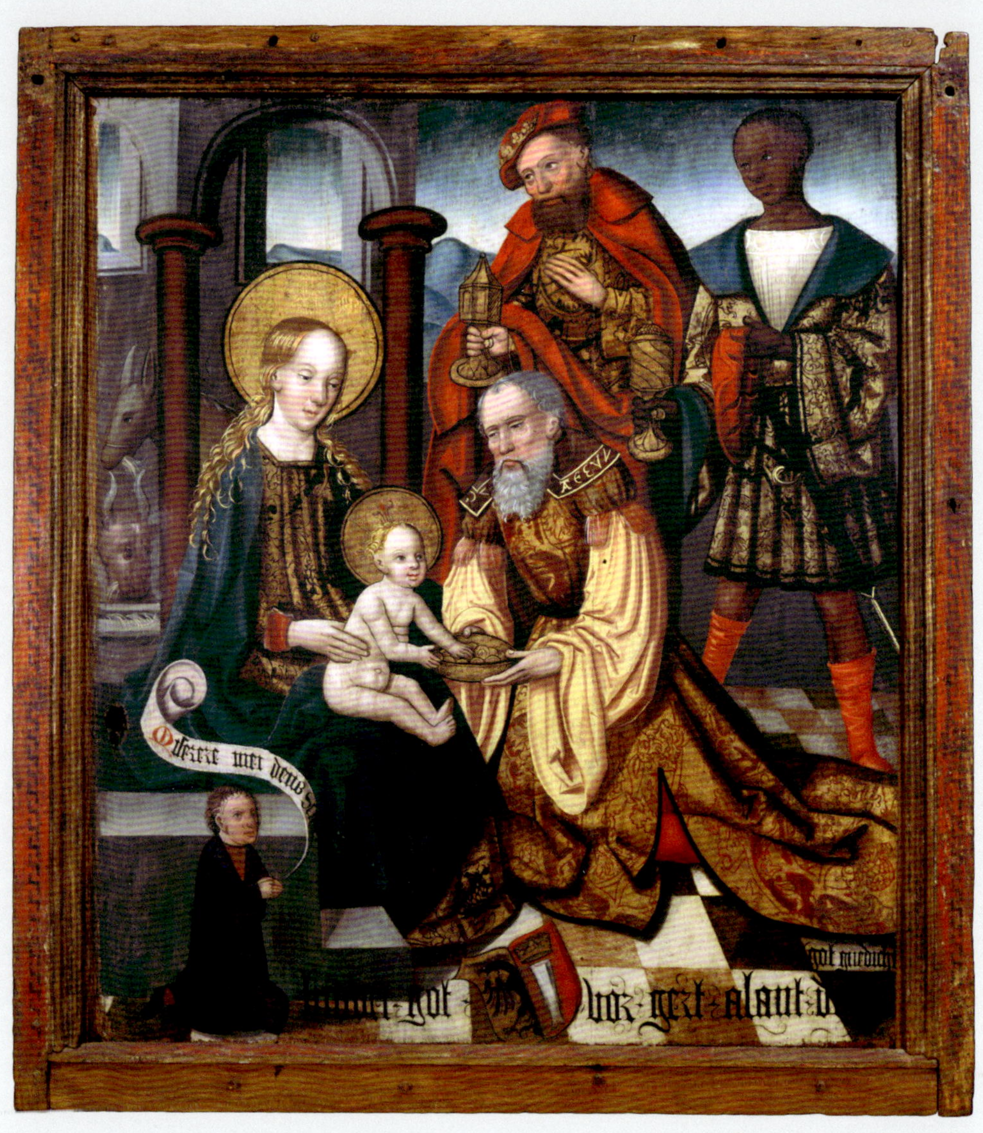
Offere mei deus
got mir dich
got vor gezt alant

96

EPITAPH GERT ALANTS

Norddeutschland (Lübeck?), 1500–1520
Aus Holmedal (Sunnfjord), im Museum seit 1835
Eiche, bemalt
H 97 x B 95,5 x T 3,5 cm
Inv. Nr. MA 15

Diese Tafel mit der Anbetung der Heiligen Drei Könige zeigt die sitzende Jungfrau Maria in einem Gewand aus Goldbrokat und einem blauen Mantel mit dem nackten Christuskind auf ihrem Schoß. Ein grauhaariger König, der einen kostbaren Mantel aus Goldbrokat trägt, kniet vor ihr nieder, während er dem Kind eine Schale mit Goldmünzen überreicht. Hinter ihm steht der zweite König, der ein Barett auf seinem rötlichen Haar trägt und ein goldenes Ziborium in der Hand hält. Der dunkelhäutige König zu seiner Rechten trägt ebenfalls einen kostbaren Gegenstand, während er in der anderen Hand sein Barett hält. Die Szene spielt sich in einem halboffenen Gebäude mit Rundbögen ab, in dem im Hintergrund der Ochse und der Esel zu erkennen sind.

Links unten kniet ein mit einem schwarzen Mantel gekleideter junger Mann in betender Haltung. Auf einer Banderole steht *Miserere mei deus se*[baot] (»Erbarme dich meiner, Gott Zebaoth«). Ein am unteren Rand verlaufender Text, der in niederdeutscher Sprache verfasst ist, fordert den Leser auf, in seinen Gebeten des Stifters zu gedenken: »biddet got vor gert alant, dat en got gnedich« (»Bete zu Gott für Gert Alant, dass Gott ihm gnädig [sei]«). Das mittig angebrachte Wappen, das einen Halbadler und einen gekrönten Dorsch zeigt, weist Alant als Bergenfahrer aus, ein junger Kaufmann aus eines der Hansestädte.

Øystein Hellesøe Brekke fand in den Archiven der Lübecker Bergenfahrer den Namen Gerdt Alandt, der im Jahr 1511 im Hansekontor in Bryggen als »oldermann« erwähnt wird. Zwei Jahre später vertrat Alandt die Bergener Kaufleute bei der dänischen Krone. Registriert ist die Tafel als aus Holmedal stammend, eine Küstensiedlung nördlich von Bergen. Es ist unklar, ob eine Verbindung zwischen diesem Platz und dem hanseatischen Kaufmann existierte, denn es war den Hansekaufleuten nicht gestattet, nördlich der Stadt Bergen Handel zu treiben.

Bendixen 1901, S. 11–12; von Achen 1996b, S. 83; Hoffmann 2015, S. 261–263, 362–363; von Achen 2018, S. 64–66; Kausland 2020, S. 4–5

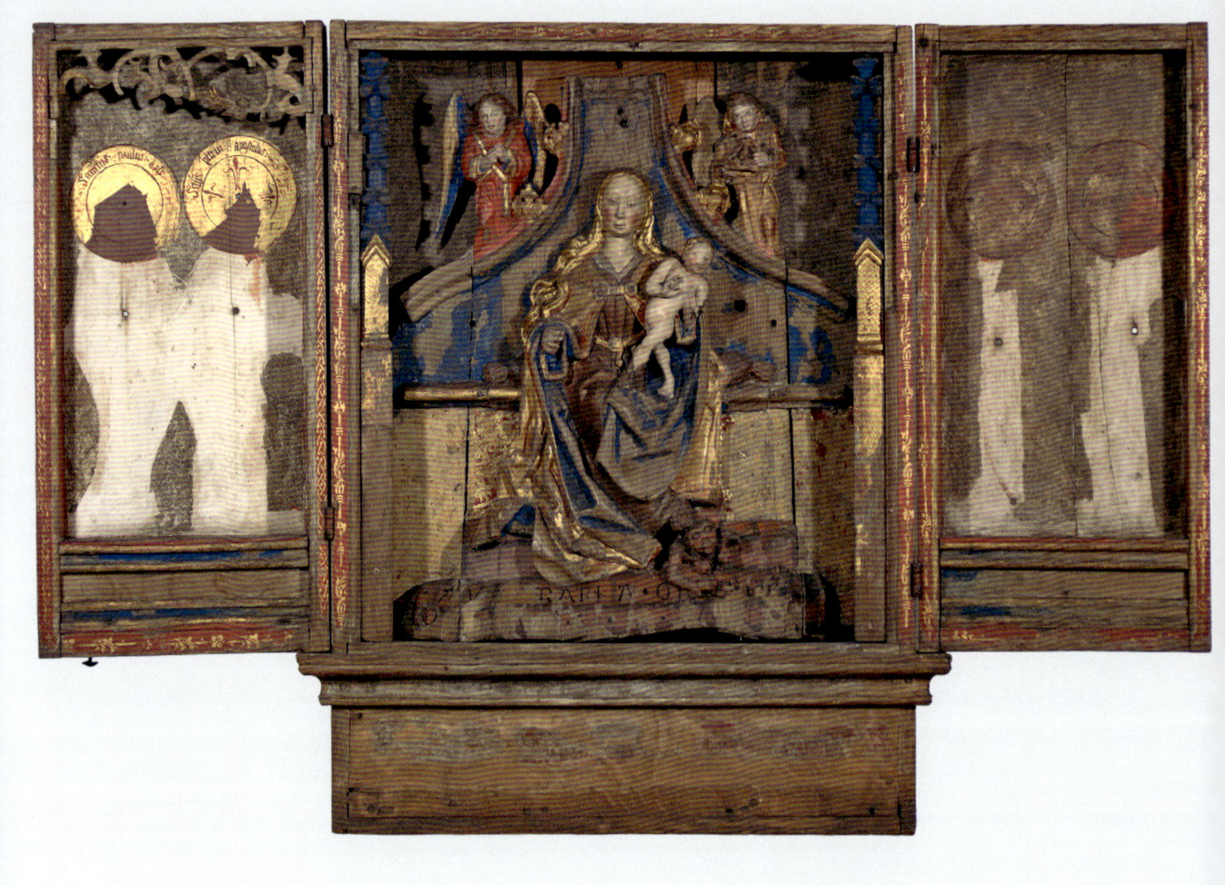

97
FLÜGELALTAR AUS EKSINGEDAL

Nördliche Niederlande (?), um 1510
Aus Eksingedal (Hordaland), im Museum seit 1883
Eiche, bemalt, polychromiert
H 98 x B 150 x T 16,5 (offen), B 76 x T 33 cm (geschlossen)
Inv. Nr. MA 608

Dieses kleine Marien-Triptychon wurde 1883 aus der Kapelle in Flatekvål im Eksingedal nordöstlich von Bergen in das Museum überführt. Da die Kapelle nicht vor dem 17. Jahrhundert gegründet wurde, muss das Altarbild ursprünglich aus einer anderen Kirche stammen. Der auf einer niedrigen Predella ruhende Mittelschrein zeigt die thronende Madonna mit Kind auf einem kleinen Hügel, begleitet von der Inschrift *Ave maria gracia plene*. Ihr goldenes Haar fällt über den ebenfalls goldenen, in reiche Falten gelegten Mantel. Mit ihrer linken Hand stützt sie das nackte Christuskind, das in einer ungewöhnlich verdrehten Haltung aufrecht auf ihrem linken Knie steht. Hinter ihr befindet sich, zwischen zwei Fialen, ein breiter Kielbogen, in den Zwickeln erscheinen betende Engel. Der Kielbogen und die Fialen sind blau gefasst, ebenso wie die Innenseite des Mantels Mariens. Die gesamte Komposition kann als eine missverstandene Interpretation eines Kupferstichs des Meister ES identifiziert werden. Die Relieffiguren der Flügelinnenseiten sind verloren gegangen. Die Inschrift in den zwei goldenen Nimben auf dem linken Flügel verrät, dass hier die Apostel Petrus und Paulus unter einem Maßwerkbaldachin stehend dargestellt waren. Es ist nicht bekannt, welche Heiligen den rechten Flügel zierten.

Die kunsthistorische Forschung – zum Beispiel Harry Fett – ging traditionell von einer Herkunft aus Lübeck aus. In jüngster Zeit konnte Kristin Kausland jedoch aufzeigen, dass die Schreinkonstruktion mit Flügelaltären aus den Nördlichen Niederlanden übereinstimmt. Eine Reihe von spätgotischen Triptychen in Norwegen, die sogenannte »Leka-Gruppe«, gilt seit den 1950er Jahren als nordniederländische Exporte. Die aus dieser Gruppe stammenden Flügelaltäre aus Leka (Trøndelag) und Røst (Lofoten, Nordland), die vermutlich in Utrecht gefertigt wurden, weisen starke technische Ähnlichkeiten mit dem Triptychon aus Eksingedal auf. Ein weiterer fasstechnischer Aspekt, der sich von Flügelaltären norddeutscher Herkunft unterscheidet, ist die Goldbrokatimitation mithilfe von Zinnfolie, Blattgold und rotem Zinnober, wie es auf den Rückwänden des Mittelschreins und der Flügel zu beobachten ist sowie bestens erhalten auf dem Ehrentuch Mariens.

Bendixen 1911, S. 33–36; Engelstad 1936, S. 231–232; von Achen 1985, S. 21; von Achen 2017, S. 64–65; Kausland 2017a, S. 225–234; Kausland 2017b

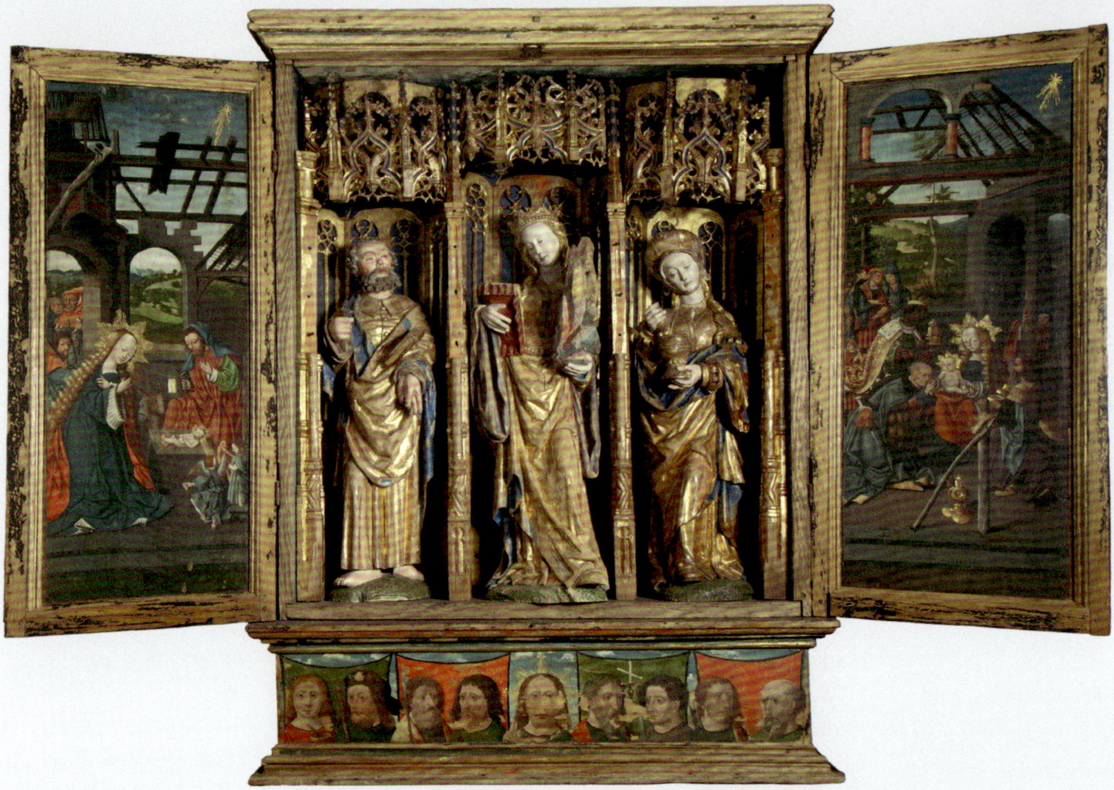

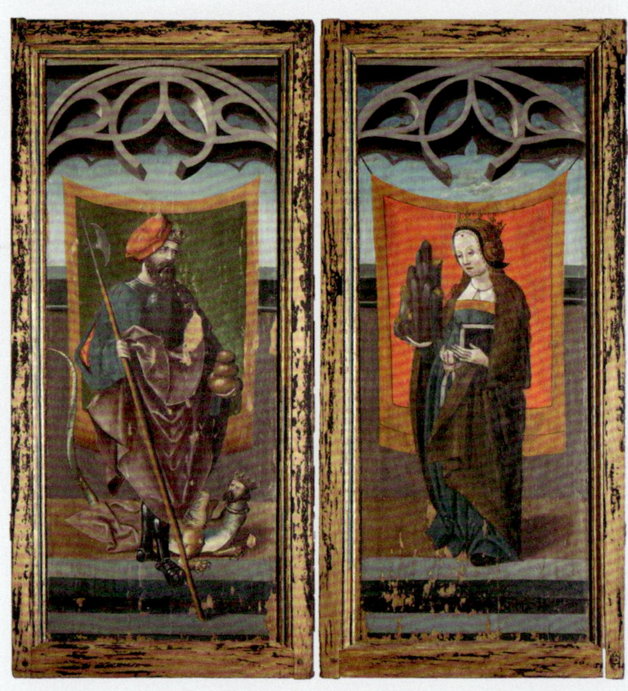

98
FLÜGELALTAR AUS AUSTEVOLL

Nördliche Niederlande (Utrecht, Amsterdam?), 1510–1520
Aus Austevoll (Sunnhordland), im Museum seit 1891
Eiche, polychromiert, bemalt
H 166 x B 223 x T 36 cm (offen), B 113 cm (geschlossen)
Inv. Nr. MA 283

Dieses Triptychon aus der mittelalterlichen Kirche von Austevoll auf der Insel Sandtorr, südlich von Bergen, ist eines der am besterhaltenen spätgotischen Flügelaltäre in Norwegen. Im Inneren des Schreinkastens befinden sich drei kapellenartige Nischen mit reich bemalten Wänden und filigranen durchbrochenen Baldachinen, die mit runden, größtenteils vergoldeten Skulpturen gefüllt sind. In der Mitte steht die heilige Sunniva, eine irische Königin, die im 10. Jahrhundert das Christentum nach Norwegen gebracht haben soll und auf der Insel Selja (Abb. S. 20) den Märtyrertod fand. Sunniva, deren Reliquien seit 1170 in der Kathedrale von Bergen aufbewahrt wurden, gilt als Schutzpatronin dieser Stadt und Westnorwegens. Die gekrönte Heilige hält ein Buch in der rechten und einen Stein in der linken Hand. Sie wird von Petrus (links), dessen Schlüssel verloren gegangen ist, und von Maria Magdalena (rechts) mit ihrem Attribut, einem Salbgefäß, umgeben. Die ausdrucksstarken Gesichter, die elegante Kleidung und Bewegung der drei Figuren sowie das filigrane Maßwerk sind von hoher technischer und künstlerischer Qualität.

Auf den Flügelinnenseiten lassen sich die lebendig gemalten Szenen der Geburt Christi (links) und der Anbetung der Könige (rechts) finden. Der Stall, in dem sich das Geschehen abspielt, ist als verfallenes Gebäude im Stil der Renaissance wiedergegeben. Die Flügelaußenseiten zeigen Darstellungen des heiligen Olav (links) und der heiligen Sunniva (rechts), die vor hängenden Ehrentüchern unter gemaltem Maßwerk stehen. Die Malereien der Außenseiten sind in einem anderen, bescheideneren Stil ausgeführt. Die Predella, die vermutlich von einer anderen Hand ausgeführt wurde, zeigt die ausdrucksstarken Köpfe Christi inmitten der zwölf Apostel vor Hintergründen in unterschiedlichen Farben. Die Apostelreihe erstreckt sich interessanterweise auch über die Kurzseiten der Predella.

Bendix Bendixen brachte 1911 den Stil der Malereien auf den Flügelinnenseiten mit den nördlichen Niederlanden in Verbindung, insbesondere mit dem Oeuvre des Amsterdamer Malers Jacob Cornelisz van Oostsanen (um 1470–1533). Eivind Engelstad vermutete 1936, dass das Altarbild in den nördlichen Niederlanden oder am Niederrhein entstanden sei, was Jaap Leeuwenberg am Rijksmuseum in Amsterdam 1959 weiter auf Utrecht eingrenzte. Diese Zuschreibungen wurden kürzlich von Kristin Kausland bestätigt, die die Form und den Aufbau des Schreins untersuchte und festgestellt hat, dass diese weitgehend mit dem Eksingedal-Triptychon übereinstimmen (Kat. Nr. 97). Trotz der zentralen Präsenz der Heiligen im Altar von Austevoll wurde es von den Protestanten akzeptiert und sogar in die neue Kirche übertragen, die um 1650 auf der Insel Hundvåko errichtet wurde.

Bendixen 1904–1913, S. 395–397; Bendixen 1911, S. 47–54; Engelstad 1936, S. 228–229; Leeuwenberg 1959; Kausland, 2017a; Kausland 2017b

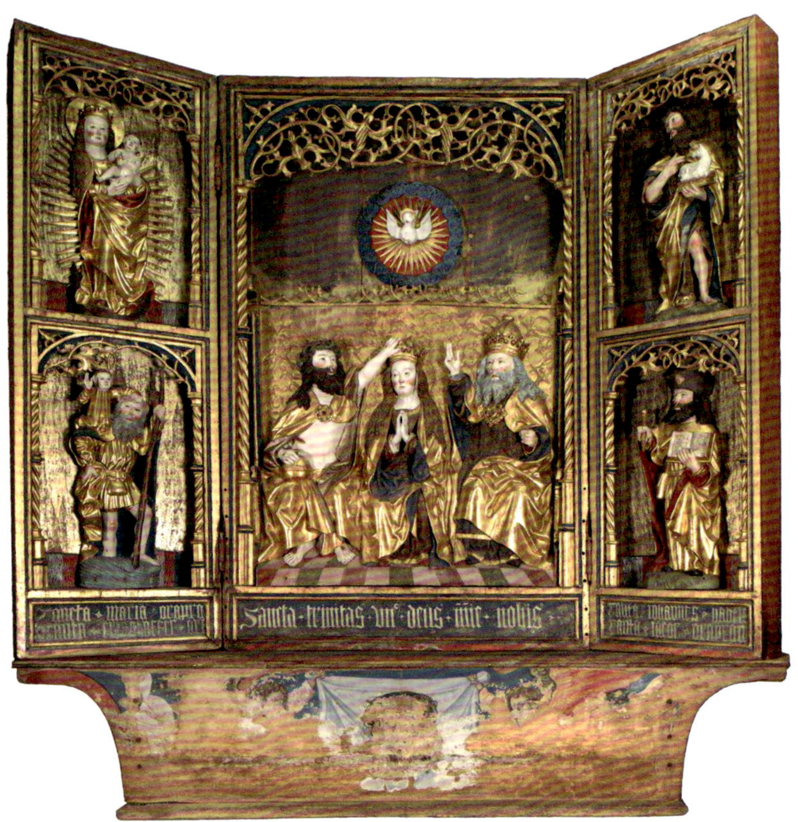

99
WANDELALTAR AUS UGGDAL

Norddeutschland, um 1520
Aus Uggdal (Sunnhordland), im Museum seit 1876
Eiche, polychromiert, bemalt
H 192 x B 198 x T 35 cm (offen), B 198 x T 46 cm (geschlossen)
Inv. Nr. MA 193

Wie der Flügelaltar aus Austevoll (Kat. Nr. 98) ist auch dieses Exemplar aus Uggdal (ehemals Opdal), auf der Insel Tysnes, vollständig erhalten. Der Mittelschrein zeigt eine Reliefgruppe der Marienkrönung durch Christus (links) und Gottvater (rechts), worüber der Heilige Geist in Form einer Taube schwebt. Oberhalb der Gruppe befindet sich ein Maßwerkbaldachin und unterhalb die Inschrift *Sancta trinitas un*[*us*] *deus mi*[*serer*]*e nobis* (Heilige Dreifaltigkeit, einige Gott, erbarme dich unser). Die Flügel tragen Hochreliefs, die eine Strahlenkranzmadonna und den heiligen Christophorus (links) sowie Johannes den Täufer und Jakobus der Ältere (rechts) darstellen. Die Rückwände des Mittelschreins und der Flügel sind imitationsvergoldet.

Wenn die inneren Flügel geschlossen sind, werden acht gemalte Heilige sichtbar, die alle auf einem grünen Boden vor einer Backsteinmauer unter blauem Himmel stehen. Sie sind von links nach rechts über die Flügelaußenseiten und den feststehenden Standflügeln verteilt und zeigen die heiligen Hieronymus, Petrus, Paulus und Katharina

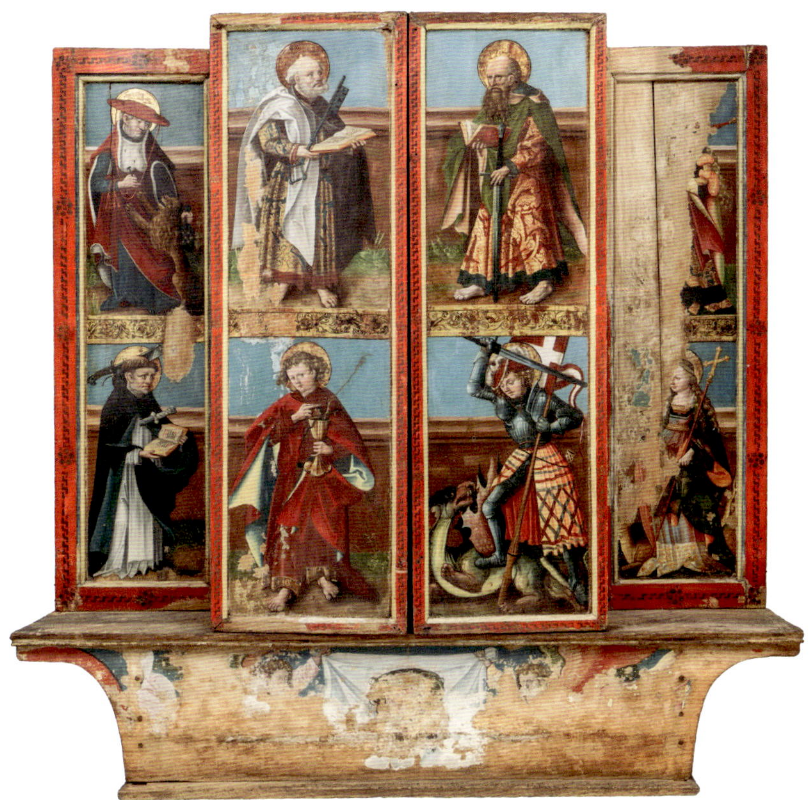

(?) (oben) sowie den heiligen Petrus Martyr, Johannes der Evangelist, Georg und Margarethe (unten). Die gemalte Predella zeigt das Schweißtuch der Veronika, das von zwei Engeln gehalten wird.

Der Flügelaltar wurde in Norddeutschland gefertigt, möglicherweise in Hamburg oder Lüneburg. Bemerkenswert ist seine Erhaltung nach der protestantischen Reformation von 1536–1537, da das zentrale Bildfeld eine nichtbiblische Szene wiedergibt und daher nicht den lutherischen Kriterien entsprach. Auch die Fülle der abgebildeten Heiligen entsprach nicht der lutherischen Lehre, die die Heiligenverehrung zurückdrängte. Einige Darstellungen am Flügelaltar sind explizit katholisch, darunter die Strahlenkranzmadonna, der legendäre Riese Christophorus und der in Pilgerkleidung gekleidete Jakobus. Ferner sind alle Figuren von Inschriften begleitet, die sie zur Fürbitte auffordern: *ora pro* [*nobis*]. Auch die Verehrung des Antlitzes des leidenden Christus in Form des Schweißtuchs war untrennbar mit der vorreformatorischen Frömmigkeitspraxis verbunden. All dies macht den Flügelaltar aus Uggdal zu einer beredten Illustration der toleranten Haltung der Lutheraner gegenüber dem materiellen Erbe des katholischen Mittelalters, die als »bewahrende Kraft des Luthertums« bezeichnet worden ist (Fritz 1997).

Bendixen 1904–1913, S. 294–296; Bendixen 1911, S. 54–60; Engelstad 1936, S. 225–226; von Achen 1996b, S. 71–73; Kroesen 2017, S. 210–211; Kausland 2017a, S. 58–60, 98–99; Kausland 2020, S. 10

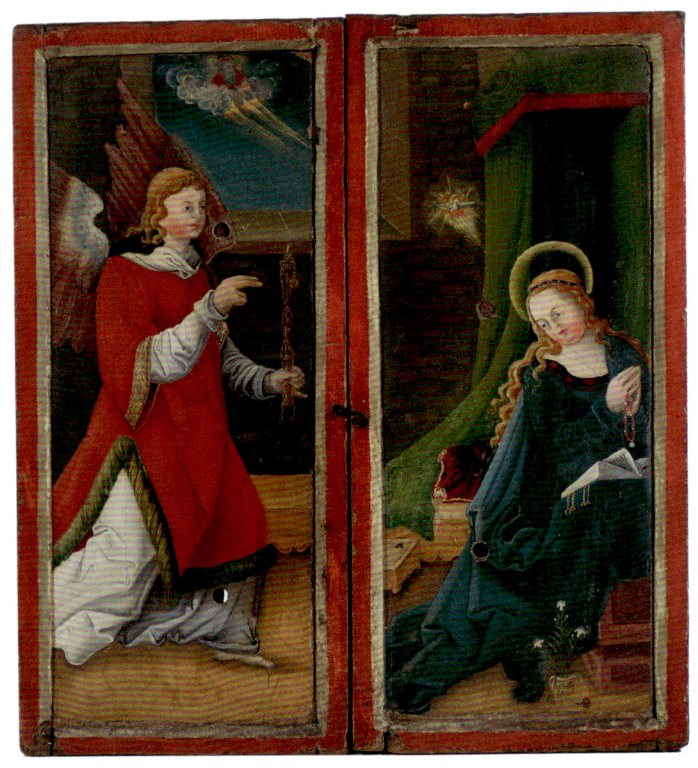

100
ZWEI KLEINE TRIPTYCHEN AUS ØN UND HJØRUNDFJORD

Norddeutschland (?), um 1520
Aus Øn (Sogn), im Museum seit 1881 (MA 252); Hjørundfjord (Sunnmøre), im Museum seit 1881 (MA 249)
Eiche, bemalt
H 67 x B 112 x T 17 cm (offen), B 56 cm (geschlossen) (Øn)
H 73 x B 120 x T 14,5 cm (offen), B 60 cm (geschlossen) (Hjørundfjord)
Inv. Nr. MA 252, MA 249

Der kleine Flügelaltar aus Øn (Hyllestad) am Sognefjord hat alle seine Innenfiguren verloren. Diese haben nur Spuren in der Vergoldung hinterlassen. Dasselbe gilt für die Innenseiten der Flügel, die jeweils ein Relief trugen. Die Flügelaußenseiten zeigen eine elegant gemalte Verkündigung, die von einem roten Rahmen eingefasst wird. Der rechte Flügel zeigt die Jungfrau in einem schönen Raum mit einem Bett mit Baldachin, Bänken und einem Lesepult. Maria kniet vor einem aufgeschlagenen Buch, das auf dem Lesepult liegt und hält eine Gebetsschnur. Im Vordergrund steht eine Vase mit einer blühenden weißen Lilie. Auf dem linken Flügel erscheint der Engel Gabriel, der mit weißer Albe und roter Dalmatik in einem Diakonsgewand gehüllt ist. Er hält die rechte Hand zum Gruß empor, während er in seiner Linken

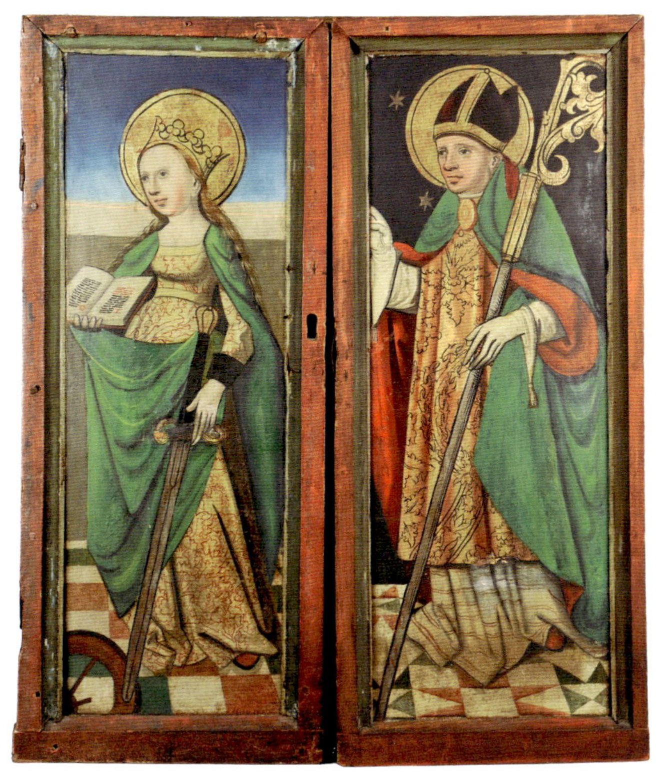

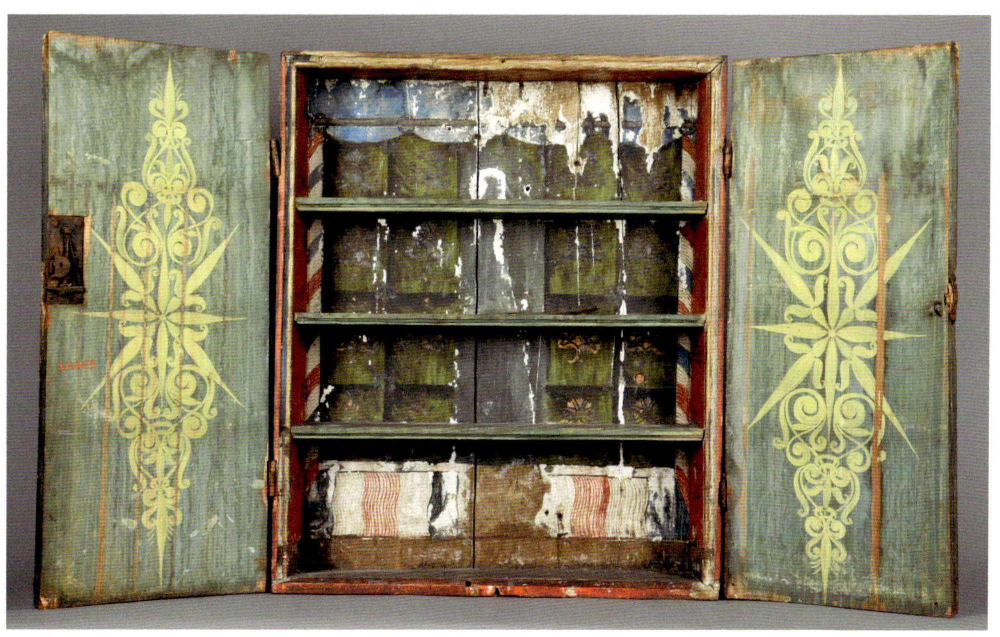

einen Stab hält. Durch das Fenster im Hintergrund ist Gottvater in einer Wolke zu sehen, aus dem die Taube des Heiligen Geistes herabsteigt. Die Komposition dieser Verkündigung basiert eindeutig auf Albrecht Dürers *Kleine Passion*, einer Serie von Holzschnitten aus der Zeit um 1510. Der kleine Flügelaltar blieb erhalten, da er wahrscheinlich zur Zeit der Reformation entleert und als Schränkchen eine neue Bestimmung erhielt.

Eine Wiederverwendung ist auch für ein kleines Triptychon aus Hjørundfjord in Sunnmøre anzunehmen, von dem der Schreinkasten und die bemalten Flügel erhalten sind. Während die Flügelinnenseiten mit gelben dekorativen Motiven auf grünem Grund im Barockstil übermalt wurden, zeigt das geschlossene Altarbild die ursprünglichen Darstellungen der heiligen Katharina (links) und eines nicht identifizierten heiligen Bischofs (rechts), die auf einem Kachelfußboden stehen; ein Eisenschloss wurde hinzugefügt. Der Schrein enthielt zwei heute verlorene Skulpturen, deren Umrisse noch auf dem bemalten Hintergrund zu sehen sind. Die Skulpturen wurden durch drei Regalbretter ersetzt, wodurch der Flügelaltar zu einem Aufbewahrungsschrank umfunktioniert wurde. Solche Formen der Wiederverwendung beendeten zwar die kultische Funktion der Flügelaltäre, verhinderten aber ihr Verschwinden und können als typisch für den lutherischen Umgang mit mittelalterlicher Kirchenausstattung angesehen werden.

Bendixen 1911, S. 63–65; Engelstad 1936, S. 240, 249; Hoffmann 2015, S. 268–269; Kausland 2016; Kausland 2017a; Kausland 2020, S. 9–10

BIBLIOGRAPHIE

Alexander/Binski 1987
Alexander, Jonathan; Binski, Paul (Hg.), *Age of Chivalry. Art in Plantagenet England, 1200–1400*, (= Ausst.-Kat. London, Royal Academy), London 1987

Andersen 2015
Andersen, Elisabeth, »Madonna Tabernacles in Scandinavia *c.* 1150–*c.* 1350«, in: *Journal of the British Archaeological Association*, 168, 2015, S. 165–185

Andersen 2020
Andersen, Elisabeth, »Closing the Tabernacle: European Madonna Tabernacles *c.* 1150–1350«, in: *The Saint Enshrined. European Tabernacle-Altarpieces,* c. *1150–1400*, hg. von Fernando Gutiérrez Baños; Justin Kroesen; Elisabeth Andersen, Barcelona 2020, S. 59–100 (= Medievalia. Revista d'estudis medievals, 23/1)

Andersson 1949
Andersson, Aron, *English Influence in Norwegian and Swedish Figuresculpture in Wood 1220–1270*, Stockholm 1949

Andersson 1968
Andersson, Aron, *L'art scandinave*, Bd. 2, La Pierre-qui-vire 1968

Anker 1970
Anker, Peter, *The Art of Scandinavia*, Bd. 1, London 1970

Anker 1978
Anker, Anne, »Den gamle kyrkja i Årdal. Interiør og inventar i mellomalderen og etter Reformasjonen«, in: *Bygdebok for Årdal. Kulturbandet*, hg. von Dagfinn Krossen, Årdal 1978, S. 781–819

Anker 1981
Anker, Peter, »Høymiddelalderens skulptur i stein og tre«, in: *Norges kunsthistorie*, Bd. 2, Oslo 1981, S. 126–151

Anker/Havran 2005
Anker, Leif; Jiri Havran, *The Norwegian Stave Churches*, Oslo 2005

Baert 2012
Baert, Barbara, »The Antependium of Nedstryn and the *Exultation of the Cross«*, in: *IKON. Journal of Iconographic Studies*, 2012, S. 65–83

Bendixen 1889
Bendixen, Bendix, »Aus der mittelalterlichen Sammlung des Museums in Bergen, I«, in: *Bergens Museums Aarbok*, 2/1889, S. 1–51

Bendixen 1890
Bendixen, Bendix, »Aus der mittelalterlichen Sammlung des Museums in Bergen, II«, in: *Bergens Museums Aarbok*, 4/1890, S. 1–30

Bendixen 1891
Bendixen, Bendix, »Aus der mittelalterlichen Sammlung des Museums in Bergen, III«, in: *Bergens Museums Aarbok*, 5/1891, S. 1–17

Bendixen 1892
Bendixen, Bendix, »Aus der mittelalterlichen Sammlung des Museums in Bergen, IV«, in: *Bergens Museums Aarbok*, 9/1892, S. 1–24

Bendixen 1893
Bendixen, Bendix, »Aus der mittelalterlichen Sammlung des Museums in Bergen, V«, in: *Bergens Museums Aarbok*, 8/1893, S. 1–22

Bendixen 1894–1895
Bendixen, Bendix, »Aus der mittelalterlichen Sammlung des Museums in Bergen, VI«, in *Bergens Museums Aarbok*, 8/1894–1895, S. 1–23

Bendixen 1896
Bendixen, Bendix, »Aus der mittelalterlichen Sammlung des Museums in Bergen, VII«, in: *Bergens Museums Aarbok*, 9/1896, S. 1–20

Bendixen 1897
Bendixen, Bendix, »Aus der mittelalterlichen Sammlung des Museums in Bergen, IX«, in: *Bergens Museums Aarbok*, 10/1897, S. 1–20

Bendixen 1901
Bendixen, Bendix, »Aus der mittelalterlichen Sammlung des Museums in Bergen, IX«, in: *Bergens Museums Aarbok*, 13/1901, S. 1–15

Bendixen 1904–1913
Bendixen, Bendix, *Kirkene i Søndre Bergenhus Amt. Bygninger og inventarium*, Bergen 1904–1913

Bendixen 1905
Bendixen, Bendix, »Aus der mittelalterlichen Sammlung des Museums in Bergen, X«, in: *Bergens Museums Aarbok*, 12/1905, S. 1–19

Bendixen 1909
Bendixen, Bendix, »Aus der mittelalterlichen Sammlung des Museums in Bergen, XI«, in: *Bergens Museums Aarbok* 16/1909, S. 1–47

Bendixen 1911
Bendixen, Bendix, »Aus der mittelalterlichen Sammlung des Museums in Bergen, XII«, in: *Bergens Museums Aarbok*, 12/1911, S. 1–71

Bendixen 1915–1916
Bendixen, Bendix, »Aus der mittelalterlichen Sammlung des Museums in Bergen, XIII«, in: *Bergens Museums Aarbok* (=Hist.-antikv. Række, 3) 1915–1916, S. 1–38

Berggren 2002
Berggren, Lars, »The Export of Limestone and Limestone Fonts from Gotland during the Thirteenth and Fourteenth Centuries«, in: *Cogs, Cargoes and Commerce. Maritime Bulk Trade in Northern Europe, 1150–1400*, hg. von Lars Berggren; Nils Hybel; Annette Landen, Toronto 2002, S. 143–180

Blindheim 1965
Blindheim, Martin, *Norwegian Romanesque Decorated Sculpture*, London 1965

Blindheim 1968
Blindheim, Martin, »De malte antemensaler i Norge. Höjdpunkter i norsk kunst«, in: *Årsbok för svenska staten konstsamlingar* 1968, S. 28–50

Blindheim 1970
Blindheim, Martin, »Triumfkrusifiks fra middelalderen i Bjørgvin bispedømme«, in: *Bjørgvin Bispestol. Byen og bispedømme*, hg. von Per Juvkam, Bergen 1970, S. 145–166

Blindheim 1975
Blindheim, Martin, »Scandinavian Art and its Relation to European Art around 1200«, in: *The Year 1200 – A symposium*, New York 1975, S. 429–468

Blindheim 1980
Martin Blindheim, »En gruppe tidlige, romanske krusifikser i Skandinavia og deres genesis«, in: *Kristusfremstillinger*, hg. von Ulla Haastrup, Kopenhagen 1980, S. 43–65

Blindheim 1993
Blindheim, Martin, »En romansk alterskapsdør. Et løst identifikasjonsproblem«, in: *Det ikonografiske blik. Festskrift til Ulla Haastrup*, hg. von Susanne Wennigsted-Torgard, Kopenhagen 1993, S. 19–26

Blindheim 1997
Blindheim, Martin, »The cult of medieval wooden sculptures in Post Reformation Norway«, in: *Universitetets Oldsaksamlinger. Årbok*, 1997, S. 139–151

Blindheim 1998
Blindheim, Martin, *Painted Wooden Sculpture in Norway*, c. *1100–1250*, Oslo 1998

Blindheim 2003
Blindheim, Martin, »Scandinavia and Europe. Two Norwegian Crucifixes of Mid Twelfth Century Date«, in: *Romanesque Art in Scandinavia*, hg. von Ebbe Nyborg; Hannemarie Ravn Jensen; Søren Kaspersen, Kopenhagen 2003, S. 149–159 (=Hafnia. Copenhagen Papers in the History of Art, 12)

Blindheim 2004
Blindheim, Martin, *Gothic Painted Wooden Sculpture in Norway 1220–1350*, Oslo 2004

Blix 1895
Blix, Peter, *Nogle undersøgelser i Borgund og Urnæs kirker, med bemerkinger vedkommende Hopperstadkirken*, Kristiania [Oslo] 1895

Bombek/Stracke-Sporbeck 2012
Bombek, Marita; Gudrun Stracke-Sporbeck, *Kölner Bortenweberei im Mittelalter: Corpus Kölner Borten*, Regensburg 2012

Bramer Solhaug 2001
Bramer Solhaug, Mona, *Middelalderens døpefonter i Norge* (=Diss. Universität Oslo), 2 Bde., Oslo 2001

Braun 1924a
Braun, Joseph, *Der christliche Altar in seiner geschichtlichen Entwicklung*, 2 Bde., München 1924

Braun 1924b
Braun, Joseph, *Die liturgischen Paramente in Gegenwart und Vergangenheit*, 2 Bde., Freiburg im Breisgau 1924

Bugge 1926
Bugge, Anders, *Vore gamle gravminder*, Oslo 1926

Bugge 1932
Bugge, Anders, »Kunsten langs leden i nord«, in: *Årsberetning fra foreningen til norske fortidsminnesmerkers bevaring*, 88, 1932, S. 1–52

Bugge 1953
Bugge, Anders, *Norwegian Stave Churches*, Oslo 1953

Bugge/Kielland 1919
Bugge, Anders; Kielland, Thor, *Alterskrud og messeklær i Norge* (= Ausst.-Kat. Norsk Folkemuseum), Kristiania (Oslo) 1919

Christie 1837
Christie, Wilhelm Frimann Koren, »Om et Byzantinsk malerie som tilhører det Bergenske Musæum«, in: *Urda* 1, 1837, S. 105–118

Christie 1842
Christie, Wilhelm F. K., »Om to reliquie-skriin o gen døbefont i Bergens Museum«, in: *Urda, et norsk antiqvarisk-historisk tidskrift*, 2/1842, S. 377–384

Christie 1963
Christie, Håkon, *Kinsarvik kirke. Restaureringen*, Oslo 1963

Christie 1981
Christie, Håkon, »Stavkirkene – arkitektur«, in: *Norges kunsthistorie, 1. Fra Oseberg til Borgund*, hg. von Knut Berg, Oslo 1981, S. 139–251

Dalen 2017
Dalen, Knut; Dalen, Alma, »Kyrkjesoge«, in: *Røldal Bygdebok, 1. Bygdesoge*, hg. von Gaute Losnegård, Røldal 2017, S. 131–162

Danbolt 1986
Danbolt, Gunnar, »Noen trekk fra alterutsmykningens historie«, in: *Foreningen til norske fortidsminnesmerkers bevaring. Årbok*, 1986, S. 13–44

Dietrichson 1892
Dietrichson, Lorentz, *De norske stavkirker. Studier over deres system, oprindelse og historiske udvikling. Et bidrag til Norges middelalderske bygningskunsts historie*, Kristiania [Oslo], Kopenhagen 1892

Dommasnes/Hommedal 2016
Dommasnes, Liv Helga; Hommedal, Alf Tore, »One Thousand Years of Tradition and Change on Two West-Norwegian Farms AD 200–1200«, in: *The Farm as a Social Arena*, Münster/New York 2016, hg. von Liv Helga Dommasnes; Doris Gutsmiedl-Schümann; Alf Tore Hommedal, S. 127–170

Drake 2002
Drake, Colin S., *The Romanesque Fonts of Northern Europe and Scandinavia*, Woodbridge 2002

Ekroll 2003
Ekroll, Øystein, »St. Olavs skrin i Nidaros«, in: *Ecclesia Nidarosiensis 1153–1537. Søkelys på Nidaroskirken og Nidarosprovinsen historie*, hg. von Steinar Imsen, Trondheim 2003, S. 325–350

Ekroll/Eide 2012
Ekroll, Øystein; Eide, Per, *Sunnmørskyrkjene – Historie, kunst og arkitektur*, Larsnes 2012

Ekroll/Stige 2000
Ekroll, Øystein; Stige, Morten, *Kirker i Norge 1, Middelalder i stein*, Oslo 2000

Eldal 1993
Eldal, Jens Christian, »Christies kirker. Nygotikk i stavkirkeformer i 1860–årene«, in: *Kirkearkeologi og kirkekunst. Studier tilegnet Sigrid og Håkon Christie*, hg. von Arne Berg et. al., Bergen 1993, S. 227–241

Engelstad 1936
Engelstad, Eivind S., *Senmiddelalderens kunst i Norge ca. 1400–1535*, Oslo 1936

E. Engelstad 1941
Engelstad, Eivind S., »Prosesjonsfanen fra Lavik kirke«, in *Fortun fra til Sognefest. Festskrift til G.F. Heiberg på 70–årsdagen*, Bergen 1941, S. 55–65

H. Engelstad 1941
Engelstad, Helen, *Messeklær og alterskrud. Middelalderske paramenter i Norge*, Oslo 1941

Fett 1908
Fett, Harry, *Billedhuggerkunsten i Norge under Sverreætten*, Kristiania [Oslo] 1908

Fett 1909
Fett, Harry, *Norges kirker i middelalderen*, Kristiania [Oslo] 1909

Fett 1911
Fett, Harry, »Overgangsformer i unggotikens kunst i Norge«, in: *Foreningen til norske fortidsminnesmerkers bevaring. Årbok*, 67/1911, S. 1–21

Fett 1917
Fett, Harry, *Norges malerkunst i middelalderen*, Kristiania 1917

Fett 1925
Fett, Harry, »Skulptur og malerkunst i middelalderen«, in: *Norsk kunsthistorie* I, Oslo 1925, S. 197–238

Fett 1937
Fett, Harry, *Vår Frue Jomfru Maria*, Oslo 1937

Fett 1938
Fett, Harry, *Hellig Olav. Norges evige konge*, Oslo 1938

Frimannslund 1944
Frimannslund, Borghild A., »Votivskip i kirkene på Vestlandet«, in: *Bergens Sjøfartsmuseums Årshefte*, 1944

Fritz 1997
Fritz, Johann Michael (Hg.), *Die bewahrende Kraft des Luthertums. Mittelalterliche Kunstwerke in evangelischen Kirchen*, Regensburg 1997

Fuglesang 1995
Fuglesang, Signe Horn, »Norwegian Frontals with Tituli: Nedstryn and Kinsarvik«, in: *Norwegian medieval Altar Frontals and Related Material. Papers from the Conference in Oslo 16th to 19th December 1989*, hg. von Magne Malmanger; Laszlo Berczelly; Signe Fuglesang, Rom 1995, S. 25–30

Gjærder 1952
Gjærder, Per, *Norske pryd-dører fra middelalderen*, Bergen 1952

Gjerløw 1971
Gjerløw, Lilli, »La culte de saint Michel en Norvège«, in: *Millénaire monastique du Mont Saint Michel*, Bd. 3: *Culte de Saint Michel et pèlerinages au Mont*, hg. von Marcel Baudot, Paris 1971, S. 489–493

Grieg 1973
Grieg, Sigurd »Seljeantemensalet. De norske relikvieskrin og forholdet til Danmarks gyllne altre«, in: *Konsthistorisk tidskrift*, 42/1973, S. 14–34

Haga 2014
Haga, Øystein, *Krusifikset frå Jelsa og andre Limoges-krusifiks i Skandinavia*, Jelsa 2014

Hauglid 1939
Hauglid, Roar, *Chartres Trends in the Former Northern Medieval Plastic Art*, Trondheim 1939

Hauglid 1973
Hauglid, Roar, *Norske Stavkirker. Dekor og Utstyr*, Oslo 1973

Hauglid 1976
Hauglid, Roar, *Norske Stavkirker. Bygningshistorisk bakgrunn og utvikling*, Oslo 1976

Hauglid/Grodecki 1955
Hauglid, Roar; Grodecki, Louis, *Norway – Paintings from the Stave Churches*, New York 1955

Helle 1980
Helle, Knut, *Kongssete og kjøpstad. Fra opphavet til 1536. Bergen bys historie I,* Bergen, Oslo, Tromsø 1980

Henkelmann 2014
Henkelmann, Vera, *Spätmittelalterliche Marienleuchter. Formen, Funktionen, Bedeutungen*, Regensburg 2014

Henkelmann 2018
Henkelmann, Vera, »Wandlungskerzen und Engelleuchter des Spätmittelalters. Lichtinszenierungen im Kontext der Wandlung«, in: *Anzeiger des Germanischen* Nationalmuseums *2016*, 2018, S. 99–118

Heslop 1987
Heslop, Thomas Alexander, »Attitudes to the visual arts. The evidence from written sources«, in: *Age of Chivalry. Art in Plantagenet England 1200–1400*, hg. von Jonathan Alexander; Paul Binski, London 1987, S. 26–32 (=Aust.-Kat. London, Royal Academy)

Hoff 2000
Hoff, Anne Marta, *Dale kyrkje 750 år*, Luster 2000

Hoff/Lidén 2000
Hoff, Anne Marta; Lidén, Hans-Emil, *Norges kirker. Hordaland*, Bd. 2, Oslo 2000

Hoff/Lidén/Storsletten 2000
Hoff, Anne Marta; Lidén, Hans-Emil; Storsletten, Ola, *Norges kirker. Hordaland*, Bd. 1, Oslo 2000

Hoffmann 2015
Hoffmann, Miriam J., *Studien zur Lübecker Tafelmalerei von 1450–1520*, Kiel 2015

Hohler 1999
Hohler, Erla B., *Norwegian Stave Church Sculpture*, 2 Bde., Oslo 1999

Hohler/Morgan/Wichstrøm/Plahter 2004
Hohler, Erla B.; Morgan, Nigel J.; Wichstrøm, Anne; Plahter, Unn, *Painted Altar Frontals of Norway 1250–1350*, Bd. 1: *Artists, Styles and Iconography*, London 2004

Holm-Olsen 1969
Holm-Olsen, Ludvig, »Pergamentfragmenter i norske antemensaler«, in: *Afmælisriti Jóns Helgasonar 30. júni 1969*, hg. von J. Benediktson, Reykjavik 1969, S. 206–218

Hommedal 2014
Hommedal, Alf Tore, »Monks, nuns, canons and friars in medieval Bergen«, in: *Kolloquium zur Stadtarchäologie im Hanseraum*, IX: *Die Klöster*, hg. von Manfred Gläser; Manfred Schneider, Lübeck 2014, S. 613–628

Hommedal 2018
Hommedal, Alf Tore, »Eit bispedøme for Vestlandet«, in: *Bergens Tidende* (BT) 08.07.2018

Hommedal 2019
Hommedal, Alf Tore, »St Sunniva, the Seljumenn, and St Alban: The Benedictines and the Sanctuary at Selja, Norway«, in: *Monastic Europe. Medieval Communities, Landscapes, and Settlement*, hg. von Edel Bhreathnach; Keith Smith; Małgorzata Krasnodębska-D'Aughton, Turnhout 2019, S. 45–72

Johannessen 1964
Johannessen, Astrid Schjetlein, »Urnesgruppen i Historisk Museum. Et forsøk å å stille den inn i en ny sammenheng«, in: *Årbok for Universitetet i Bergen. Humanistisk Serie*, 2/1964, S. 3–30

Johnsen 1977
Johnsen, Arne Odd, *De norske cistercienserklostre 1146–1264*, Oslo 1977

Kaland 1973
Kaland, Bjørn, *Baldakin fra Hopperstad, Madonna fra Hove*, Oslo 1973

Karlsson 1988
Karlsson, Lennart, *Medieval Ironwork in Sweden*, 2 Bde., Stockholm 1988

Kausland 2016
Kausland, Kristin, »Late Medieval Paintings in Norway – Materials, Techniques, Origins«, in: *Zeitschrift für Kunsttechnologie und Konservierung*, 30/1, 2016, S. 47–66

Kausland 2017a
Kausland, Kristin, *Late Medieval Altarpieces in Norway – Domestic, Imported, or a Mixed Enterprise? An Art Technological Study of Northern German and Norwegian Altarpiece Production in the Period 1460–1530* (=Diss. Universität Oslo), Oslo 2017

Kausland 2017b
Kausland, Kristin, »Nailing it! The Identification of Northern Netherlandish Altarpieces through Common Features in their Methods of Construction«, in: *ICOM-CC 18th Triennial Conference Preprints, Copenhagen, 4–8 September 2017*, hg. von Judith Bridgland, Paris 2017, S. 1–7

Kausland 2020
Kausland, Kristin, »Setting the Stage, Framing the Picture; the Gilding and Polychromy of Late Medieval Altarpiece Structures in the North«, in: *CLARA Special Issue: Perceiving Matter. Visual, material and Sensual Communication from Antiquity and Beyond*, 1/2020, S. 1–21

Kessler 2007
Herbert Kessler, *Neither God nor Man. Words, Images and the Medieval Anxiety about Art*, Freiburg im Breisgau 2007

Kielland 1904
Kielland, Jens, »Aardals Kirke i Sogn«, in: *Foreningen til Norske Fortidsmindesmærkers Bevaring. Aarsberetning for 1903*, 1904, S. 176–177

Kielland 1921
Kielland, Thor, »St. Swithuns kaape«, in: *Stavanger Turistforeningens Årbok* 1921, S. 23–36

Kielland 1927
Kielland, Thor, *Norsk gullsmedkunst i middelalderen*, Oslo 1927

Kielland 1957
Kielland, Thor, *Skomakerens gyldne messehagel. Et nederlandsk-italiensk arbeide fra 1500–årenes begynnelse i Historisk Museum, Universitetet i Bergen*, Bergen 1957

Kloster 1951
Kloster, Robert, »De gamle kirker i Viks presetgjeld. Hoprekstad, Hove og Tenold (Tenål)«, in: *Bygdebok for Vik i Sogn*, hg. von Olav Hoprekstad, Bergen 1951, S. 139–226

Kollandsrud 2014
Kaja Kollandsrud, »A Perspective on Medieval Perception in Norwegian Church Art«, in: *Paint & Piety. Collected Essays on Medieval Painting and Polychrome Sculpture*, hg. von Noëlle L.W. Streeton; Kaja Kollandsrud, London 2014, S. 51–66

Kollandsrud 2018
Kollandsrud, Kaja, *Evoking the Divine. The Visual Vocabulary of Sacred Polychrome Wooden Sculpture in Norway between 1100 and 1350* (=Diss. Universität Oslo), Oslo 2018

Krogh 2011
Krogh, Knud, *Urnesstilens kirke. Forgængeren for den nuværende kirke på Urnes*, Oslo 2011

Kroesen 2017
Kroesen, Justin, »Mellom Bergen og Bergamo. Lutherdommens bevarende makt«, in: *Fra avlatshandel til folkekirke. Reformasjonen gjennom 500 år*, hg. von Eldbjørg Haug, Oslo 2017, S. 209–235

Kroesen 2019a
Kroesen, Justin, »The Diva from the Sognefjord«, in: *North & South. Medieval Art from Norway and Catalonia 1100–1350,* hg. von Justin Kroesen; Micha Leeflang; Marc Sureda (=Ausst.-Kat. Utrecht, Museum Catharijneconvent; Vic, Museu Episcopal de Vic), Zwolle 2019, S. 113–115

Kroesen 2019b
Kroesen, Justin, »Two Ferocious Aquamaniles«, in: *North & South. Medieval Art from Norway and Catalonia 1100–1350,* hg. von Justin Kroesen; Micha Leeflang; Marc Sureda (=Ausst.-Kat. Utrecht, Museum Catharijneconvent; Vic, Museu Episcopal de Vic), Zwolle 2019, S. 162–163

Kroesen/Kuhn 2020
Kroesen, Justin; Kuhn, Stephan, »Relikvieskrinet fra Filefjell«, in: *Fragmenter av historier. Universitetsmuseets Årbok* 2020, S. 74–84

Kroesen/Steensma 2012
Kroesen, Justin; Steensma, Regnerus, *The Interior of the Medieval Village Church*, Löwen/Paris/Walpole MA 2012

Kroesen/Tångeberg 2014
Kroesen, Justin; Tångeberg, Peter, *Die mittelalterliche Sakramentsnische auf Gotland (Schweden). Kunst und Liturgie*, Petersberg 2014

Kroesen/Tångeberg 2020
Kroesen, Justin; Tångeberg, Peter, »Tabernacle Shrines (1180–1400) as a European Phenomenon. Types, Spread, Survival«, in: *The Saint Enshrined. European Tabernacle-Altarpieces, c. 1150–1400,* hg. von Fernando Gutiérrez Baños; Justin Kroesen; Elisabeth Andersen, Barcelona 2020, S. 17–58 (=Medievalia. Revista d'estudis medievals, 23/1)

Kroesen/Tångeberg 2021
Kroesen, Justin; Tångeberg, Peter, *Helgonskåp. Medieval Tabernacle Shrines in Sweden and Europe*, Petersberg 2021

Krøvel/Tafjord 2017
Krøvel, Harald Johannes; Tafjord, Harald Endre, *Soga om Sogn og Fjordane. Folket i fjordriket før 1768*, Bergen 2017

Kuhn 2019a
Kuhn, Stephan, »Connecting Heaven and Earth«, in: *North & South. Medieval. Art from Norway and Catalonia 1100–1350*, hg. von Justin Kroesen; Micha Leeflang; Marc Sureda (=Ausst.-Kat. Utrecht, Museum Catharijneconvent; Vic, Museu Episcopal de Vic), Zwolle 2019, S. 106–107

Kuhn 2019b
Kuhn, Stephan, »Golden House with Dragon Heads«, in: *North & South. Medieval Art from*

Norway and Catalonia 1100–1350, hg. von Justin Kroesen; Micha Leeflang; Marc Sureda (=Ausst.-Kat. Utrecht, Museum Catharijneconvent; Vic, Museu Episcopal de Vic), Zwolle 2019, S. 152–153

Kuhn 2020
Kuhn, Stephan, »Marian Tabernacles on Main Altars: Norwegian Thirteenth-Century Altar Decorations in their European Context«, in: *The Saint Enshrined. European Tabernacle-Altarpieces, c. 1150–1400*, hg. von Fernando Gutiérrez Baños; Justin Kroesen; Elisabeth Andersen, Barcelona 2020, S. 101–128 (=Medievalia. Revista d'estudis medievals, 23/1)

Kuhn/Böhme 2019
Kuhn, Stephan; Böhme, Alexandra, »A *Vierge à l'Enfant* in Norway«, in: *North & South. Medieval Art from Norway and Catalonia 1100–1350*, hg. von Justin Kroesen; Micha Leeflang; Marc Sureda (=Ausst.-Kat. Utrecht, Museum Catharijneconvent; Vic, Museu Episcopal de Vic), Zwolle 2019, S. 132–133

Kuhn/Lukešová 2019
Kuhn, Stephan; Lukešová, Hana, »A Norwegian Chasuble from Spanish Silk?«, in: *North & South. Medieval Art from Norway and Catalonia 1100–1350*, hg. von Justin Kroesen; Micha Leeflang; Marc Sureda (=Ausst.-Kat. Utrecht, Museum Catharijneconvent; Vic, Museu Episcopal de Vic), Zwolle 2019, S. 169–170

Kunz 2007
Kunz, Tobias, *Skulptur um 1200. Das Kölner Atelier der Viklau-Madonna auf Gotland und der ästhetische Wandel in der 2. Hälfte des 12. Jahrhunderts*, Petersberg 2007

Kunz 2009
Kunz, Tobias, »Gnadenbildkopie oder Patroziniumsbild? Zum Phänomen der Ähnlichkeit schwedischer Madonnen um 1200«, in: *Ecclesiae ornatae. Kirchenausstattungen des Mittelalters und der frühen Neuzeit zwischen Denkmalwert und Funktionalität*, hg. von Gerhard Eimer; Ernst Gierlich; Matthias Müller, Bonn 2009, S. 327–348

Lange 1994
Lange, Bernt C., »Madonnaskap med kirkemodell som baldakinkroning. Med efterskrift av Jan Svanberg«, in: *Foreningen til norske Fortisminnesmerkers bevaring*. Årbok, 148, 1994, S. 23–36

Lapaire 1969
Lapaire, Claude, »Les retables à baldaquin gothiques«, in: *Zeitschrift für schweizerische Archäologie und Kunstgeschichte*, 26/1969, S. 169–190

Laugerud 2018
Laugerud, Henning, *Reformasjon uten folk. Det katolske Norge i før- og etterreformatorisk tid*, Oslo 2018

Leeflang 2019
Leeflang, Micha, »Surrounded by Apostles«, in: *North & South. Medieval Art from Norway and Catalonia 1100–1350*, hg. von Justin Kroesen; Micha Leeflang; Marc Sureda (=Ausst.-Kat. Utrecht, Museum Catharijneconvent; Vic, Museu Episcopal de Vic), Zwolle 2019, S. 95–96

Leeuwenberg 1959
Leeuwenberg, Jaap, »Een nieuw facet aan de Utrechtse Beeldhouwkunst II. Vijf Utrechtse Altaarkasten in Noorwegen«, in: *Oud Holland*, 74/1959, S. 195–204

Lexow 1931
Lexow, Einar, »Norges kunst i middelalderen«, in: *Nordisk Kultur*, Bd. 27: *Kunst*, hg. von Haakon Shetelig et al., Stockholm 1931

Lidén 1978
Lidén, Hans-Emil, »Den gamle kyrkja i Årdal«, in: *Bygdebok for Årdal. Kulturbandet*, hg. von Dagfinn Krossen, Årdal 1978, S. 745–780

Lidén 1981
Lidén, Hans-Emil, »Middelalderens steinarkitektur i Norge« in: *Norges kunsthistorie* 2. Høymiddelalder og Hansa-tid, hg. von Hans-Emil Lidén et al., Oslo 1981, S. 7–125

Lidén 1997
Lidén, Hans-Emil, »Forsvunne stavkirker i Bergen bispedømme«, in: *Foreningen til Norske Fortidsminnesmerkers bevaring, Årbok*, 1997, S. 125–161

Lidén 1999
Lidén, Anne, *Olav den helige i middelalderens bildkonst*, Stockholm 1999

Lidén 2000
Lidén, Hans-Emil, »Forsvunne kirker i Vik«, in: *Vik Historielag, Årbok*, 2020, S. 71–86

Lidén 2003
Lidén, Hans-Emil, »From Lund or directly from Speyer? Import of Rhenish-Lombardic Impulses as manifested in some 12th Century Churches in Bergen«, in: *Romanesque Art in Scandinavia*, hg. von Ebbe Nyborg; Hannemarie Ravn Jensen; Søren Kaspersen, Kopenhagen 2003, S. 19–27 [=Hafnia. Copenhagen Papers in the History of Art, 12]

Lidén 2008
Lidén, Hans-Emil, *Kirkene i Hordaland gjennom tidene*, Bergen 2008

Lidén 2014
Lidén, Hans-Emil, *Lyse kloster*, Bergen 2014

Lidén/Magerøy 1980
Lidén, Hans-Emil; Magerøy, Ellen Marie, *Norges kirker. Bergen*, Bd. 1, Oslo 1980

Lidén/Magerøy 1983
Lidén, Hans-Emil; Magerøy, Ellen Marie, *Norges kirker. Bergen*, Bd. 2, Oslo 1983

Lidén/Magerøy 1990
Lidén, Hans-Emil; Magerøy, Ellen Marie, *Norges kirker. Bergen*, Bd. 3, Oslo 1990

Lidén/Trædal 2003
Lidén, Hans-Emil; Trædal, Vidar, *Norges kirker. Hordaland*, Bd. 3, Oslo 2003

Liepe 1998
Lena Liepe, »Medeltida processionsfanor i Norden«, in: *Ting och tanke. Ikonografi på liturgiska föremål*, hg. von Ingalill Pegelow, Stockholm 1998, S. 261–276

Lindblom 1916
Lindblom, Andreas, *La peinture gothique en Suède et en Norvège*, Stockholm 1916

Mende 1981
Mende, Ursula, *Die Türzieher des Mittelalters. Bronzegeräte des Mittelalters*, Bd. 2, Berlin 1981

Morgan 1988
Morgan, Nigel, *Early Gothic Manuscripts II. 1250–1285*, Oxford 1988

Morgan 1995
Morgan, Nigel, »Western Norwegian panel painting 1250–1350: problems of dating, styles and workshops«, in: *Norwegian Medieval Altar Frontals and Related Material. Papers from the Conference in Oslo 16th to 19th December 1989*, hg. von Magne Malmanger; Laszlo Berczelly; Signe H. Fuglesang, Rom 1995, S. 9–23

Morgan 2006
Morgan, Nigel, »The Norwegian and Swedish Crucifixi Dolorosi c. 1300–50 in their European Context«, in: *Medieval Painting in Northern Europe. Techniques, Analysis, Art History. Studies in commemoration of the 70th birthday of Unn Plahter*, hg. von Kaja Kollandsrud; Marie Louise Sauerberg; Tine Frøysaker, London 2006, S. 266–278

Neumann 1824
Neumann, Jacob, »Bemærkninger paa en Reise i Sogn og i Søndfjord 1823«, in: *Budstikken* 5, 1824

Neumann 1826
Neumann, Jacob, »Bemærkninger paa en reise i Nordhordlehn, Söndhordlehn, Hardanger og Voss 1825«, in: *Budstikken* 7, 1826

Nicolaysen 1862–1866
Nicolaysen, Nicolay, *Norske fornlevninger. En opplysende fortegnelse over Norges fortidslevninger, ældre end reformation og henførte til hver sit sted*, Kristiania [Oslo] 1862–1866

Nicolaysen 1890
Nicolaysen, Nicolay, *Om Lysekloster og dets ruiner*, Kristiania [Oslo] 1890

Nockert 1985
Nockert, Margreta, »Mässhaken från Röldal«, in: *By og Bygd. Festskrift til Marta Hoffmann* [=Norsk Folkemuseums Årbok, 30], Oslo 1985, S. 195–200

Nørlund 1926
Nørlund, Poul, *Gyldne altre. Jysk metalkunst fra Valdemarstiden*, Kopenhagen 1926

Nybø 2000
Nybø, Marit, *Albanuskirken på Selja. Klosterkirke eller bispekirke?* [=Diss. Universität Bergen], Bergen 2000

Nybø 2018
Nybø, Marit, *Lyse kloster. En introduksjon til cistercienseranlegget*, Bergen 2018

Nyborg 1977
Nyborg, Ebbe, »Mikaels-altre«, in *Hikuin*, 3, 1977, S. 157–182

Nyborg 2019
Nyborg, Ebbe, »The Cult of St Michael in Denmark and the Origin of Obits in Parish Church Liturgy«, in: *Ora pro Nobis. Space, Place and the Practice of Saints' Cults in Medieval and Early-Modern Scandinavia and Beyond*, hg. von Nils Holger Petersen; Mia Münster-Swendsen; Thomas Heebøll-Holm; Martin Wangsgaard-Jürgensen, Kopenhagen 2019, S. 103–117

Olchawa 2019
Olchawa, Joanna, *Aquamanilien: Genese, Verbreitung und Bedeutung in islamischen und christlichen Zeremonien*, Regensburg 2019

Olsen 1954
Olsen, Magnus, *Norges innskrifter med de yngre runer*, Bd. 3, *Aust-Agder, Vest-Agder, Rogaland*, Oslo 1954

Olsen 1957
Olsen, Magnus, *Norges innskrifter med de yngre runer*, Bd. 4, *Hordaland Fylke, Sogn og Fjordane, Møre og Romsdal*, Oslo 1957

Park 2002
Park, David, »Crucified Christ«, in: *Wonder. Painted Sculpture from Medieval England*, hg. von Stacy Boldrick; David Park; Paul Williamson, Leeds 2002, S. 59 [=Ausst.-Kat. Leeds, Henry Moore Institute]

Plahter 2004
Plahter, Unn, *Painted Altar Frontals of Norway 1250–1350*, Bd. 3: *Illustrations and Drawings*, London 2004

Plahter 2014
Plahter, Unn, »Norwegian Art Technology in the Twelfth and Thirteenth Centuries: Materials and Techniques in a European Context«, in: *Zeitschrift für Kunsttechnologie und Konservierung*, 28/1, 2014, S. 298–332

Plahter/Park 2002
Plahter, Unn; Park, David, »Virgin and Child in Tabernacle«, in: *Wonder. Painted Sculpture from Medieval England*, hg. von Stacy Boldrick; David Park; Paul Williamson, Leeds 2002, S. 62–63 [=Ausst.-Kat. Leeds, Henry Moore Institute]

Reinle 1988
Reinle, Adolf, *Die Ausstattung deutscher Kirchen im Mittelalter*, Darmstadt 1988

Schröder 2013
Schröder, Kirsten, *Zeitzeugen der Kunst früher Leinwandmalerei: Die Prozessionsfahnen aus dem Kloster Lüne*, Berlin 2013

Slenczka 1998
Slenczka, Ruth, *Lehrhafte Bildtafeln in spätmittelalterlichen Kirchen*, Köln 1998

Stang 1997
Stang, Margrethe, »Olavskulpturer i tre 1200–1350«, in: *Bilder og Bilders bruk i vikingtid og middelalder*, hg. von Signe Horn Fuglesang, Oslo 1997, S. 9–147

Stang 2009
Stang, Margrethe, *Paintings, Patronage and Popular Piety. Norwegian Altar Frontals and Society, c. 1250–1350* [=Diss. Universität Oslo], Oslo 2009

Stang 2017
Stang, Margrethe, »Luksus i Luster. Høgendeskirken Urnes«, in: *Fortidminnesforeningen Årbok*, 171, 2017, S. 159–178

Stige 2014
Stige, Morten, »Norske gravminner fra høymiddelalderen som kilde til kjønnsidentitet«, in: *Iconographisk Post*, 3/2014, S. 21–36

Tångeberg 1989
Tångeberg, Peter, *Holzskulptur und Altarschrein. Studien zu Form, Material und Technik*, München 1989

Torp 2006
Torp, Hjalmar, »Un paliotto d'altare norvegese con scene del furto e della restituzione della Vera Croce: ipotesi sull'origine bizantina dell'iconografia occidentale dell'imperatore Eraclio«, in: *Medioevo: il tempo degli antichi. Atti del Convegno internazionale di studi (Parma, 24–28 settembre 2003)*, hg. von Arturo Carlo Quintavalle, Mailand 2006, S. 575–600

Tryti 2006
Tryti, Anna Elisa, »Fra åsatro til reformasjon«, in: *Vestlandets historie*, Bd. 3: *Kultur*, hg. von Knut Helle, Bergen 2006, S. 55–103

Tudor-Craig 1987
Tudor-Craig, Pamela, »Panel Painting«, in: *Age of Chivalry. Art in Plantagenet England, 1200–1400*, hg. von Jonathan Alexander; Paul Binski, London 1987, S. 131–136 (=Ausst.-Kat. London, Royal Academy)

Von Achen 1985
Von Achen, Henrik, *Hanseatenes kunst. Tidsbilder 1400–1550*, Bergen 1985 (=Ausst.-Kat. Bryggens Museum)

Von Achen 1989
Von Achen, Henrik, *Maleri og skulptur fra senmiddelalderen 1450–1525*, Bergen 1989 (=Ausst.-Kat. Historisk Museum)

Von Achen 1994a
Von Achen, Henrik, »Der König am Kreuz. Skandinavische Grosskruzifixe bis 1250«, in: *Studien zur Geschichte der Europäischen Skulptur im 12./13. Jahrhundert*, hg. von Herbert Beck; Kerstin Hengevoss-Dürkop; Georg Kamp, Frankfurt am Main 1994, S. 699–723

Von Achen 1994b
Von Achen, Henrik, »›Hanseatic‹ Art in Late Medieval Bergen: Import or Local production?«, in: *Bergen and the German Hansa*, hg. von Ingvild Øye, Bergen 1994, S. 59–85

Von Achen 1996a
Von Achen, Henrik, *Norske frontaler fra middelalderen i Bergen Museum. Norwegian Medieval Altar Frontals in Bergen Museum*, Bergen 1996

Von Achen 1996b
Von Achen, Henrik, »›Hanseatische‹ Kunst in Bergen während des Spätmittelalters: Import oder lokale Produktion?«, in: *Bergen und die deutsche Hanse*, hg. von Ingvild Øye, Bergen 1996, S. 59–85

Von Achen 2017
Von Achen, Henrik, »Reformasjonen og kirkekunsten i Bergen«, in: *Fra avlatshandel til folkekirke. Reformasjonen gjennom 500 år*, hg. von Eldbjørg Haug, Oslo 2017, S. 43–74

Von Achen 2018
Von Achen, Henrik, »The Origins of the University – The Bergens Museum Art Collection«, in: *Art and Architecture at the University of Bergen*, hg. von Henrik von Achen; Siri Meyer; Eva Røyrane; Walter Wehus, Bergen 2018, S. 5–118

Von Falke 1913
Von Falke, Otto, *Kunstgeschichte der Seidenweberei*, Berlin 1913

Westermann-Angerhausen 2014
Westermann-Angerhausen, Hiltrud, *Mittelalterliche Weihrauchfässer von 800 bis 1500*, Petersberg 2014

Wichstrøm 1981
Wichstrøm, Anne, »Maleriet i hoymiddelalderen«, in *Norges kunsthistorie*, Bd. 2, hg. von Hans-Emil Lidén, Oslo 1981, S. 252–314

Williamson 1995
Williamson, Paul, *Gothic Sculpture 1140–1300*, New Haven/London 1995

Zilmer 2016
Zilmer, Kristel, »Words in wood and stone. Uses of Runic writing in medieval Norwegian churches«, in: *Viking and Medieval Scandinavia*, 12, 2016, S. 207–235

DANKSAGUNG

Die folgenden Personen haben uns bei den Vorbereitungen zu diesem Buch in vielfältiger Weise unterstützt:

Henrik von Achen
Elisabeth Andersen
Alexandra Böhme
Mona Bramer Solhaug
Anne J. Duggan
Øystein Ekroll
Asbjørn Engevik
Aintzane Erkizia Martikorena
Terje de Groot
Michael Gullick
Fernando Gutiérrez Baños
Tonje Haugland Sørensen
Øystein Hellesøe Brekke
Vera Henkelmann
Alf Tore Hommedal
Adnan Icagić
Carsten Jahnke
Kristin Kausland
Kari Klæboe Årrestad
Kaja Kollandsrud
Henning Laugerud
Åsta Lindemann
Hana Lukešová
Ursula Mende
Daantje Meuwissen
James Morrison
Ebbe Nyborg
Joanna Olchawa
Åslaug Ommundsen
Unn Plahter
Stefan Roller
Victor Schmidt
Tilo Schöfbeck
Meindert Spek
Klazina Staat
Noëlle Streeton
Peter Tångeberg
Matthias Weniger
Hiltrud Westermann-Angerhausen
Kari Wiken Sunde

FOTONACHWEIS

Alle Fotos im Katalogteil © Universitetsmuseet i Bergen, Fotografen Svein Skare (S. 26, 29 [links], 32, 34, 38, 56, 57, 58, 59, 60, 61, 64, 65, 68, 70, 71 [links], 74, 78, 79, 80, 86, 87, 89, 90, 92, 94, 96, 98, 100, 102, 103, 104, 106, 108, 110, 111, 113, 114, 128, 131, 134, 136, 138, 140, 142, 144, 146, 148, 150, 152, 154, 156, 158, 160, 166, 176, 177, 178, 180, 182, 183, 196, 197, 198, 202, 204, 206, 208, 210, 213) und Adnan Icagić (S. 29 [rechts], 30, 40, 44, 47, 48, 49, 50, 52, 54, 62, 63, 72, 76, 83, 84, 97, 112, 116, 118, 119, 120, 122, 124, 126, 127, 130, 132, 162, 164, 165, 168, 169, 170, 171, 172, 173, 174, 184, 186, 187, 190, 191, 192, 193, 194, 199, 200, 209). Ausnahmen sind die Abbildungen auf S. 36, 66, 82, 211 (Alexandra Böhme), S. 189 (Anna Helgø), und S. 28, 42, 71 [rechts], 135, 188 (Justin Kroesen).

Umschlagsbild
Maria mit Kind aus Hove (Vik, Sogn), 1230–1240. Foto Micha Leeflang

Umschlagsbild hinten
Der ›Kirchensaal‹ im Universitätsmuseum zu Bergen. Foto Adnan Icagić

Landkarte auf dem Inneren Umschlag
Meindert Spek, Haren in Vorm

Bibliografische Information der Deutschen Nationalbibliothek:
Die Deutsche Nationalbibliothek verzeichnet diese Publikation in der Deutschen Nationalbibliografie; detaillierte bibliografische Daten sind im Internet über http://dnb.dnb.de abrufbar.

1. Auflage 2022
© 2022 Verlag Schnell & Steiner GmbH, Leibnizstraße 13, 93055 Regensburg
Umschlaggestaltung: Anna Braungart, Tübingen
Satz: typegerecht berlin
Druck: Gutenberg Beuys Feindruckerei GmbH, Langenhagen
ISBN 978-3-7954-3604-9

Alle Rechte vorbehalten. Ohne ausdrückliche Genehmigung des Verlages ist es nicht gestattet, dieses Buch oder Teile daraus auf fotomechanischem oder elektronischem Weg zu vervielfältigen.

Weitere Informationen zum Verlagsprogramm erhalten Sie unter:
www.schnell-und-steiner.de